AF853646

Le bilan psychologique avec l'enfant

Consultez nos catalogues sur le Web

www.dunod.com

(P) 153.93 ARB C

Christine Arbisio

Le bilan psychologique avec l'enfant

APPROCHE CLINIQUE DU WISC-III

BIBLIOTHÈQUE DE L'UNIVERSITÉ DE BOURGOGNE
SORTI D'INVENTAIRE
AVR. 2004

DUNOD

Dans la collection ***Les outils du psychologue***

A.-M. Gardey, V. Boucherat-Hue, B. Jumel (dir.), *Pratiques cliniques de l'évaluation intellectuelle – Études de cas*, Préface de R. Perron.

B. Douet (dir.), *Évaluer et prendre en charge les troubles de la pensée chez l'enfant – Méthodes de développement des contenants de pensée.*

Ce pictogramme mérite une explication. Son objet est d'alerter le lecteur sur la menace que représente pour l'avenir de l'écrit, particulièrement dans le domaine de l'édition technique et universitaire, le développement massif du **photocopillage**.

Le Code de la propriété intellectuelle du 1er juillet 1992 interdit en effet expressément la photocopie à usage collectif sans autorisation des ayants droit. Or, cette pratique s'est généralisée dans les établissements d'enseignement supérieur, provoquant une baisse brutale des achats de livres et de revues, au point que la possibilité même pour les auteurs de créer des œuvres nouvelles et de les faire éditer correctement est aujourd'hui menacée.

Nous rappelons donc que toute reproduction, partielle ou totale, de la présente publication est interdite sans autorisation du Centre français d'exploitation du droit de copie (**CFC**, 20 rue des Grands-Augustins, 75006 Paris).

DANGER

LE PHOTOCOPILLAGE TUE LE LIVRE

© Dunod, Paris, 2003
ISBN 2 10 003818 4

Toute représentation ou reproduction intégrale ou partielle faite sans le consentement de l'auteur ou de ses ayants droit ou ayants cause est illicite selon le Code de la propriété intellectuelle (Art L 122-4) et constitue une contrefaçon réprimée par le Code pénal. • Seules sont autorisées (Art L 122-5) les copies ou reproductions strictement réservées à l'usage privé du copiste et non destinées à une utilisation collective, ainsi que les analyses et courtes citations justifiées par le caractère critique, pédagogique ou d'information de l'œuvre à laquelle elles sont incorporées, sous réserve, toutefois, du respect des dispositions des articles L 122-10 à L 122-12 du même Code, relatives à la reproduction par reprographie.

Préface

La pratique des tests en psychologie est aujourd'hui bien connue. Comme tout ce qui se rapporte à la psychologie, elle intéresse, elle fascine, elle se répand dans le public. Quel magazine n'a proposé à ses lecteurs de répondre à un questionnaire pour « découvrir sa véritable personnalité » ? Cela entretient l'illusion qu'il existe des techniques qui donnent accès à un « véritable » savoir sur soi. Et nos contemporains, plus qu'en d'autres temps peut-être, sont anxieux d'accéder à un savoir sur soi.

Il n'y a évidemment aucune commune mesure entre des questionnaires plus ou moins fantaisistes et la batterie de tests sérieusement constitués et validés qu'utilisent les professionnels. Mais l'espoir subsiste, et l'illusion, qu'il existe un savoir sur le sujet, que l'on pourrait entièrement objectiver, à la manière d'une image ou d'un portrait, et qu'on peut accéder à ce savoir par des techniques.

La pratique des tests dans le bilan psychologique est aujourd'hui répandue. Elle fait l'objet d'une demande sociale, notamment pour les enfants, en cas de difficultés scolaires, mais aussi lorsqu'il y a des difficultés relationnelles ou des problèmes de comportement. Alors, des tests pour quoi faire ?

C'est ici que Christine Arbisio apporte une contribution précieuse et originale, en proposant une approche clinique du bilan psychologique avec l'enfant, dans une perspective psychanalytique, avec une attention particulière à l'utilisation du WISC-III.

Comment se caractérise l'approche clinique dans la pratique du bilan psychologique ?

Tout d'abord, cette approche pratique la passation des tests avec un objectif qui n'est pas seulement d'obtenir des données en vue d'une évaluation. Le bilan psychologique peut aussi être utilisé comme un média, un support, qui permet d'établir un contact avec l'enfant. Car s'il y a des difficultés scolaires ou des déficits dans les acquisitions qui alertent les parents ou les professeurs, ces déficits ou ces difficultés peuvent aussi cacher une

© Dunod – La photocopie non autorisée est un délit.

souffrance. Or, la souffrance de l'enfant est en général peu ou pas prise en compte. Pour Ch. Arbisio, le bilan psychologique permet de repérer les symptômes, et d'orienter éventuellement l'enfant vers une psychothérapie. Ainsi, il ne faut pas confondre les capacités de l'enfant avec ses résultats. Les résultats peuvent être faussés par l'angoisse, la dévalorisation de soi, les inhibitions. Les épreuves du WISC-III, surtout quand elles sont propices à une verbalisation, permettent de découvrir et d'entendre, au-delà des difficultés scolaires, l'expression de symptômes. Les différentes épreuves qui sont proposées aux enfants sont à cet égard révélatrices. Certains enfants seront rassurés par le caractère neutre de la tâche, d'autres manifesteront leur anxiété en se précipitant, et la précipitation les empêchera de trouver la réponse correcte.

Comme le dit Ch. Arbisio, « Le bilan constitue donc une médiation privilégiée pour faire entendre autre chose de la réalité de l'enfant. D'une part, parce que les épreuves d'efficience intellectuelle contribuent souvent, contrairement à ce que disent des détracteurs qui ne semblent pas les connaître réellement, à dédramatiser la situation ». Par ailleurs, « le niveau évalué avec une épreuve d'efficience permet souvent de mettre en évidence les autres facteurs, liés au comportement, à l'affectivité, à la structuration spatiale, etc., qui peuvent conduire un enfant à un échec scolaire (...). Parfois rassurer un enfant sur ses capacités peut avoir un effet incroyablement mobilisateur, quand la situation d'échec a entraîné secondairement un manque de confiance en lui, et des réactions dépressives, ce qui est de plus en plus fréquent ».

Christine Arbisio se propose donc, dans cet ouvrage, de montrer comment un travail clinique avec l'enfant est possible, dans une référence psychanalytique, en passant par le bilan psychologique et le maniement du WISC-III. Et elle en fait brillamment la démonstration.

Ce qui compte, dans cette perspective, n'est pas tant la réussite ou l'échec de l'enfant à un subtest, que la possibilité d'entendre quelque chose de son psychisme. Et cela peut être le cas aussi bien chez ceux qui réussissent que chez ceux qui échouent.

Par exemple, si l'on considère les résultats au subtest d'information, une réussite peut renvoyer à un désir de briller ou à une envie de savoir. À l'inverse, un résultat très chuté peut renvoyer à un manque d'investissement des connaissances, du monde extérieur, à une centrationsur soi. Il arrive que la réponse à des items d'ordre informatif trahisse un état prépsychotique. Il arrive qu'un enfant se saisisse d'éléments de la réalité pour exprimer ses angoisses de mort.

Considérons par exemple l'épreuve de vocabulaire. Il s'agit d'une série de mots proposés verbalement, que l'enfant doit également définir de manière orale. Pour Wechsier, l'étendue du vocabulaire ne reflète pas seulement le niveau d'études, mais constitue également une excellente mesure de l'intelligence générale.

Dans l'approche clinique, on notera que les réponses données à cette épreuve fournissent de nombreux renseignements sur la façon d'être des enfants : leur esprit de synthèse ou leur imprécision, par exemple. Mais en outre, ce subtest est l'un des plus projectifs de toute l'échelle. Lorsqu'un enfant présente des troubles de la personnalité, l'expression de l'angoisse peut être débordante. L'enfant est alors envahi par des représentations massives qui font irruption dans un discours qu'il s'efforce en vain de contrôler.

Cet ouvrage a également le mérite de montrer, notamment au travers d'une étude clinique, la face cachée de ce qu'il est convenu d'appeler des enfants surdoués. Leur très grande précocité intellectuelle est souvent un symptôme névrotique. Quelle souffrance le surinvestissement des activités intellectuelles, le désir irrépressible de réussite scolaire, viennent-ils masquer ? Les parents ne voient souvent là que les magnifiques performances de leur enfant, ils en ignorent le coût psychique.

On le voit, cet ouvrage s'appuie sur une longue et riche expérience avec des enfants, il est nourri d'illustrations cliniques – tous les exemples sont issus de la pratique personnelle de l'auteur. Il sera précieux à tous les psychologues d'enfants qui utilisent quotidiennement le WISC-III, en montrant comment cette échelle peut être maniée non pas simplement à des fins d'évaluation, mais aussi dans une perspective clinique. Il sera utile également à tous les étudiants en psychologie, dont la majorité se destine à la profession de psychologue clinicien. Enfin, par l'élaboration théorique qui accompagne la richesse de ses données cliniques, il intéressera la communauté des chercheurs.

Michèle BERTRAND
Professeur émérite à l'université de Franche-Comté

© Dunod – La photocopie non autorisée est un délit.

Avec tous mes remerciements
à Michèle Wallon-Bonnemaison, Marie-Ange Chabert
et à toute l'équipe du laboratoire de psychologie de l'hôpital Sainte-Anne
qui m'ont initiée à la pratique du bilan

Table des matières

© Dunod – La photocopie non autorisée est un délit.

Introduction

Est-il possible, quand on est psychologue, de développer un des actes appartenant à la profession, le bilan psychologique, dans une perspective psychanalytique clairement assumée ? Ce livre est né de la conviction, elle-même issue de plusieurs années d'expérience de bilans psychologiques avec des enfants, qu'il existe une réponse positive à cette question.

La pratique du bilan psychologique est à la fois plus reconnue et plus fréquente avec les enfants qu'avec les adultes. De plus, les bilans psychologiques pour les enfants connaissent actuellement une faveur croissante. Ils peuvent être demandés pour des raisons diverses. Si la majorité des demandes concerne les difficultés scolaires, elles peuvent également être motivées par des problèmes de comportement dans la famille, des difficultés relationnelles ou de communication. Ou bien les parents perçoivent un mal-être chez leur enfant, à travers différents symptômes : énurésie, tics, agitation et instabilité, troubles du sommeil ou souffrance psychosomatique.

Le bilan psychologique constitue l'activité spécifique des psychologues cliniciens, qui sont les seuls formés à cette pratique. Un bilan psychologique est caractérisé par l'utilisation de certains instruments : les tests.

Les psychologues sont souvent très ambivalents à l'égard des tests. Mais après avoir, en particulier dans les années soixante-dix, développé une attitude critique envers ces pratiques, au risque de ne rien entendre de la demande qui leur était faite, les professionnels les acceptent le plus souvent maintenant dans une relative indifférence.

Certaines recherches montrent même que les psychologues d'aujourd'hui, contrairement à leurs aînés, accordent à l'utilisation des tests une valeur positive. Les psychologues cliniciens en particulier considèrent la pratique du bilan psychologique comme une part importante de leur activité.

Le danger aujourd'hui est celui d'une dérive technicienne, où il serait demandé au psychologue de faire passer des tests, en faisant l'économie de toute réflexion critique sur son acte. Or, une discipline qui ne se donne

© Dunod – La photocopie non autorisée est un délit.

plus les moyens de développer une démarche critique, épistémologique et praxéologique, se transforme en technique.

À l'heure où les dangers d'une paramédicalisation de la profession sont visibles, il est essentiel que les psychologues mènent cette réflexion. C'est seulement à partir d'une véritable réflexion éthique sur son acte que le psychologue peut se dégager de la représentation technicienne du bilan psychologique, qui le réduirait à une simple aide au diagnostic.

Il s'agit donc de sortir de l'aporie « faut-il être pour ou contre les tests ? » pour interroger la possibilité d'une éthique de cet acte du psychologue. Échaudés par les nombreuses dérives qu'a connues la pratique des tests, les psychologues se sont donné un certain nombre de garde-fous dans leur Code de déontologie. Ces repères garantissent certes le respect des usagers, mais seule la psychanalyse, parce qu'elle introduit une véritable rupture épistémologique entre la psychologie clinique et les autres psychologies, peut nous permettre de penser cet acte du psychologue autrement.

Le psychologue appuie son acte sur une position éthique s'il considère le bilan comme un *acte de parole*, et s'il soutient son propre désir d'une *passion de dire*, au-delà de la *passion de savoir.* Ceci conduit à envisager autrement le statut de la vérité, et doit permettre d'aborder autrement les questions du diagnostic et du pronostic.

L'essentiel réside alors dans les échanges entre le psychologue, l'enfant et ses parents, certains étant médiatisés par les tests, qui vont faire évoluer la situation grâce à la relation qui se noue entre eux : le clinicien est ainsi amené à poser *un acte de parole dans une relation transférentielle.*

Parmi l'ensemble des tests, ce sont les échelles d'efficience intellectuelle qui sont à l'origine de l'examen psychologique. Réputées appartenir à la psychologie différentielle, que deviennent-elles dans cette optique ? Sont-elles, comme on a pu le dire, détournées de leur but initial par la démarche clinique, *a fortiori* par une référence à la psychanalyse ?

C'est ici qu'il me paraît essentiel que les psychologues cliniciens reprennent cette réflexion critique et épistémologique : qu'ils se réapproprient leur histoire, en cessant de la laisser écrire par d'autres.

En effet, il existe une véritable filiation clinique des tests, mais qui est systématiquement occultée. Binet le premier est aussi expérimentaliste que clinicien et psychopathologue. Dans sa lignée, Wechsler, dont les épreuves restent les plus utilisées dans le monde entier, était avant tout psychopathologue et clinicien. Le succès persistant de ces épreuves est sans doute dû à leurs qualités cliniques : elles constituent une médiation privilégiée, qui aide le psychologue à se mettre à l'écoute de l'enfant. Les modes de réaction de l'enfant, ses préoccupations, ses intérêts ou ses blocages viennent se dire dans la relation médiatisée par le test.

Nous nous attacherons ici particulièrement au WISC-III qui est l'échelle d'efficience la plus utilisée avec les enfants d'âge scolaire. Loin d'être détournée de son but premier, les éléments cliniques qu'elle apporte sont parfaitement complémentaires de ce qui se dit à travers les différents entretiens (avec les parents et avec l'enfant) et des apports des méthodes projectives.

Dans cette conception de l'acte clinique, ce ne sont pas les médiations utilisées (tests ou autres) qui caractérisent une démarche de bilan psychologique en référence à la psychanalyse : c'est la position du psychologue qui inscrit la différence. Il soutient une véritable position éthique s'il s'appuie sur la parole, sur l'écoute, sur sa propre subjectivité à l'œuvre dans le transfert.

Il s'agit effectivement d'un choix éthique délibéré : est-ce qu'on privilégie l'objectivation, la part expérimentale des tests, ou bien choisit-on la parole ? Le langage n'est jamais innocent : on entend bien dans la problématique métaphore guerrière de la « clinique armée » l'idée que les tests seraient comme une arme ajoutée à la clinique…

À l'opposé de cette représentation martiale, la référence à la psychanalyse permet de soutenir le bilan psychologique comme un acte de parole dans une relation transférentielle.

CHAPITRE 1

Pour une éthique du bilan psychologique[1]

1. Une première version, abrégée, de ce texte est parue dans « Clinique et éthique », sous la direction de Cl. Revault d'Allonnes, R. Samacher et O. Douville, *Psychologie clinique*, n° 5, L'Harmattan, 1998.

Sommaire

1. Malaise chez les psychologues cliniciens

Le bilan psychologique a un statut extrêmement particulier pour les psychologues cliniciens, qui entretiennent souvent avec celui-ci une relation empreinte d'ambiguïté : il s'agit d'un aspect de la pratique du psychologue qu'ils regardent avec circonspection, surtout quand leur cadre de référence théorique est la psychanalyse.

Mais en même temps, le bilan psychologique est bien le seul acte spécifique du psychologue clinicien dans les institutions où celui-ci est amené à intervenir. Là où d'autres sont à même de mener des entretiens, conduire des réunions ou effectuer des psychothérapies, le psychologue clinicien est le seul à savoir pratiquer des bilans, ce qui en retour peut aussi assurer son identité dans un contexte institutionnel où il est souvent utile de clarifier les rôles et les fonctions de chacun.

De fait, si le bilan, ou examen psychologique, est si controversé et crée un tel malaise pour les psychologues cliniciens, c'est que son histoire reflète très directement celle de la profession. Le métier de psychologue est né pour répondre aux besoins de sélection à l'école et au travail, c'est-à-dire initialement pour appliquer des tests. Après une première période un peu balbutiante, les tests ont connu un certain succès au cours des années cinquante. Grâce à eux, on pensait appréhender le fonctionnement psychique scientifiquement, effectuer des mesures en toute objectivité, et un résultat pris isolément avait valeur de vérité, puisque les tests étaient créés à partir de critères recevables scientifiquement. On retrouve ici le mythe qui est à l'origine de la constitution de la psychologie expérimentale, d'une science du fait psychique qui obéirait aux mêmes critères de recevabilité que les sciences de la nature : observation, expérimentation, dégagement de lois générales.

En ce qui concerne les tests, cette mythologie va se trouver rapidement écornée, les attaques venant de toutes parts. En effet, cette conception est infiniment dangereuse, car un simple résultat, comme le QI par exemple, peut servir à cataloguer un enfant ou un adulte, et infléchir l'ensemble de

© Dunod – La photocopie non autorisée est un délit.

son existence. Au fil du temps, les psychotechniciens, devenus psychologues, se sont lassés d'être cantonnés à une approche strictement centrée sur la mesure, en vue d'obtenir un résultat final perçu comme réducteur de la complexité de l'être humain. Ayant pris rapidement conscience du caractère foncièrement restrictif de cette approche, ils ont de plus en plus refusé de servir une technique déshumanisante.

Deux critiques principales se sont élevées contre la pratique de l'examen psychologique. D'une part, le mouvement politique autour de mai 1968 et de l'antipsychiatrie, l'examen psychologique étant alors considéré comme une tentative de normalisation, une atteinte à la liberté individuelle. D'autre part, l'influence de la psychanalyse a joué un rôle important dans ce malaise. Alors que le psychanalyste crée les conditions pour que l'analysant, suivant son propre cheminement, se rapproche de la vérité de son désir, le psychologue qui réalise un bilan psychologique vient « objectiver » celui qui consulte, lui asséner une vérité qui s'impose de l'extérieur.

2. Les dangers d'un dispositif pervertissant

Le malaise du psychologue vis-à-vis des tests est sans doute lié aussi à ce qui est au cœur même de sa position à ce moment-là : il s'agit de voir et de savoir quelque chose sur celui qui vient consulter, que lui-même ne voit pas et ne sait pas, en tout cas pas d'un savoir conscient. La psychanalyse peut nous aider à penser ce qui se joue dans cette démarche du psychologue, et le piège que l'on pressent, aussi bien pour le praticien que pour le consultant.

Ce dont il est question, bien sûr, c'est de la curiosité, de l'envie de savoir. Et là on s'enracine aux plus violentes sources pulsionnelles. Freud a décrit la pulsion de savoir et son apparition chez l'enfant. Il s'agit d'une activité de recherche sexuelle infantile qu'il situe pendant la première époque de floraison de la vie sexuelle, entre 3 et 5 ans. Cette pulsion de savoir concerne une question essentielle pour l'enfant : d'où viennent les enfants ? Il s'agit bien sûr de la question concernant sa propre origine, qui renvoie évidemment à la sexualité.

Si la pulsion de savoir a directement à faire avec la sexualité, Freud la caractérise beaucoup plus précisément :

> « La pulsion de savoir ne peut être comptée au nombre des composantes pulsionnelles élémentaires ni subordonnée exclusivement à la sexualité. Son action correspond d'une part à un mode sublimé de l'emprise, et, d'autre part elle travaille avec l'énergie du plaisir scopique. » (1905, p. 123)

Comme le rappelle Assoun, le savoir est un agir pulsionnel qui tire son origine de la pulsion d'emprise. Celle-ci est une pulsion non sexuelle qui cherche à se rendre maître de l'objet grâce à la musculature. Elle va ensuite seulement participer à la vie sexuelle, en y apportant sa dimension de possession et de cruauté, ce qui se manifeste dans la composante sadique (1997, p. 21).

Mais le second élément de la pulsion de savoir vient de ce plaisir de voir particulièrement puissant dans la vie pulsionnelle. Il y a un fond scopique de la pulsion, inscrit fondamentalement dans le rapport à l'objet : « ça veut voir ». On voit bien ici comment la pulsion de savoir est intimement liée à ces couples pulsionnels que sont d'une part le voyeurisme et l'exhibitionnisme, d'autre part le sadisme et le masochisme. Comme l'écrit très justement Assoun, il y a du passionnel dans la pulsion de savoir : elle conjugue la volonté de maîtriser l'objet avec la jouissance de voir. Et c'est bien le plaisir de voir qui vient donner la « prime de plaisir » qui existe dans toute recherche.

Quant au désir de savoir qui anime le psychologue quand il effectue un bilan psychologique, on pourra objecter que la pulsion de savoir est alors sublimée, c'est-à-dire qu'elle a changé de but. La violence de la pulsion de maîtrise ne s'inscrit plus en lien avec la sexualité mais vise un but socialisé. De même, la jouissance de voir devient une envie de savoir. Mais l'élément scopique est aussi, dans l'activité de savoir, ce qui échappe le plus à la sublimation… Autrement dit, quoi qu'on fasse, il y a toujours du plaisir pulsionnel de ce côté-là…

Cet éclairage montre bien comment ce dispositif du bilan psychologique peut susciter des modalités que l'on peut dire perverses : à l'extrême, l'autre, le consultant, devient l'objet de cette volonté de maîtrise et de cette jouissance scopique. Toutes les conditions sont réunies d'une situation paranoïaque, dans laquelle les enjeux imaginaires et agressifs peuvent flamber.

On comprend bien dans ce contexte l'opposition de Canguilhem :

> « Et c'est pourquoi il faut en venir à la question cynique : qui désigne les psychologues comme instruments de l'instrumentalisme ? À quoi reconnaît-on ceux des hommes qui sont dignes d'assigner à l'homme-instrument son rôle et sa fonction ? Qui oriente les orienteurs ? […] La défense du testé c'est la répugnance à se voir traité comme un insecte, par un homme à qui il ne reconnaît aucune autorité pour lui dire qui il est et ce qu'il doit faire. » (1968, p. 379)

© Dunod – La photocopie non autorisée est un délit.

Ce qui n'a pu, bien sûr, qu'éveiller d'abord un sentiment de malaise, puis un questionnement éthique chez les psychologues aux prises avec ce dispositif pervertissant. Cela a conduit un certain nombre de cliniciens à refuser cette pratique, au nom de principes éthiques. Mais ces jeunes professionnels se sont trouvés dans une impasse, car ils s'étaient ainsi coupés de leurs « racines » les plus spécifiques en termes de pratique professionnelle. Comme le souligne Samacher (1992) :

> « Cette profession nouvelle, en plein développement, se cherchait et arrivait difficilement à dégager des pratiques spécifiques en dehors de la technique reconnue des tests mais dont beaucoup de praticiens ne voulaient plus entendre parler. » (p. 367)

C'est seulement en 1985 qu'une circulaire concernant les pratiques est négociée entre les pouvoirs publics et les professionnels, attestant que les psychologues sont responsables des techniques qu'ils utilisent et qu'ils sont seuls habilités à décider de leur utilisation.

Les psychologues qui continuent à pratiquer des bilans sont souvent bien embarrassés par ces questions, surtout quand ils se réfèrent eux aussi à la psychanalyse. Mais sans qu'une véritable réflexion éthique soit réellement engagée. Or, l'enjeu est d'importance. Les psychologues exercent dans le champ social et ont à faire à une demande sociale bien spécifique et particulière, où il ne s'agit pas pour eux de prendre une place et une fonction de psychanalyste. On peut d'ailleurs s'interroger sur l'évolution, suite à cette influence, qu'ont connue les CMPP[1], où bien souvent on n'y pratique plus que des psychothérapies, et où on est obligé d'adresser en privé des enfants pour lesquels un bilan psychologique s'avère nécessaire.

Certes, il ne s'agit pas de répondre à n'importe quelle demande sous le simple prétexte qu'elle existe, ce qui autorise tous les dérapages et constitue un des arguments les plus pernicieux qui soit, représentant une véritable justification de la perversion. La question est plutôt de savoir à quelle demande sociale répondent les psychologues : est-il toujours justifié de pratiquer des bilans psychologiques, et, si oui, pour quelles raisons et pour quels objectifs.

1. Centre médico-psycho-pédagogique : les CMPP s'adressent aux enfants et adolescents présentant des difficultés scolaires, des troubles psychomoteurs ou des troubles du comportement. Ils ont pour fonction de faire un bilan, de diagnostiquer les manifestations pathologiques et de mettre en œuvre une action éducative et thérapeutique.

3. Intérêt et limites du bilan psychologique

Quels sont l'intérêt et les limites d'un bilan psychologique ? Que ce soit en institution ou en pratique libérale, dans mon expérience, les bilans sont presque toujours demandés pour des enfants présentant certains symptômes, mais dans un contexte où la souffrance psychique de l'enfant est peu ou mal perçue. *A fortiori*, l'implication des parents ou de la dynamique familiale dans ses difficultés est souvent méconnue. Parfois, celui qui est à l'origine de la demande de bilan a bien saisi ces enjeux, mais ne parvient pas à se faire entendre de la famille. Fréquemment, des enseignants, des médecins adressent l'enfant pour un bilan, pensant que cette médiation peut permettre de faire entendre un autre point de vue.

Souvent cette souffrance passe inaperçue, car l'enfant n'a que ses symptômes pour l'exprimer et ne peut en parler autrement. Dans ces cas-là, les adultes qui demandent le bilan se posent des questions face à une énigme : quel est le niveau de l'enfant, comment faut-il l'orienter ? En effet, les symptômes se manifestant de plus en plus dans le cadre scolaire, qu'il s'agisse de difficultés d'apprentissage ou de troubles du comportement, cela produit une recrudescence de ce type de questions pour l'ensemble des intervenants comme pour les parents.

Le bilan constitue donc une médiation privilégiée pour faire entendre autre chose de la réalité de l'enfant. D'une part, parce que les épreuves d'efficience intellectuelle contribuent souvent, contrairement à ce que disent des détracteurs qui ne semblent pas les connaître réellement, à dédramatiser la situation. Si ces tests renseignent essentiellement sur la capacité de l'enfant à suivre la scolarité, il n'en reste pas moins que, par exemple, les corrélations sont modérées entre les tests d'acquis scolaires et le WISC-III (Grégoire, 2000, p. 107). Ce qui n'est pas étonnant : les performances scolaires sont seulement partiellement influencées par les capacités intellectuelles. D'autres variables comme la motivation, le niveau socioculturel et la qualité de l'enseignement jouent un rôle indiscutable dans les apprentissages.

Des études portant sur le WISC-III américain ont montré que les corrélations entre le WISC-III et les performances scolaires évaluées par les enseignants sont sensiblement plus faibles que les corrélations entre le WISC-III et les tests d'acquis scolaires. En effet, les évaluations des enseignants sont souvent biaisées par des facteurs indépendants des compétences des enfants. Des études ont montré que le comportement ou l'apparence physique des enfants, ainsi que le niveau moyen de la classe qu'ils fréquentent, influencent l'évaluation des enseignants (Leyens, 1986, Crahay, 1996,

© Dunod – La photocopie non autorisée est un délit.

cités par Grégoire, p. 108). Ces facteurs peuvent conduire à une surévaluation ou une sous-évaluation du niveau scolaire de certains enfants. Et d'autre part, le QI total reste un des meilleurs prédicteurs de l'apprentissage scolaire (Kaufman, 1994, cité par Grégoire, p. 237).

Pour le dire autrement, le niveau évalué avec une épreuve d'efficience permet souvent de mettre en évidence les autres facteurs, liés au comportement, à l'affectivité, à la structuration spatiale, etc., qui peuvent conduire un enfant à un échec scolaire. On voit tous les jours des enfants en grande difficulté dans leur scolarité réussir très bien l'épreuve d'efficience. On n'a jamais vu un bon élève obtenir de mauvais résultats à un test...

Parfois, rassurer un enfant sur ses capacités peut avoir un effet extrêmement mobilisateur, quand la situation d'échec a entraîné secondairement un manque de confiance en lui et des réactions dépressives, ce qui est fréquent.

Toujours, ce décalage entre les capacités et les résultats scolaires permet d'ouvrir un espace pour aborder les réelles difficultés de l'enfant, telles qu'elles sont apparues à travers les entretiens, et ont pu se dégager à travers les épreuves projectives.

En revanche, proposer un bilan systématiquement me paraît inutile et dangereux, car le bilan n'a d'intérêt que s'il correspond à une demande qu'il va aider à élucider. Par exemple, quand une famille demande une psychothérapie pour l'enfant, lui répondre par un bilan me semble une manière de refuser de l'entendre, et non je ne sais quelle « préparation », comme on peut l'entendre dans certaines institutions.

Il ne faut pas non plus oublier, et cela est de plus en plus vrai, que si les cliniciens proches de la psychanalyse abandonnent cette pratique, d'autres n'auront pas les mêmes états d'âme, et n'hésiteront pas à mettre en place des pratiques objectivantes et normalisatrices, car il n'y aura alors pas pour eux de contradiction avec leur cadre théorique de référence.

On peut d'ailleurs s'étonner que les psychologues cliniciens qui se réfèrent à la psychanalyse, et disposent donc d'outils conceptuels précis et pertinents pour penser leur acte et leur position éthique, ne le fassent pas plus. En effet, si les soucis déontologiques sont souvent au premier plan, ce qui fait honneur à l'ensemble de la profession, on ne trouve pas vraiment de réflexion éthique. Or, si la déontologie représente l'ensemble des règles et des devoirs qui régissent une profession, son existence même suppose de pouvoir prendre appui sur un certain nombre de valeurs. Les repères déontologiques que se donnent les psychologues s'appuient en général sur des valeurs implicites, tout à fait honorables au demeurant, comme le respect de l'autre, éviter de prendre une position de maîtrise ou d'asséner des vérités que le consultant n'est pas prêt à entendre. Mais ces valeurs ne font que s'appuyer sur un humanisme flou, dont les limites et les exigences sont fort peu précises. Alors qu'une véritable réflexion éthique mérite d'être posée : de quel acte s'agit-il dans le bilan, à quel sujet s'adresse alors le psychologue, quel est ici le statut de la vérité, de quoi s'agit-il quand on parle de diagnostic et de pronostic ? De quel désir procède le psychologue quand il effectue un bilan ? À tenter d'avancer sur ces questions, on pourrait y gagner une base pour construire des principes déontologiques qui s'enracineraient dans une véritable éthique de l'acte du psychologue.

Un détour par l'aventure de la psychologie clinique s'impose avant d'aborder ces questions : c'est en effet la psychologie clinique, et l'influence de la psychanalyse qu'elle a introduit en psychologie, qui a transformé la pratique des tests en lui donnant une tout autre dimension.

4. La psychanalyse : une rupture épistémologique pour la psychologie clinique

L'histoire qui lie pratique des tests et psychologie clinique est difficile, faite de répulsion et de séduction. Lagache (1949a), alors qu'il fonde la psychologie clinique en France, feint d'opposer méthode clinique et méthode des tests (p. 36 et suivantes). Le clinicien s'inscrit dans une relation personnalisée, alors que le psychotechnicien place le sujet dans une situation standardisée. Le clinicien s'attache à l'ensemble des données qu'il tire de l'observation du sujet, et s'il a des modèles auxquels il compare ces éléments recueillis, il n'en garde pas moins le souci de l'originalité imprescriptible de chaque individu. Le psychométricien ne s'intéresse qu'à la capacité de répondre au test, et va se contenter des résultats numériques, le maître mot étant la mesure. En réalité, Lagache apporte d'emblée la réponse à la question qu'il fait mine de soulever. Le test est élaboré par des cliniciens, à partir d'intuitions et d'observations cliniques, et les mesures comme les statistiques ne servent qu'à fonder rigoureusement les tests.

S'il s'agit d'un faux débat, puisque Lagache, en fin dialecticien, n'envisage les contradictions que pour mieux montrer qu'elles sont dépassées par la nouvelle conception qu'il propose d'une psychologie clinique, c'est parce que cette psychométrie apparaît de plus en plus réductrice à ceux qui la pratiquent. Ainsi, si la méthode clinique a beaucoup apporté à la pratique de l'examen psychologique, on oublie souvent de rappeler que le débat autour des tests est un des fondements de la psychologie clinique. Celle-ci

© Dunod – La photocopie non autorisée est un délit.

naît de la rencontre entre les préoccupations des psychologues et des psychiatres, et de leur intérêt pour la psychanalyse. Les psychologues sentaient bien que ce qu'il y a de spécifiquement humain leur échappait quand ils ne s'attachaient qu'aux mesures objectivantes des tests, et les psychiatres manquaient d'outils qui leur permettent une approche de leurs patients qui ne soit plus exclusivement intuitive.

> « La discussion autour des tests ne date donc pas d'aujourd'hui puisqu'elle précède la reconnaissance de la psychologie clinique au point d'avoir porté cette dernière sur les "fonts baptismaux". » (Sauret, 1993, p. 148)

Dans le même temps, psychiatres et psychologues se tournent vers la psychanalyse, mais pour des raisons différentes, comme le montre Sauret (1993) : les psychiatres s'intéressent à la psychanalyse pour sa rigueur, et, dans un contexte où leur clinique s'assoupissait, ils lui ont emprunté avec enthousiasme son système qui venait renouveler des conceptions devenues poussiéreuses. Mais les psychologues se sont attachés au côté humanisé de la clinique psychanalytique. Ils importent alors dans l'examen psychologique, la pratique de l'entretien qu'ils prennent au psychiatre comme au psychanalyste.

La psychologie clinique permet ainsi de construire progressivement une théorie et une pratique nouvelles de l'examen psychologique. Compris dans sa dimension clinique et dynamique, l'examen psychologique contient différents tests et épreuves projectives, un entretien préalable et un entretien clinique plus approfondi, et l'observation du sujet lors de l'ensemble de ces étapes. La relation entre le sujet et le psychologue est au centre de l'examen : le clinicien lui-même est une donnée intégrante du dispositif, ce qui suppose qu'il prenne en considération sa propre implication, ainsi que le transfert et le contre-transfert qui peuvent se déployer dans cette situation (Emmanuelli, 1997, p. 46).

On voit bien comment l'influence de la psychologie clinique conduit à prendre en compte la personne dans sa globalité, en diminuant l'importance des résultats aux tests. Il faut cependant relativiser cette avancée à propos des enjeux relationnels. Le rôle des enjeux transférentiels est très souvent souligné dans les écrits portant sur l'examen psychologique. Mais cela a la plupart du temps valeur incantatoire : après avoir annoncé qu'il s'agit d'un aspect essentiel, la dimension transférentielle est évacuée et les résultats aux tests sont analysés en fonction des différentes grilles interprétatives, comme si les réponses données n'avaient pas été adressées à une personne. Il s'agit là sans doute de l'héritage d'objectivation lié aux tests, qui continue à peser de tout son poids.

La psychologie clinique aujourd'hui peut-elle nous aider à penser autrement cet acte du bilan psychologique ?

Déjà, comme le rappelle Gori (1985), la psychanalyse, et ce qu'elle a enseigné à la psychologie clinique, a provoqué entre cette dernière et les autres psychologies une rupture épistémologique. Ces autres psychologies, qui se présentent volontiers comme des sciences du comportement, cherchent à dégager des lois générales du psychisme humain, qu'elles appréhendent comme un objet de recherche objectivable. Ce faisant, elles appliquent des modèles scientifiques tout droit hérités du XIXe siècle, qui s'étayent sur le principe de causalité, une cause déterminée entraînant un certain type de conséquences. Or, la psychanalyse nous apprend que le psychisme humain n'est pas objectivable. Ou, si certains aspects peuvent l'être, le principal est ce qui reste : le sujet de l'inconscient, fondamentalement divisé et impossible à saisir. Par ailleurs, la psychanalyse nous a aussi enseigné qu'il n'existe pas une causalité psychique, au sens où une cause viendrait produire un certain effet. La psychologie clinique est donc, dans le contexte du bilan, la démarche qui vient rappeler que, quelles que soient les données obtenues, la vérité du sujet nous échappera toujours.

Qu'est-ce qui spécifie alors la démarche clinique ? C'est que les psychologues cliniciens ont à faire non seulement à une personne, mais aussi à une demande sociale : dans les institutions comme en libéral, ils sont sollicités pour toutes les crises de la vie, telles qu'elles se traduisent dans la vie sociale. Depuis l'adaptation à la crèche du tout-petit, l'échec scolaire pour les enfants, les difficultés de comportement à l'adolescence, la drogue, le sida, la solitude des personnes âgées, etc., le psychologue clinicien inscrit toujours sa rencontre avec celui qui s'adresse à lui dans un contexte social, à partir d'un lieu déterminé et concret, généralement institutionnel. Comme l'écrit Huguet (1995), pour le psychologue clinicien, le « lit du malade », c'est le contexte social.

La situation clinique n'est pas moins objective que la situation psychométrique, elle est différente. Alors que dans la situation expérimentale, on tente d'éliminer le plus possible les interférences avec la subjectivité du psychologue, ici elle est revendiquée. Un fait psychologique, quel qu'il soit, est le produit d'une relation. Le psychologue, qui est aussi un être humain en situation, rencontre une autre personne. Et c'est cette relation qui est créatrice : si les tests, entre autres, ont donné naissance à la psychologie clinique, ils proviennent initialement de la psychologie différentielle. C'est leur utilisation par le psychologue, comme média de la relation, qui favorise l'expression du sujet et facilite sa propre écoute, qui en fait un instrument

© Dunod – La photocopie non autorisée est un délit.

clinique, utile pour sa pratique. Le sujet de la clinique est donc une personne singulière, dans une situation particulière. Lui comme le psychologue se rencontrent dans un contexte social et institutionnel déterminé, et la relation qui se noue entre eux devient créatrice du processus qui s'enclenche, pris dans des enjeux transférentiels.

À l'opposé de la démarche objectivante, en extériorité, le fait clinique est ici considéré comme construit par le dispositif qui le recueille (M. Huguet, 1995). Il s'agit donc d'un acte de parole.

Ainsi, derrière l'appellation générique d'approche clinique du bilan psychologique, il peut y avoir des approches très différentes, tant du point de vue des objectifs, des pratiques que des positions éthiques.

5. De l'examen psychologique vers le bilan

Ce glissement s'est traduit d'ailleurs sur le plan sémantique : alors que le terme historique est celui d'« examen psychologique », toute une évolution subtile lui a fait préférer celui de « bilan ». Binet et Simon créent l'examen psychologique qu'ils introduisent à côté de la méthode médicale et de la méthode pédagogique.

Aujourd'hui, l'usage nous donne le choix entre plusieurs appellations : examen, évaluation, investigation ou bilan psychologique.

Si nous prenons le temps de nous arrêter sur ces quelques mots, nous constatons qu'ils ont des connotations tout à fait différentes. Nous retrouvons dans l'« examen » le modèle médical, qui peut se définir comme l'ensemble des investigations, cliniques et techniques, menées pour apprécier l'état de santé d'une personne. Mais il renvoie aussi au modèle scolaire, c'est-à-dire aux épreuves destinées à évaluer les aptitudes d'un candidat. L'idée d'examiner évoque également l'observation fine et soigneuse.

Dans l'« évaluation », on retrouve le latin *valere,* qui veut dire valoir : il s'agit ici de déterminer la valeur, le prix ou l'importance de quelque chose. Ce terme, qui a tendance à être de plus en plus utilisé, est certainement le plus pernicieux : en effet, il induit l'idée qu'il s'agit d'apprécier une valeur psychologique. L'examen comme l'évaluation mettent l'accent sur la dimension comparative et sous-entendent la réussite ou l'échec.

L'« investigation », de *vestigium* qui signifie la trace, renvoie plus à une recherche attentive et minutieuse. La dimension du jugement est ici infiniment moins présente.

Mais si le mot « bilan » me paraît le plus approprié, c'est qu'il reflète beaucoup plus ce qui se joue autour de cette demande qui conduit à la consultation.

« Bilan » vient d'un mot italien du XVIe siècle, *bilancio*, dérivé de *bilanciare*, balancer en français. *Bilanciare* signifie aujourd'hui en italien équilibrer, au sens d'équilibrer des comptes. Il s'agit donc d'un mot cousin de la « balance », par exemple dans l'acception comptable de ce terme.

En effet, le bilan évoque le résultat d'une opération. Au sens propre, il s'agit du bilan financier, c'est-à-dire du tableau qui vient représenter l'actif et le passif d'un commerce ou d'une entreprise, à un moment précis. Au sens figuré, on fait le bilan des dernières années, ou bien le bilan de sa vie... Ce mot de bilan contient l'idée que l'on s'arrête à un moment donné pour faire le point. Le mouvement de la vie s'interrompt, c'est le moment où l'on se penche sur soi et sur ce que l'on a fait. Moment hors du temps où l'être humain échappe au flot ininterrompu de la vie, du mouvement, pour se demander où il en est. C'est dans ce retour en arrière qu'il s'interroge sur le cours de son existence, sur les événements qui l'ont jalonnée.

Le bilan se situe dans une historicité : celui qui est en train de changer, de s'engager dans une nouvelle vie, professionnelle ou affective, se penche en arrière, et se pose la question de ce qu'il désire maintenant à partir de l'éclairage du passé. C'est un temps d'arrêt et de retour sur soi : on fait un bilan quand quelque chose se termine. Il s'accompagne d'une idée de fin alors qu'en réalité le changement et le renouveau sont déjà amorcés. C'est en ce sens que ce mot de bilan me paraît particulièrement approprié au bilan psychologique : en effet, la demande de bilan, qu'elle provienne du consultant ou d'un tiers, n'intervient jamais à n'importe quel moment.

Ce terme est aussi plus dégagé des oripeaux de la représentation scolaire et universitaire de l'examen, verrou plus ou moins sévère, mais qui vient toujours sanctionner des acquis. Derrière l'examen se dressent les fantômes de la sélection, alors que le bilan renvoie plus à l'idée d'un constat, d'un état des lieux effectué à un moment donné. Seul Anzieu (1991) maintient une distinction entre l'examen, qui comprend les différentes étapes décrites, et le bilan de personnalité, qui serait la synthèse que dégage le psychologue au terme de l'examen. Mais en général, dans les textes actuels, les auteurs passent souvent du terme d'examen à celui de bilan comme s'il s'agissait de deux synonymes parfaitement symétriques, sans que l'écart entre les deux termes soit interrogé.

Est-ce à dire que l'on parle aujourd'hui de bilan psychologique au lieu d'examen comme notre époque nous a appris à nommer malentendants ou

© Dunod – La photocopie non autorisée est un délit.

malvoyants les sourds ou les aveugles, comme si la crudité du mot était équivalente à l'horreur de la chose ? Cette évolution dans la terminologie est sans doute de même nature : soumis à la culpabilité d'être ainsi les agents de la sélection, les psychologues ont gommé ce qui était le plus gênant. Mais cela correspond aussi à une réalité, à une réelle évolution dans les pratiques liée à cette histoire, nouée à celle de la psychologie en général et à la psychologie clinique en particulier.

6. Les principes déontologiques actuels

Le Code de déontologie des psychologues (1996) précise le rapport du psychologue avec les techniques qu'il met en œuvre. L'article 17 stipule que « la pratique du psychologue est indissociable d'une appréciation critique et d'une mise en perspective théorique de ces techniques ». Et l'article 18 indique que ces techniques « doivent avoir été scientifiquement validées ». D'autre part, l'article 19 énonce : « Le psychologue est averti du caractère relatif de ses évaluations et interprétations. Il ne tire pas de conclusions réductrices ou définitives sur les aptitudes ou la personnalité des individus, notamment lorsque ces conclusions peuvent avoir une influence directe sur leur existence. »

On perçoit combien les tests sentent le soufre et créent une situation à haut risque : élaborés selon des critères scientifiques, on peut effectivement supposer d'eux qu'ils édictent une vérité absolue, et les règles déontologiques viennent ici poser un garde-fou au psychologue.

Pour Perron-Borelli et Perron (1994), il faut que « le psychologue soumette ses instruments et ses démarches à [...] une "contestation permanente" », sinon il reviendrait à la « technicité étroite dont il cherche à s'évader ». Ils proposent, pour cela, de considérer les techniques comme des « sources de renseignement utiles, mais qui ne livrent jamais des "mesures", voire des évaluations, absolues et univoques » (p. 14).

Ils préviennent aussi contre le danger des constructions trop cohérentes : en effet, la méthode clinique a tué l'illusion de tests objectifs, dont les résultats correspondraient à des vérités scientifiquement établies. Ce faisant, elle prend en compte l'interaction, la subjectivité du clinicien, mais amène celui-ci à dégager une cohérence à partir des divers éléments du bilan. Cette opération de dégagement d'une cohérence peut même servir de définition à la psychologie clinique :

> « La démarche clinique en psychologie est celle qui vise à construire en structure intelligible des observations centrées sur un individu. » (p. 188)

Mais ils disent bien qu'il faut se méfier de ces constructions trop homogènes qui risquent de refléter essentiellement la subjectivité du psychologue qui aura privilégié tel ou tel aspect au détriment des autres.

Dans le même ordre d'idées, Emmanuelli (1997) précise que le bilan ne vise pas des résultats en termes de QI et de diagnostic psychiatrique, mais qu'il s'agit de rechercher une compréhension fine de la personnalité, qui permette de mettre en évidence la spécificité de chacun. Le bilan est un acte sérieux, qui mobilise connaissances et expérience : Emmanuelli insiste sur la nécessaire qualité de la formation.

Il est vrai que pour les psychologues, l'usage des tests plus que tout autre acte de sa vie professionnelle le confronte aux règles déontologiques :

> « L'usage de tests et de questionnaires, sans que le sujet soit le demandeur direct, peut le mettre en position d'objet de connaissance sans échange et sans retour… Il s'agit d'éviter toute domination en adoptant une position d'écoute, de dialogue, d'ouverture introduisant un questionnement : écouter n'est pas interroger. Cela suppose de se restreindre à ne pas aller au-delà de ce que demande le sujet. S'il y a des conclusions à apporter, elles ne doivent pas être le support des projections du psychologue en évitant toute interprétation forcée, allant à l'encontre des intérêts de la personne concernée. » (Samacher, 2001, p. 110)

Ces recommandations sont essentielles : on peut toutefois tenter, à partir de là, de dégager une véritable éthique de cet acte que pose le psychologue clinicien quand il effectue un bilan.

7. De la demande de bilan à un acte de parole

L'éthique ici est à distinguer de la morale : la morale est l'ensemble des règles de conduite admise à une époque ou par un groupe d'êtres humains. La morale participe d'un consensus décrété par le pouvoir : il suffit de suivre les critères du bien et du mal tels qu'ils sont socialement définis.

Quant à l'éthique, elle prend pour objet immédiat les jugements d'appréciation sur les actes qualifiés bons ou mauvais. L'éthique suppose une prise de position personnelle, elle est au-delà de la morale, car elle ne participe pas du registre de la contrainte. À l'inverse, elle s'enracine dans ce qui fonde le désir du sujet qui fait alors abstraction des contraintes extérieures.

© Dunod – La photocopie non autorisée est un délit.

La situation de test se révèle paradigmatique pour le psychologue de la tension entre morale et éthique, voire de leurs enjeux contradictoires. Comme l'écrit très justement Samacher :

> « Le psychologue, qui teste un enfant dans un contexte d'orientation, propose une solution qui répond à la demande de l'école afin de la soulager sans toujours penser à l'intérêt de l'enfant. » (2001, p. 112)

Cette fois encore, c'est la psychologie clinique qui nous éclaire sur les enjeux éthiques pour le psychologue dans un bilan. Les tests sont généralement construits de manière à présenter une validité statistique, à établir une comparaison rigoureuse avec une population de référence. Quant aux épreuves projectives, et cette appellation montre bien la volonté de se démarquer des tests au sens classique du terme, si leur élaboration n'a pas obéi aux mêmes critères scientifiques, leur interprétation s'appuie très largement sur les données issues d'études portant sur des groupes de sujets. Par exemple, Rorschach a testé son épreuve sur une importante population constituée de malades et de non-malades. Plus près de nous, Shentoub (1990) a mis au point sa liste des procédés d'élaboration du discours au TAT à partir de protocoles de patients névrosés, obsessionnels et hystériques. Il y a donc toujours un phénomène d'objectivation à la base des tests, qui satisfait plus ou moins selon les cas aux impératifs scientifiques, ces derniers étant entendus selon le modèle emprunté aux sciences dites dures, celles de la nature.

Si la psychanalyse introduit une rupture épistémologique entre la psychologie clinique et les autres psychologies, c'est parce qu'elle vient rappeler que la vérité du sujet nous échappera toujours.

À quoi sert alors, dans ce contexte, un bilan psychologique ? J'en donnerai la définition suivante : *le bilan psychologique s'inscrit dans une relation transférentielle et vient produire un effet de parole.* Il s'agit pour le psychologue d'un acte de parole.

Tout bilan commence par une demande : les parents ou des travailleurs sociaux viennent consulter pour une difficulté, à laquelle généralement ils ont donné une cause, ou alors ils en cherchent une.

> Par exemple, cette mère d'un enfant en grande difficulté scolaire mais tout à fait intelligent, demande un bilan sur les conseils de l'enseignant, parce qu'il suppose que ce jeune surdoué s'ennuie en classe, ou bien cette éducatrice de l'Aide sociale à l'enfance qui demande un bilan pour une préadolescente placée suite à des abus sexuels par son beau-père. Cette jeune fille fugue régulièrement de son foyer, se met en grave danger, pour toujours finir par retourner chez sa mère. Celle-ci joue un double jeu, dénonçant sa fille aux travailleurs sociaux, mais l'accueillant chez elle en cachette. L'équipe de l'Aide sociale est dépassée et se

demande s'ils ne doivent pas solliciter le juge des enfants pour qu'il interdise toute relation entre la mère et la fille.

On voit, à travers ces deux demandes, comment le psychologue consulté pour un bilan est mis en place de celui qui va dire la vérité. Quel est ici le statut de la vérité ? Cette notion est toujours marquée d'ambiguïté. Or, ici la psychanalyse peut nous aider à différencier la vérité en tant que contenu et la vérité en tant que position. En tant que contenu, la vérité est toute relative, dépend du discours qui l'énonce. Mais tout discours, pour exister, suppose une position de la vérité, qui est indépendante de son contenu. Un discours peut se tenir parce qu'il existe un lieu de la vérité, qui permet l'existence même de ce discours (Lacan, 1969-1970). Ainsi, tenir une position éthique, pour le psychologue, consiste à ne pas confondre ces deux registres : la place qu'il occupe, autour d'un lieu où la vérité ne peut que donner à voir qu'elle manque, peut lui permettre d'inscrire un acte de parole avec le consultant.

Ceci est rendu possible grâce aux enjeux transférentiels. Pour Freud, le transfert est un phénomène universel :

> « Il ne faut pas croire que c'est l'analyse qui crée le transfert et que celui-ci ne se rencontre que chez elle. Le transfert est seulement mis à jour et isolé par l'analyse. Il est un phénomène universellement humain, décide de la réussite de toute influence médicale, il domine même d'une manière générale les relations d'un individu à son entourage humain. » (1925, p. 71)

Le transfert est le processus fondateur de toute relation sociale et, *a fortiori*, de toute relation clinique. La particularité de la psychanalyse est de dégager le transfert, et d'en faire le moteur de la cure.

Il est fondamental que le psychologue clinicien, dans cette pratique du bilan, s'appuie essentiellement sur l'écoute. Mais il l'associe ici à une pratique d'influence, puisque, contrairement au psychanalyste, il donne des informations en retour au consultant. En cela, nous retrouvons le transfert qui est celui de l'accompagnateur, tel que le décrit Resweber :

> « Accompagner un malade, ce n'est pas seulement l'inviter à passer de la maladie à la santé ; accompagner une personne en fin de vie, ce n'est pas seulement lui faciliter le dernier passage ; accompagner un élève, ce n'est pas seulement coloniser son ignorance par l'enseignement des connaissances. Certes, il y a de quoi se réjouir, si le sujet assume l'ordre qui lui est fait de changer, d'évoluer, de s'engager, d'accepter le deuil… Mais l'accompagnateur se doit de gérer moins la réalité du passage que sa possibilité ou son effectivité. Il lui revient de trouver, sinon d'inventer, les moyens, à la

© Dunod – La photocopie non autorisée est un délit.

> fois généraux et singuliers, pour que le malade participe à sa guérison, pour que le mourant devienne capable d'accepter l'ultime rupture, pour que l'élève se donne tous les moyens d'apprendre. L'accompagnateur découvre le tracé à suivre, les étapes à parcourir, les outils à utiliser, les opportunités à saisir, les aides pédagogiques complémentaires à solliciter. C'est alors qu'il entre dans la logique du transfert : il porte (*Trag*) le sujet au-delà (*über*) de ses identifications et le rapporte à lui-même, en lui enjoignant de maintenir le cap sur (*über*) ses capacités propres. » (1996, p. 147).

Pour Lacan, le transfert forme une interface, et il voit dans le contre-transfert la dynamique même du transfert. Le contre-transfert ne s'oppose pas au transfert, au contraire il l'instaure comme tel. Le contre-transfert est le transfert renversé, parlé, interprété.

Ici, le contre-transfert revient pour le psychologue à formuler, sans pour autant prendre une position d'expert, ce qu'il perçoit de la situation de l'enfant, à partir aussi de ce qu'il ressent dans la relation. Le psychologue doit devenir, au titre du contre-transfert langagier, un interprète :

> « Sans ce déplacement du registre du vécu sur le registre de la parole éprouvée et reconnue, sans ce changement de perspective, le contre-transfert reste flou et inachevé. Il ne parvient à fournir les repères et les appuis symboliques décisifs, indispensables au sujet qui, une fois accompagné, doit ensuite se prendre en charge seul et de façon autonome. » (*idem*, pp. 147-148)

Il peut y avoir effectivement parfois une efficacité symbolique de cette parole du psychologue dans ce contexte. Comme l'écrit Lévi-Strauss, l'efficacité symbolique est une parole de transfert : la fonction de cette parole est d'éveiller à l'espace codé d'un transfert fondateur, qui définit la place de chacun dans l'ordre social.

Le transfert est donc « le processus qui médiatise la relation de soi à soi par la relation à autrui » (*idem*, p. 220). Dans le contexte du bilan, le psychologue peut utiliser cette place qui lui est attribuée pour amener un déplacement des discours initiaux, c'est-à-dire jouer ce rôle d'interprète pour l'enfant.

Mais pour cela il faut qu'il parte de la demande initiale. La prise en compte de cette demande fait toute la différence entre ce que l'on peut appeler, avec Bergès, une consultation systématisée ou une consultation psychanalytique (2001, p. 51). Rarement évoquée, la question de la demande de bilan pour les enfants est pourtant essentielle. Un bilan psychologique n'est jamais demandé par l'enfant lui-même, mais toujours par un tiers : enseignant, médecin, éducateur, parents. Quant aux parents, s'ils ne sont pas à l'origine de la démarche, ils doivent se faire le relais de la question initiale pour que le bilan ait lieu. Une approche psychanalytique, c'est-à-dire inspirée par la psychanalyse, consiste, avant d'examiner l'enfant, à dire à ceux qui viennent consulter pour lui « que demandez-vous ? » et de leur permettre d'aller au bout de ce qu'ils ont à dire.

Avec les enfants et la grande majorité des adolescents, la demande de bilan vient toujours d'un autre : parents, enseignant, etc. S'il est essentiel de reprendre avec lui les raisons de cette rencontre et de savoir s'il est d'accord pour cette passation, cela n'est pas suffisant. Une véritable dynamique se met en place si on part de ses difficultés, dont il souffre, en lui disant qu'on va chercher ensemble à mieux comprendre ce qu'il se passe. Il s'agit ici d'articuler la proposition du bilan, qui vient des parents, à ce qui constitue la demande de l'enfant. Cette demande est ici une demande de savoir sur ses difficultés, de comprendre quelque chose de ses problèmes qu'il subit sans pouvoir rien y faire. Comme l'écrit M.-A. Chabert (1997) :

> « Il appartient alors à l'interlocuteur psychologue de transformer ce temps d'exploration en un début d'intérêt et de prise de conscience par l'adolescent de son propre fonctionnement psychique, amorce éventuelle d'un travail psychothérapique. » (p. 31)

Ce qui vaut pour l'adolescent est tout aussi important avec les enfants. Ainsi, loin de garder une froide neutralité, il est intéressant en cours de passation de parler de ce qui est en train de se jouer : par exemple, un enfant est incapable de réfléchir si on l'interroge, se précipite en disant n'importe quoi. Bien souvent, le psychologue est le premier à reconnaître qu'il s'affole, perd complètement ses moyens parce qu'il panique, et est le premier à le formuler à l'enfant, lui fournissant des mots pour un phénomène qu'il subissait sans rien pouvoir en dire.

Mais il ne suffit pas, pour faire de ce premier temps de rencontre une consultation d'inspiration psychanalytique, de prendre en compte les demandes des adultes comme de l'enfant. Il faut aussi prendre en considération la spécificité des enjeux transférentiels avec l'enfant. Une autre condition est également essentielle à respecter. Il faut que le psychologue ait la maîtrise complète de l'ensemble du processus du bilan, depuis le premier entretien jusqu'au compte rendu des résultats. C'est-à-dire que l'on crée les vraies conditions d'une situation d'interlocution, qui va permettre cet acte de parole.

© Dunod – La photocopie non autorisée est un délit.

8. Le transfert avec l'enfant[1]

C'est bien sûr la psychanalyse d'enfants qui permet de mettre en évidence cette spécificité du transfert. La psychanalyse d'enfants est marquée dès ses débuts par l'importance des parents. Le petit Hans, le seul enfant qui a été traité par Freud, l'a été par l'intermédiaire de son père, Freud n'ayant vu l'enfant qu'une seule fois. Freud a conduit la cure grâce aux observations écrites du père. Celui-ci, qui est un de ses disciples, applique ses recommandations, et met en œuvre le traitement : cette analyse n'a pu avoir lieu que parce qu'il y a eu un transfert préalable du père de Hans vis-à-vis de Freud (Freud, 1909).

Anna Freud, l'une des fondatrices de la psychanalyse d'enfants, s'intéressera toute sa vie au travail avec les familles. Au début de sa pratique, elle estime que l'analyste doit s'approprier la place d'autorité qui était dévolue jusque-là aux parents : cette position ne pouvait qu'entraîner une forte hostilité chez ceux-ci. Adoucie, elle proposera plus tard de coopérer avec les parents, voire de les aider face à certains changements de l'enfant. Elle considère cependant toujours qu'il ne peut pas y avoir de transfert chez l'enfant à l'égard de l'analyste, car l'enfant ne peut établir de transfert qu'avec ses parents. Dans les rencontres avec la famille, elle s'intéresse à l'histoire de la maladie et à la vie quotidienne de l'enfant.

Melanie Klein s'est relativement peu préoccupée de travailler avec les parents. À l'inverse d'Anna Freud, elle est convaincue de la possibilité du transfert chez l'enfant : même si l'enfant est dépendant dans la réalité de ses parents, c'est la relation aux imagos parentales qui est le substrat du transfert, et non le lien aux parents de la réalité. Toutefois, toujours lucide, Melanie Klein a très vite pris la mesure de l'ambivalence des parents vis-à-vis de l'analyse de leur enfant, et elle note qu'en général dominent chez eux l'hostilité et la jalousie. Elle tente toutefois d'obtenir une collaboration passive avec leur inconscient, elle leur parle du sens et des effets de l'analyse, sans toutefois leur livrer de détails. Winnicott, élève de Melanie Klein, prendra une position très différente et ira jusqu'à créer avec certains parents une alliance thérapeutique.

Si la question de la place des parents traverse toute l'histoire de la psychanalyse d'enfants, c'est avec Jacques Lacan qu'elle va venir prendre un tout autre sens (Boukobza, 1995). À partir de là, il ne sera plus possible de

1. Ce chapitre a fait l'objet d'une publication dans « Pendant la période de latence », *Enfances et psy*, n° 12, 2000.

recevoir les parents uniquement pour recueillir l'anamnèse, ou pour s'assurer que leur hostilité ne met pas en péril la poursuite de l'analyse. Dans une note qu'il adresse en 1969 à Jenny Aubry (1983), Lacan écrit :

> « Le symptôme de l'enfant se trouve en place de répondre à ce qu'il y a de symptomatique dans la structure familiale. Le symptôme, c'est là le fait fondamental de l'expérience analytique, se définit dans ce contexte comme représentant de la vérité. »

Il s'agit ici de déchiffrer le symptôme comme une question qui est prise dans le discours familial. Cela va donner une pratique de la psychanalyse avec les enfants tout à fait différente, mise en œuvre par exemple par Françoise Dolto ou Maud Mannoni. Françoise Dolto insiste beaucoup sur les entretiens préliminaires avec les parents, pendant lesquels elle situe le sens de la démarche, reprend l'histoire singulière de l'enfant, mais aussi la dynamique familiale et transgénérationnelle. Ainsi, elle pose toujours la question du rapport des parents à leurs propres parents, c'est-à-dire de leur propre histoire œdipienne. Elle soutient la place du père, n'acceptant jamais d'engager une analyse si le père n'est pas d'accord.

Maud Mannoni, dans la lignée de Dolto, défend l'importance d'écouter la mère là où on écoute l'enfant : ce qui compte, c'est ce qui se passe dans le discours, c'est-à-dire le lieu d'où le sujet parle, à qui il parle et pour qui. Il faut dégager dans l'analyse la place de la parole de la mère dans les fantasmes de l'enfant, ainsi que la place du père dans la parole de la mère. Pour reprendre l'expression de Dolto, l'analyste qui reçoit les parents joue le rôle d'« éponge à angoisse ». Le sujet attend de l'Autre de recevoir ce qui manque à sa parole : dans la cure, c'est du lieu de l'analyste que le sujet va articuler son discours. Dans l'analyse d'enfants, c'est à travers l'analyste que le discours des parents et des enfants est mis en circulation entre tous, ouvrant l'accès au symbolique. Cela, bien sûr, ne peut se produire que si l'enfant et les parents sont reçus par le même analyste. Mais il faut souligner qu'il est particulièrement difficile d'avoir à supporter trois transferts, sans être l'analyste du père ou de la mère. Maud Mannoni suppose que l'idée d'Anna Freud, selon laquelle il n'existe pas de transfert en psychanalyse d'enfants, est le fruit de l'angoisse, car il ne s'agit pas d'être l'objet d'un seul transfert, mais d'au moins trois…

Si la situation de bilan n'est pas la cure psychanalytique, il n'en reste pas moins qu'il est essentiel de créer cette situation d'interlocution articulée autour des enjeux transférentiels, si on veut mettre cet acte de parole au centre de la pratique du psychologue.

© Dunod – La photocopie non autorisée est un délit.

Or, si en pratique libérale le psychologue est l'unique interlocuteur pour toute la famille, cette procédure est malheureusement rarement respectée en institution.

Dans les institutions, le dispositif d'intervention est souvent déterminé par les statuts et les fonctions de chacun et par les habitudes institutionnelles. Fréquemment, en institution, c'est un médecin ou un psychologue qui reçoit les parents, pour reprendre avec eux les motifs de la consultation, et l'anamnèse de l'enfant. Un autre psychologue reçoit l'enfant pour la passation du bilan. La restitution des résultats est éventuellement faite par celui qui a rencontré les parents, mais qui n'a pas lui-même effectué le bilan.

Ceci dans le meilleur des cas ; il existe des services où un psychologue fait passer une épreuve d'efficience, un autre s'occupe des tests instrumentaux, un troisième encore présente à l'enfant les épreuves projectives… Souvent, dans ces mêmes lieux, on s'étonne d'obtenir des protocoles très pauvres, inhibés, sans même se demander pourquoi on empêche l'enfant de créer une relation avec quelqu'un…

Il s'agit ici de l'héritage du modèle créé par Anna Freud, qui distingue bien les différents temps de la consultation, pour aboutir au diagnostic et au traitement, en séparant bien les rôles de chacun. Mais cette répartition des rôles ne trouve pas de réelle justification. Un des arguments souvent donné est le suivant : si l'enfant et ses parents n'avaient qu'un seul interlocuteur, une relation transférentielle risquerait de se nouer, qui pourrait gêner une éventuelle indication de psychothérapie et l'engagement transférentiel avec une autre personne. Comme s'il y avait un propriétaire du transfert…

En réalité, on peut surtout penser qu'il y a une très grande peur des enjeux transférentiels dans les institutions. Et, derrière les habitudes, ce sont des enjeux de pouvoir qui se jouent ici, dans une répartition subtile, mais sans équivoque, des tâches nobles (recevoir la famille) et des tâches subalternes (la passation des tests avec l'enfant). C'est ici le modèle médical, avec son organisation hiérarchique, qui prévaut la plupart du temps, sans dire ouvertement son nom.

Prendre en compte les enjeux transférentiels avec l'enfant suppose également de soutenir la place du père, sans jamais accepter la passation d'un bilan si le père n'est pas d'accord. Il est très important de systématiquement associer le père à cette démarche de bilan, c'est-à-dire en ayant d'emblée le souci de soutenir cette place du père.

La plupart du temps, c'est la mère qui appelle pour prendre rendez-vous et qui accompagne l'enfant. Or, dans les pratiques traditionnelles du bilan, même celles qui se réclament d'une approche clinique, il y a parfois plusieurs rencontres avant que l'on propose de recevoir le père.

Dans le meilleur des cas, il se mobilise alors, mais dans une sorte d'après-coup, comme si parole et sa présence étaient moins essentielles que celles de la mère. Il est ainsi mis en position passive de recevoir les résultats d'un bilan dont il a été d'emblée exclu.

Mais parfois, il est difficile de le rencontrer : dans ce cas, nous ne manquons pas d'interprétations, dans les équipes, pour penser qu'il s'agit d'un père absent, ou bien que la mère fait barrage, qu'elle n'a pas envie qu'il s'implique plus pour l'enfant… Mais si le père n'a pas été sollicité d'emblée, le cadre même, tel qu'il est posé, laisse entendre qu'il s'agit de l'affaire de la mère et qu'il y a finalement peu de place. De même, pour la mère, si une relation satisfaisante pour elle s'est nouée dans le cadre de la consultation, si elle s'est sentie entendue, reconnue dans ses difficultés et ses préoccupations pour son enfant, elle n'a peut-être plus très envie que le père vienne prendre sa place…

9. Le déroulement du bilan[1]

Le premier temps pendant lequel le psychologue recueille l'histoire est déjà essentiel : il lui permet de se situer dans une histoire, et inscrit déjà pour ceux qui consultent l'idée qu'il ne s'agit pas d'apporter une réponse technique à une question qui vient souvent sous cette forme-là, par exemple d'évaluer un QI. Reprendre l'histoire, c'est refuser de participer à un mouvement qui consiste à réduire à une pure question technique la problématique concernant un être humain.

Il faut ici insister sur les effets pernicieux de l'enseignement classique des tests, qui interdit le recours aux autres données, issues des entretiens par exemple, pour la compréhension de l'ensemble. Contrairement à cette pratique trop répandue, il faut à l'inverse, comme le préconisait Wechsler, systématiquement donner la primauté aux éléments issus de la clinique par rapport aux résultats des tests, toujours susceptibles d'erreur.

Ainsi, dans la pratique, le psychologue commence toujours par un entretien avec les parents pour savoir ce qui motive la consultation. Ensuite, il reprend l'histoire de l'enfant avec eux, en ayant en tête l'importance de certaines étapes : comment se sont passés la grossesse, l'accouchement ?

1. Cette présentation reprend : « Le bilan psychologique avec l'enfant » *in* S. Netchine (dir.), *Psychologie clinique – Individu, sujet et société*, Tome 1, Paris, Bréal, 2001.

© Dunod – La photocopie non autorisée est un délit.

À quel âge l'enfant a-t-il marché, parlé ? Comment s'est passée l'acquisition de la propreté ? Quelle est sa place dans la fratrie et ses relations avec ses frères et sœurs ? Comment se sont passées les premières séparations, l'entrée à la crèche ou l'arrivée chez une assistante maternelle, l'entrée à l'école maternelle ? Y a-t-il eu des événements marquants dans la famille, des séparations, des deuils ou autres ?

Ce premier temps d'entretien est essentiel, car les parents arrivent souvent avec des questions très techniques, et attendent souvent des réponses simples, orthopédiques, comme un QI qui permettrait de comprendre un échec scolaire. Or, la réalité est infiniment plus complexe, reprendre l'histoire de l'enfant permet de rendre sensible aux parents qu'on ne peut pas réduire à une pure question technique la problématique de leur enfant, et que ses difficultés s'inscrivent dans un mouvement et une dynamique d'ensemble. Il s'agit de resituer dans un mouvement, une dynamique, une historicité, les questions qui arrivent parfois brutalement sur un mode réducteur.

Acte inaugural que pose le psychologue, parfois déstabilisant pour ceux qui consultent et n'en voient pas toujours la nécessité, mais première brèche à ouvrir dans un discours qui contient une demande d'évaluation, de savoir ou de contrôle. Il ne s'agit pas de ne pas en tenir compte : ici encore, c'est la psychanalyse qui nous a montré qu'à ne pas respecter là où en est l'analysant, à se précipiter pour lui donner, dans l'interprétation, des mots qu'il n'est pas encore prêt à entendre, on ne fait que favoriser le travail des résistances et fermer abruptement ce qui commençait à s'entrouvrir. Mais tout en respectant ce discours, un des premiers actes du psychologue, en inscrivant l'histoire comme constitutive du sujet humain, consiste à ne pas répondre là où on l'attendait, du côté d'une réponse orthopédique qui viendrait clore la question.

Cet entretien clinique n'obéit pas à des règles techniques précises, mais il suppose des qualités d'écoute et de disponibilité importantes de la part du psychologue. En effet, sa tâche est difficile, car il doit créer les conditions dans lesquelles les parents vont pouvoir se sentir à l'aise et en confiance, donc aménager un espace de liberté, et en même temps mener l'entretien, au sens où il cherche à obtenir un certain nombre de renseignements. Pour qu'un climat de confiance s'instaure, le psychologue doit pouvoir aborder ses interlocuteurs sans *a priori* et surtout sans jugement, sinon cela est très vite perçu même quand rien n'est dit explicitement.

Dès ce premier entretien, les mécanismes transférentiels vont jouer un rôle fondamental, car toute situation d'interlocution est indissociable de la relation qui se noue au cours de l'échange.

La rencontre avec l'enfant est médiatisée par les différents tests et s'inscrit dans le temps. Ainsi, la situation de bilan permet de s'inscrire dans une durée radicalement différente de celle d'un entretien, par exemple. L'entretien fait partie intégrante du bilan, mais s'inclut naturellement à différents moments de la passation, et particulièrement à la fin de celle-ci, quand la relation est déjà bien établie. Ainsi, loin de procéder à une passation « en aveugle », comme il était autrefois de mise, c'est-à-dire sans tenir compte des motifs de la consultation, le psychologue part de la question posée, pour essayer d'avancer avec le consultant vers plus de compréhension.

Parmi les différentes méthodes utilisées, on retiendra particulièrement :

- **Les tests de niveau** : ils appartiennent au champ de la psychométrie, c'est-à-dire qu'ils permettent d'effectuer des mesures. Les plus utilisés sont les tests de développement intellectuel et les tests d'efficience intellectuelle.

– **Les tests de développement intellectuel** s'appuient sur la notion d'âge mental. Ils permettent de chiffrer un quotient intellectuel en faisant le rapport âge mental/âge réel. Ils représentent une comparaison statistique de niveaux de développement. Le modèle en est la NEMI (Nouvelle Échelle Métrique de l'Intelligence), issue du Binet-Simon et réétalonnée par Zazzo, destinée aux enfants de 3 à 14 ans.

– **Les tests d'efficience intellectuelle** mesurent aussi un QI, mais sans se référer à la notion de développement. Le QI indique cette fois à quel rang se situe le résultat d'un individu relativement aux résultats des autres, c'est-à-dire qu'il exprime un rang dans une population. Les tests d'efficience les plus utilisés sont les échelles de Wechsler : pour les enfants, le WISC-III (Wechsler Intelligence Scale for Children) est la dernière version française, révisée en 1996.

- **Les épreuves instrumentales** : elles permettent de repérer l'existence de troubles instrumentaux, comme par exemple l'« Épreuve d'organisation grapho-perceptive – Révision 1967 », issue du Test moteur de structuration visuelle de Bender, qui consiste à reproduire des figures géométriques et renseigne sur le niveau graphomoteur de l'enfant.
- **Les tests scolaires** : notamment en lecture, orthographe et mathématiques, ils rendent compte du niveau des acquisitions scolaires de l'enfant.
- **Les méthodes projectives** : elles représentent un mode d'approche de la personnalité à partir de la notion de projection. La projection consiste à attribuer inconsciemment à autrui, et, plus généralement, à attribuer au monde extérieur ses propres pensées, ses sentiments, ses émotions et ses

© Dunod – La photocopie non autorisée est un délit.

conflits. Aucune perception n'est parfaitement objective. En effet, la perception est le fruit de la rencontre entre la réalité externe, l'objet à percevoir, et le sujet en train de percevoir, c'est-à-dire en train de projeter à son insu ses propres préoccupations.

Les épreuves projectives sont constituées par un matériel ambigu, et l'enfant est laissé entièrement libre de ses réponses : celles-ci vont refléter sa prise en compte de la réalité, mais aussi ses inquiétudes, ses conflits internes, son angoisse et les mécanismes de défense qui lui permettent d'y faire face.

Les méthodes projectives peuvent se diviser en trois grands groupes :

– **celles qui utilisent le dessin** : l'enfant s'exprime en général volontiers par l'intermédiaire du dessin. Il existe un certain nombre de tests, déjà anciens, qui ont fait l'objet d'études approfondies, comme le test du dessin du bonhomme de Goodenough qui date de 1926 ou celui de la dame de Fay de 1923 (« une dame se promène et il pleut ») qui étaient conçus au départ pour donner une indication du développement intellectuel de l'enfant. Ils sont surtout utilisés aujourd'hui dans une perspective clinique, pour les éléments projectifs qu'ils apportent. D'autres méthodes connaissent un succès plus actuel, comme le dessin de la famille par exemple. Mais, quels que soient les types de dessins demandés à l'enfant, il est toujours intéressant de lui proposer aussi un dessin libre, dans lequel il peut exprimer plus directement ses préoccupations ;

– **les méthodes structurales** : elles présentent un matériel dépourvu de signification explicite, et l'enfant doit lui donner un sens. Le modèle principal est le Rorschach, qui est constitué de taches d'encre, présentées sur dix planches. La consigne pour le sujet est de dire tout qu'il peut voir, tout ce que cela peut représenter pour lui ;

– **les méthodes thématiques** : elles mettent en scène des personnages, humains ou animaux, et le psychologue demande à l'enfant de raconter une histoire à partir de chaque image. Les plus couramment utilisées sont le TAT (Thematic Apperception Test de Murray), à partir de 6 ou 8 ans selon la maturité de l'enfant, et le CAT (Children Apperception Test de Bellak) qui est une adaptation du TAT pour les enfants, et qui peut être proposée à partir de 4 ans.

Il est important de rappeler qu'il faut toujours croiser les données issues de plusieurs épreuves : ici, la question du rapport à la vérité se pose crûment. En effet, un résultat à un subtest ne représente que lui-même, alors que bien souvent on lui attribue une autre signification. Par exemple, au WISC-III, un échec aux cubes de Kohs peut avoir plusieurs origines différentes.

10. Le rapport à la norme

L'utilisation d'épreuves valides, donc fiables, permet d'obtenir des données objectivées, que l'on peut considérer comme des éléments qui situent le sujet dans une comparaison par rapport à une population de référence. La spécificité du bilan consiste en l'utilisation des différents tests et des méthodes projectives. Les tests supposent la comparaison à une norme. Malgré des bases et des constructions différentes, les tests ont tous en commun de comparer une personne à une norme. Par exemple, le WISC-III permet de comparer l'efficience intellectuelle d'un enfant avec les résultats des enfants du même âge. Cela a été rendu possible grâce à la validation statistique. Cette comparaison s'avère possible à la fois pour les résultats globaux et pour chaque subtest. C'est d'ailleurs cette comparaison à une norme qui a souvent fait renoncer à l'utilisation des tests, et il est exact qu'une première approche non distanciée peut s'avérer normative et réductrice et, de fait, stigmatisante. Si cette dimension comparative est moins évidente pour les épreuves projectives, celles-ci n'en sont pas complètement exemptes.

Cette problématique par rapport à la norme me semble être un faux débat. L'être humain vit en société : en tant que tel, il a nécessairement rapport avec une norme. Or, le sujet existe dans cet écart à la norme.

De ce point de vue, ce n'est pas très différent de ce qui se joue dans un entretien : le psychologue est *a priori* à l'écoute de tout ce qui se dit, mais son attention est accrochée, alertée, par ce qui va être, pour chaque individu, différent et singulier. C'est dans cet espace, là où « il ne ressemble pas à tout le monde », que se dévoile la singularité de chacun.

Ainsi, il est tout à fait intéressant de donner au consultant les résultats des tests, et notamment les différences d'avec la norme ou la moyenne. Cela suppose de lui expliquer le test et les résultats. Mais cela ouvre un espace au consultant qui peut lui permettre de prendre une certaine distance et une position critique vis-à-vis de lui-même.

On le voit, un des intérêts majeurs d'une pratique clinique du bilan psychologique est d'ouvrir un espace de parole pour les principaux interlocuteurs et d'amener une modification de la demande initiale. Celle-ci, pour un bilan, est toujours une demande de savoir, mais elle diffère de la demande de savoir de la psychanalyse. Elle est extérieure et objectivée, car le psychologue est censé apporter la solution : par exemple, un enfant se plaint d'être timide et voudrait savoir pourquoi. Nous voyons bien avec cet exemple que nous ne sommes pas très loin d'une démarche vers la psychanalyse où il pourrait chercher à comprendre par lui-même, même si cela ne

© Dunod – La photocopie non autorisée est un délit.

peut avoir lieu que grâce au transfert sur le psychanalyste, les raisons de cette timidité.

Le bilan est justement un moyen privilégié pour faire passer de cette première étape « *l'autre va me dire ma vérité* », à la seconde « *grâce à l'autre, je peux chercher moi-même ma propre vérité* ». Il s'agit pour le psychologue et pour l'enfant de se demander à quelle question a affaire le sujet, ce qui est bien sûr aux antipodes d'un diagnostic psychiatrique.

11. Le compte rendu oral : la distorsion du discours initial

Enfin, le psychologue a réuni une somme d'informations sur l'enfant consultant : il y a la demande initiale, des données objectivées recueillies, le discours du consultant, la façon qu'a eu celui-ci de s'inscrire dans la relation, ainsi que ses propres impressions cliniques. On dit généralement qu'à partir de là, le psychologue doit se livrer à une « interprétation » et construire une « synthèse ». Ces deux termes me paraissent impropres. Le psychologue ne donne pas une interprétation mais plutôt il élabore une construction à partir des éléments qu'il a recueillis. Il propose un nouveau discours qui vient en écho à tous ces discours dont a été fait le bilan, mais qui déplace la question ailleurs que là où elle a été posée. Quant à l'idée d'une synthèse, elle risque d'entretenir l'illusion d'une totalité qui rendrait compte de la vérité du sujet, alors même que celui-ci, divisé, échappera toujours à toute tentative d'objectivation.

Après la passation, le psychologue reprend tout seul l'ensemble des données qu'il a obtenu. Un test donne un résultat chiffré, comme le QI, qui n'a pas grand sens en lui-même, car il est très dépendant de nombreux facteurs, en particulier affectifs. Le clinicien doit donner du sens à ces chiffres : ce n'est pas la même chose d'avoir un résultat faible à un subtest à cause d'un problème d'organisation perceptive, d'une inhibition face à la tâche ou de réactions d'angoisse qui créent de la panique et font perdre à l'enfant tous ses moyens… La passation des tests, la façon dont l'enfant réagit, son comportement, assuré ou effrayé, son mode de verbalisation, riche ou au contraire extrêmement réservé, apportent au clinicien expérimenté des renseignements essentiels sur l'enfant et sa façon d'approcher un certain type de tâches dans un contexte relationnel.

Ici, l'acte du psychologue consiste, en s'étayant sur des éléments objectivés et sur l'ensemble de ce que son expérience clinique lui a permis de dégager, à tenir un autre discours en contrepoint du propos initial, en tenant compte de ce que son interlocuteur est prêt ou non à recevoir. Il est important de préciser qu'il faut éviter de donner les résultats chiffrés : ceux-ci ont un sens pour le psychologue qui les interprète, mais risquent de donner lieu à de fausses interprétations quand ils sont repris en dehors du contexte. La même réserve doit être de mise pour toute catégorie diagnostique, qui risque de fournir à l'enfant et à sa famille un support identificatoire qui fige la situation plutôt qu'il n'ouvre à un changement possible.

Pour tenir ce discours en contrepoint, le psychologue utilise cette place à laquelle il est mis de pouvoir dire une vérité. Encore faut-il qu'il n'en soit lui-même pas dupe, et qu'il ne confonde pas entre la position et le contenu de la vérité.

> Pour reprendre les exemples cités plus haut, le bilan a conduit cet enfant à engager une psychanalyse, car ses difficultés scolaires ne faisaient que traduire une grande angoisse, qui s'exprimait sur un mode phobique. En l'occurrence, refuser de répondre en termes de QI à la famille a permis que puisse être entendue la souffrance de ce garçon. Dans la seconde situation, il fut rappelé aux travailleurs sociaux qu'à vouloir à tout prix couper les liens dans la réalité entre cette mère et sa fille, on ne faisait que susciter chez celle-ci le désir de retrouver cette mère, et à la jeune fille la différence entre réalité psychique et réalité externe. Les fugues cessèrent, et cette préadolescente s'est intégrée dans son foyer à partir du moment où cette épée de Damoclès cessa de peser sur elle en permanence.

C'est tout le déroulement du bilan qui aura bien souvent, et dans les cas les plus favorables, conduit enfant et parents à évoluer et à considérer la situation autrement. On voit bien que dans cette perspective, le bilan ne peut s'envisager sans une parole donnée en retour au consultant. Le compte rendu du bilan ne vient pas de surcroît : il en est la conclusion logique, le moment où se met en acte le déplacement, voire la distorsion du discours initial, celui qui avait amené à consulter.

Mais le psychologue est amené aussi à apprécier ce qu'il peut dire, c'est-à-dire ce que ses interlocuteurs sont prêts à entendre. Cette tâche, difficile, incombe au psychologue, qui doit trouver une juste mesure entre ce qu'il pense devoir dire et ce qui est recevable par ses interlocuteurs à ce moment-là. En réalité, cela n'est possible que si le psychologue privilégie la relation par rapport aux résultats des tests. Comme le psychanalyste s'appuie sur son propre transfert pour écouter son patient, le psychologue doit revendiquer ses propres enjeux transférentiels, et donc sa subjectivité, dans cette situation de bilan. Il privilégie à ce moment-là ce qui fait écho pour lui dans cette relation, ce qui va l'aider à relativiser les données issues des tests, qui peuvent tout à fait devenir, si on n'y prend garde, des interprétations sauvages.

© Dunod – La photocopie non autorisée est un délit.

12. Les comptes rendus écrits : la subjectivité assumée

L'une des difficultés majeures de la pratique du bilan psychologique réside dans la nécessité, extrêmement fréquente, de devoir rendre compte des résultats du bilan à un tiers, celui-ci fût-il le demandeur initial de la démarche. Si, comme nous l'avons vu, restituer les résultats à l'enfant et à ses parents reste une opération délicate, ce moment singulier peut être mis à profit pour faire entendre à chacun des interlocuteurs quelque chose de la position des autres, et ainsi participer d'une démarche de subjectivation.

Mais l'enfant est très souvent adressé pour ce bilan par un médecin, un enseignant, un travailleur social ou un autre psychologue : ce dernier cas de figure est d'ailleurs loin d'être rare, le bilan psychologique étant souvent considéré comme une spécialisation dans la pratique du psychologue. Or, rendre compte de ce que le bilan a dégagé, c'est-à-dire de mouvements psychiques dont l'enfant n'a lui-même peut-être pas forcément conscience, soulève de nombreux problèmes d'ordre éthique et déontologique :

- il s'agit de données objectivées, d'une connaissance que l'on a de l'enfant à son insu : peut-on encore parler d'un sujet dans ce contexte ?
- tout écrit s'adresse à un lecteur : que doit-on transmettre, et à qui ? Peut-on écrire la même chose pour les parents, l'enseignant, une assistante sociale, un psychiatre, un pédiatre ? Toute tentative de communication humaine est source d'équivoque : là où l'échange verbal peut, dans le meilleur des cas, permettre de réguler en partie ces malentendus, l'écrit risque de figer ces erreurs.

Que disent les psychologues à propos des écrits qu'ils sont amenés à réaliser ? À partir d'une enquête menée dans cent trente institutions des secteurs social et médico-social portant sur la question des écrits professionnels, Riffault met en évidence les inquiétudes et les priorités des psychologues (2000, p. 55 et suivantes).

Celles-ci s'organisent autour de cinq problématiques essentielles. Si celles-ci concernent toutes les formes d'écriture en situation professionnelle, elles me semblent tout particulièrement être au premier plan pour les comptes rendus écrits des bilans :

1. « Les paroles s'envolent, les écrits restent »

   Un bilan psychologique correspond à un moment donné, alors que le texte écrit fige, inscrit définitivement des mouvements qui peut-être n'étaient que transitoires. Comme le dit un psychologue :

> « Je n'aime pas trop fixer les choses par écrit, quand il s'agit d'un examen psychologique [...]. Si on écrit clairement, on pourrait être compris, ce n'est pas cela le problème, c'est plutôt que les choses vont évoluer et que l'écrit fixe un instant T qui ne sera peut-être plus du tout vrai dans T + 6 ; 6 mois plus tard ça sera peut-être complètement erroné, mon texte. » (Riffault, 2000, p. 56)

2. L'absence de maîtrise sur les écrits adressés

   Comme le dit une autre psychologue : « On est obligé de faire confiance, sinon on ne transmet rien » (p. 57). Quel usage le récepteur du message va-t-il faire du texte qu'il reçoit, comment va-t-il l'interpréter ?

3. Le manque de retour

   Après l'envoi d'un compte rendu, il n'y a pratiquement jamais de retour, c'est-à-dire de commentaires ou de réactions, de la part du destinataire : le psychologue reste seul avec ses interrogations sur le bien-fondé de ce qu'il a choisi de communiquer.

4. Toute adresse est singulière

   Un compte rendu est réalisé pour un interlocuteur, et prend sens dans ce dialogue. En dehors de ce contexte, il peut prendre un sens tout à fait différent, et il est impossible de maîtriser le devenir de cet écrit, de savoir par qui et comment il va être lu.

5. La méconnaissance des attentes du destinataire

   D'une façon générale, les psychologues interrogés soulignent leur ignorance des attentes de leurs lecteurs : de ce fait, ils donnent des éléments un peu « au hasard », se sentant éventuellement frustrés de ne pas pouvoir répondre aux questions de leurs partenaires, parce qu'ils ne les connaissent pas toujours...

En vertu de tout cela, on voit bien qu'il existe pour les psychologues praticiens une double question éthique : qu'est-il possible d'écrire, et comment peut-on l'écrire ? Face à cette double interrogation, il ressort de cette recherche que les cliniciens adoptent la plupart du temps la politique de la « retenue maximale » : en dire le moins possible pour éviter une mauvaise utilisation. Un professionnel n'écrit de compte rendu de bilan que quand il y est obligé :

> «... Je n'écris sur les bilans psychologiques d'enfants que pour la CDES, parce que là je suis bien obligé de le faire sinon l'enfant n'a pas sa prise en charge. Il y a un fonctionnement institutionnel qui impose un compte rendu. Mais alors là c'est un écrit extrêmement filtré, parce que là encore

© Dunod – La photocopie non autorisée est un délit.

> je ne sais pas où ça va, je ne sais pas ce qu'on en fait, c'est un peu un problème déontologique, si vous voulez. » (p. 56)

Les comptes rendus qui sont produits sont un peu « plats », conformes, pour éviter de mettre en avant des aspects trop personnels, trop intimes. Chaque interlocuteur livre le moins possible de renseignements, dans le but de préserver l'intimité de l'enfant. Or, la restitution des résultats fait partie intégrante du bilan : elle est souvent très attendue par celui qui a demandé le bilan, pour l'aider dans les décisions et les orientations pour lesquelles il doit aider la famille.

En conclusion, il se dégage de cette étude que :

> « Ce n'est donc pas tant l'utilité et la possibilité de la communication qui sont mises en cause, que la hiérarchisation des éléments à communiquer [...] Ce que certains évoquent comme la "prise de risque" propre à tout écrit... » (*idem*, p. 66)

Comment comprendre ces résultats ? Nous pouvons déjà remarquer qu'il se dégage de l'ensemble de cette étude une grande crainte chez les psychologues : les partenaires sont perçus comme « voulant tout savoir », le clinicien se vivant alors comme celui qui doit résister à cette pression pour préserver l'intimité et la vie psychique de l'enfant. Le psychologue serait alors un des acteurs principaux de ce conflit, celui qui doit transmettre des renseignements pour aider ses interlocuteurs, mais aussi celui qui doit décider, en son âme et conscience, de ce qu'il doit communiquer ou non.

En effet, le texte écrit a un tout autre statut que la parole : la parole fonde son autorité sur celui qui parle, et finalement sur la voix (Melman, 1999). Ce référent qu'est la voix, dont Lacan disait qu'il n'y a pas de meilleure présentification du phallus, disparaît avec l'écrit. Avec l'écriture, l'essentiel de ce qui fonde le rapport entre l'orateur et son auditoire est évacué. Ayant perdu le référent de la parole, l'écriture ne peut se soutenir qu'en inscrivant un rapport de causalité entre ses diverses propositions, sinon le texte n'a aucune crédibilité. L'enchaînement logique qui rend possible et compréhensible le texte se fait sur la forclusion de la voix, qui génère le texte d'une certaine façon. Cet enchaînement causal « crée » le texte : c'est une expérience commune qu'après avoir commencé d'écrire, souvent péniblement, le texte vienne ensuite se dérouler selon sa logique propre, traversant un auteur étonné par sa créature. Comme l'écrit Aragon (1981) : « On y pense à partir de ce qu'on écrit et non l'inverse. »

Si la castration est donc plutôt dissimulée par l'écrit, celui-ci, d'une certaine façon, ne tient son autorité que de lui-même, de cet enchaînement logique qui le constitue : c'est vrai parce que c'est écrit. Dans le cadre qui est ici le nôtre, deux écueils peuvent conduire à faire du compte rendu écrit un texte faisant autorité, peu susceptible d'être critiqué : le psychologue est mis en place d'expert qui maîtrise des techniques, les tests, qui lui permettraient de dire la vérité sur le fonctionnement psychique de l'enfant. Par ailleurs, la transmission écrite va donner un supplément d'autorité, de légitimité aux résultats dégagés par le psychologue. Alors que ses conclusions sont relatives, issues d'un contexte bien précis, et sont susceptibles de connaître différentes évolutions. Sans oublier les erreurs d'analyse et de compréhension toujours possibles pour le psychologue, même expérimenté : comment concilier la nécessaire humilité qui devrait toujours accompagner la transmission de ces résultats, et le caractère définitif de l'écrit, dont l'exemple extrême serait le rapport de l'expert ?

La seule solution pour le psychologue, s'il ne veut pas que cet écrit prenne une valeur d'injonction, c'est de l'écrire clairement en son nom propre, en assumant sa subjectivité. Il ne s'agit plus alors d'écrire sur l'enfant, mais d'écrire sur une relation qui est une co-création. Ainsi, contrairement aux règles d'écriture classiques qui sont toujours enseignées dans les universités, et qui interdisent l'emploi du « je », il faut insister pour que le psychologue écrive à partir de ce « je ». Créer un espace pour la subjectivité de l'enfant suppose que le psychologue commence par revendiquer et assumer sa propre subjectivité. D'autre part, il sera plus aisé au destinataire de relativiser les éléments transmis, si le psychologue les a au préalable débarrassés des oripeaux de l'objectivité. En tout état de cause, il s'agit ici d'écrire pour l'enfant, et non sur l'enfant, en refusant une posture d'expert.

Pour reprendre la conclusion de Riffault :

> « Il ne s'agit clairement pas là d'un savoir « sur » mais d'un savoir « avec » […] c'est-à-dire d'un savoir partagé, produit dans l'entre-deux d'une relation. » (p. 66)

© Dunod – La photocopie non autorisée est un délit.

13. Une rupture épistémologique : de l'observation à l'écoute

Tout ce temps du bilan est donc un temps pendant lequel se déploie un discours, ou plutôt des discours entremêlés. Discours du consultant qui adresse une demande d'aide et de savoir au psychologue. Discours du consultant qui reflète son mode d'être au monde et dans la relation. S'il est possible de soutenir une approche clinique du bilan, ce n'est pas en se lançant dans des interprétations pour le moins hasardeuses à partir de la signification symbolique des subtests de certaines épreuves : les essais dans cette direction sont souvent inquiétants et évoquent plus la lecture dans le marc de café ou une boule de cristal…

Le « fil rouge » d'une approche clinique du bilan, qui se réfère à la psychanalyse, serait ici de permettre à l'enfant de se réapproprier les questions qui sont les siennes. Cela ne peut se faire que dans une situation d'interlocution, et la vérité de ces questions pour l'enfant peut venir se dire dans une adresse au psychologue. C'est dans la relation transférentielle que ces questions vont pouvoir émerger : elles n'ont pas d'existence dans l'absolu, elles ne prennent sens que parce qu'il y a un autre pour les écouter.

Nous pouvons faire l'analogie avec l'inconscient : l'inconscient n'existe pas comme un objet ou un organe. Ce que rappelle Lacôte :

> «… On ne peut traiter de l'inconscient en solitaire, l'adresse est essentielle […]. Nous « n'avons pas » un inconscient, à parler rigoureusement, au sens où nous en serions le propriétaire sans le savoir. Il existe quand je te parle ou t'écris, quand je t'écoute… » (1998, p. 14)

L'inconscient ne prend son existence que dans une parole adressée à un autre, dans le transfert. En toute rigueur, il n'y a pas d'inconscient en dehors de cette adresse.

Cette conception du bilan se fonde à partir d'un choix essentiel : faut-il privilégier l'observation ou la parole ? Ce choix n'est pas d'ordre technique ou méthodologique, il s'agit d'une question éthique qui concerne la position du psychologue clinicien et la nature de l'acte qu'il est amené à poser. Les décisions à prendre, en termes de pratique clinique, découlent de ce choix.

En effet, les tests sont classiquement considérés comme des techniques d'observation. Un test représente une situation standardisée, normalisée, où les paramètres sont contrôlés. L'enfant est mis dans une situation standard et va pouvoir être comparé à un groupe de référence. Classiquement, l'examen psychologique était considéré comme un acte d'observation. Il s'agissait d'une situation duelle de face-à-face comportant un observateur et un observé. Le délai court des rencontres devait donc donner lieu à une observation intense (Guillaumin, 1965).

L'observation comme l'écoute ne sont jamais neutres : ce qui est dit, exprimé, les affects et les émotions chez l'autre viennent réactiver en nous d'autres affects et d'autres émotions, liés à ce que nous sommes. On peut parler ici d'enjeux transférentiels. Or, quand on met l'accent sur l'observation, on rencontre toujours une très forte tendance à l'objectivation. Même si, dans les prémices, il semble acquis que l'observateur n'est jamais parfaitement neutre, les résultats n'apportent d'éléments que sur ceux qui ont été l'objet de cet examen, comme si celui-ci avait été mené avec la froide impersonnalité d'une machine.

C'est d'ailleurs l'impasse que rencontre Guillaumin : alors qu'il est très sensible aux enjeux relationnels et transférentiels, sa conception de l'examen comme observation ne lui permet pas d'en tirer les conséquences cliniques et théoriques. Ce que l'on retrouve encore aujourd'hui dans de nombreux écrits qui disent prendre en compte les enjeux transférentiels, alors qu'il n'en subsiste rien dans les comptes rendus.

Mais l'observation reste étroitement liée au modèle expérimental, que l'on retrouve notamment en psychologie différentielle, même si cette visée idéale d'objectivité fait l'objet aujourd'hui de nombreuses critiques (Bertrand, 2002, p. 31).

S'appuyer sur l'observation revient à soutenir un modèle de la psychologie clinique directement inspiré du modèle médical :

> « L'activité clinique est celle du médecin, qui, au chevet du malade examine les manifestations de la maladie en vue de poser un diagnostic, un pronostic et de prescrire un traitement. Les deux méthodes utilisées sont l'observation des réactions du patient, d'une part, l'interrogation et l'écoute de celui-ci, d'autre part. La méthode clinique s'est étendue à la médecine des maladies mentales, où l'observation des comportements (provoqués ou spontanés) et la conduite d'entretiens (souvent longs et répétés) ont pris de l'ampleur et ont été complétées par l'interprétation des documents personnels (lettres, journal intime, autobiographies, productions littéraires ou artistiques spontanées) et par l'application de tests d'aptitude et de personnalité (c'est alors une "clinique armée" selon D. Lagache). La méthode clinique a été transposée à l'examen de l'homme dit "normal" avec un but de conseil, de formation ou de sélection. Enfin elle a été généralisée de l'individu au groupe : c'est la psychologie sociale clinique. » (*Dictionnaire de psychologie*, PUF, 1991, pp. 114-115)

Anzieu met bien en évidence les deux dimensions de la clinique : l'observation et l'écoute. En ce qui concerne le bilan, inscrire cet acte dans une référence psychanalytique est possible à condition de passer de l'observation à l'écoute. Il s'agit donc de se dégager du modèle médical, tant pour la démarche que pour l'objectif. En effet, nul n'oblige le psychologue à établir un diagnostic au sens psychiatrique du terme. À l'expérience, quand le bilan produit cet effet de déplacement des discours, il est bien rare qu'un diagnostic soit réclamé par un des interlocuteurs...

Il faut aussi pouvoir se dégager du modèle scolaire, ce qui n'est pas plus facile. Il est évident que le contexte du bilan joue un rôle déterminant. Pour

© Dunod – La photocopie non autorisée est un délit.

les psychologues scolaires, faire entendre qu'ils souhaitent dégager leur bilan de l'évaluation scolaire d'ensemble n'est pas toujours bien accepté dans l'institution…

Last but not least, tout ceci suppose que le psychologue refuse de prendre une position d'expert. L'expert ici serait celui qui pourrait rendre compte de la vérité du fonctionnement psychique de l'enfant, ce qui est impossible. Or, la question est épineuse, car des psychologues sont sollicités comme experts, parfois auprès des tribunaux, et ils peuvent être amenés à faire des bilans.

Ici aussi, il est évident que le cadre a une grande importance : le psychologue en position institutionnelle « d'expert » est évidemment sollicité à rendre des conclusions du côté de l'expertise.

Et les psychologues ont dès la naissance de leur identité professionnelle une histoire trouble avec la question de l'expertise. Comme le montre très justement Paicheler (1992), c'est en s'auto-proclamant experts du psychisme que les psychologues américains ont bâti leur profession.

Or, le problème de l'expert est qu'il n'a aucun compte à rendre à ceux qui dépendent de lui. Dans son domaine, l'expert est le seul maître. L'expertise apparaît comme un aspect fondamental de l'opérationnalisation de la science. Donc, ceux qui sont examinés le sont sans connaître les critères d'évaluation, et ceux qui examinent le font selon des critères supposés infaillibles, et sur lesquels ils n'ont de compte à rendre à personne.

> « Dans la psychologie, c'est un discours qui véhicule ces technologies disciplinaires en tant qu'émanations d'un savoir scientifique et instrumentation. Le pouvoir disciplinaire réside dans l'autorité d'une expertise qui s'étaie de méthodes d'observation, techniques d'enregistrement, procédures d'investigation et de recherche. La visibilité qu'elle produit s'accompagne de l'opacité de ses propres procédures. » (Paicheler, 1992, pp. 265-266)

L'expert ne rend aucun compte sur ses propres critères, s'auto-instituant dans une extériorité supérieure par rapport au sujet qu'il rencontre. Pour reprendre Damien :

> « (L'expert) coupe son savoir des conditions épistémologiques d'une interaction qui le rendent rationnellement démontrable et discursivement transmissible, capable de rendre des comptes à un autrui formé et informé de ses affirmations et de leurs relativités. Ce dont souffre l'expertise objectiviste c'est moins d'un excès de savoir que d'un défaut de rationalité. Elle prend la figure du sage solitaire et lointain en s'interdisant la réflexion critique qui lui donnerait valeur philosophique. » (2001, p. 30)

En toute rigueur, la référence à la psychanalyse et la prise en compte de l'hypothèse de l'inconscient devraient interdire de se présenter comme un « expert *es* psychisme ».

De toute façon, l'expert, auto-référencé par définition à son propre savoir, ne peut qu'empêcher cet accès à la parole. Ici, ce qui vaut pour les superviseurs d'équipes de soignants vaut pour le psychologue dans tous ses actes :

> « Le tiers, formateur ou superviseur, est celui qui permet que se constitue un nouvel espace : par sa présence et sa position, c'est-à-dire s'il se met à l'écoute de la personne derrière l'acteur social, il crée les conditions de l'émergence d'un nouveau groupe. Ce tiers ne l'est pas *ex cathedra* : pour que ce mouvement d'ouverture à la parole de chacun ait lieu, il faut que lui-même soit référé à un tiers. Mettre en œuvre (cette ouverture à la parole) suppose de s'inscrire soi-même dans une référence à un tiers, et non dans une auto-référence à son propre savoir. C'est là où l'expert, avec son savoir, vient verrouiller la possibilité de cette prise de parole. » (Arbisio, Mercier, Minary, Bertrand, 1999, p. 124)

Il me semble que même le psychologue qui s'intitule « expert » peut ne pas être dupe de cette image. S'il a conscience de la vanité de cet intitulé, et de la dangerosité de cette posture, il peut faire le choix de la parole, ce que certains développent avec justesse (Raymond, 1999).

Donc, l'acte du psychologue dans le bilan est un acte de parole qui concerne un sujet qui fondamentalement lui échappe. Si cet acte crée des effets, c'est parce qu'on attribue au psychologue une certaine place de savoir. Il ne s'agit plus ici de diagnostic au sens psychiatrique du terme, encore moins de l'illusion que les résultats des tests constitueraient une prédiction. Il s'agit de la conviction, que nous a enseigné la psychanalyse, que la parole et le signifiant ont des effets fondamentaux sur l'être humain.

Soutenir le bilan comme acte de parole n'est possible que si le psychologue sait qu'il va être amené à construire un discours autour d'un sujet qui lui échappe radicalement. Nous avons vu les dangers d'un acte du psychologue qui serait sous-tendu par l'envie de voir et de savoir, dont les effets sont pervertissants. Mais il s'agit aussi d'une conception naïve, ancrée dans l'illusion que la vérité du sujet pourrait être dite de l'extérieur, qu'il y aurait un grand Autre des tests qui détiendrait le savoir sur le sujet…

Il me semble que le désir qui soutient le psychologue dans cette démarche de bilan est plutôt une passion de dire, celle qui lui a fait expérimenter le poids de la parole et du signifiant, et dont il sait les effets de changement possibles pour le sujet. Et, en paraphrasant la célèbre formule de Lacan, on

© Dunod – La photocopie non autorisée est un délit.

peut dire que là dessus, le psychologue clinicien ne doit pas céder sur son désir.

À une époque où reviennent en force les approches réductrices, par le biais du cognitivisme ou de la méthode Exner pour le Rorschach, pour ne citer que deux exemples, les psychologues cliniciens qui se réfèrent à la psychanalyse ont une position éthique à soutenir. Utilisés avec rigueur, les concepts psychanalytiques sont un outil irremplaçable pour penser la spécificité de l'acte du psychologue clinicien. Ainsi, il existe une voie autonome pour la psychologie clinique, qui peut penser ses actes et son éthique, au lieu de se situer toujours par rapport à un modèle idéal de pratique qui serait celui du psychanalyste, et dont elle ne serait qu'une pâle traduction, vidée de sa substance vive.

Je laisse volontiers la conclusion à F. Dolto qui avait fait scandale aux Journées d'études de l'ANREP en 1983, quand elle avait défendu l'intérêt de la pratique des tests devant un parterre de psychologues médusés :

> « Le métier de psychologue ? Assistance à personne en désarroi ou en danger. Et c'est aussi parfois la préparer à l'analyse, parce que ça se prépare, une psychanalyse. »

CHAPITRE 2

Tests et clinique : une histoire conjointe

Sommaire

Les tests sont des techniques d'observation, dans lesquelles il s'agit de maîtriser le maximum de variables afin de rendre possible la comparaison entre des individus. En cela, les tests représentent une méthode de la psychologie différentielle, branche de la psychologie qui consiste à décrire et expliquer les différences psychologiques entre des groupes d'individus. L'enjeu d'un test est de pouvoir classer des personnes au sein d'un groupe, après les avoir placées dans un dispositif qui reste toujours similaire.

Pour Pichot (1949) :

> « On appelle test mental une situation expérimentale standardisée servant de stimulus à un comportement. Ce comportement est évalué par une comparaison statistique avec celui d'autres individus placés dans la même situation, permettant ainsi de classer le sujet examiné, soit quantitativement, soit typologiquement. »

Zazzo (1960) donne une définition très proche :

> « Le test est une épreuve strictement définie, dans ses conditions d'application et son mode de notation, qui permet de situer un sujet par rapport à une population elle-même bien définie (biologiquement et socialement). »

Le principe essentiel qui prévaut dans la construction des tests consiste à bâtir :

> « [Des] techniques [...] soigneusement élaborées et codifiées afin de réduire au minimum les effets de la subjectivité de l'observateur et de justifier les comparaisons entre les individus. » (Lautrey, Huteau, 1997, pp. 3-4)

Premiers du point de vue historique, les tests d'intelligence restent les plus représentatifs du mode de construction et des caractéristiques de ce type de méthode. Objets de nombreuses polémiques, les questions qu'ils suscitent, tant du point de vue technique que sur le plan déontologique et éthique, recouvrent très largement l'ensemble du débat à propos des tests. Nous envisagerons ultérieurement les méthodes projectives, qui appartiennent, tant par leur histoire que par leur construction, à un champ tout à fait différent.

Bien que relevant de la psychologie différentielle, les tests ont avec la psychologie clinique une histoire très intriquée, dans des registres et à des moments différents.

© Dunod – La photocopie non autorisée est un délit.

Witmer crée aux États-Unis les expressions « psychologie clinique » et « méthode clinique en psychologie ». Il crée une institution en 1896, la Psychological Clinic, consacrée à la « réhabilitation des attardés et des anormaux ». Il définit la méthode clinique en psychologie comme une méthode de recherche consistant à « utiliser les résultats de l'examen de sujets nombreux, étudiés l'un après l'autre, pour des généralisations suggérées par l'observation de leurs aptitudes et de leurs déficiences. » Il s'agit là du modèle de l'observation objectivante, dans une position d'extériorité par rapport au sujet clinique. Mais Witmer, qui reste fidèle aux techniques de laboratoire apprises chez Wundt, a eu peu d'influence.

C'est un psychiatre, Healy, qui devient directeur en 1909 d'une institution consacrée aux jeunes délinquants qui va développer et faire prendre son essor à la psychologie clinique aux États-Unis. Très influencé par la psychopathologie française, il s'intéresse également beaucoup à la psychanalyse (Freud est invité cette même année 1909 par Stanley Hall aux États-Unis). Mais Healy est aussi un des introducteurs aux États-Unis de l'Échelle d'intelligence de Binet et Simon : comme le note Reuchlin, celle-ci est introduite par des cliniciens (1957, p. 80).

> « Healy, malgré l'influence qu'exercent sur lui la psychopathologie française et Freud, publie avec Bronner, en 1927, un *Manual of Individual Tests and Testing.* »

Dès les débuts de la psychologie clinique, les références à la psychopathologie, à la psychanalyse et aux tests sont donc intriquées. Reuchlin postule déjà l'existence de deux attitudes :

> « Deux attitudes, en fait, s'opposent. L'une conduit à fonder la psychologie sur les mêmes critères d'objectivité, de vérification et d'administration de la preuve que les autres sciences. L'autre accorde surtout de l'importance à la subjectivité, au "vécu" et à l'intuition. » (p. 81)

En fait, Reuchlin relit l'histoire en fonction de son époque et de ses intérêts. Défendant une conception objectiviste de la psychologie, il postule une stricte séparation entre ces deux attitudes, dont il écrit aussi :

> « ... elles semblent correspondre à deux formes d'esprit, à deux types d'intérêts différents, et les psychologues qui sont attirés fortement par l'une d'elles ne le sont guère, en général, par l'autre. » (p. 81)

Mais au début du siècle, les frontières étaient sans doute beaucoup plus floues : Healy diffuse aux États-Unis la pensée de Freud et le Binet-Simon, Binet est autant psychopathologue et clinicien qu'expérimentaliste.

La relation entre les tests et la psychologie clinique est dès le départ une histoire croisée. Le premier véritable créateur d'un test d'intelligence est Binet, grâce entre autres à son ancrage clinique et à la collaboration de Simon, qui est aliéniste. Le succès des échelles de Wechsler est sans doute dû à leurs grandes qualités cliniques : Wechsler lui-même, psychopathologue et clinicien, défend toute sa vie la référence à la clinique.

Mais c'est aussi le rejet d'une psychométrie déshumanisée, telle qu'elle a pu être développée également, qui a conduit les psychotechniciens à s'affranchir des tests, et à aller vers une pratique plus centrée vers les entretiens, grâce à la référence à la psychanalyse.

Il y a donc entre les tests et la psychologie clinique un lien étroit, plus complexe qu'une simple relation d'appropriation ou de rejet des tests par les psychologues cliniciens.

1. La préhistoire

Le terme de psychométrie est créé au milieu du XIXe siècle par un écrivain américain, Joseph Buchanan, pour désigner la mesure des capacités mentales. Lui-même utilisait la phrénologie : cette doctrine, due à Gall, considère que les fonctions mentales sont localisées dans des zones précises du cerveau. Elle a connu un grand succès populaire au XIXe siècle, car les phrénologues déduisent le caractère et la personnalité d'un être humain grâce à l'étude des bosses de son crâne... Si cette conception fait sourire aujourd'hui, elle n'en a pas moins constitué une véritable « psychologie populaire » aux États-Unis, avant de tomber en désuétude quand ses bases scientifiques sont apparues comme fausses. On retrouve dans la phrénologie des caractéristiques qui seront celles de la psychologie appliquée, à l'origine des tests : une grande confiance dans le pouvoir de la science, et l'idée que l'on peut obtenir des informations fiables sur le fonctionnement psychique avec un petit nombre de renseignements recueillis pendant un temps très court (Paicheler, 1992, p. 70).

Au sens strict, la psychométrie représente l'ensemble des méthodes de mesure des phénomènes psychologiques, et les théories afférentes. Mais les tests ayant pris une importance considérable dans ce domaine, il n'est pas rare que les expressions « méthode des tests » ou « méthode psychométrique » soient indifféremment employées.

L'idée de « mesurer » l'intelligence connaît un succès croissant au XIXe siècle, alors que naît et se développe la psychologie expérimentale. Le

© Dunod – La photocopie non autorisée est un délit.

premier laboratoire de psychologie expérimentale est créé par Wundt à Leipzig en 1879. Wundt a d'abord été assistant de physiologie, et ses travaux psychologiques, tant par leurs objets que par leurs méthodes, restent très proches des sciences naturelles. Par exemple, il s'intéresse à la « perception sensorielle » : il distingue la sensation, qui est le résultat de la stimulation d'un organe sensoriel, et la perception, en tant que mode de connaissance d'objets extérieurs. Cette psychologie porte donc sur les processus sensoriels, ou bien sur les processus perceptifs élémentaires. Quant à l'étude des processus supérieurs, elle est abordée à partir des processus élémentaires : par exemple, l'intelligence est assimilée à la rapidité du temps de réaction.

Ces premiers travaux n'accordent pas une importance particulière aux différences entre les individus. Au contraire, la variabilité interindividuelle est envisagée comme une source d'erreur. Malgré l'intérêt de Wundt pour la philosophie, et la place importante qu'il accorde à l'introspection, c'est l'approche expérimentale qui prédomine dans ses travaux. Le modèle est explicitement celui des sciences naturelles : il s'agit, à partir des mesures effectuées, d'établir des lois générales valables pour tous les individus.

C'est le psychologue américain James McKeen Cattell qui introduit le terme de test mental en 1890 pour désigner des instruments de mesure psychologique. Étudiant de Wundt, Cattell s'aperçoit de l'existence de variations assez constantes entre des sujets soumis à des expériences portant sur des processus sensoriels élémentaires. Mais c'est surtout la rencontre avec Francis Galton qui va donner une toute nouvelle orientation à ses travaux.

Sir Francis Galton est le cousin de Charles Darwin. Il fonde la psychologie anglaise, qui est d'emblée une psychologie différentielle, c'est-à-dire une psychologie qui décrit et explique les différences psychologiques entre des groupes d'individus. Cette approche est celle qui contribue le plus à la naissance des tests. Darwin a publié en 1859 *L'Origine des espèces*. Il considère qu'il existe une variabilité individuelle qui peut s'expliquer notamment par l'hérédité. Certains individus ont des caractéristiques qui permettent une meilleure adaptation à l'environnement, ils ont donc de meilleures chances de survie. Ces caractéristiques étant héréditaires, ces individus les transmettent à leurs descendants, et ainsi créent une espèce.

Galton s'attache à appliquer la théorie de Darwin à l'espèce humaine, et tout particulièrement à l'évolution de l'intelligence. Cela revient à accorder une place centrale aux différences individuelles : en décrivant la variabilité interindividuelle, Galton crée la méthodologie qui préside à la construction des tests, notamment avec la notion d'étalonnage. Persuadé que les différences individuelles sont influencées par l'hérédité, Galton invente le coefficient de corrélation : il pensait ainsi découvrir les lois de l'hérédité, en étudiant la ressemblance entre parents et enfants. Enfin, il veut lutter contre la dégradation de l'espèce humaine : considérant que la civilisation entrave les nécessaires mécanismes de la sélection naturelle, Galton défend l'amélioration de la race, l'eugénisme, selon le terme qu'il est le premier à utiliser en 1863.

Il se passionne également pour la mesure, et s'intéresse aux différences individuelles, à l'hérédité, au génie. Pour recueillir des données sur une grande échelle, il crée un « laboratoire anthropométrique » dans le cadre de l'exposition internationale de la santé, à Londres en 1884, qui devient permanent l'année suivante. Pour trois pence, chacun pouvait avoir ses mesures anthropométriques, ses mesures de temps de réaction, d'acuité et de discrimination sensorielles. Dix mille personnes passeront dans ce laboratoire. Ces mesures sont directement inspirées des techniques de Wundt que Cattell a présentées à Galton lors d'un séjour à Londres.

Galton, qui cherche des instruments pour mesurer les temps de réaction, contacte Cattell, alors en Allemagne, et lui fournit un objectif scientifique : la mesure des différences interindividuelles. Cattell va pouvoir collecter des résultats quantitatifs, sans avoir besoin de les référer à une théorie du fonctionnement psychique. Rentré aux États-Unis, il crée un programme de recherche basé sur des situations expérimentales, fondé sur des tests et des mesures mentales, afin d'étudier les différences interindividuelles.

En 1892, Cattell propose au président de l'université Columbia un programme de tests qui doit permettre d'orienter les étudiants, d'organiser leur suivi pédagogique et d'adapter les enseignements. Cattell met en place ce programme pendant quatre ans, à partir de la rentrée 1894. Chaque étudiant qui entre à l'université Columbia et à l'École des Mines passe la série de tests conçue par Cattell.

Toutefois, Cattell se montre prudent sur les conclusions : les résultats sont considérés comme des « faits quantitatifs » sur lesquels il est possible de fonder une science. Mais pour l'instant, ces tests posent de multiples questions : les caractéristiques du corps, des sens et de l'esprit sont-elles interdépendantes ? Des tests portant sur des caractéristiques élémentaires peuvent-ils apprendre quelque chose sur les émotions ou le fonctionnement intellectuel ?

Bien qu'incapable de résoudre ces questions, le test mental connaît un grand succès, mais éphémère. En décembre 1895, l'American Psychological Association, dont Cattell est alors président, crée un comité afin de fédérer plusieurs laboratoires de psychologie. Le comité adhère au programme de

© Dunod – La photocopie non autorisée est un délit.

Les tests de Cattell[a] : les tests pour les étudiants

1. Pression dynamométrique.
2. Vitesse *maximum* d'un mouvement du bras.
3. Distance *minimum* entre deux points de la peau pour qu'on perçoive encore deux points : l'endroit choisi est la face dorsale de la main entre les tendons de l'index et du médius, dans le sens longitudinal.
4. Pression nécessaire pour produire la douleur.
5. Plus petite différence perceptible pour un poids de 100 g.
6. Temps de réaction simple à une impression auditive.
7. Temps nécessaire pour nommer une couleur.
8. Diviser une longueur de 50 cm en deux parties égales.
9. Reproduire un intervalle de 10 secondes.
10. Nombre de lettres retenues après une seule audition.

a. Cités par Huteau et Lautrey, 1999, p. 18.

Columbia : le test mental consiste à mesurer des sensations, des capacités motrices, sans se préoccuper de processus mentaux plus complexes.

Les premières critiques se font entendre : déjà la grande presse est utilisée pour influer sur les débats internes à la discipline (Paicheler, 1992). En particulier, une partie des discussions sur l'hérédité de l'intelligence a lieu sur la scène publique, grâce à la presse et en prenant le public à témoin (p. 124). La médiatisation de ces questions ne cessera de s'amplifier.

Les recherches de Cattell aboutissent à un échec : aucune corrélation significative ne peut être dégagée de la masse de données quantitatives qu'il obtient. Il apparaît donc assez vite que ces *mental tests* construits à partir des expériences de psychologie expérimentale sont parfaitement inopérants pour rendre compte des différences de capacités intellectuelles. Ces expériences s'appuient sur la conception philosophique dominante du moment, qui est l'associationnisme : on considère que les images mentales sont formées par l'association de sensations élémentaires, telles que la vitesse de réaction à un bruit ou la rapidité de reconnaissance visuelle. Les processus mentaux complexes sont le fruit de l'association de ces sensations élémentaires, et leur qualité découle des propriétés de ces éléments primitifs et constitutifs. Quand Cattell applique ses tests aux étudiants américains, il ne trouve aucune relation entre les résultats obtenus et la réussite dans les études. D'autres tentatives similaires sont vouées à l'échec.

La carrière de chercheur de Cattell s'arrête sur ce ratage : il consacre les années suivantes à œuvrer pour la professionnalisation de la psychologie, ce qu'il fait avec grand succès. Cattell croit beaucoup aux applications pratiques de la psychologie, car il pense que le contrôle scientifique de la conduite peut avoir des conséquences sociales majeures.

Cattell n'est pas le seul, en cette fin de XIXe siècle, à vouloir construire des tests : en effet, de nombreux tests sont publiés à partir de 1889 (Zurfluh, 1976). Mais la tentative de Catell reste représentative de ces premières démarches, dans lesquelles on tente de rendre compte de phénomènes mentaux élaborés par l'étude de processus élémentaires. S'il y a ici l'influence de l'associationnisme, ce parti pris résulte aussi de la volonté de fonder la psychologie sur le modèle des sciences de la nature. De ce fait, « les épreuves ainsi élaborées manquent de crédibilité au plan théorique et mènent à des impasses au plan pratique » (Huteau, Lautrey, 1999, p. 17).

2. Alfred Binet : expérimentaliste et clinicien

Alfred Binet, en association avec Théodore Simon, sort la recherche sur les tests de ces impasses. En effet, Binet comprend que l'étude des fonctions élémentaires ne peut pas rendre compte de l'intelligence. Il s'intéresse à la psychologie individuelle, terme qu'il est d'ailleurs le premier à introduire en France (Binet, 1898, p. 113). La psychologie individuelle a pour but l'étude des différents processus psychiques de l'être humain, et des différences individuelles de ces processus. Elle s'oppose à la psychologie générale qui étudie les propriétés générales des processus psychiques. Ainsi, même si la création d'une psychologie différentielle des individus revient à Galton, Binet en a été l'un des initiateurs.

La psychologie individuelle est donc confrontée à deux grands problèmes, que Binet et Henri exposent en 1896 :

- comment varient les processus psychiques suivant les individus ?
- chez un même individu, dans quel rapport les différents processus psychiques sont-ils entre eux ?

Jusqu'ici, les processus psychiques qui ont été les plus étudiés dans les *mental tests* étaient les sensations. Or :

> « Dans la plupart des cas, sauf les anomalies maladives, les différences individuelles pour les sensations sont très faibles et insignifiantes par rapport aux différences des facultés supérieures. » (Binet, Henri, 1896, p. 416)

© Dunod – La photocopie non autorisée est un délit.

Le défaut des recherches antérieures était de tirer des conclusions trop générales à partir de l'étude des processus élémentaires.

À l'inverse, Binet s'intéresse aux processus les plus intellectuels et les plus compliqués : en effet, plus une fonction est supérieure et complexe, plus elle varie selon les personnes. Pour étudier les différences entre les individus, il faut commencer par les processus les plus intellectuels, qui sont ceux qui se prêtent le mieux aux expériences et aux déterminations quantitatives.

Dans ce même texte, Binet et Henri citent un certain nombre de fonctions qu'il faut explorer pour différencier deux personnes : l'imagination, la mémoire, le pouvoir d'attention, d'observation, d'analyse, le raisonnement, la fermeté volontaire, la vie affective, etc. (p. 426).

C'est seulement à partir de ce renversement complet de perspective que la première *Échelle métrique de l'intelligence* put être conçue. Elle connaîtra un succès fulgurant et sera à l'origine de nombreux tests d'intelligence créés ultérieurement. Zazzo y insistera toute sa vie, affirmant que Binet opère une véritable coupure épistémologique :

> « Avec Binet la coupure épistémologique est consommée. Il sera le premier à appliquer la mesure non pas à des phénomènes élémentaires, mais aux fonctions supérieures de l'esprit qui se manifestent dans la complexité de nos conduites. » (1996, p. 118)

Dans son ouvrage de présentation de *La Nouvelle Échelle métrique de l'intelligence* paru en 1966, Zazzo affirme que ce changement opéré par Binet constitue « dans l'histoire de la psychologie scientifique, un renversement révolutionnaire de perspective » (p. 22).

Mais Binet est à l'origine également d'une autre rupture épistémologique, passée beaucoup plus inaperçue : en effet, il introduit la méthode clinique dans la psychologie scientifique et les *mental tests*, alors que ceux-ci s'inscrivaient jusqu'ici dans une démarche expérimentale.

Père de la méthode des tests, Binet apporte dans le même temps deux dimensions parfaitement paradoxales. D'une part, il est le premier psychologue à appliquer la mesure à des faits psychiques complexes, domaine qui était réservé jusque-là à l'introspection et à l'intuition. D'autre part, il introduit la méthode clinique dans le domaine des tests : lui-même étant passé de la psychopathologie à la psychologie expérimentale, il présente dans son livre d'introduction à la psychologie expérimentale les deux méthodes alors en vigueur, clinique et expérimentale, qui représentent pour lui deux modes de connaissance de l'individu. Il conseille d'ailleurs au chercheur d'utiliser l'une ou l'autre méthode selon le contexte et le thème de la recherche.

Comment comprendre que le même homme soit à l'origine de deux apports aussi contradictoires ? Cela suppose de faire un détour par la vie et l'œuvre de Binet lui-même, personnage étonnant et complexe, passionné de mesure autant que de Grand Guignol…

3. Un savant marginal

Né à Nice le 8 juillet 1857, d'un père médecin et d'une mère artiste peintre, Alfred Binet fait ses études primaires à la pension Nache et poursuit ses études secondaires au lycée de Nice. Il vient avec sa mère à Paris en 1869, et il termine ses études secondaires au lycée Louis-le-Grand. Élevé par sa mère, Binet hérite sans doute de son goût pour l'art, car il deviendra, entre autres, écrivain de pièces de théâtre.

Il obtient une licence en droit en 1878 et commence des études de médecine qu'il ne termine pas. Mais c'est à la fin des années 1870 que Binet trouve sa voie à la Bibliothèque nationale où il lit les ouvrages de Taine, des philosophes et des psychologues allemands que Ribot avait introduits en France (Nicolas, 2002, p. 143).

Théodule Ribot est considéré comme le fondateur de la psychologie scientifique en France. Il est un des premiers à refuser les méthodes introspectives qui dominaient en psychologie. Il affirmera toujours que la psychologie est une branche de la biologie, et non de la philosophie. Bien que n'étant pas à proprement parler un expérimentateur lui-même, il crée le premier cours de psychologie expérimentale à la Sorbonne en 1885. Quelques années plus tard, il obtient la chaire de Psychologie expérimentale et comparée au Collège de France. Grâce à l'importance de ses publications, Ribot devient le représentant de la psychologie scientifique en France, qui est alors tout à fait balbutiante. En effet, la psychologie française est à cette époque beaucoup plus tournée vers la psychologie pathologique que vers la psychologie de laboratoire allemande.

L'influence de Ribot est déterminante pour Binet qui soutient que la psychologie doit sortir de la spéculation philosophique pour passer à l'empirisme scientifique.

Parallèlement, Binet poursuit des recherches en sciences naturelles : devenu le gendre de Balbiani, professeur d'embryologie au collège de France, il prépare une thèse sur le système nerveux intestinal des insectes.

On considère classiquement que les travaux et l'œuvre de Binet peuvent être divisés en trois périodes (Nicolas, *Œuvres complètes – Alfred Binet*,

© Dunod – La photocopie non autorisée est un délit.

tome I, 2001, p. 16). La première période est consacrée à la psychopathologie et se déroule principalement à la Salpêtrière, notamment avec Charcot. Ensuite, Binet s'attache à la psychologie expérimentale, au Laboratoire de la Sorbonne. Enfin, la troisième période est dévolue à la psychopédagogie, à l'école de la rue Grange-aux-Belles. Il faut toutefois relativiser ce découpage, car il y a constamment chez Binet des projets très différents qu'il mène de front (Avanzini, 1969). Bien que disparu prématurément, Binet laisse une œuvre considérable, une des plus importantes réalisée en psychologie, et surtout marquée par une extrême variété d'intérêts.

Dans la première période, Binet, ayant fait la connaissance de Charcot, fréquente la Salpêtrière et s'intéresse à la pathologie mentale et à l'hypnotisme. C'est par ses études initiales, sur *Le magnétisme animal* et les *Altérations de la personnalité*, inspirées des leçons de Charcot, que Binet commence à se faire connaître.

Mais c'est certainement la naissance de ses deux filles qu'il utilise comme sujets d'expérience dès le début des années 1890, qui marque un tournant décisif dans sa carrière (Nicolas, 2002, pp. 143-144). À partir de là, Binet s'intéresse de plus en plus aux phénomènes psychiques normaux, délaissant la psychopathologie.

En 1891, Binet entre au Laboratoire de psychologie physiologique de l'École pratique des hautes études, qui a été créé en 1889 et qui est installé dans les locaux de la Sorbonne. Peu satisfait des bulletins qui publiaient les comptes rendus des travaux du Laboratoire, Binet a l'idée de créer une revue, l'*Année psychologique*, pour faire connaître les recherches du Laboratoire, mais où se trouveront également résumés et critiqués les travaux des autres chercheurs. L'*Année psychologique*, qui commence à paraître en 1895, est la première revue consacrée exclusivement à la psychologie en France. Binet y publie de nombreux travaux : sur la mémoire avec Henri, sur la psychologie des grands hommes (1895), sur les bases anatomiques et physiologiques de la psychologie individuelle avec Henri et Vaschide. En effet, bien qu'il pense qu'une épreuve d'intelligence doive comprendre des tests pour mesurer les facultés supérieures, il cherche d'abord les signes de l'intelligence dans l'organisme physique : par exemple, il mène des recherches sur la force et la vitesse musculaire, sur la circulation, sur la respiration, etc.

Depuis longtemps intéressé par la psychologie de l'enfant, il adhère en 1899 à la *Société libre pour l'étude psychologique de l'enfant* fondée par Ferdinand Buisson. Celui-ci est un éducateur, professeur de sciences de l'éducation à la Sorbonne et homme politique, radical-socialiste partisan de la laïcité. Il sera plus tard président de la Ligue des droits de l'homme, ce qui lui vaudra le prix Nobel de la Paix en 1927.

Binet joue un rôle très actif au sein de cette Société : il succède à Buisson et en devient le président de 1902 à sa mort en 1911 (elle devient alors la Société Alfred Binet). Grâce à cette Société, Binet peut poursuivre ses recherches sur les enfants et surtout les légitimer. Or, « ce besoin de légitimation est grand, tant la psychologie de l'éducation est dominée par la psychologie pathologique » (Martin, 1997, p. 25).

L'échec de ses ambitions universitaires a sans doute été aussi un élément déterminant pour la suite de sa carrière : alors qu'il présente sa candidature au Collège de France pour succéder à Ribot, c'est Pierre Janet qui lui est préféré en 1902. La même année, à la Sorbonne, Georges Dumas est choisi contre lui également. Comme le note Fraisse (1982) : Binet « est marginal et il le restera ». C'est à partir de ce double échec que Binet se consacre plus particulièrement à la psychologie de l'enfant, domaine qui n'intéresse pas les psychologues de son époque. Il opère un double déplacement, et il investit de nouveaux terrains : alors qu'il était jusque-là un savant de laboratoire, il s'ouvre à la société, et décide de mettre son savoir au service de la pédagogie (Pinell, 1995, p. 25).

À partir de là, Binet se centre sur la psychologie de l'enfant et la pédagogie. Il publie en 1903 *L'Étude expérimentale de l'intelligence*, dans lequel il expose les résultats des recherches qu'il mène depuis de longues années sur ses deux filles, connues dans ce livre sous les prénoms de Marguerite et d'Armande.

Ses préoccupations rencontrent celles du ministère de l'Instruction publique concernant l'inadaptation scolaire. Les lois Jules Ferry, en 1881 et 1882, qui instituent l'école laïque, gratuite et obligatoire pour tous les enfants, ont fait apparaître le problème des écoliers réfractaires, qu'ils soient indisciplinés, instables ou arriérés. Dès le début, on peut remarquer que « des rapports étroits se nouent, dès la mise en pratique de l'obligation scolaire, entre la pédagogie et une psychologie clinique et expérimentale » (Pinell, Zafiropoulos, 1983, p. 21). Le 4 octobre 1904, à l'initiative de Bourneville, une commission interministérielle, dépendant des ministères de l'Instruction publique et de l'Intérieur, est nommée. Dite à l'époque Commission Bourgeois, elle est chargée :

> « ... d'étudier les conditions dans lesquelles les prescriptions de la loi du 28 mars 1882 [...] pourraient être appliquées aux enfants anormaux des deux sexes (aveugles, sourds-muets, arriérés, etc.). »

© Dunod – La photocopie non autorisée est un délit.

Binet occupe bientôt un rôle éminent dans cette commission, et se propose d'établir une méthode pratique de dépistage. Quelques mois plus tard, en 1905, il publie avec son collaborateur Simon la première forme de l'*Échelle métrique de l'intelligence*. Deux autres versions de ce test seront publiées, l'une en 1908 et l'autre en 1911. Cette échelle doit permettre d'étudier les différences entre les enfants normaux et les enfants anormaux, et d'identifier les enfants arriérés. Le but est de créer un enseignement spécial pour les enfants arriérés, adapté à leurs besoins, et aussi d'alléger les classes ordinaires. Les travaux de cette commission aboutiront à la loi de 1909, qui crée les classes de perfectionnement.

En 1911, Binet meurt prématurément d'une attaque cérébrale. Il ne connaîtra pas l'immense succès que la dernière version de son Échelle métrique de l'intelligence va rencontrer, en France comme à l'étranger.

Binet a été et restera toujours un marginal dans le paysage de la psychologie française de la fin du XIXe siècle et du début du XXe siècle. Marginal par sa formation : il n'est ni philosophe, ni médecin. Il n'entre pas dans le schéma conseillé par Ribot à ses élèves : pour devenir psychologue, il faut être un philosophe médecin, et le modèle d'intelligibilité est la méthode pathologique. C'est ainsi que Ribot recommande à ses élèves, après l'École normale, d'aller suivre la formation de la faculté de médecine (Ohayon, 1999, p. 17) ; Pierre Janet est le premier à s'inscrire dans ce modèle, suivi par Henri Wallon, Charles Blondel, et d'autres... Binet, qui a une formation en droit et en sciences naturelles, ne correspond pas à ce modèle.

Binet est marginal aussi par la variété de ses champs de recherche, qui le rend peu orthodoxe. À titre d'exemples, il s'est intéressé aux grands calculateurs, aux capacités sensorielles, à la mémoire, à l'hypnotisme, aux forces musculaires, aux altérations de la personnalité, et la liste n'est pas exhaustive.

Binet est aussi marginal parce qu'il s'intéresse à une forme de psychologie complètement délaissée par ses contemporains, la psychologie de l'enfant.

Binet disparu, le fruit de ses recherches, expérimentales mais aussi cliniques, qu'il a menées pendant toutes ces années avec Simon, va se trouver radicalement transformé par son implantation aux États-Unis, dans un contexte totalement différent. Si les psychologues français étaient formés avant tout à la psychopathologie et à l'approche clinique, les psychologues américains sont formés à la quantification mathématique et aux statistiques. Pragmatiques et redoutablement efficaces, ils veulent un outil permettant de tester d'importantes populations. Surtout, ils cherchent des techniques grâce auxquelles ils peuvent justifier leurs conceptions héréditaristes, innéistes et racistes de l'intelligence.

L'*Échelle métrique de l'intelligence*, en traversant l'Atlantique, va aboutir à un triomphe que sans doute Binet n'a jamais même imaginé. En même temps, elle va y perdre une bonne partie de son ancrage clinique, créant une fracture toujours actuelle entre les approches qui mettent l'accent sur la quantification, et celles qui insistent sur la dimension qualitative.

Nous pouvons faire aussi l'hypothèse que la disparition brutale de Binet a eu une autre conséquence, essentielle pour le destin de la psychologie clinique de l'enfant en France, et pour le rôle des psychologues. En effet, le secteur de l'enfance déficiente va devenir, contrairement aux États-Unis par exemple, le domaine réservé des médecins. Paicheler conclut à propos de Binet :

> « En 1911, la mort l'emporte prématurément. Il décède des suites d'une attaque cérébrale sans avoir le temps d'affiner son instrument comme il le souhaitait et sans connaître l'euphorie avec laquelle il sera accueilli aux États-Unis. Après sa mort, le domaine de l'enfance déficiente deviendra une chasse gardée des médecins. Tous les intervenants seront cantonnés dans un rôle d'auxiliaires subalternes. Dans ce domaine, la psychologie aura encore une position dominée. » (1992, pp. 14-15)

4. L'Échelle métrique de l'intelligence : un outil clinique

Binet et Simon publient la première version de l'Échelle métrique de l'intelligence en 1905. Le ministère de l'Instruction publique est à la recherche de méthodes pour repérer les enfants qui ne peuvent pas suivre à l'école, afin de les orienter dans des classes spéciales, adaptées pour eux. La plupart des biographes de Binet présentent la conception de l'Échelle comme la réponse apportée à la demande du Ministère. Mais l'Échelle métrique est prête en quelques mois, et il est exclu que Binet et Simon aient pu la créer en si peu de temps. Il s'agit en réalité d'un projet ancien, et il semble plutôt que Binet ait saisi cette opportunité pour donner une autre envergure à l'Échelle (Vial, 1990). On rencontre déjà cette expression d'échelle métrique sous la plume de Binet en 1897. Sans doute cette idée a-t-elle pris forme assez tôt, alors qu'il recueille les observations qu'il mène sur ses deux filles, ce qu'il fait pendant une quinzaine d'années.

© Dunod – La photocopie non autorisée est un délit.

Mais sans doute une des principales origines de l'Échelle réside dans la rencontre avec le docteur Simon. Celui-ci l'affirmera cinquante ans plus tard :

> « Il est possible que Binet n'eût jamais mis sur pied cette Mesure de l'intelligence qui est devenu son principal titre si le hasard ne me l'avait fait rencontrer. » (Simon, Bulletin n° 418, Société A. Binet, cité par Zazzo p. 41)

Quand Simon rencontre Binet vers 1900, celui-ci poursuit déjà des recherches sur l'intelligence avec des enfants des écoles. Il confie à Simon qu'il voudrait tester tout un plan de mensurations avec les enfants arriérés de Perray-Vaucluse. Aliéniste, Simon ouvre à Binet les portes de la colonie de Perray-Vaucluse, puis le service d'admission de Sainte-Anne. C'est à partir de l'observation des enfants arriérés, et de leur comparaison avec les enfants normaux, que Binet et Simon élaborent la première version de leur test.

Comme le remarquent très justement Zazzo *et al.* (1966), il y a une très grande différence entre les deux premières versions. La première version, en 1905, n'est pas destinée à classer les enfants normaux, mais vise à établir un diagnostic rapide d'arriération. Alors que dans la seconde version, en 1908, l'Échelle est structurée par niveaux d'âge. L'Échelle de 1905 est bâtie à partir de l'observation des enfants des asiles, alors que celle de 1908 est construite à partir des critères obtenus avec les enfants des écoles.

> « Ce sont les âges de l'enfance qui donnent leur signification à chaque niveau mental et non pas les états statiques de l'idiotie, de l'imbécillité, de la débilité. [...] le pas décisif est accompli. Le premier test de développement est créé. » (Zazzo, 1966, p. 43)

Même si Binet n'est pas l'auteur de la notion d'âge mental, contrairement à ce que l'on croit habituellement, l'Échelle de 1908, qui s'intitule « Le développement de l'intelligence chez les enfants », introduit clairement cette notion de développement. La version de 1911 n'apportera que quelques modifications de détail par rapport à la précédente.

5. 1905 : pour un diagnostic différentiel

Cette première version de l'Échelle, intitulée « Méthodes nouvelles pour le diagnostic du niveau intellectuel des anormaux » est d'inspiration clairement clinique, car elle est explicitement construite pour permettre un diagnostic différentiel parmi les enfants présentant une déficience intellectuelle.

Binet et Simon s'en expliquent particulièrement dans un article qui paraît en même temps que l'Échelle : « Sur la nécessité d'établir un diagnostic scientifique des états inférieurs de l'intelligence ». La commission interministérielle souhaite que les enfants suspects d'arriération ne soient pas écartés des écoles ordinaires et orientés dans une classe spéciale sans un examen pédagogique et médical montrant que leur état intellectuel les rend inaptes (Binet, Simon, 1905 b, p. 163). Mais la commission ne précise pas la teneur de cet examen.

Or, jusqu'ici, les définitions concernant les divers degrés de déficience intellectuelle sont floues. Les aliénistes sont tombés d'accord pour nommer différents niveaux d'arriération. Tombés en désuétude aujourd'hui, ces intitulés constituaient une tentative de classification. L'idiotie correspondait à l'arriération la plus grave. Les arriérations moyennes étaient regroupées sous le terme d'imbécillité. Enfin, ce que nous appellerions aujourd'hui déficience intellectuelle légère appartenait à la catégorie de la débilité mentale.

Binet et Simon font dans cet article un rappel historique pour montrer que si les aliénistes s'accordent sur cette terminologie, chacun ensuite se fait une conception toute personnelle de ce qui correspond à chaque type de déficience. En fait, personne ne s'accorde sur les critères à utiliser pour faire un diagnostic différentiel entre ces états. Pour un même enfant, s'il est examiné par plusieurs aliénistes, il y a autant de diagnostics différents... Donc, Binet et Simon veulent « introduire, dans les démarches de la pratique, la précision et l'exactitude de la science, toutes les fois qu'on le peut, et on le peut presque toujours » (p. 164). Ils dénoncent « le caractère d'empirisme qui reste encore le cachet des études cliniques » (p. 167). En fait, ces difficultés à propos du diagnostic différentiel ne relèvent pas uniquement d'un problème de terminologie et de nomenclature, mais sont surtout liées aux méthodes d'examen. Les médecins manquent d'une base de diagnostic différentiel, qui leur permettrait, à partir de l'observation des symptômes, de procéder à l'interprétation et à l'observation. Cette base faisant défaut, l'aliéniste s'appuie sur une impression subjective, globale, de l'enfant, et « il pose son diagnostic d'instinct » (p. 168).

Quant aux tentatives de classifications existantes, Binet et Simon se montrent très critiques. Les classifications symptomatiques, qui sont nombreuses, ont toutes le même défaut : les symptômes n'y sont pas décrits d'une manière qui permette de les reconnaître et de les différencier.

Ils discutent en particulier la classification de Bourneville (pp. 173-175) : ils lui reprochent d'une part de prendre en compte la préhension, la marche, la parole pour son diagnostic. Mais surtout, ils condamnent la graduation

© Dunod – La photocopie non autorisée est un délit.

des symptômes, qui reste vague, indéfinie. Ils donnent d'ailleurs des exemples, très convaincants, de formulations tellement floues et imprécises, qu'elles pourraient s'appliquer à tout le monde... Binet et Simon sont sévères envers les aliénistes :

> « Le vague de leurs formules révèle le vague de leurs idées. On s'attache à des caractères qu'on qualifie de plus et de moins, et on se laisse guider par une impression subjective qu'on ne croit pas nécessaire d'analyser, et que par conséquent on serait incapable de justifier. Nous ne dirons jamais assez combien ces procédés empiriques sont éloignés des méthodes scientifiques. *Les différences quantitatives, comme celles que nous soulignons, n'ont aucune valeur si elles ne sont pas mesurées, ne fût-ce que grossièrement.*[1] Malgré ces objections, nous reconnaissons volontiers que les aliénistes, grâce à leur grande pratique, à leur tact médical, arrivent très vite à juger un enfant et à le classer. Mais ces jugements et ces classifications se font par des procédés subjectifs, et aucun aliéniste ne dira par exemple avec précision de combien d'années un arriéré est en retard sur un normal du même âge. » (p. 178)

Si Binet et Simon reconnaissent la compétence clinique des aliénistes, ils n'ont pas de mots assez durs à propos de ceux qui proposent des critères de classification à partir d'*a priori* théoriques et ils condamnent « le caractère schématique du système, qui nous apparaît comme sorti tout armé du cerveau d'un théoricien » (p. 190). Leur démarche à eux est profondément empirique, car : « Une distinction de ce genre devrait être faite d'après des observations prises sur nature » (p. 180).

Ils proposent une classification psychologique qui s'appuierait sur la notion de degrés d'intelligence. Ils ne s'attribuent pas la paternité de cette démarche, car ils considèrent qu'elle a été proposée par celui qui est généralement considéré comme l'un des fondateurs de l'éducation spécialisée, Édouard Seguin. Binet et Simon remarquent que Seguin indique, dans *Traitement moral, hygiène et éducation des idiots et des autres enfants arriérés*, paru en 1846, qu'il faut utiliser l'étude psychologique pour classer ces enfants. Toutefois, leur appréciation de Seguin est plus qu'ambivalente :

> « Ce singulier ouvrage, si remarquable comme œuvre de praticien, et si faible œuvre de théoricien... » (p. 179)

Nous retrouvons, dans cet article contemporain de la première version de l'Échelle métrique, la contradiction qui traverse toute l'œuvre de Binet. D'un côté, il y a le savant épris de mesure, de précision, d'exactitude, qui

1. C'est moi qui souligne.

cherche à faire œuvre scientifique dans la plus pure tradition positiviste du XIXe siècle. D'un autre côté, en même temps, c'est un fin clinicien qui apparaît beaucoup plus proche qu'il ne veut bien le reconnaître de la démarche des aliénistes.

Dans cette première version, il s'agit pour Binet et Simon de parvenir à mesurer les capacités intellectuelles des enfants anormaux. Leur but concerne uniquement l'état présent de l'enfant. Pour eux, il est clair que les résultats obtenus ne renseignent ni sur l'étiologie du déficit, ni sur l'avenir. Ces conclusions ne permettent pas de faire un pronostic, en termes de soin ou d'amélioration des capacités de l'enfant (1905a, p. 191).

Afin d'établir le diagnostic différentiel, Binet et Simon proposent d'associer trois méthodes (p. 194) :

– la méthode *médicale* : elle consiste à apprécier les signes anatomiques, physiologiques et pathologiques de l'infériorité intellectuelle ;
– la méthode *pédagogique* : il s'agit de juger de l'intelligence d'après les connaissances acquises ;
– la méthode *psychologique* : ce sont des observations directes et des mesures de l'intelligence.

La méthode médicale est la plus indirecte, car le niveau intellectuel est apprécié à partir d'autres signes, physiques par exemple. La méthode pédagogique est plus directe. Cependant, la plus directe de toutes est la méthode psychologique, qui rend compte de l'état intellectuel au moment présent. Binet et Simon définissent ici cet état intellectuel comme un composite qui serait constitué par la compréhension, le jugement, le raisonnement et l'invention. L'Échelle métrique est faite d'épreuves, de difficulté croissante, qui partent du niveau le plus bas pour arriver au niveau de l'intelligence moyenne et normale.

Cette première Échelle ne fait état d'aucune indication d'âge. Ses premiers items sont d'un très bas niveau (mouvement des yeux, préhension), parce que les auteurs s'intéressent alors aux différents degrés de l'arriération. Simon ne cessera d'ailleurs de s'en préoccuper au cours de sa longue carrière, car, après la mort de Binet, il reprendra et développera les tests du premier âge pour les publier sous son nom, en collaboration avec Izard (Zazzo *et al.*, 1966, p. 41).

La validité de cette Échelle est confirmée dans un premier temps auprès d'enfants arriérés profonds, à la Salpêtrière. Comme Binet et Simon cherchent essentiellement à faire des diagnostics différentiels, l'accent est mis sur les frontières entre les catégories de déficience. Par exemple, les épreuves 7, 8 et 9, qui font appel à la connaissance verbale, marquent la limite entre

© Dunod – La photocopie non autorisée est un délit.

L'échelle métrique en 1905[a]

1. Le regard : mouvement de la tête ou des yeux pour suivre le déplacement lent d'une allumette enflammée.
2. La préhension provoquée par une excitation tactile.
3. La préhension provoquée par une perception visuelle.
4. La connaissance de l'aliment (discriminer chocolat et cube de bois).
5. Recherche de l'aliment compliquée par une difficulté mécanique.
6. Exécution d'ordres simples (s'asseoir, ramasser un objet) et imitation de gestes simples (frapper les mains, lever les bras, etc.).
7. Connaissance verbale des objets (désigner parties du corps, montrer objets familiers : ficelle, tasse, clef).
8. Connaissance verbale des images (désigner objets sur une gravure).
9. Nomination des objets désignés (épreuve inverse de la précédente).
10. Comparaison de deux lignes, de longueur différente.
11. Répétition de trois chiffres.
12. Comparaison de deux poids (cubes de 3 et 12 g, 6 et 15 g, 3 et 15 g).
13. Suggestibilité (plusieurs épreuves dont le test des lignes).
14. Définitions (maison, cheval, fourchette, maman).
15. Répétition de phrases composées de 15 mots.
16. Différence entre objets de souvenir (papier-carton, papillon-mouche, bois-verre).
17. Exercices de mémoire sur des images après 30 secondes d'exposition.
18. Deux dessins de mémoire.
19. Répétition immédiate de chiffres.
20. Ressemblance entre plusieurs objets de souvenir.
21. Comparaison de longueurs.
22. Mise en ordre de cinq poids.
23. Lacunes de poids (si l'épreuve 22 est réussie on enlève un des poids, l'enfant ayant les yeux fermés et on lui demande ensuite de soupeser ceux qui restent pour deviner lequel a été enlevé).
24. Trouver mots qui riment avec obéissance.
25. Exercices à trous : lacunes verbales à remplir.
26. Trois mots en une phrase : Paris, rivière, fortune.
27. Réponse à une question abstraite (« lorsque… que faut-il faire ? »).
28. Inversion des aiguilles d'une montre.
29. Découpage d'une feuille pliée en quatre (deviner forme de la découpe).
30. Définitions de termes abstraits (différence entre estime et amitié, entre ennui et chagrin).

a. *Cf.* 1905a, pp. 199-223, résumée par Zazzo, 1966, p. 40.

l'idiotie (l'enfant n'a pas accès à la parole) et l'imbécillité (l'enfant est inapte à l'écriture). Ces trois épreuves se situent au même niveau de difficulté. En effet, les auteurs, avec ce qu'ils nomment des « contreforts », veulent marquer nettement cette frontière, indispensable pour opérer un classement (1905a, p. 208).

La frontière entre l'imbécillité et la débilité (l'enfant est dans ce cas inapte à l'abstraction) est moins nette et semble se situer au niveau de la 12e épreuve (comparaison de deux poids). La limite supérieure de la débilité se situerait à la 26e épreuve, au niveau de la synthèse de trois mots dans une phrase (Zazzo, p. 42).

Il est donc tout à fait clair ici qu'il s'agit d'un outil diagnostique. Binet et Simon sont d'ailleurs explicites sur leur objectif, et sur leur conception de la mesure :

> « Cette échelle permet, non pas à proprement parler la mesure de l'intelligence – car les qualités intellectuelles ne se mesurent pas comme des longueurs, elles ne sont pas superposables – mais un classement, une hiérarchie entre des intelligences diverses ; et pour les besoins de la pratique, ce classement équivaut à une mesure. Nous pourrons donc savoir, après avoir étudié deux individus, si l'un s'élève au-dessus de l'autre, et de combien de degrés ; si l'un s'élève au-dessus de la moyenne des autres individus, considérés comme normaux, ou s'il reste en dessous ; connaissant la marche normale du développement intellectuel chez les normaux, nous pourrons savoir de combien d'années tel individu est en retard ou en avance ; enfin, nous pourrons déterminer à quels degrés de l'échelle correspondent l'idiotie, l'imbécillité et la débilité. » (1905a, pp. 194-195)

Les deux auteurs exposent aussi la conception et la construction de leur épreuve. Celles-ci résultent « de longs tâtonnements » qui ont été faits d'abord avec les enfants de la Salpêtrière, puis avec les enfants des écoles primaires de Paris. Ils s'insurgent contre les auteurs de tests qui les fabriquent à partir de vues théoriques, sans les essayer longuement. Ils ont si peu confiance dans les créateurs de tests qu'ils ne leur empruntent rien :

> « Tous les tests que nous proposons ont été essayés par nous, et maintes fois, et conservés entre plusieurs, qui, après essais, ont été éliminés. Nous pouvons attester que ceux que nous présentons ici ont fait leurs preuves. » (p. 195)

Le choix des tests se fait selon des critères cliniques. Binet et Simon donnent l'exemple d'un test qui s'est révélé inadapté, dans lequel l'enfant doit apprendre un texte par cœur. L'exercice est trop long, l'enfant s'ennuie

© Dunod – La photocopie non autorisée est un délit.

et se distrait. Ils considèrent donc que « l'épreuve perd son caractère clinique, elle prend une allure trop scolaire » (p. 196).

Ainsi, leur échelle est construite de manière empirique, ce qu'ils revendiquent : seule l'expérience, répétée et approfondie, permet de dégager des tests adéquats qui rendent possible une différenciation précise et juste des performances des enfants.

Leur insistance porte aussi sur les conditions de la passation et la relation qu'il faut établir avec l'enfant. Celui qui administre l'échelle doit être expérimenté. La méthode psychologique permet de dégager des signes certains d'arriération, mais « la difficulté est dans l'exécution des épreuves qui demande à l'expérimentateur une grande habitude des expériences de psychologie » (p. 244). Ici encore, les deux auteurs ont une approche éminemment empirique : ils n'ont nulle confiance dans la formation théorique, qui n'est utile que si elle vient compléter l'instruction pratique.

> « Un bon expérimentateur ne se forme que par l'exemple et par l'imitation, et rien ne vaut la leçon de choses. »

Ils dénoncent les deux écueils qui guettent les débutants :

> « [Le premier] consiste à enregistrer les résultats bruts, sans regarder autour, sans prendre l'observation psychologique, sans relever les petits faits qui permettent de donner aux résultats bruts leur véritable sens. » (p. 198)

Le second réside dans le risque de faire de la suggestion, de chercher à influencer l'enfant, de l'aider, en se montrant pédagogue et non psychologue. Ils sont également très vigilants en ce qui concerne l'accueil et la relation avec l'enfant :

> « L'examen doit avoir lieu dans un cabinet silencieux, bien isolé. L'enfant y sera appelé seul, sans autres enfants. Il est utile que l'enfant, quand il voit pour la première fois l'expérimentateur, soit rassuré par la présence d'une personne qu'il connaît, parent, infirmier, directeur d'école. [...] L'expérimentateur doit accueillir chaque enfant avec une familiarité bienveillante, pour dissiper la timidité du jeune âge. On lui dit bonjour dès qu'il entre, on lui serre la main, on le fait asseoir commodément. S'il est assez intelligent pour comprendre certaines paroles, on éveille sa curiosité, son amour-propre. S'il refuse de répondre à un test, on passe à un autre, ou bien on lui offre un bonbon ; si son mutisme s'accentue, on interrompt l'observation, et on la renvoie à un autre jour. Ce sont de petits incidents fréquents de tout examen d'un état mental, car un examen de ce genre est fondé, en dernière analyse, sur la bonne volonté du sujet. » (p. 198)

Ils précisent bien que l'examen doit être suspendu si l'enfant fait une crise de colère, de larmes ou d'effroi, « contretemps auxquels les aliénistes sont habitués » (p. 201).

Tout ce texte initial de présentation de l'Échelle métrique est jalonné de remarques cliniques, très fines, qui proviennent d'une connaissance très approfondie des enfants arriérés, de leurs réactions et de leur manière d'être. Dans les conseils qu'ils donnent, Binet et Simon conseillent aux expérimentateurs de faire preuve d'une grande finesse d'observation :

> « On ne confondra pas l'inaptitude à l'imitation avec la mauvaise humeur, la mauvaise volonté ou la timidité. » (p. 202)

Ou bien :

> « Il faut avoir l'œil sur les erreurs qui indiquent une faute de jugement. Un normal peut se tromper, mais il y a la manière. » (p. 216)

Ici, si l'aspect relationnel n'est pas évoqué en tant que tel, il est évident que l'expérimentateur doit être très présent dans la relation avec l'enfant pour apprécier les raisons et les motivations qui sous-tendent ses réactions.

Cela ne fait aucun doute, Binet et Simon mettent fortement l'accent sur la démarche clinique. De même, ils insistent sur l'importance d'une approche empirique et sur la nécessité, pour mener cet examen psychologique, d'être expérimenté : expérience que nous qualifierons ici de clinique, puisqu'il s'agit de la connaissance des enfants et des épreuves à administrer. Alors qu'ils reconnaissent l'importance de l'expérience, et qu'ils peuvent même créditer les aliénistes d'une grande compétence acquise au contact des enfants arriérés, vont-ils jusqu'à reconnaître la valeur de l'intuition clinique ? Explicitement, ils ne le font pas : toutefois, quand il s'agit des incertitudes d'appréciation des réponses de l'enfant par l'expérimentateur, ils évacuent le problème au nom de l'intuition et de l'expérience cliniques, bien qu'ils ne les nomment pas en tant que telles. En effet, quand l'enfant donne une réponse équivoque, quand il existe une incertitude pour l'évaluer, ils reconnaissent qu'il s'agit d'un cas de conscience pour l'expérimentateur. Mais ils précisent tout de suite que ce cas de figure est très rare, car « d'ordinaire, l'interprétation est facile, parce qu'on sait déjà à peu près à qui on a affaire » (p. 221).

D'autre part, ils conseillent la plus grande liberté avec l'Échelle, ici encore au nom de l'expérience clinique :

> « Quand on a affaire à un anormal, ou à quelque enfant qu'on soupçonne de l'être, il n'est point nécessaire de suivre l'ordre des tests. Un peu

© Dunod – La photocopie non autorisée est un délit.

d'habitude permet de couper au plus court, et de mettre de suite le doigt sur le test décisif. » (p. 223)

Il faut aussi souligner la claire conscience qu'ont Binet et Simon des influences sociales sur l'intelligence. Il est d'autant plus important de le relever que cette dimension sera déniée pendant de longues années, particulièrement aux États-Unis. Or, dès la première version de l'Échelle métrique, la clairvoyance des deux auteurs est manifeste. Des études ont montré que, en règle générale, le niveau intellectuel diminue, alors que le rang dans la fratrie augmente, les plus jeunes obtenant de moins bons résultats que les aînés. Binet et Simon ne sont pas dupes de ces résultats :

> « Il resterait à chercher si l'infériorité d'intelligence des derniers-nés ne tient pas en partie à des influences sociales, comme la gêne et la misère des familles trop nombreuses ; la misère produit une mauvaise alimentation, un manque de surveillance, etc. » (p. 230)

Ils concluent ce texte de présentation de l'Échelle sur l'examen médical :

> « Il est entendu qu'on doit s'efforcer d'appuyer le raisonnement toujours sur des faits objectifs, constatables par tous et souvent mesurables. On se gardera de l'intuition, du subjectivisme, de l'empirisme grossier, décoré du nom de tact médical, et derrière lequel s'abritent l'ignorance, le laisser-aller et la présomption. Tout diagnostic médical qui ne peut pas se prouver comme on prouve une justesse d'addition est à rejeter. » (pp. 242-243)

Alors qu'ils ont mis en avant la dimension clinique de l'Échelle, tant du point de vue de sa construction et de sa validation, que de son administration et de l'interprétation des résultats, Binet et Simon rappellent sévèrement qu'il s'agit de faits objectifs, qu'il faut apprécier scientifiquement, et ils renvoient l'examinateur au modèle du calculateur : faire un diagnostic serait une opération aussi rigoureuse et mathématique qu'une addition…

En fait, la dimension éminemment paradoxale de l'approche de Binet, telle qu'elle a pu être mise à jour il y a déjà longtemps, en particulier par Reuchlin (1958), apparaît ici évidente. Dans le même texte, Binet et Simon insistent sur la nécessité de l'intuition, et ils n'ont pas de mots assez durs pour la fustiger…

Il faut se garder face à cette contradiction d'une attitude « présentiste », qui consisterait à interpréter des événements ou des prises de position appartenant au passé avec nos grilles de lecture d'aujourd'hui. Le risque est bien évidemment celui de l'anachronisme. Ainsi, on peut penser que pour Binet et Simon, la démarche clinique et la démarche expérimentale sont beaucoup plus conciliables qu'elles ne le sont pour nous aujourd'hui.

Cependant, nous ne pouvons qu'être frappés par une telle insistance apportée en même temps à la dimension clinique et à la mesure. Est-ce le fait de la collaboration entre les deux hommes ? Simon est et restera toujours, très profondément, un clinicien. Ne serait-ce pas alors plutôt un phénomène qui concernerait très directement Binet, ce savant étrange qui passe ses journées au laboratoire et ses soirées au Grand Guignol ? Comment Binet, ce fin clinicien, cet esthète, ce dramaturge, peut-il en même temps être obsédé par toutes les formes de mesure, qu'il applique à l'intelligence, mais aussi à la céphalométrie, etc. ? Ce clivage de Binet illustre bien les clivages sur lesquels s'est fondée la psychologie objective à ses débuts (Carroy, 1993).

Mais en ce qui concerne Binet, peut-être grâce à la présence à ses côtés de Simon, ce clivage a pu d'une certaine manière être dépassé dans l'Échelle métrique, lui permettant d'articuler dimension clinique et tentative de mesure. Malheureusement, cet équilibre fragile établi par Binet et Simon sera souvent détruit par leurs successeurs.

6. La version définitive de l'Échelle métrique

Zazzo insiste sur la radicale différence qui existe entre l'Échelle métrique de 1905 et celle de 1908. Dès 1905, Binet et Simon se demandent comment faire pour tenir compte en même temps du niveau mental et de l'âge. Mais la transformation de l'Échelle est essentiellement liée au fait que, après l'avoir initialement validée auprès d'enfants des asiles, Binet et Simon l'étalonnent avec des enfants des écoles, maternelles et primaires. Leur but est de pouvoir comparer les résultats des enfants anormaux avec ceux des enfants normaux. Pour être sûrs d'obtenir les résultats typiques du développement de chaque âge, ils examinent les enfants qui sont dans la classe de leur âge, ni en avance, ni en retard. Ils les rencontrent au moment de leur anniversaire, afin que l'âge soit très précis. Ils parviennent ainsi à établir des traits caractéristiques pour chaque âge. Par exemple :

> « L'enfant de trois ans, quoique peu attentif et facilement suggestible, nomme ou reconnaît, d'après le nom, la plupart des choses figurant dans notre série d'images. À trois ans, l'enfant a donc la faculté de nommer les objets. » (1905)
>
> « [À cinq ans] L'enfant normal répète trois chiffres, compare deux lignes, après leçon il compare deux poids, il peut également définir un objet usuel. » (1905)

© Dunod – La photocopie non autorisée est un délit.

Dans ce texte de 1905, contemporain du précédent, Binet et Simon emploient clairement l'expression « examen psychologique » (p. 247), alors que dans l'article précédent, qui présentait l'Échelle, ils n'utilisent que le terme examen. Ils disent n'étudier les enfants normaux qu'à titre de comparaison (p. 245), mais en même temps, ils généralisent maintenant leur méthode, l'appliquant à des enfants tout-venant.

Il faut encore souligner l'approche clinique qu'ils mettent en œuvre, et leur défiance à l'égard de la démarche statistique, qu'ils ne cesseront de réaffirmer :

> « Nos recherches ont été faites par nous, personnellement ; malgré leur apparence de statistique, elles ont été l'aboutissant d'expériences poursuivies longuement sur des enfants isolés. De ce soin, nous avons cru devoir ne nous remettre à personne ; et nous nous portons garant de tout ce que nous rapportons, ayant été nous-mêmes les constants observateurs. » (1905c, p. 246)

Ce point est essentiel : rappelons-nous que le véritable projet de Binet est de développer la psychologie individuelle. Ici, Binet et Simon non seulement s'appuient sur leur expérience, mais considèrent chaque enfant pris isolément, dans son individualité. En 1908, le but est atteint :

> « L'Échelle est construite selon cette structure qui deviendra rapidement familière aux psychologues du monde entier. À la liste approximative d'épreuves sans âge s'est substituée une gradation précise d'âge en âge, de 3 à 13 ans. L'instrument grossier de dépistage est devenu un test qui permet de faire une hiérarchie parmi les enfants normaux ». (Zazzo *et al.*, 1966, p. 43)

Comme le remarque Zazzo, le titre de l'article de 1908 est à lui seul significatif : « Le développement de l'intelligence chez les enfants ». Quand on compare les deux premières versions de l'Échelle, on se rend compte qu'en 1908 les premières épreuves, qui correspondaient au niveau d'idiotie, ont disparu, alors que celles qui concordent avec les âges scolaires sont beaucoup plus nombreuses. L'Échelle de 1908, qui comprend 57 items, ne comporte plus que 17 items de l'Échelle de 1905.

Ce sont donc maintenant les âges de l'enfance qui donnent leur signification à chaque niveau mental. En effet, contrairement à ce qui est souvent avancé à tort, la notion d'âge mental n'existe pas chez Binet.

L'âge mental caractérise les performances d'un enfant en référence à la performance moyenne des enfants des différents groupes d'âge. Par exemple, un enfant âgé de 8 ans (âge réel) a 10 ans d'âge mental si son niveau de réussite correspond à celui de la moyenne des enfants de 10 ans.

L'Échelle métrique de 1908[a]

3 ans
Montrer nez, yeux, bouche.
Énumérer une gravure.
Répéter deux chiffres.
Répéter une phrase de six syllabes.
Donner son nom de famille.

4 ans
Donner son sexe.
Nommer clé, couteau, sou.
Répéter trois chiffres.
Comparer deux lignes.

5 ans
Comparer deux boîtes de poids différents.
Copier un carré.
Répéter une phrase de dix syllabes.
Compter quatre sous simples.
Recomposer un jeu de patience en deux morceaux.

6 ans
Répéter une phrase de seize syllabes.
Comparer deux figures au point de vue esthétique.
Définir par l'usage seul des objets familiers.
Exécuter trois commissions simultanées.
Donner son âge.
Distinguer matin et soir.

7 ans
Indiquer des lacunes des figures.
Donner le compte de ses dix doigts.
Copier une phrase écrite.
Copier un triangle et un losange.
Répéter cinq chiffres.
Décrire une gravure.
Compter treize sous simples.
Nommer quatre pièces de monnaie.

a. Binet et Simon, 1908, pp. 58-59, résumée par Zazzo *et al.*, p. 44.

© Dunod – La photocopie non autorisée est un délit.

L'Échelle métrique de 1908 (suite)

8 ans
Lire un fait divers avec conservation de deux souvenirs.
Compter neuf sous (trois simples, trois doubles).
Nommer quatre couleurs.
Compter à rebours de 20 à 0.
Comparer deux objets par le souvenir.
Écrire sous la dictée.

9 ans
Donner la date du jour, complète (jour, mois, quantième, année).
Énumérer les jours de la semaine.
Faire des définitions supérieures à l'usage.
Conserver six souvenirs après lecture d'un fait divers.
Rendre quatre sous sur vingt sous.
Ordonner cinq poids.

10 ans
Énumérer les mois.
Nommer neuf pièces de monnaie.
Loger trois mots en deux phrases.
Répondre à trois questions d'intelligence.
Répondre à cinq questions d'intelligence.

11 ans
Critiquer des phrases contenant des absurdités.
Loger trois mots en une phrase.
Trouver plus de soixante mots en trois minutes.
Faire des définitions abstraites.
Mettre des mots en ordre.

12 ans
Répéter sept chiffres.
Trouver trois rimes.
Répéter une phrase de vingt-six syllabes.
Interpréter des gravures.

13 ans
Découpage.
Triangle à compléter.

L'Échelle métrique en 1911[a]

3 ans
Montrer nez, yeux, bouche.
Énumérer une gravure.
Répéter deux chiffres.
Répéter une phrase de six syllabes.
Donner son nom de famille.

4 ans
Donner son sexe.
Nommer clé, couteau, sou.
Répéter trois chiffres.
Comparer deux lignes.

5 ans
Comparer deux boîtes de poids différents.
Copier un carré.
Répéter une phrase de dix syllabes.
Compter quatre sous simples.
Recomposer un jeu de patience en deux morceaux.

6 ans
Distinguer matin et soir.
Définir par l'usage.
Copier losange.
Compter treize sous simples.
Comparer deux figures esthétiques.

7 ans
Main droite. Oreille gauche.
Décrire une gravure.
Exécuter trois commissions.
Compter neuf sous simples et doubles.
Nommer quatre couleurs.

8 ans
Comparer deux objets de souvenir.
Compter de 20 à 0.
Indiquer lacunes de figure.

a. Binet, 1911, p. 147.

© Dunod – La photocopie non autorisée est un délit.

L'Échelle métrique en 1911 (suite)

Donner date du jour.
Répéter cinq chiffres.

9 ans
Rendre sur vingt sous.
Définir supérieurement à l'usage.
Reconnaître les neuf pièces de notre monnaie.
Énumérer les mois.
Comprendre des questions faciles.

10 ans
Ordonner cinq poids.
Copier dessin de mémoire.
Critique de phrases absurdes.
Comprendre des questions difficiles.
Loger trois mots en deux phrases.

12 ans
Résister à une suggestion de lignes.
Loger trois mots en une phrase.
Dire plus de soixante mots en trois minutes.
Définir trois mots abstraits.
Comprendre une phrase désarticulée.

15 ans
Répéter sept chiffres.
Trouver trois rimes.
Répéter une phrase de vingt-six syllabes.
Interpréter des gravures.
Résoudre un problème de faits divers.

Adultes
Comprendre un découpage.
Construire un triangle.
Résoudre la question du président.
Distinguer des mots abstraits.
Résumer la pensée d'Hervieu.

Binet se demande comment articuler l'âge et le niveau intellectuel, mais il ne sait pas résoudre ce problème, alors qu'il a tout à fait conscience que l'intelligence de l'enfant évolue et progresse avec le temps. Pour Zazzo *et al.* (1966), si Binet, alors qu'il est si proche de cette notion d'âge mental, ne peut la dégager, c'est par ignorance. À son époque, on connaît peu de choses à propos des enfants arriérés, et le modèle adulte prédomine. Binet ne peut pas se prononcer sur la question de l'évolution de l'arriération chez les enfants, qui reste alors un champ complètement inconnu et inexploré. Il ne peut donc pas avoir l'idée qu'il existerait une vitesse de croissance des capacités intellectuelles qui pourrait constituer une norme de référence, ce que signifie l'âge mental. Faute de pouvoir proposer un pronostic, Binet attribue seulement un niveau : il utilise un concept statique, qui ne permet pas d'anticiper sur le développement mental.

L'ambiguïté vient du fait que Binet a exprimé le niveau en termes d'âge. Par exemple, il dit que le niveau de l'idiot est celui de l'enfant de 2 ans. Or, pour lui, il s'agit uniquement de comparer le débile au normal, et non de poser un pronostic d'évolution (Avanzini, 1969, p. 126).

Cependant, Binet est bien le premier à avoir référé l'intelligence à l'âge, c'est-à-dire à avoir proposé de l'évaluer en la comparant avec les capacités des enfants du même âge.

En ce qui concerne l'approche clinique telle que Binet et Simon la mettent en œuvre, à la fois pour l'élaboration et la passation de leur Échelle, et pour l'interprétation des résultats, ces deux dernières versions n'apportent rien de nouveau.

Quand Binet publie, seul, la dernière version de l'Échelle métrique en 1911 (Simon, parti en province, n'est pas associé cette fois), il ne la conçoit pas comme définitive. Lui-même ne croit pas trop à des mesures vraiment rigoureuses, et celles-ci ne sont pour lui qu'un moyen pour progresser dans sa psychologie individuelle. Il cherche à savoir ce qui différencie l'enfant de l'adulte, quelles sont ses aptitudes et quelles sont les lois du développement psychologique. Il écrivait d'ailleurs en 1908 avec Simon :

> « Nous espérons que nous pourrons rester fidèles à ce programme bien vaste, et surtout que nous aurons le temps et la force de le réaliser. » (1908, p. 2)

Binet et Simon sont les véritables inventeurs de l'examen psychologique. Dès sa conception, les fonts baptismaux sont doubles. D'une part, il s'agit de privilégier une démarche expérimentale et il y a chez Binet une volonté farouche de faire science, de sortir de l'obscurantisme des anciennes pratiques médicales. Mais d'autre part, la dimension clinique est constamment

© Dunod – La photocopie non autorisée est un délit.

présente dans leurs travaux, comme nous l'avons vu. Elle est en particulier présente dans leur conception de l'intelligence et de sa mesure.

7. L'intelligence et la mesure

En ce qui concerne l'intelligence, Binet et Simon reconnaissent l'impossibilité d'en donner une définition précise :

> « Nous n'avons garde de traiter dans toute son ampleur le problème [de la définition de l'intelligence] ; c'est un problème effrayant de complexité (...). » (1908, p. 74)

Binet se montre très critique face aux tentatives de définition, qu'il juge en général naïves et réductrices (1911, p. 172). Si la remarque qui lui est attribuée, « L'intelligence, c'est ce que mesure mon test » est apocryphe, celle-ci a sans doute connu un tel succès du fait du refus de Binet de définir l'intelligence...

Il considère qu'il existe plusieurs formes d'intelligence, et ces différences ne sont pas seulement d'ordre quantitatif. Il lui paraît difficile d'inventer un système satisfaisant de mensurations, car celui-ci serait forcément construit en vertu d'idées *a priori*, tant il est impossible de rendre compte de « l'immense variété des expressions de l'intelligence » (1898, p. 114). Pour Binet, les différences qualitatives dans un groupe d'individus ont autant d'importance que les différences quantitatives (1898, p. 123). Et l'intelligence englobe plusieurs aptitudes, qui peuvent être indépendantes les unes des autres.

L'intelligence est donc, pour Binet, « multiforme » : elle réunit toutes les capacités mentales d'un individu, il ne s'agit donc pas d'une fonction unique. Ainsi, comme le résume Martin, dans la conception de Binet :

> « [L'intelligence] ne se réduit pas, en tout cas, à une grandeur unique dont les variations de niveau expliqueraient les différences entre individus. [...] En d'autres termes, elle ne se réduit pas à une seule dimension, elle n'est pas "unidimensionnelle". » (1997, pp. 33-34)

Parallèlement, Binet et Simon poursuivent leur réflexion sur la mesure de l'intelligence. Ils resteront toujours fidèles à la conception de Binet concernant la mesure en psychologie individuelle : il ne peut pas s'agir d'une méthode de mesure au sens physique du terme, mais seulement d'une méthode de classement entre des individus.

> « Les procédés que j'ai indiqués arriveront, si on les perfectionne, à classer une personne avant ou après telle autre personne, ou telle série d'autres personnes, mais je ne pense pas qu'on puisse *mesurer* une de leurs aptitudes intellectuelles, dans le sens où l'on mesure une longueur ou une capacité. » Il insiste : « Nous ne mesurons pas, nous classons. » (1898, p. 122)

Dans ce même article, il souligne les différences qualitatives, à partir desquelles il devient possible de constituer des « familles naturelles de caractères ».

Pour Binet et Simon, il ne sera jamais possible de mesurer l'intelligence au sens mathématique du terme, car les qualités intellectuelles ne sont pas superposables, il n'est pas possible de les mesurer comme des longueurs. Parfois, ils utilisent le terme « d'appréciation » de l'intelligence.

En 1911, ils donnent une définition de la mesure de l'intelligence :

> « En quoi consiste au juste la mesure de l'intelligence ? [...] Le mot mesure n'est pas pris ici au sens mathématique : il n'indique pas le nombre de fois qu'une quantité est contenue dans une autre. L'idée de mesure se ramène pour nous à celle de classement hiérarchique ; de deux enfants, est le plus intelligent celui qui réussit le mieux un certain ordre d'épreuves. »

Quant à l'échelle métrique, ils insistent sur le fait qu'il ne s'agit pas d'un instrument de mesure, qui donnerait un résultat chiffré et précis, au sens où une balance fournit une valeur, le poids, objective et indiscutable. Les résultats obtenus par le biais de l'Échelle métrique n'ont de sens que s'ils sont interprétés :

> « [Notre méthode n'est pas] une méthode automatique, comparable à une bascule de gare, sur laquelle il suffit de monter pour que la machine vomisse notre poids imprimé sur un ticket. Ce n'est pas une méthode de manœuvre, et nous prédisons au médecin pressé, qui voudrait la faire appliquer par des infirmiers, qu'il aurait des déboires. Les résultats de notre examen n'ont pas de valeur s'ils sont séparés de tout commentaire, ils ont besoin d'être interprétés. » (1908, pp. 60-61)

D'ailleurs, ils insistent sur l'aspect qui peut paraître arbitraire, conventionnel, de cette base de classification :

> « Si on avait adopté une convention autre, on serait arrivé à des résultats sensiblement différents. Nous croyons nécessaire d'insister sur le sujet car nous serons conduits [...] pour la simplicité du langage, à dire qu'un enfant de huit ans a une intelligence d'enfants de sept ans ou de neuf ans ; ces expressions, par ce qu'elles ont d'absolu, pourraient donner lieu à des illusions. » (1908, pp. 64-65)

Nous voyons bien qu'il ne s'agit pas ici de mesure au sens précis du terme. Certes, Binet a été toute sa vie passionné par la mesure. La nécessité

© Dunod – La photocopie non autorisée est un délit.

de la mesure pour la démarche scientifique lui semble une évidence, et il ne se donne même pas la peine de l'argumenter :

> « L'immense utilité de la mesure est du reste si profondément sentie par tous les hommes de science qu'il est inutile d'insister. » (1898, p. 113)

Mais la méthode de Binet et Simon échappe radicalement à toute définition classique de la mesure.

La mesure peut être définie comme une :

> « opération par laquelle on fait correspondre à des données matérielles qualitativement définies des expressions représentant le nombre d'unités qu'elles contiennent. Une *grandeur mesurable* est celle pour laquelle on peut assigner une unité, naturelle ou décisoire, et exprimer ensuite cette correspondance d'une manière univoque, précise et indépendante de tout arbitraire. » (Lalande, *Vocabulaire technique et critique de la philosophie*, p. 610)

Dans l'esprit de Binet et Simon, l'intelligence n'est pas une donnée entière, univoque, qui serait divisible en unités : il est donc logiquement impossible de venir l'exprimer en termes de grandeur mesurable. De même, les résultats obtenus n'ayant aucune valeur mathématique, leur faire subir un traitement statistique est complètement dépourvu de sens. Ceci explique parfaitement le mépris de Binet vis-à-vis de la méthode statistique, qu'il connaît pourtant fort bien : appliquer des calculs statistiques à des valeurs qui ne représentent pas de véritables mesures relève au mieux de l'inexactitude, au pire de la supercherie.

Martin résume fort bien le statut des résultats obtenus par Binet et Simon :

> « En somme, la notion de mesure est restreinte au sens de "classement". La mesure n'est donc rien d'autre, dans les esprits de Binet et Simon, que le "codage numérique ordinal" (en termes contemporains) des résultats du diagnostic clinique du psychologue. Plus précisément, le psychologue établit son diagnostic pour chacune des épreuves soumises à chaque sujet et c'est l'ensemble de ces diagnostics (épreuves passées avec succès ou non) qui est codé numériquement pour fournir le niveau intellectuel de chaque sujet (nombre d'années de retard ou d'avance). » (1997, p. 35)

Or, si cette référence à la clinique est très présente, parfois là où on ne l'attendrait pas, par exemple dans la mesure et la conception de l'intelligence, elle est aussi absente dans d'autres domaines. Par exemple, la relation entre l'enfant et l'examinateur est assez peu considérée, si nous tenons compte de nos critères actuels. Mais Binet, du fait de ses travaux antérieurs sur la suggestibilité, est beaucoup plus sensible aux enjeux relationnels que certains auteurs ont pu le penser (voir par exemple Guillaumin, 1977).

Il peut être utile de se demander ce qui, dans l'Échelle métrique, qui est vraiment le test d'efficience inaugural, a pris en compte cette dimension de la clinique ou bien l'a évacuée. La pratique des tests aujourd'hui étant l'héritière de ces premières élaborations, nous aurons à nous demander quel est notre héritage. Quelle part est restée ouverte à cette préoccupation clinique ? Et quelle part a été verrouillée ?

8. Binet et Simon : une démarche polysémique

> « ... Ces travaux sont d'une grande commodité pour le polémiste : quelque opinion que défende celui-ci, il lui est facile, en cherchant un peu d'avoir Binet avec lui. » (Reuchlin, 1958, p. 306)

Il n'est effectivement pas difficile, en ne prenant qu'un pan de ses travaux, d'enfermer Binet dans un champ ou une démarche spécifique, tellement est grande la multiplicité de ses centres d'intérêt, de ses objets de recherche, des méthodes qu'il met en œuvre. En réalité, l'aspect symphonique de son œuvre empêche de la réduire à telle ou telle orientation. Binet et Simon ont associé la démarche clinique et la méthode expérimentale pour donner naissance à l'Échelle métrique et à l'examen psychologique. Bien que l'appellation de psychologie clinique n'apparaisse pas réellement en France avant les années trente ou quarante, il est tout à fait adéquat d'envisager la démarche de Binet et Simon comme une démarche clinique, car elle se réfère également à leur expérience de psychopathologues. En revanche, l'attitude de Binet à l'égard de la psychanalyse est pour le moins ambivalente.

Mais cela ne doit pas faire oublier la démarche expérimentale, essentielle chez Binet : pionnier en France de la psychologie et de la psychopédagogie expérimentale, cette influence ne sera pas non plus sans effet sur le devenir de l'examen psychologique.

Enfin, Binet est aussi, avant la lettre, ce que nous nommerions aujourd'hui un « psychologue social », très préoccupé des applications sociales et des progrès possibles liés à ses travaux (Avanzini, 1969 ; Lécuyer, 1989).

Binet, élève de Charcot, a d'abord mené des recherches en psychopathologie. Il connaît donc tout à fait bien l'approche clinique médicale de son époque. Fils de médecin, Binet a souvent mis en scène des médecins et des interrogatoires manifestement inspirés des consultations de Charcot dans les pièces auxquelles il collabore pour le Grand Guignol... (Carroy, 1993, pp. 179-180) Son projet de psychologie individuelle s'inscrit également dans une démarche clinique, bien qu'elle ne concerne pas les aspects affectifs

© Dunod – La photocopie non autorisée est un délit.

de la personnalité. En effet, Binet s'intéresse uniquement aux aspects intellectuels, et le terme même de caractère n'a pas pour lui le sens que nous lui donnons aujourd'hui. Il s'agit de « type intellectuel », par exemple quand, chez une personne, l'intelligence verbale domine l'intelligence pratique. Si, au début, il s'intéresse surtout aux variations et aux différences des facultés et des processus psychiques d'un individu à l'autre, progressivement et surtout à partir de 1900, Binet s'attache de plus en plus à la connaissance des personnes dans leur singularité.

Nous avons vu qu'il juge sévèrement la méthode statistique, avec des critiques qui nous paraissent aujourd'hui d'une grande modernité :

> « La méthode de la statistique ne donne rien que de médiocre. [...] Les auteurs américains, qui aiment faire grand, publient souvent des expériences qui ont été faites sur des centaines et des milliers de personnes ; ils obéissent instinctivement à ce préjugé d'après lequel la valeur probante d'un travail est proportionnelle au nombre des observations. Ce n'est qu'une illusion ; quand un certain nombre d'observations concordantes a été recueilli, celles qu'on peut encore y ajouter n'augmentent pas grand-chose à la valeur démonstrative des premières [...]. Je veux dire que si on prend des tests mentaux sur mille sujets, on est obligé d'aller très vite, d'examiner chacun d'une façon très sommaire, de se faire aider par des collaborateurs en sous-ordre qui travailleront avec plus d'automatisme que de réflexion : c'est ce que j'appelle la méthode statistique. Un *mental test* appliqué à la hâte sur des anonymes n'a qu'une valeur proportionnée au temps qu'on y a dépensé ; si j'ai pu arriver à quelque lumière par l'étude attentive de deux sujets, c'est que je les ai regardés vivre et que je les ai scrutés pendant plusieurs années. » (1903, pp. 299-300)

Binet considère également l'état d'esprit du sujet observé comme une des données essentielles de la situation d'observation :

> « Un autre élément d'information qu'on ne doit pas négliger, c'est la disposition d'esprit que le sujet apporte à l'expérience, ce que j'ai appelé plus haut son adaptation mentale. Pour bien comprendre le sens des réponses, il faut savoir dans quel esprit elles ont été faites, si le sujet était sérieux ou moqueur, s'il a pris une attitude passive ou contrainte, ou critique ; il serait à souhaiter que dans toute expérience de psychologie, l'attitude mentale du sujet fût décrite avec soin. » (1903, pp. 300-301)

Enfin, ses travaux sur la suggestibilité l'ont rendu très vigilant aux effets d'influence du sujet par l'expérimentateur :

> « Ne point tenir compte des paroles échangées, c'est s'exposer de gaieté de cœur aux erreurs les plus graves ; car un mot, un simple mot dit par l'expérimentateur peut changer complètement les dispositions mentales du

sujet. Les études récentes que j'ai publiées sur la suggestibilité à l'état de veille m'ont démontré que cette cause d'erreur agit d'une manière incessante ; la négliger, c'est commettre une négligence équivalente à celle d'un bactériologiste qui ferait ses recherches si délicates dans un milieu sale. » (1903, p. 302)

Binet psychopathologue fut d'ailleurs salué par Freud, qui s'est beaucoup intéressé à ses travaux. Dans les *Trois essais sur la théorie sexuelle*, Freud reconnaît sa dette à l'égard de Binet, qui a montré le premier que le choix du fétiche était lié à une impression d'enfance :

« Dans le choix du fétiche, ainsi que Binet [1888] l'a affirmé le premier et comme de nombreux exemples l'ont confirmé depuis, se manifeste l'influence persistante d'une impression sexuelle ressentie le plus souvent au cours de la prime enfance [...]. » (1905, p. 64)

De même dans les *Études sur l'hystérie*, Freud se réfère à Binet en ce qui concerne la dissociation de la conscience :

« La tendance à cette dissociation, et par là à l'apparition des états de conscience anormaux que nous rassemblons sous le nom d'états "hypnoïdes", serait, dans cette névrose, un phénomène fondamental. Nous partageons avec Binet et les deux Janet cette opinion, mais sans disposer encore d'expériences relatives aux très surprenantes découvertes qu'ils ont faites chez des anesthésiques. » (1893, p. 8)

Ainsi, Binet s'est approché très près de deux des principales découvertes de la psychanalyse : l'existence de l'inconscient et l'importance de la sexualité infantile. Mais il reste proche des conceptions de l'inconscient qui étaient celles de son temps et ne tirera aucune conséquence de la sexualité infantile. D'après Chapuis (1998), Freud serait bien plus redevable des découvertes de Binet qu'il ne veut bien le reconnaître. Elle compare l'hommage rendu par Freud à Binet et ce qu'il lui doit effectivement, et elle évoque à ce propos la « dette impayée » de Freud (p. 261).

Cependant, la proximité entre les préoccupations de Freud et de Binet est celle qui existe entre les psychopathologues de leur temps, qui s'intéressent aux phénomènes de double conscience, aux perversions sexuelles, etc. Leurs références culturelles sont semblables, et il est assez remarquable que Freud introduise pour la première fois le terme de métapsychologie avant de citer l'ouvrage de Taine, qui est la référence de Binet :

« La psychologie – ou plutôt la métapsychologie – me préoccupe sans cesse. Le livre de Taine *De l'intelligence* me plaît énormément. J'espère qu'il en sortira quelque chose. Je constate un peu que les idées les plus anciennes

© Dunod – La photocopie non autorisée est un délit.

> sont justement les plus utilisables. J'espère que l'amour des sciences m'absorbera jusqu'à la fin de ma vie. » (Lettre à Fliess du 13 février 1896)

Binet est souvent présenté comme le premier à avoir introduit la psychanalyse en France grâce à *l'Année psychologique*. Ce sont des difficultés éditoriales qui contraignent Binet, au début des années 1900, à rechercher de nouveaux auteurs pour sa revue (Nicolas, 2002, p. 235). Il contacte Jung, qui écrit un article de présentation de la psychanalyse sur *L'analyse des rêves*, qui paraît en 1909. Mais Jung se fait bien peu d'illusions sur la réceptivité des psychologues français aux idées de la psychanalyse. Il l'écrit d'ailleurs à Freud :

> « J'ai déjà fabriqué une petite chose pour Binet, ce n'est naturellement que de l'orientation superficielle, mais écrit de telle façon qu'un Français aussi puisse comprendre, pour autant qu'il le veuille. Malheureusement, seuls les psychologues auront la chose entre les mains, elle sera donc sous mauvaise garde. Les Français n'ont-ils pas déjà sauvagement ébouriffé notre Maeder ? Binet tire son préjugé favorable à mon égard, jusqu'ici inébranlé, de la source Larguier des Bancels, Privat-Dozent à Lausanne et infecté via Claparède. » (Correspondance Freud/Jung, Tome 1, p. 246)

En effet, la psychanalyse avait été très critiquée en 1908, au cours d'une séance de la Société de psychologie, pendant laquelle un article sur l'interprétation des rêves écrit par Maeder, un disciple de Jung, avait été éreinté. Si effectivement Larguier des Bancels, le collaborateur suisse de Binet, a été « infecté » par la psychanalyse grâce au psychologue et pédagogue suisse Édouard Claparède, Jung a raison de se méfier des psychologues français.

Binet, dans l'éditorial de l'*Année psychologique* de 1911, considère les recherches de Freud sur la psychanalyse comme une des quatre principales questions de la psychologie pour l'année 1910. Mais son propos est pour le moins critique :

> « Les recherches de Freud, de ses collaborateurs et de ses élèves sur la psycho-analyse ont éveillé, dans certains milieux, une très grande curiosité. Les conférences du centenaire qu'avait organisées l'université de Hall ont été confiées en partie à Freud et à Jung, qui sont venus exposer d'une manière intéressante tout ce qu'on doit à la psycho-analyse et surtout à cette idée, qui est la leur, que la plupart de nos pensées et de nos émotions émergent de notre vie sexuelle, et sont un résultat de sentiments sexuels refoulés. Il y a dans cette idée un mystère qui attache, qui charme surtout les esprits mystiques, et la théorie de Freud excite chez ses adeptes presque du fanatisme ; il est si intéressant de se mettre à éplucher la vie psychique d'une personne, surtout sa vie intime, profonde et comme honteuse ! C'est bien là, pense-t-on, de la vraie psychologie, mille

> fois plus intéressante que les froides courbes, les fastidieux calculs de la sèche psychologie de laboratoire, et nous n'y contredirons pas ; mais peut-être que lorsque le charme de la nouveauté commencera à diminuer, on s'apercevra que ce qu'il manque aux travaux de psycho-analyse, c'est ce caractère de l'objectivité et de la démonstration sans lequel il n'existe aucune science. Ce qu'il faut souhaiter, c'est que la psycho-analyse, tout en gardant son caractère suggestif et attachant, perde sa forme de roman psychologique. » (Binet, 1911, p. VIII).

Derrière cette critique, se profile une question toujours actuelle : la psychanalyse est-elle une science ? On ne peut donc reprocher à Binet d'interroger la psychanalyse sur ce point. En revanche, il est bien évident que les voies expérimentales qu'il semble indiquer à la psychanalyse pour rendre compte de son fondement scientifique sont complètement antinomiques avec celle-ci. La démarche expérimentale de Binet, même si elle est articulée avec une dimension clinique et psychopathologique, relève d'une épistémologie radicalement différente de celle de la psychanalyse, tant par son objet que par ses méthodes.

Mais le désaccord entre Binet et les psychanalystes est encore bien plus profond, et révèle une véritable incompréhension chez Binet des découvertes freudiennes. Binet et Simon refusent l'étiologie sexuelle de l'hystérie, et se trompent sur le sens que lui donne Freud. Ils notent que Freud et Breuer font du refoulement des souvenirs pénibles la pierre d'angle de leur théorie sur l'hystérie, mais confondent les plans anatomiques et psychiques de la sexualité, car ils ne comprennent pas la distinction opérée par Freud :

> « [Freud et Breuer] ont été amenés à reprendre la vieille idée que l'hystérie mérite son nom quand on lui donne pour point de départ l'utérus ; c'est l'un des plus singuliers retours en arrière qu'on connaisse. » (Binet, Simon, 1910, p. 95)

Ainsi, si les historiens qui s'attachent à la psychologie dite scientifique voient plutôt favorablement l'accueil fait par Binet à la psychanalyse, du point de vue des psychanalystes, cette réception paraît réellement problématique. Les psychologues français opposent en réalité une très importante résistance à la psychanalyse, car ils refusent autant l'importance dévolue à la sexualité dans la vie psychique, qu'une démarche qui ne relève pas de l'expérimentation. Loin de favoriser le développement de la psychanalyse en France, les psychologues français, et Binet en fait partie, la critiquent violemment, et bien souvent n'en saisissent même pas les principaux enjeux (Roudinesco, 1986).

© Dunod – La photocopie non autorisée est un délit.

Plus qu'une dette impayée à l'égard de Freud, il me semble qu'il s'agit d'une profonde incompréhension chez Binet, fasciné par la mesure et en proie au clivage.

Dans ce contexte, les enjeux transférentiels échappent complètement à la compréhension de Binet. Mais faut-il pour autant penser qu'il évite toute dimension relationnelle ?

Pour Guillaumin, il existe une sensibilité de Binet aux influences intersubjectives, qui se manifeste dans *L'Étude expérimentale de l'intelligence*, pour disparaître ensuite dans les textes qui accompagnent et commentent l'Échelle métrique (1977, p. 31). Nous avons vu qu'il n'en est rien, car les préoccupations cliniques sont, dans chaque version de l'épreuve, au centre des recommandations des deux hommes. Il me semble d'ailleurs, de ce point de vue, que l'influence de Simon sur Binet et sur l'ensemble de leur œuvre commune est très souvent sous-estimée. Simon est non seulement le fidèle collaborateur dont parle Binet, mais il est aussi un aliéniste attaché à l'approche clinique, et il ne se départira jamais de cette conviction. D'ailleurs, les conceptions cliniques de Simon seront plus tard, dans les années quarante, à l'origine d'un conflit avec Zazzo. Ce désaccord prend en outre toutes les formes d'un véritable malentendu.

En effet, Zazzo souhaite réviser l'Échelle métrique, qui gardait en France sa forme de 1911, « comme figée à l'heure de la mort de Binet ». À partir des années trente, la version américaine du Binet-Simon, traduite en français, est venue concurrencer l'Échelle originale. Zazzo essaye dès 1943 (la Nouvelle Échelle métrique sera publiée en 1966), de proposer une version révisée de l'Échelle métrique à Simon, qui oppose un refus glacial à ces tentatives de rectification. Zazzo met l'attitude de Simon sur le compte de sa fidélité à Binet et à l'œuvre commun. Mais il reconnaît lui-même que Simon réagit en clinicien : celui-ci n'a jamais accepté l'ambiguïté et les abus de la notion de QI, pas plus que l'hypertrophie des statistiques. En ce qui concerne la critique des statistiques, il reste parfaitement fidèle à la mémoire de Binet… Or, la révision que lui soumet Zazzo est d'ordre métrologique. Celui-ci rapporte la première scène qui les confronte :

> « Quand je m'en fus lui présenter en 1943 ma première rectification du Binet-Simon, le plus clair de son objection était bien une réaction contre les chiffres :
>
> "– Pourquoi cette rigueur, cet excès de rigueur ? Notre instrument n'en demande pas tant. Et la prétendue netteté de vos chiffres risque de brouiller les habitudes, l'intuition qu'une longue familiarité avec cet instrument nous a données."

> Pour convaincre Simon, si tant est qu'il pût accepter d'être convaincu, il eût fallu lui apporter non seulement des chiffres, mais la chaleur d'expériences nouvelles, d'expériences cliniques, du moins le laissait-il entendre. Et ce jour-là, venant de moi, il ne s'agissait que de chiffres. » (1966, p. 12)

Zazzo, s'il identifie là une attitude clinicienne, ne la comprendra jamais tout à fait, tant son propre projet le porte à une réévaluation psychométrique, s'appuyant sur la mesure. Il n'est d'ailleurs pas loin de penser que Simon trahit Binet, qui fut le premier à appliquer la mesure aux faits psychiques complexes. Or, Zazzo lui-même pointe plus loin le paradoxe de Binet, qui est un psychologue de l'individualité, des différences qualitatives, et qui invente l'Échelle métrique.

Binet critique Gilbert, un psychologue américain, qui cherche à calculer des différences quantitatives entre l'enfant et l'adulte :

> « L'enfant a vraisemblablement une manière à lui de penser, de raisonner, de vouloir, de se souvenir [...] et il serait important que les tests ne se réduisissent pas à nous faire connaître les différences de degré. » (Binet, 1895, p. 433)

Bien que cela ne soit pas son projet, Zazzo nous donne à voir aussi bien Binet que Simon comme des cliniciens, réfractaires à un rabattement de l'approche clinique sur la quantification.

Nous pouvons faire l'hypothèse que Simon a exercé une influence sur Binet dans ce sens, en même temps qu'il lui permet de renouveler son intérêt pour la psychopathologie. Si les travaux de Binet en psychopathologie sont nombreux entre 1884 et 1892, ils disparaissent complètement pendant douze ans, et reprennent seulement en 1904 (Plas, 1994, p. 230). Ces nouvelles recherches, qui portent sur les anormaux ou sur les maladies mentales, sont publiées en collaboration avec Simon.

Contrairement à Guillaumin, Martin (1997) considère que Binet et Simon s'inscrivent dans une démarche clinique dépourvue d'ambiguïté, car ils mènent de front la mise au point de leur test avec une réflexion sur ses conditions d'utilisation, ainsi que sur l'intelligence et les possibilités de sa mesure.

Pour lui, l'échelle métrique est plus l'héritière du Binet psychopathologue que du Binet psychophysicien, attaché à la mesure quantitative des phénomènes. Plusieurs indices le conduisent à dégager ce qu'il nomme « l'épistémologie clinique » de Binet. Binet et Simon se préoccupent de la classification des déficients mentaux. Mais surtout, leur méthode est clinique : elle s'appuie sur un examen approfondi et concret de sujets non anonymes, vus individuellement, pour réunir ensuite l'ensemble des signes recueillis

© Dunod – La photocopie non autorisée est un délit.

pour établir un jugement. Seul un spécialiste est à même de mener à bien cet examen. Chapuis, de même, estime que :

> « Binet pose les bases d'une approche clinique individuelle. Anticipant les recherches piagétiennes, il met en place une étude rigoureuse des comportements de l'enfant, à partir de situations d'observations soigneusement agencées, et d'interrogatoires souples. Par tous les moyens possibles – mesure, déchiffrage de l'écriture ou de la physionomie, évaluation du niveau intellectuel ou introspection expérimentale – il cherche à dégager un portrait du sujet pris dans sa globalité. » (1998, pp. 262-263)

Cette définition correspond presque mot pour mot à celle que donne Anzieu de la méthode clinique (voir *supra*, p.39).

Bien sûr, cette démarche est incompatible avec des méthodes qui font appel à des mesures ponctuelles et automatiques, et qui établissent un résultat à partir de ces seules valeurs.

Si Martin est fondé à parler d'une épistémologie clinique chez Binet et Simon, c'est que leur démarche suppose que la connaissance scientifique ne peut procéder qu'à partir d'expériences approfondies avec des sujets donnés, non anonymes, menées par des spécialistes expérimentés, capables d'interpréter, en fonction de leur expérience clinique, les résultats obtenus. Nous sommes loin de la méthode des questionnaires anonymes, qu'il suffit d'analyser de façon automatique pour obtenir des résultats.

9. Les dérives des tests

Pratiquement dès leur naissance, les tests sont l'objet de critiques et de polémiques. Ces conflits et ces débats sont non seulement scientifiques, mais aussi idéologiques et politiques, comme le rappelle très justement Ohayon (2001).

La question de la dérive des tests est à la fois bien connue, mais aussi la plupart du temps soigneusement évitée. Du fait de leur construction même, les tests portent en eux les risques de l'objectivation de la personne testée, du rabattement sur une norme. Pire, leur utilisation en vue d'une orientation peut donner lieu à de graves erreurs, d'autant moins discutables qu'il est difficile de remettre en cause les résultats des tests, parés des vertus de la science. Il n'est pas possible d'évacuer ce type de problème, ou de le minimiser en le réduisant à un problème de formation des psychologues. Comme nous l'avons vu, il s'agit de véritables questions éthiques, que l'on ne peut réduire à de simples problèmes techniques. Un détour par l'histoire peut cependant nous aider à repérer les principaux pièges liés à la pratique des tests.

Importée aux États-Unis à la fin de la première décennie du XXe siècle, l'Échelle métrique de Binet et Simon connaît un succès foudroyant. Goddard, qui est directeur de la recherche d'une école pour déficients mentaux, essaie les épreuves de Binet et Simon sur les enfants de son institution. À partir de 1913, les tests commencent à être utilisés avec les nouveaux immigrants, pour identifier parmi eux les déficients mentaux. Mais l'impulsion la plus importante est donnée par Terman et Yerkes, qui vont diffuser les tests à grande échelle aux États-Unis.

Terman est professeur à l'université de Stanford. À partir des traductions de Goddard, il publie son propre test, le « Stanford-Binet », qui est longtemps considéré comme la référence pour les autres tests d'intelligence, qui doivent être fortement corrélés avec lui pour être considérés comme valides. Dans cette version, le résultat est exprimé par le rapport entre l'âge mental et l'âge chronologique, formulé en centièmes. Il s'agit ici du QI (quotient intellectuel), notion qui a été développée par Stern et Terman dans les années dix.

Terman veut utiliser les tests pour prouver l'existence d'un lien entre la race, l'intelligence, la classe sociale et le vice. Ce lien permettrait d'accorder la profession et la position sociale d'un individu avec son intelligence :

> « En prenant en compte le coût exorbitant du vice et du crime, qui selon toute probabilité ne s'élève pas à moins de cinq cents millions de dollars par an dans les seuls États-Unis, il est évident que les tests psychologiques ont trouvé ici une de leurs applications les plus fructueuses. » (Terman, 1916, cité par Gould, 1996, p. 218)

Gould montre bien comment l'outil clinique de Binet et Simon, importé aux États-Unis, est détourné de son sens initial pour servir une idéologie de l'hérédité de l'intelligence. L'intelligence, innée, est donc diversement répartie selon les races. L'inégalité sociale ne fait que refléter les différences entre les races ou les individus, elle est donc scientifiquement justifiée. Les tests apparaissent dans ce contexte comme le meilleur allié des partisans d'une politique eugéniste.

Cette idéologie conduit à méconnaître complètement l'impact de l'environnement et de l'éducation sur les résultats aux tests, alors que Binet en a eu tout à fait l'intuition. Il y a là une véritable régression par rapport aux recherches de Binet et Simon :

> « L'opinion courante selon laquelle l'enfant élevé dans une famille cultivée réussit mieux aux tests en raison des avantages qu'il retire de son éducation

© Dunod – La photocopie non autorisée est un délit.

> supérieure, est une hypothèse entièrement gratuite. Pratiquement toutes les recherches qui ont été menées sur l'influence de la nature et de l'acquis sur le fonctionnement mental s'accordent à attribuer une importance beaucoup plus grande aux dons naturels qu'au milieu. Les observations générales laisseraient à penser que l'appartenance sociale d'une famille dépend moins du hasard que des qualités intellectuelles et des caractéristiques innées des parents. [...] Les enfants de parents aisés et cultivés ont des résultats aux tests plus élevés que ceux élevés dans des foyers misérables où règne l'ignorance, pour la simple raison que leur hérédité est meilleure. » (Terman, 1916, cité par Gould, p. 220)

Yerkes, président de l'American Psychological Corporation au moment de l'entrée en guerre des États-Unis, en avril 1917, met au point un énorme programme : il s'agit de tester l'ensemble des conscrits. Il fallait en effet intégrer 3,5 millions d'hommes aux 500 000 soldats de l'armée régulière. Le comité d'examen psychologique des soldats, dirigé par Yerkes, met au point deux tests prévus pour être administrés collectivement : un test verbal (*army alpha*) et un test non verbal pour les illettrés et pour ceux qui échouent massivement à l'épreuve verbale (*army beta*). En cas d'échec à l'*army beta*, on fait alors passer une épreuve d'intelligence individuelle. En fonction de leurs résultats, les soldats sont classés en cinq catégories auxquelles correspondent des affectations militaires.

Yerkes a affirmé ensuite que les tests ont contribué à gagner la guerre. En tout cas, cette pratique massive des tests les a fait connaître au grand public.

Quand en 1921, Yerkes présente les résultats des conscrits examinés en 1917, il explique les différences observées entre les groupes par des facteurs héréditaires, alors que les explications environnementales sont beaucoup plus évidentes. Par exemple, il s'aperçoit que les noirs des états du nord ont de meilleurs résultats que les noirs du Sud. L'explication donnée est celle des migrations sélectives : ce sont les individus les plus intelligents qui émigrent. À aucun moment ces scores ne sont envisagés en fonction des conditions de vie, de milieu, comme le taux de scolarisation par exemple.

L'autre grand changement est celui de la mesure. Nous avons vu que chez Binet la mesure représente un codage du diagnostic clinique du psychologue. Or, les psychologues américains veulent automatiser et standardiser les tests, ce qui correspond tout à fait à leur culture statistique et quantitative. Les réponses aux épreuves des tests sont quantifiées, le résultat aux tests devient un score qui peut être analysé par des outils statistiques. En même temps que la technologie des tests se mathématise, la réflexion sur la nature et les propriétés de l'intelligence se marginalise, contrairement à ce qui se passait avec Binet (Martin, 1997, p. 49).

En même temps que se développe une idéologie scientiste, les tests perdent de plus en plus leur dimension clinique, jusqu'à être transformés en épreuves passées collectivement. Parallèlement, ils sont mis au service de l'idéologie raciste et réactionnaire qui occupe une place importante dans l'Amérique des années vingt, puisqu'elle aboutit aux lois de 1924, qui visent à rendre l'immigration plus restrictive. Ces deux mouvements, indépendants en apparence, sont étroitement liés : le développement de l'objectivation, l'éviction du sujet dans les tests, avec la sacralisation de la technique, ouvrent la voie à une idéologie dans laquelle la valeur du sujet humain devient secondaire.

Pour l'histoire officielle de la psychologie, cet important développement des tests constitue une réponse à l'inflation de la demande sociale à l'égard des applications de la psychologie. La psychologie appliquée, qui se développe en se diversifiant, tente de proposer au grand public des connaissances psychologiques opératoires (Reuchlin, 1971). Pour les enfants, de nombreux domaines sont concernés : éducation, éducation spécialisée, justice, santé, etc.

La réalité est sans doute plus complexe. Effectivement, les transformations économiques, sociales et culturelles entraînent des problèmes nouveaux en Europe comme aux États-Unis. De nouveaux besoins apparaissent : évaluation des personnes, organisation, formation, etc. dans divers secteurs.

Mais, alors que l'histoire classique de la psychologie promeut cette conception d'une offre destinée à satisfaire une demande, il semblerait que cette offre, motivée par des intentions moins louables, ait également contribué à créer la demande, voire l'ait parfois inventée de toutes pièces...

Pour Paicheler (1992), aux États-Unis notamment, le développement des applications de la psychologie, et tout particulièrement des tests, a été un enjeu majeur dans la constitution des psychologues comme groupe professionnel. Elle définit la professionnalisation « comme un processus à la fois dynamique et dialectique de conquête et de conservation d'un territoire de savoirs et de pratiques » (p. 24). D'abord la psychologie s'est constituée comme une discipline académique, en s'affirmant comme une science véritable, c'est-à-dire une science « dure », appartenant au champ des sciences de la matière et de la vie. Elle se veut cousine de la biologie, ce qui lui permet de se démarquer des sciences de l'homme, perçues comme plus floues, moins purement scientifiques.

L'histoire officielle de la psychologie présente celle-ci comme une science produite au sein de l'Université, alors que les applications se feraient en dehors d'elle, cette science psychologique progressant sans cesse du fait des recherches fondamentales (Reuchlin, 1957).

© Dunod – La photocopie non autorisée est un délit.

À l'inverse, Paicheler suppose que les applications officiellement issues de la science psychologique sont constitutives de cette science elle-même. S'appuyant sur Foucault, elle montre qu'à partir des fondements conceptuels, il s'instaure des « technologies disciplinaires » qui s'organisent autour de deux objectifs principaux, le classement et le dressage. En d'autres termes, il s'agit de techniques de contrôle des comportements humains.

Ainsi, il y a une validation en miroir entre la discipline scientifique et les applications : en ce qui concerne les applications pratiques et professionnelles, la question de leur validité est sans cesse esquivée, au profit de la référence, incantatoire, aux connaissances scientifiques. Or, celles-ci sont légitimées en retour par les applications. Cette validation rhétorique fait que chaque versant s'appuie sur l'autre pour trouver sa propre justification, ce qui permet d'éluder le problème de l'adéquation entre eux, ainsi que la question de l'efficacité de la démarche.

> « La validation interne, celle de l'objectif à ses fins, est sans objet, toute validation étant détournée vers l'extérieur. [...] la théorie ne se justifie que parce qu'elle traite des objets de l'application, ce qui la rend opérationnelle. L'application ne se justifie que dans la mesure où elle constitue une vaste expérimentation scientifique. Dans les deux cas, le tour de force consiste à se procurer un capital de crédibilité grâce à un crédit dont on ne dispose pas. » (p. 264)

Ce processus circulaire ne peut se comprendre qu'à partir d'un fait historique : ce sont les universitaires qui sont à l'origine de la professionnalisation de la psychologie aux États-Unis. La psychologie s'est donc historiquement construite comme une science professionnelle et comme une profession scientifique. D'ailleurs, la psychologie académique américaine a d'emblée été considérée comme une science : c'est-à-dire identifiée comme telle par une communauté scientifique unie par des consensus théoriques et méthodologiques (Kuhn, 1972).

Or, c'est bien la problématique de l'expertise qui est ici en jeu : c'est ainsi que les psychologues ont pu mesurer, classer, sélectionner et orienter des êtres humains, en référence à une connaissance posée comme scientifique. Nous retrouvons aujourd'hui, dans toute son acuité, la question que pose Paicheler dans sa conclusion : celle de la pratique d'une psychologie fondée sur la compréhension des processus psychiques, et non celle du contrôle, de la normalisation et de l'exclusion.

Wechsler, jeune psychologue des armées pendant la première guerre mondiale, mais surtout psychopathologue et clinicien, renouera avec une approche clinique pour son échelle. Il abandonne la passation collective pour la passation individuelle qui permet de faire valoir l'approche singulière de chaque personne. Surtout il se rattache à la tradition de Binet par sa conception de l'intelligence, comme une entité impossible à définir et dont il se refuse à faire un concept opératoire.

La situation en France a été très différente des États-Unis. Les tests ne se développent vraiment qu'après la seconde guerre mondiale, avec la création des services de psychologie scolaire en 1945. Mais les tests ne prendront jamais dans le système éducatif l'importance qu'ils peuvent avoir dans d'autres pays, par exemple aux États-Unis ou en Grande-Bretagne. En France, la sélection scolaire repose sur les notes données par les enseignants[1].

De nombreuses critiques s'élèvent dans les années soixante contre l'inégalité sociale reproduite par les tests. Mais ces attaques sont en fait contemporaines des tentatives de développer les pratiques de *testing*, ce qui était défendu par Zazzo par exemple. De ce fait, le développement des tests reste modéré en France.

Des critiques très politiques apparaissent dans cette période. Par exemple, Tort (1974) s'attaque aux tests auxquels il reproche de renforcer et de justifier scientifiquement la division de classe reproduite par l'école. Si son propos n'est pas faux, ses arguments sont en revanche problématiques. En effet, il refuse aux tests toute légitimité, parce qu'ils sont prétendument scientifiques.

Or, la critique que l'on peut adresser aux tests est, à l'inverse, leur prétention à vouloir rendre compte du fonctionnement psychique humain grâce à une objectivation scientifique. Les tests ont un intérêt clinique grâce à tout ce qui échappe à cette expérimentation scientiste et réductrice.

Toutefois, Tort a le mérite de mettre un pavé dans la mare, en dénonçant le risque de traiter les données des tests en dehors des influences culturelles et sociales. Il alerte aussi contre les utilisations politiques qui peuvent en être faites, comme ce fut le cas aux États-Unis.

En effet, les dérives liées aux tests sont encore bien vivaces, même si nous sommes en France relativement protégés pour le moment. Mais pour combien de temps ?

L'idéologie dominante aux États-Unis et en Europe de Nord consiste en une conception innéiste et héréditaire de l'intelligence. Cette opinion permet bien évidemment de justifier toutes les inégalités et les ségrégations sociales.

1. Pour de plus amples détails sur l'histoire des tests, voir Ohayon A. (2001), « Fondements et usages des tests : une histoire critique », *in* « Les tests : éthique, validité, avenir », *Journal des psychologues*, n° 186, avril 2001.

© Dunod – La photocopie non autorisée est un délit.

Les tests sont utilisés ici pour une idéologie qui les dépasse : mais ils peuvent l'être car leur structure même s'y prête.

Par leur construction, les tests ont une double filiation. Il y a d'une part le fondement clinique, qui suppose le respect de chaque sujet dans sa singularité. Mais il y a également un fondement scientiste, qui privilégie la quantification, la mesure et l'objectivation.

L'éviction du sujet qui se produit alors est tout à fait cohérente avec l'abandon d'une réflexion sur l'intelligence. Prétendument athéorique, cette approche est lourde de références implicites et non avouées. Nous retrouvons ici une tradition ancienne, d'une psychologie populaire qui, à travers la phrénologie et la craniométrie, pensait appréhender l'intelligence humaine à travers les bosses et les mesures du crâne (Paicheler, 1992 ; Gould, 1996). Tradition qui perdure à travers l'idée plus moderne, développée par les neuropsychologues et les cognitivistes, que l'intelligence serait liée à des localisations du cerveau et du système nerveux central.

Ce rabattement sur le corps et la physiologie, déjà remarquablement dénoncé par Canguilhem dès 1980, dans « Le cerveau et la pensée », suppose que l'intelligence existe comme une entité bien définie, circonscrite et localisable. Dans ce cas, la question devient effectivement plausible d'une transmission héréditaire, voire géné-tique, de cet « objet ».

L'idéologie scientiste et la sacralisation de la technique qui ont pu marquer de nombreuses périodes de notre histoire récente se sont accompagnées de graves manquements aux droits des hommes. Ce n'est pas un hasard, et les deux vont de pair : il s'agit, dans un cas comme dans l'autre, de l'élimination du sujet.

La conception de Binet d'une intelligence multiforme et indéfinissable laisse ouvert l'espace pour l'existence d'un sujet. Nous allons retrouver la même ouverture chez Wechsler qui estime impossible la définition de l'intelligence. Dans ces conceptions, l'intelligence est impossible à circonscrire, car elle constitue à la limite l'ensemble de l'attitude d'un sujet vis-à-vis de la réalité qui l'entoure.

CHAPITRE 3

Les échelles de Wechsler

Sommaire

Les raisons qui m'ont conduite à choisir le WISC-III parmi l'ensemble des tests d'efficience intellectuelle existants sont nombreuses, mais relativement simples et liées entre elles. Il faut toutefois préciser que ce qui est proposé dans le présent ouvrage n'est pas une présentation de la théorie et de la pratique psychométriques du WISC-III : pour cela, on pourra se référer à d'autres travaux (en particulier, l'excellent livre de Grégoire, 2000). Il s'agit ici de mettre en évidence comment une relation se noue entre le psychologue et l'enfant avec une médiation constituée par le test. À partir de ce moment, une situation d'interlocution s'établit. Le dispositif ainsi créé va permettre au psychologue d'écouter l'enfant différemment, de prendre en compte une parole qui ne parvient pas à se dire de façon plus directe, par exemple dans un entretien.

Il s'agit ici d'une conception psychanalytique du bilan psychologique, au sens d'une consultation psychanalytique. En effet, le bilan n'est pas envisagé comme un dispositif permettant une observation du sujet, mais comme une situation d'interlocution dans laquelle toute expression de l'enfant, quelle soit comportementale, verbale, etc., est adressée au psychologue, dans des enjeux transférentiels.

Dans cette optique, toute épreuve d'efficience intellectuelle est à même d'instaurer ce dispositif. Cependant, mon choix s'est porté sans hésiter sur le WISC-III pour plusieurs raisons. Test le plus utilisé internationalement, il est plébiscité par les psychologues. Si, parmi l'ensemble des tests d'efficience, le WISC-III me paraît le plus à même d'aider au déploiement de cette situation clinique entre le psychologue et l'enfant, c'est bien parce qu'il est lui-même une épreuve très clinique. Cela tient aux conceptions de son créateur, David Wechsler : son engagement de psychopathologue et de clinicien ne se dément jamais, ni dans sa conception de l'intelligence, ni dans la construction de son échelle.

© Dunod – La photocopie non autorisée est un délit.

1. Les raisons d'un succès

Tout d'abord, le WISC (Wechsler Intelligence Scale for Children) est le test le plus utilisé en France et dans le monde (Oakland et Hu, 1992 ; Castro, Meljac et Joubert, 1996). D'une manière générale, alors que les échelles de Wechsler sont anciennes (la première version pour adultes, le Wechsler-Bellevue, date de 1939), elles sont parmi les plus employées par les praticiens, internationalement, et les nouveaux tests mis au point plus récemment ne sont jamais parvenus à les détrôner. Parmi les échelles de Wechsler, le WISC, destiné aux enfants et adolescents, qui couvre la période entre 6 et 16 ans, est le plus courant, sans doute tout simplement parce que l'examen psychologique est surtout mis en œuvre avec des enfants et de jeunes adolescents.

Plusieurs raisons ont été avancées pour expliquer ce succès. Mais, quelle qu'en soit l'origine, nous pouvons penser que cette épreuve reste aussi populaire auprès des psychologues parce qu'elle est un instrument qui correspond bien à leurs besoins et à leurs attentes sur un plan clinique. En d'autres termes, elle permet d'apporter des éclairages pertinents sur les questions que se posent les praticiens dans le cadre du bilan.

Sans doute faut-il repartir de David Wechsler lui-même pour comprendre la réussite persistante de ses échelles. Wechsler était un psychologue américain d'origine roumaine, né en 1896, et décédé en 1981. Docteur en philosophie de l'université de Columbia en 1925, deux expériences, éminemment cliniques, essentielles pour lui, le conduiront à créer ses échelles. Jeune psychologue, Wechsler a eu l'occasion de tester plusieurs centaines de jeunes recrues avec les *Army tests*. Cette influence est pour lui déterminante : Wechsler conservera dans son échelle plusieurs épreuves venant des *Army tests*, dont il garde le principe, même s'il en modifie les contenus. L'autre expérience est celle de la pratique psychiatrique. À partir de 1932, Wechsler est psychologue à la consultation d'adultes de l'hôpital psychiatrique Bellevue, à New York, qu'il ne quittera qu'en 1967. Il est parallèlement professeur de psychologie clinique à l'université de New York.

Quand il est nécessaire d'évaluer le niveau intellectuel de certains patients, par exemple si la question d'une déficience se pose, Wechsler trouve que les échelles de développement issues de l'échelle de Binet et Simon ne sont pas adéquates. Cette dernière, adaptée à la population américaine par Terman en 1916 à l'université de Stanford, était utilisée aux États-Unis sous le nom de Stanford-Binet. Wechsler se rend bien compte que ces tests, créés pour apprécier l'intelligence des enfants, ne conviennent pas pour les adultes.

Les contenus, issus d'épreuves pour les enfants, ne sont pas adaptés, et sont même parfois un peu ridicules pour des adultes :

> « Demander à une ménagère ordinaire de donner des rimes aux mots : « jour », « chat » et « moulin », ou à un ancien sergent de faire une phrase avec les mots : « garçon », « rivière », « balle », ne semble pas un bon moyen de provoquer leur intérêt ou même leur respect. » (p. 21)

Mais surtout, la notion d'âge mental sur laquelle ces échelles s'appuient, si elle est pertinente chez l'enfant en plein développement, n'a plus de sens chez l'adulte.

Depuis Stern en 1912, on calculait un quotient intellectuel, le QI, à partir de l'âge mental. L'âge mental est comparé avec l'âge chronologique, et ce rapport est multiplié par 100. Le but est ici de relativiser la notion d'âge mental en fonction de l'âge réel : avoir 8 ans d'âge mental à 10 ans ne représente pas la même chose qu'à 14 ans. Dans le premier cas, le QI = 8/10 × 100 = 80, représente une déficience tout à fait légère. Dans le second cas, le QI = 8/14 × 100 = 57, correspond à un retard mental avéré.

Mais quand l'intelligence ne progresse plus comme chez l'adulte, ce calcul n'a plus aucun intérêt, il devient même absurde. En effet, à âge mental égal, il revient à attribuer un QI d'autant plus faible que la personne est plus âgée.

Or, curieusement, avant Wechsler, aucun psychologue n'avait eu l'idée d'abandonner ce type de calcul. Par exemple, Terman avait proposé de calculer le QI des adultes en utilisant un âge mental identique pour tous. Il avait choisi au départ l'âge de 16 ans, qu'il modifiera légèrement par la suite. Or, l'inadéquation de ce critère est apparue dès 1921, à partir de l'analyse des résultats aux *Army tests* sur 1 750 000 Américains :

> « En effet, d'après ces normes, au minimum 34 % de la « fleur » de la population masculine américaine devraient être classés comme débiles mentaux. Une telle proportion est visiblement absurde, sans pour autant être plus stupéfiante que le montant des premières estimations de l'incidence de la débilité mentale parmi les délinquants, montant qui s'éleva à 90 %. » (Wechsler, 1956, pp. 20-21)

Il ajoute en note :

> « Ceci concerne les Blancs parlant anglais. Pour la population de couleur, les contingents du Sud, le pourcentage de débiles suivant le même critère, est presque doublé. » (*idem*)

Mais Wechsler pense que ces tests pour enfants sont toujours utilisés, malgré les critiques déjà anciennes, parce qu'ils correspondent à un vrai

© Dunod – La photocopie non autorisée est un délit.

besoin, et qu'il n'y a pas de meilleur instrument disponible. Cependant, aucune échelle pour adultes n'ayant jamais été sérieusement étalonnée, Wechsler considère que « la permanence de l'utilisation des échelles d'enfants pour tester les adultes n'a aucune justification scientifique » (p. 19).

À partir de ces critiques et constats, Wechsler commence par mettre au point une échelle pour adultes, la Wechsler-Bellevue, qui est publiée en 1939. Elle devient la WAIS (*Wechsler Adult Intelligence Scale*) en 1955. Mais le succès rapide de la première échelle pour adultes le conduit à créer une adaptation destinée aux enfants, le WISC, dès 1949.

Depuis, les échelles de Wechsler sont révisées régulièrement. Après le WISC, le WISC-R, destiné aux enfants de 6 à 16 ans, a été édité en 1974 et le WISC-III, troisième version révisée, a été établi en 1991 aux États-Unis. À chaque fois, des adaptations ont été faites également en France : le WISC-III, révisé au cours des années 1994-1995, a été publié en 1996. Il faut signaler l'existence d'une échelle destinée aux enfants d'âge préscolaire, qui a été créée en 1967, la *Wechsler Preschool and Primary Intelligence Scale* (le WPPSI). La version française révisée a été publiée en 1995 (WPPSI-R).

Sans doute une des premières raisons du succès persistant des échelles de Wechsler tient à l'approche pragmatique de leur auteur, position qu'il revendique. Le pragmatisme a eu une grande influence sur les psychologues aux États-Unis. En effet, un des fondateurs de cette doctrine, William James, est aussi considéré classiquement comme le père de la psychologie américaine. Ici, la vérité est dans une relation entièrement immanente à l'expérience humaine, et la connaissance comme la pensée sont des instruments au service de l'action. Une proposition est donc vraie si elle « réussit », si elle est utile ou donne satisfaction.

Effectivement, Wechsler se préoccupe plus des problèmes d'évaluation que rencontre le psychologue dans sa pratique que de proposer une théorie de l'intelligence. Cet argument est souvent mis en avant pour justifier la pérennité des tests anciens. Par exemple, Huteau et Lautrey concluent, après un parcours allant de l'histoire des tests à leur renouvellement, que le secret de longévité des échelles classiques est lié à la démarche très pragmatique avec laquelle leurs créateurs, et d'abord Binet, ont envisagé l'évaluation de l'intelligence.

> « Cette attitude les a conduits à prendre en compte des processus mentaux supérieurs suffisamment variés, à les évaluer dans des situations faisant appel à un minimum de connaissances et à privilégier ceux qui étaient en relation avec les capacités d'apprentissage que l'on pouvait repérer par ailleurs. Ce faisant, ils ont cerné une capacité d'adaptation à l'œuvre dans

> de nombreuses situations, et plus particulièrement dans les situations scolaires. » (1999, p. 276)

En ce qui concerne le succès du WISC précisément auprès des psychologues, ils font l'hypothèse que la construction même de cette épreuve permet une interprétation plus analytique que l'appréciation d'un simple QI (analyse des QI verbal et de performance, dispersion des notes aux différents subtests) (*idem*, pp. 133-134).

Mais tous les tests anciens, construits sans modèle précis du fonctionnement intellectuel, ont été élaborés à partir d'une très riche expérience clinique. Cet ancrage dans la clinique, que nous avions déjà pu constater chez Binet et Simon, a permis à leurs auteurs de choisir les meilleures épreuves pour rendre compte d'une adaptation intellectuelle générale.

De plus, les théories ultérieures de l'intelligence n'ont jamais réellement remis en question ces premiers tests. Il s'est même produit le phénomène inverse : les corrélations élevées entre les échelles de Wechsler et les tests basés sur de nouvelles théories de l'intelligence ont finalement donné une sorte de validité *a posteriori* aux tests classiques, car cela a parfois permis de mieux comprendre ce que ces épreuves appréciaient.

> « Autrement dit, s'il est exact que les premiers tests d'intelligence n'avaient pas de fondements théoriques très assurés, ils ont reçu depuis une sorte de validation théorique *a posteriori*. Ils ont permis d'établir un ensemble de faits assez robustes, dont une théorie de l'intelligence semble dorénavant devoir être capable de rendre compte. » (Lautrey, 1998, p. 88)

Mais d'autres causes peuvent aussi expliquer cette exceptionnelle longévité. Pour Cognet, l'attrait qu'exercent les tests classiques sur les praticiens tient paradoxalement à la faiblesse de leur construction. Destinés à rendre compte du fonctionnement intellectuel dans sa globalité, ils s'appuient en fait sur un nombre limité d'épreuves, qui ne peuvent que refléter très imparfaitement l'intelligence.

> « C'est de cette faiblesse même de la construction que les épreuves classiques tirent tout leur intérêt pour le psychologue clinicien. La disproportion entre l'objectif – évaluer la globalité de l'efficience intellectuelle – et les moyens triviaux employés – une dizaine de subtests pas très spécifiques – crée une sorte de « jeu », ce terme est entendu au sens des espaces interstitiels, résultant d'un défaut d'ajustement, qui permettent à tout mécanisme, à toute structure de fonctionner. » (2001, p. 32)

Cognet fait d'ailleurs le lien avec les facteurs non intellectifs de l'intelligence, sur lesquels Wechsler a beaucoup insisté.

© Dunod – La photocopie non autorisée est un délit.

Donc, ces tests généralistes, trop ambitieux, laissent beaucoup plus de place à l'approche clinique : qu'il s'agisse des expressions de l'anxiété, des altérations du langage, du besoin d'étayage dans la relation, etc., toutes ces manifestations vont pouvoir se déployer à partir du dispositif mis en place à partir du test. Ces épreuves généralistes ont donc la faveur des psychologues, car elles leur apportent tous les éléments cliniques sans lesquels un bilan psychologique se réduirait à des résultats chiffrés dépourvus de signification.

Pour comprendre cela, il ne faut pas oublier que les tests issus par exemple de la recherche en psychologie cognitive se sont caractérisés par leur « élémentarisme ». Par exemple, certaines mesures comme « la vitesse d'accès à la mémoire à long terme, la vitesse de recherche en mémoire à court terme, la vitesse de traitement d'une unité d'information, etc. » (Cognet, p. 32) n'ont guère d'intérêt pour le psychologue qui cherche à éclairer le fonctionnement global d'une personne. Or, les recherches menées depuis les années soixante-dix sont inspirées par les modèles de l'intelligence artificielle, c'est-à-dire qu'elles ont consisté essentiellement à étudier les différences d'efficience entre des processus élémentaires de traitement de l'information. Ces processus ont été étudiés indépendamment les uns des autres, sans tenir compte des contenus sur lesquels ils portent, ni de la représentation que se fait la personne de la tâche. En fait, le modèle ici est celui de la machine, et non celui de l'être humain.

Huteau et Lautrey remarquent à très juste titre que cet élémentarisme évoque les débuts des tests, avant la révolution introduite par Binet :

> « La métaphore de l'ordinateur semble avoir ramené la psychologie différentielle à une conception élémentiste qui fait écho aux premières tentatives de mesure de l'intelligence, celle de Galton, de J. Mc Keen Cattell, ou de Jastrow, lorsque ceux-ci pensaient trouver dans la mesure des sensations élémentaires l'explication des différences d'intelligence. En affirmant que l'important n'est pas dans les aptitudes élémentaires mais dans leur orchestration, Binet et Wechsler ont vu juste, mais ont adopté une approche holiste qui ne permet pas d'expliquer les différences observées dans la performance globale. » (1999, p. 248)

Huteau et Lautrey se montrent ici un peu sévères : Wechsler en particulier met bien en évidence l'interdépendance entre les aptitudes. Mais ils relèvent bien que le modèle de l'ordinateur a opéré une véritable régression par rapport au mouvement qui a permis la naissance de ces échelles. Il est intéressant de relever que pour les premiers psychologues comme pour les chercheurs actuels se référant au modèle cognitiviste, le postulat de base est le même. Il s'agit, pour les psychologues à la fin du XIXe siècle, de construire la psychologie sur le modèle de la physiologie et des sciences de la nature. De même, les recherches cognitivistes actuelles considèrent le fonctionnement psychique humain en fonction des modèles de traitement de l'information des ordinateurs.

Dans un cas comme dans l'autre, il s'agit d'une démarche scientiste, qui consiste à vouloir circonscrire définitivement le sujet humain à partir de lois scientifiques repérables et généralisables. Il s'agit d'un parti-pris métaphysique, à partir duquel on considère que les modèles scientifiques vont pouvoir tout expliquer.

Si Binet comme Wechsler apportent quelque chose de radicalement nouveau, c'est parce qu'ils échappent, au moins partiellement, à cette idéologie scientiste. Nous avons vu à quel point Binet était un homme de paradoxe : bien que participant activement du positivisme de son époque, sa formation de psychopathologue et son grand sens clinique l'ont conduit à critiquer les modélisations scientifiques de son temps.

Nous retrouvons exactement ce phénomène avec Wechsler. Alors que les psychologues cognitivistes lui reprochent aujourd'hui d'avoir construit des échelles peu fondées du point de vue théorique, Wechsler connaissait parfaitement les théories de son époque. Grégoire rapporte que Wechsler a étudié en Angleterre auprès de Spearman et de Pearson, puis pendant deux ans à Paris, où il a suivi les cours d'Henri Piéron. Il s'est ensuite toujours tenu au courant de l'évolution des théories sur l'intelligence. Mais il n'a jamais changé les principes de son test, car pour lui l'intelligence est un concept abstrait, et non une réalité matérielle : il n'est donc pas possible de la mesurer. On ne peut que tenter de rendre compte de ses effets.

La démarche de Wechsler se situe à l'opposé d'une démarche scientiste. Il est d'abord éminemment un psychopathologue et un clinicien : il construit d'emblée son échelle comme un instrument clinique. On a pu parfois penser que les échelles de Wechsler étaient « détournées » par les psychologues cliniciens : elles auraient été conçues initialement pour obtenir des mesures chiffrées, et auraient été ensuite dévoyées et utilisées dans une optique qui n'avait pas été primitivement prévue. Or, cela est tout à fait inexact : d'emblée, Wechsler envisage son échelle d'un point de vue clinique.

Si le pragmatisme de Wechsler est régulièrement mis en avant, en particulier par les tenants de la psychologie différentielle, cela revient, me semble-t-il, à occulter une dimension essentielle chez lui, qu'il revendiquera toujours : son identité de psychopathologue. Cette dimension est souvent

© Dunod – La photocopie non autorisée est un délit.

B.U. DIJON

occultée ou masquée derrière le terme un peu fourre-tout de « pragmatisme », que nous attribuons bien volontiers aux Américains en général…

Pour ma part, je considère que la pérennité exceptionnelle de ses tests tient à la grande qualité de leurs bases cliniques. Déclarées régulièrement obsolètes, ces échelles, que Frank compare à des dinosaures – et « comme les dinosaures, il est temps que les échelles de Wechsler s'éteignent » (cité par Grégoire, 2000, p. 33) –, restent plus que jamais d'actualité. Mais cette conception des échelles d'intelligence fondée sur la clinique n'a de sens et n'a été rendue possible que grâce à la conception qu'a Wechsler de l'intelligence. Lui-même d'ailleurs insiste sur le rôle majeur que joue la définition que l'on se donne de l'intelligence dans la construction d'un test :

> « La définition de l'intelligence générale, loin d'être une simple question théorique, intervient au contraire immédiatement dans toute tentative pratique de mesurer cette faculté. » (1956, p. 15)

Or, c'est déjà dans sa conception de l'intelligence que Wechsler se montre clinicien, rompant en cela avec toute une tradition de recherche sur le fonctionnement intellectuel.

2. Un paradoxe fécond : l'impossible mesure de l'intelligence

Les bases théoriques des échelles de Wechsler sont peu connues, et tout principalement sa théorie de l'intelligence. En réalité, elles ne sont pas toujours prises au sérieux par les psychologues de l'intelligence, car elles échappent d'une certaine façon aux modélisations dominantes dans cette discipline psychologique. Il y a chez Wechsler une véritable théorie de l'intelligence, qu'il est important de connaître pour bien comprendre ce qu'évaluent ses échelles, comme l'écrit Grégoire, mais aussi pour bien en repérer la dimension clinique.

En particulier, et contrairement à ce que l'on croit généralement, Wechsler ne développe absolument pas une conception opératoire de l'intelligence. Il s'agit pour lui d'une entité abstraite, qu'il n'est pas possible de quantifier. On ne pourra donc évaluer que certains de ses effets.

L'intelligence est pour lui le fruit d'une infinité théorique d'aptitudes différentes. Comme nous ne pouvons en évaluer qu'un tout petit nombre, il y a donc un choix à opérer, toujours discutable. C'est ainsi que Wechsler met en garde les psychologues contre les risques d'erreurs, quand on se base trop aveuglément sur les seuls résultats des tests.

Cette définition de l'intelligence est liée très directement à l'importance qu'accorde Wechsler à la clinique : qu'il s'agisse du rôle des facteurs non intellectifs dans l'intelligence générale, ou de la primauté qu'il accorde aux données cliniques sur les résultats obtenus aux tests, Wechsler ne se fait aucune illusion, contrairement à nombre de ses confrères, sur la possibilité de dégager l'intelligence des autres aspects de la personnalité, de l'affectivité, des émotions, des motivations, etc. Il est convaincu qu'il a affaire à des personnes singulières qui ne peuvent être abordées que d'une façon globale. Wechsler a une conscience aiguë des limites des tests, et de l'extrême relativité des résultats obtenus : c'est ce qui fait sa très grande force.

Wechsler donne la définition suivante de l'intelligence :

> « L'intelligence est la capacité globale ou complexe de l'individu d'agir dans un but déterminé, de penser d'une manière rationnelle et d'avoir des rapports utiles avec son milieu. Elle est globale parce qu'elle caractérise le comportement de l'individu dans son ensemble ; elle est complexe parce qu'elle est composée d'éléments ou aptitudes qui, sans être entièrement indépendants, sont qualitativement différentiables. En fin de compte, c'est par la mesure de ces aptitudes que nous évaluons l'intelligence. » (1956, pp. 3-4)

Mais Wechsler précise bien que l'intelligence n'équivaut pas à la somme des aptitudes : il faut tenir compte non seulement de leur nombre et de leur qualité, mais « aussi de la manière dont elles sont combinées, c'est-à-dire de leur configuration ». Ainsi, il insiste particulièrement sur l'interdépendance et l'organisation des aptitudes entre elles.

Wechsler s'étaye sur la notion d'intelligence générale : celle-ci serait le fruit d'une organisation harmonieuse des aptitudes entre elles. Cela signifie qu'une échelle qui veut rendre compte de l'intelligence générale ne doit pas évaluer une aptitude isolée. Il faut donc inclure une grande variété de tests, pour varier les opérations, mais aussi les contenus.

Wechsler évoque Thorndike qui a distingué trois types principaux dans l'intelligence :

> « 1°) L'intelligence abstraite ou verbale, caractérisée par la facilité à manipuler les symboles ; 2°) L'intelligence pratique impliquant la facilité à manipuler les objets ; 3°) L'intelligence sociale, comportant la facilité à s'entendre avec les êtres humains. Le côté saillant de cette classification, c'est qu'elle met en relief non seulement ce qu'un individu peut faire, mais aussi bien *comment* il peut le faire. » (pp. 5-6)

© Dunod – La photocopie non autorisée est un délit.

Mais il existe une propriété commune. On sait depuis longtemps qu'une personne qui obtient un résultat élevé dans un domaine a tendance à obtenir aussi de bons résultats aux autres tests. Il en est de même pour ceux qui obtiennent des résultats moyens ou faibles. Mais plutôt que d'accepter cet état de fait, les anciens psychologues cherchaient plutôt à échapper à ce dilemme. Wechsler rapporte que les anciens auteurs ont tenté de se débarrasser de ce problème « en adoptant la dénomination scolastique des facultés » (p. 6).

Pour Wechsler, il ne fait pas de doute que ce caractère commun à toutes ces épreuves correspond à l'intelligence générale. D'où l'hommage qu'il rend à Binet : celui-ci a compris qu'à partir d'épreuves spécifiques, ce n'est pas tant la mémoire, le raisonnement, le niveau de vocabulaire, etc., que l'on cherche à connaître. En réalité, on espère que de tout ceci va se dégager l'intelligence générale.

> « Une des plus grandes contributions apportées par Binet fut sa présomption intuitive que dans le choix de tests, peu importait le type d'épreuve utilisée, pourvu que celle-ci soit en quelque manière, une mesure de l'intelligence générale de l'enfant. C'est en partie l'explication de la grande variété des épreuves de Binet. » (p. 7)

Wechsler reprendra la notion de QI, mais en montrant bien que toute conception de l'intelligence qui intègre cette notion s'appuie de fait sur un concept statistique de l'intelligence (p. 52). En effet, si Wechsler peut proposer un tout nouveau mode de construction d'un test, fondé cliniquement et statistiquement, c'est parce qu'il est impossible de mesurer l'intelligence, et qu'il faut donc évaluer ses effets.

Wechsler est parfaitement conscient qu'il s'agit là de la condition nécessaire pour la construction de son échelle :

> « La classification présentée ci-dessus, comme toutes les autres utilisant les QI, est basée essentiellement sur un concept statistique de l'intelligence. Elle diffère des autres classifications de ce genre en ce que nos statistiques ont été plus rigoureusement développées et surtout par le fait que nos hypothèses ont été énoncées plus explicitement. *Mais, qu'on l'admette ou non, la chose importante pour toutes classifications de ce genre, c'est qu'elles renoncent à tout essai de définition absolue de l'intelligence.* Un QI nous dit simplement comment se place un individu, en mieux ou en plus mal, au-dessus ou au-dessous de la moyenne, quand on le compare à des individus de son âge. *Ce que représente cette moyenne, nous ne le savons pas réellement*[1]. » (p. 52)

1. C'est moi qui souligne.

Il utilise alors la métaphore de l'électricité :

> « C'est ainsi que, par exemple, nous n'identifions pas l'électricité avec nos méthodes de la mesurer, lesquelles consistent dans l'enregistrement de ses effets chimiques, thermiques et magnétiques. Mais ces effets ne sont pas identiques à la « substance » qui les produit. Comme l'électricité, l'intelligence générale peut être considérée comme une sorte d'énergie. *Nous ne connaissons pas la nature foncière de cette énergie*[1]*, mais ainsi que dans le cas de l'électricité, nous la connaissons par ce qu'elle produit, ou mieux par ce qu'elle nous rend capables de faire : établir des associations appropriées entre les événements, tirer correctement des conséquences de prémisses, comprendre la signification des mots, résoudre des problèmes de mathématiques, ou construire des ponts. Voilà des effets de l'intelligence, de la même façon que la dissociation chimique, la chaleur ou les champs magnétiques sont les effets de l'électricité (...). En somme, nous connaissons l'intelligence par ce qu'elle nous permet de faire.* » (p. 4-5)

De même, l'impossibilité de définir l'intelligence donne un statut tout à fait particulier aux tentatives de classification. Wechsler, quand il aborde la question de la classification de l'intelligence, veut la démarquer d'emblée des classements opérés dans les sciences de la nature :

> « Lorsque les psychologues parlent de classifier l'intelligence, ils emploient l'expression dans un sens quelque peu spécialisé. Le but d'une classification mentale n'est pas, comme dans la plupart des autres classifications scientifiques, « la découverte des lois de la nature ». Elle ne correspond pas, par exemple, à la mise en ordre, effectuée par le chimiste, des éléments en une table périodique, ou même à la subdivision des animaux en vertébrés et non vertébrés, puis en divers ordres nouveaux, œuvre du zoologiste. L'effort du psychologue pour classifier l'intelligence ressemble plutôt à ce que fait le profane quand il essaie de distinguer les couleurs de l'arc-en-ciel. L'analogie va plus loin qu'une analogie superficielle. L'intelligence générale est un continu ininterrompu comme celui du spectre de l'arc-en-ciel. Un niveau d'intelligence se fond avec le voisin comme les couleurs vues à travers un prisme de réfraction. (...) Les niveaux cas limites se fondent avec les normaux médiocres, et ceux d'une moyenne supérieure avec les supérieurs, exactement de même que l'orange-jaune se fond avec le jaune, et le violet foncé avec l'indigo. Dans les deux cas leurs noms respectifs leur ont été assignés par la convention ou la coutume. » (p. 45)

Qui aurait imaginé une approche aussi impressionniste chez ce créateur de test ? Et effectivement, comme le note Grégoire, pour Wechsler, la question de la véritable nature de l'intelligence est insoluble. D'après Wechsler,

© Dunod – La photocopie non autorisée est un délit.

1. C'est moi qui souligne.

les tests ne peuvent que nous permettre de nous faire une idée de l'intelligence par l'intermédiaire de quelques-unes de ses manifestations.

Ceci explique aussi la très grande prudence de Wechsler qui insistera toujours sur la relativité des résultats obtenus avec les tests :

> « Le grand avantage de l'emploi des QI comme base de classification mentale, c'est qu'il ne nous permet pas de perdre de vue que toutes les mesures de l'intelligence sont essentiellement relatives. » (p. 57)

Wechsler pointe d'ailleurs les risques liés à la méconnaissance de la signification toute relative des résultats :

> « Par exemple, dans le cas où la position sociale serait un facteur influençant les notes, les normes obtenues sur un groupe social particulier ne pourraient être employées sur tout autre groupe différant du premier d'une manière importante à l'égard de ce facteur. Si on les utilisait, les termes de moyen, de déficient, et de supérieur perdraient leur signification statistique. Faute de comprendre ces déductions fondamentales du concept statistique d'intelligence, on aboutit inévitablement à la confusion. On ne peut pas, d'une part, convenir de définir l'intelligence en termes de position relative, et ensuite ne tenir aucun compte des dispositions qui réglementent une telle classification. » (p. 56)

Les normes obtenues sur un échantillon de population ne valent que pour un groupe comparable. Et si Wechsler insiste ici sur le conditionnel à propos de l'influence possible de la position sociale, sa remarque témoigne bien de sa conscience de ce problème.

Wechsler n'a jamais eu la prétention de quantifier l'intelligence, encore moins d'accorder aux résultats des tests un statut de vérité absolue. C'est cela qui permet à Grégoire de comprendre la fidélité de Wechsler à son épreuve. Après 1939, Wechsler n'a plus modifié les principes de base de son test, car il ne leur a jamais trouvé d'alternative valable. Or, il se tient tout à fait au courant de l'évolution des théories de l'intelligence. Mais les nouvelles définitions de l'intelligence ne lui apportent rien, puisqu'il juge sa mesure impossible.

Grégoire considère qu'avec Wechsler, nous devons « nous contenter d'une définition conventionnelle » à propos de la véritable nature de l'intelligence (2000, p. 29).

Et si Wechsler avait raison ? L'intelligence, objet de pensée pour les philosophes, est devenue un concept opératoire chez les psychologues qui ont cru pouvoir l'identifier concrètement, la définir et la circonscrire. En même temps, les psychologues qui se sont intéressés à l'intelligence n'ont jamais réussi à se mettre d'accord sur une définition commune de cette notion.

Or, étant donnée la place qu'occupe ce concept dans le champ scientifique, cette définition aurait dû être considérée comme essentielle (Paicheler, 1992, p. 263). Cette remarque de Paicheler, si elle vaut pour la naissance de la psychologie aux États-Unis, me paraît toujours d'actualité.

Pour prendre un autre exemple, il est remarquable que, dans un ouvrage récent portant sur l'intelligence d'un enfant, la caractérisation même de l'intelligence ne soit jamais abordée : il est tout de même rare de trouver un ouvrage entier qui ne définisse à aucun moment le sujet qu'il est censé traiter. La seule tentative consiste à dire qu'il n'y a pas aujourd'hui d'accord général sur une définition de l'intelligence...

Sans approfondir ici ce débat, il me semble qu'il est utile aujourd'hui de rappeler la justesse des positions de Wechsler. Au lieu de maintenir cette illusion que l'on pourrait mesurer l'intelligence, Wechsler nous permet de préciser, dans le cadre du bilan psychologique, ce que nous cherchons à évaluer. En ce qui concerne les tests d'intelligence, Huteau et Lautrey s'inscrivent bien dans cette lignée, me semble-t-il, quand ils concluent :

> « *Ces tests évaluent surtout la forme d'intelligence qui est nécessaire pour réussir à l'école et, plus généralement, pour apprendre dans le cadre d'un enseignement explicite*[1]. Il s'agit de l'intelligence que l'on appelle parfois « académique » ou « géométrique ». il ne faut pas sous-estimer l'importance de cette forme d'intelligence, ni la relative généralité de son usage dans notre société. Elle joue en effet un rôle primordial dans les sociétés complexes où l'acculturation passe en bonne partie par une transmission scolaire des savoirs. Mais elle n'épuise pas, loin de là, la diversité des ressources cognitives humaines. » (1997, p. 113)

3. Les facteurs non intellectifs

Wechsler se situe également comme un clinicien dans sa conception de l'intelligence pour deux autres raisons. D'abord, parce qu'il insiste sur l'importance des facteurs non intellectifs de l'intelligence. Ensuite, parce qu'il accordera toujours la primauté aux données cliniques sur les résultats obtenus aux tests.

Wechsler consacre plusieurs articles au rôle des facteurs non intellectifs (1940, 1943, 1950).

1. C'est moi qui souligne.

© Dunod – La photocopie non autorisée est un délit.

En effet, pour lui l'intelligence est une entité trop complexe pour être définie par un nombre, le QI. Comme cela est très souvent le cas avec Wechsler, la preuve qu'il donne est avant tout clinique :

> « Des individus ayant un même QI diffèrent parfois considérablement quant à leur capacité réelle ou potentielle de comportement intelligent. Ces autres facteurs : l'activité, l'équilibre émotionnel, la ténacité, ne sont pas toujours mesurables, ou même facilement perceptibles, mais ne peuvent être négligés dans les situations concrètes. » (p. 58)

Wechsler précise bien que :

> « Des facteurs autres que l'aptitude intellectuelle, par exemple ceux de tendance et de stimulation entrent dans le comportement intelligent. » (1956, p. 4)
>
> Pour lui, « les traits de personnalité interviennent dans l'efficacité du comportement intelligent et, par conséquent, dans toute conception globale de l'intelligence elle-même. » (1950, p. 82, cité par Grégoire, p. 15)

En effet, si Wechsler est d'accord avec Spearman sur l'existence d'un facteur *g* pour l'intelligence, son interprétation de cette valeur diffère radicalement.

Créateur de l'analyse factorielle, Spearman explique les corrélations entre les différentes épreuves intellectuelles par un facteur qui serait commun à tout acte intellectuel : il l'appelle le facteur *g*. Spearman va en déduire un modèle bi-factoriel de l'intelligence. Toute performance serait ainsi déterminée par le facteur *g*, et par un autre facteur, qui lui serait alors spécifique.

Malgré les précautions dont il s'entoure, Spearman considère comme équivalents le facteur *g* et l'intelligence générale. Or, Wechsler reconnaît l'existence d'un facteur g, mais auquel il attribue surtout une valeur mathématique. Ce facteur a été créé pour rendre compte des corrélations entre toutes les mesures d'actes intellectuels. Avec beaucoup de prudence, Wechsler écrit que l'on peut comparer cette valeur « à quelques-unes des constantes rencontrées dans la mesure physique et plus particulièrement dans la mesure atomique. » Mais il pense que *g* correspond à une sorte de « mesure de l'énergie » nécessaire à tout acte intellectuel : il en donne donc la définition suivante :

> « Combinant ces deux conceptions, on peut dire que *g* est une quantité psycho-mathématique qui mesure la capacité de l'esprit à effectuer un travail intellectuel. » (1956, p. 9)

Donc, d'autres facteurs saillants autres que *g* entrent dans l'appréciation de l'intelligence :

> « Mais la capacité de s'adapter socialement n'est-elle pas aussi un signe d'intelligence ? La capacité d'éviter les sottises, et l'aptitude à travailler avec ténacité à une tâche, ne doivent-elles pas entrer dans la définition de l'intelligence générale tout autant que l'aptitude à donner la définition de mots, ou à percevoir des analogies ? *La réponse du clinicien a toujours été « oui »*[1]*, et, ce disant, il admettait implicitement que des facteurs autres que le g intellectif entraient dans le comportement intelligent.* » (1956, p. 11)

Là encore, Wechsler insiste sur sa préoccupation qui est éminemment clinique, et reste pour nous aujourd'hui parfaitement d'actualité : avec les échelles issues du Binet-Simon, deux enfants ayant un même QI correspondant à une déficience intellectuelle seraient orientés dans une institution pour enfants handicapés mentaux, alors que ces deux enfants peuvent être extrêmement différents et, malgré leur QI, ne pas présenter une réelle déficience.

Wechsler s'appuie sur les travaux d'Alexander qui a dégagé l'existence de facteurs non directement mesurables qui interviennent dans tout test d'intelligence, qui ne sont pas à proprement parler d'ordre intellectif, mais qui jouent un rôle néanmoins très important dans la variance totale des données observées. Alexander nomme ces facteurs X et Z.

> « Ceux-ci englobent des éléments tels que l'intérêt apporté par le sujet à passer les tests, sa ténacité à les attaquer, son entrain et son désir de réussir, éléments qui pourraient être plus communément définis comme des facteurs du tempérament et de la personnalité, mais qui néanmoins doivent être reconnus comme importants dans toute mesure réelle de l'intelligence. » (1956, p. 13)

La remarque suivante garde toute sa pertinence aujourd'hui :

> « Il est important de se rendre compte que les tests d'intelligence ne mesurent pas tout de l'intelligence, et qu'on ne peut s'attendre à ce qu'ils le fassent, mais il est d'une égale importance de souligner qu'ils mesurent bien plus que les aptitudes délimitées auxquelles les théories contemporaines semblent désirer les restreindre » (pp. 13-14).

Jusqu'à présent, quand les auteurs de tests reconnaissaient l'importance de ces facteurs non intellectifs, ils essayaient de les éliminer le plus possible. Or, plus on tente d'exclure ces facteurs, si tant est que ce soit possible, moins les tests qui en résultent donnent une mesure satisfaisante de l'intelligence générale. La grande nouveauté de Wechsler consiste à prendre la position diamétralement inverse : il faut « au contraire des tests dans lesquels ces facteurs soient clairement présents et objectivement évaluables. » (p. 14)

1. C'est moi qui souligne.

© Dunod – La photocopie non autorisée est un délit.

Effectivement, il introduit des épreuves dans lesquelles l'attention ou la persévérance jouent un rôle dans la réussite de la tâche.

D'autre part, pour Wechsler, la vérité est avant tout clinique. Quand il y a un conflit entre les données cliniques et celles issues des tests, il tranche toujours en faveur de l'expérience clinique, et celle-ci est très souvent utilisée comme preuve.

4. La primauté accordée aux données cliniques

Wechsler attribue toujours la primauté aux données issues de la clinique, par rapport aux résultats obtenus avec les tests. Par exemple, pour évaluer la part des facteurs non intellectifs dans le fonctionnement intellectuel, il conseille de tenir compte de l'histoire du sujet. En ce qui concerne les adultes, Wechsler considère que « la manière de vivre est en elle-même un très bon test d'intelligence de l'adulte » (1956, p. 59). Quand l'histoire de vie est en désaccord avec la psychométrie, il estime que la première est un reflet plus fidèle du véritable niveau intellectuel de la personne, et il reproche aux examinateurs peu expérimentés de négliger cela, en accordant trop d'importance aux tests.

Nous voyons bien ici que ce fameux pragmatisme, dont Wechsler se réclame lui-même, est surtout à mettre sur le compte de sa grande expérience de praticien. Il donne plusieurs exemples de personnes que les résultats aux tests désignent comme déficients intellectuellement, alors que rien n'apparaît de cette sorte dans leur vie :

> « Toutefois ce fut un blanc, natif de l'Oklahoma, le premier cas de ce type qui se présenta à notre attention ; il venait passer un examen psychologique individuel, parce qu'il avait échoué dans les tests d'intelligence *Army Alpha* et *Army Beta.* Sur les deux, le Stanford-Binet et le Point-Scale de Yerkes, il obtint un âge mental inférieur à 8 ans. Et pourtant, avant d'entrer dans l'Armée, il s'était fort bien débrouillé, ayant la charge d'une famille, travaillant depuis plusieurs années comme ouvrier foreur spécialiste, et au moment de l'incorporation, gagnant de 60 à 75 dollars par semaine. Fortuitement il ne se tirait pas mal des difficultés, et n'aurait pas attiré l'attention des autorités s'il n'avait pas échoué aux tests psychologiques. » (1956, p. 66)

Wechsler utilise la preuve par la clinique pour montrer la supériorité de l'échelle Wechsler-Bellevue sur les tests issus du Binet-Simon. En comparant les résultats de plusieurs tests, cela lui permet de montrer que :

> « Les Échelles de Bellevue non seulement fournissent de fidèles mesures de l'intelligence *en accord avec les données cliniques*[1], mais encore (...) elles le font d'une manière plus constante que les autres Échelles isolées. » (1956, p. 159)

Pour lui, les données cliniques ne font pas seulement partie intégrante de l'examen psychologique : ce sont elles qui prévalent en dernier recours, s'il existe un désaccord entre leurs apports et les résultats aux tests.

À de nombreuses reprises, il souligne que ses échelles sont avant tout des épreuves cliniques, qui n'ont de réelle valeur que dans le cadre d'une évaluation globale du sujet (Kaufman, 1994, cité par Grégoire, p. 16).

L'importance qu'accorde Wechsler aux données cliniques comme aux facteurs non intellectifs de l'intelligence permet de faire l'hypothèse suivante : si les échelles de Wechsler ont gardé une telle pertinence et connaissent un tel succès aujourd'hui, ce n'est pas parce que leur construction permet aux cliniciens de les détourner facilement de leur but premier. À l'inverse, c'est parce qu'elles ont été conçues initialement comme des instruments cliniques qu'elles connaissent une telle pérennité. La réelle prééminence donnée à la clinique dans ces tests, tant pour leurs fondements théoriques, que pour leur construction et leur interprétation, en font des médiations qui correspondent tout à fait bien aux attentes et aux besoins des psychologues dans leur pratique.

5. Conception et construction de l'Échelle

Nous avons vu que Wechsler renonce au quotient calculé à partir des échelles du type du Stanford-Binet, qui était en fait un quotient de développement. Ce quotient, nommé quotient intellectuel (le QI) par Stern en 1912, s'obtient par le calcul suivant :

$$\text{QI} = \text{Âge mental} / \text{Âge chronologique} \times 100.$$

Wechsler abandonne la notion d'âge mental et lui substitue un rang, qui correspond au classement de la performance du sujet par rapport à son groupe d'âge. Ce classement est fait pour chaque subtest.

Chaque subtest de l'échelle est constitué d'items rangés par ordre de difficulté croissante. Le résultat obtenu par le sujet correspond à son score brut. Ce score est comparé à ceux qui ont été obtenus par les autres sujets de son

1. C'est moi qui souligne.

© Dunod – La photocopie non autorisée est un délit.

groupe d'âge, dans l'échantillon de référence utilisé pour l'étalonnage du test. Pour la version française du WISC-III, ces groupes d'âge vont de quatre mois en quatre mois (par exemple, de 7 ans 0 mois à 7 ans, 3 mois, 30 jours).

Les étalonnages sont des catégories ordonnées dans lesquelles on a classé l'ensemble des sujets du groupe de référence. En comparant le score brut du sujet avec ces catégories, on obtient une note standard, qui correspond au rang auquel le sujet se situe pour ce subtest par rapport à son groupe d'âge.

L'étendue des notes standard se fait sur un intervalle qui va de 1 à 19, arbitrairement. La moyenne se situe à 10 points et l'écart type est égal à 3 points.

Donc, avoir un score standard de 10 à un subtest signifie que 50 % des sujets du même groupe d'âge ont fait mieux, et que 50 % ont fait moins bien.

Un des principaux avantages de ce mode de calcul est de permettre la comparaison entre les différentes épreuves. En effet, chacune ayant la même moyenne et le même écart type, on obtient un profil de notes comparables entre elles : il est alors facile de dégager les forces et les faiblesses d'un sujet.

Quelques rappels statistiques

La moyenne est l'indice de tendance centrale d'un ensemble statistique. La moyenne arithmétique est le quotient de la somme des valeurs individuelles par leur nombre. Facile à calculer, il s'agit d'un indice de mesure très souvent utilisé, qui partage l'ensemble en deux parties, l'une au-dessus et l'autre au-dessous de la moyenne.

Dans une distribution dite normale (courbe de Laplace-Gauss), les notes se répartissent symétriquement autour de la moyenne. La courbe obtenue a l'allure d'une cloche : les sujets regroupés autour de la moyenne sont nombreux, en revanche, on trouve d'autant moins de sujets qu'on s'éloigne de cette moyenne.

L'écart type, appelé aussi déviation-standard, est l'indice statistique relatif à la dispersion des résultats autour de la valeur centrale. Arithmétiquement, l'écart type correspond à la racine carrée de la variance, celle-ci étant la moyenne arithmétique des carrés des écarts individuels à la moyenne.

Graphiquement, l'écart type correspond à la distance qui sépare le point d'inflexion de la courbe en cloche de son axe de symétrie. Par exemple, entre – 1 et + 1 écart type, 68,2 % de la population sont contenus. Entre – 2 et + 2 écarts types, sont inclus 95,4 % de la population.

De même, il devient simple de comparer les résultats d'un sujet à un subtest à la moyenne des résultats des sujets de son groupe d'âge.

À partir de là, trois sommes sont calculées : la somme des notes standard pour l'échelle verbale, la somme des notes standard pour l'échelle de performance et celle de l'ensemble des notes. Chaque somme est ensuite transformée en QI standard. La transformation en QI s'effectue sur l'ensemble de l'échantillon, et non plus par groupes d'âge comme pour la transformation en notes standard. Cela est rendu possible car les moyennes et les écarts types des trois sommes sont très proches pour tous les groupes d'âge. Wechsler choisit alors de donner à chaque échelle de QI (verbale, performance et globale) une même moyenne de 100, et un même écart type de 15.

Wechsler ne choisit pas ces valeurs au hasard : il reprend ici les valeurs de moyenne et d'écart type du Stanford-Binet, ce qui lui permet de récupérer la notion de QI, qu'il intègre dans son échelle, grâce à ce que Huteau et Lautrey nomment « un petit tour de passe-passe ». En effet, l'échelle de Wechsler donne maintenant non plus un quotient, mais un rang dans un groupe de référence : le QI n'a donc plus aucun sens, puisqu'il ne s'agit plus de calculer un rapport entre deux valeurs, l'âge mental et l'âge réel.

> « On aurait pu en rester là. Wechsler a cru utile d'ajouter un petit tour de passe-passe qui consiste à opérer une transformation sur la distribution de ce score standard total, de sorte qu'elle ait non seulement une moyenne de 100, mais aussi un écart type de 15. Cet écart type de 15 n'était pas choisi au hasard, c'était celui qu'on observait, à quelques variations près selon les âges, dans le Stanford-Binet. La distribution du score standard total ayant pour moyenne 100 et pour écart type 15 se distribuait ainsi comme le QI et pouvait donc, par analogie, être appelée QI. » (1999, p. 124)

Grâce à cette astuce, il devient possible de comparer les résultats obtenus aux échelles de Wechsler avec les scores aux tests issus du Binet-Simon.

Cependant, avec ce nouveau mode de construction de l'échelle, le QI signifie uniquement la position relative du sujet par rapport à son groupe d'âge. Ce QI reste stable dans le temps : les performances intellectuelles ont tendance à diminuer dans le temps, et un même sujet réussira moins bien aux tests à 70 ans qu'à 25 ans. Mais il y a de fortes chances pour que son QI ne change pas, car sa position par rapport aux personnes du même âge reste la même.

Grégoire précise que :

> « Les échelles de Wechsler sont des échelles ordinales qui nous informent uniquement de la place d'un sujet au sein d'une distribution. Elles ne

© Dunod – La photocopie non autorisée est un délit.

possèdent pas de zéro absolu. Il est par conséquent incorrect d'affirmer qu'une personne dont le QI est de 140 est deux fois plus intelligente qu'une autre personne dont le QI est de 70. » (2000, p. 27)

Cependant, on ne peut que déplorer que Wechsler ait voulu conserver le QI, alors qu'il n'y a aucune nécessité pour cela. En effet, il se montre bien optimiste quand il croit que cette référence au QI, parce qu'elle n'a qu'une valeur statistique, conduit à relativiser ce résultat. L'histoire, depuis ces propos de Wechsler, témoigne plutôt de l'inverse : ce fameux QI est devenu le chiffre magique, la « clef » qui permet de « mesurer » l'intelligence. On a pu aller très loin dans cette caricature, jusqu'à des jeux télévisés dans lesquels il s'agissait de calculer son propre QI, avec la complicité de psychologues prétendant qu'il n'y avait aucune incidence des aspects culturels sur les résultats aux tests...

Encore une fois, Huteau et Lautrey mettent en évidence très justement cette décision malheureuse de Wechsler, qui aura provoqué bien des erreurs et des malentendus, mais aussi des drames :

> « Ce que l'on peut regretter cependant, c'est que Wechsler n'ait pas profité de ce qu'il avait passé la notion d'âge mental à la trappe, pour abandonner aussi le terme de QI. La simple position relative d'un score par rapport à ceux des sujets du même groupe d'âge se prête moins facilement à la réification et aux mythes auxquels le QI a donné lieu dans le grand public, avec l'aide de certains psychologues sans doute. » (1999, p. 124)

De plus, cette utilisation du QI telle qu'elle est faite habituellement, est incorrecte d'un point de vue statistique. En effet, il faut prendre en compte dans les résultats les risques d'erreurs de mesure. On considère qu'il existe un intervalle de confiance autour du résultat obtenu, et en général, les auteurs s'accordent sur un intervalle de confiance qui inclut 90 % des résultats possibles.

Par exemple, si au WISC-III un enfant obtient un QI égal à 102, il y a 90 % de chances que son QI soit compris entre 95 et 106 et 95 % de chances que son QI soit compris entre 94 et 107. Si nous gardons l'intervalle de confiance habituel de 90 %, en toute rigueur il n'est pas possible d'annoncer un QI égal à 102, mais un QI compris dans un intervalle allant de 95 à 106[1].

C'est au nom de la rigueur que les meilleurs spécialistes en psychométrie prônent cette méthode :

---

1. Les valeurs correspondant aux intervalles de confiance sont données dans le *Manuel*, avec les tables de conversion des notes standard en QI (pp. 251-257).

> « Dans la pratique courante, il est important de tenir compte de l'imprécision du score observé due à l'erreur de mesure et de situer le résultat du sujet au sein d'un intervalle de confiance. L'usage de cet intervalle permet au praticien de se dégager de l'illusion du score observé trop souvent considéré comme vrai. » (Grégoire, 2000, p. 118)

Que dire alors des interprétations fondées sur un simple chiffre de QI, alors que le risque d'erreur est si important ? Il est essentiel d'apprécier les résultats au test en fonction de cet intervalle de confiance, et non plus en fonction du seul QI. Cela a d'ailleurs un bénéfice majeur et immédiat : celui de désacraliser le QI, et de le relativiser…

6. Les principales caractéristiques

Après avoir repris le QI aux tests issus du Binet-Simon, Wechsler bâtit ses échelles selon quelques grands principes, qu'il conservera toujours. L'échelle est composée de plusieurs subtests, chacun renvoyant à une facette différente de l'intelligence. À partir de là, on obtient trois notes composites : un QI verbal, un QI de performance et un QI global.

Wechsler crée deux sous-échelles de façon très pragmatique au début, à partir de son expérience des *Army tests*. L'échelle verbale renvoie à la capacité à manier les mots et les symboles, et l'échelle de performance à l'aptitude à se servir d'objets et à percevoir des schémas visuels. Plus tard, Vernon les fera correspondre à deux facteurs de groupe : l'échelle verbale renverrait à un facteur « verbal-numérique-scolaire », alors que l'échelle de performance renverrait à un facteur « spatial-mécanique-pratique » (1952).

Pour Wechsler, cette séparation est justifiée, car elle traduit des aptitudes et des capacités professionnelles différentes : les employés de bureau et les professeurs réussissent mieux les tests verbaux, alors que les travailleurs manuels et les ouvriers sont plus à l'aise dans les épreuves de performance.

Wechsler compte beaucoup sur ces deux échelles, et en particulier sur l'analyse de leurs divergences, pour apporter des éclaircissements diagnostiques et cliniques. Il sait que toute épreuve d'intelligence apporte des indications sur le mode de réaction du sujet, ainsi que des renseignements sur ses traits de personnalité. Mais, avec les tests antérieurs, cela dépend de l'expérience clinique et de la sagacité de l'examinateur (1956, p. 178). Avec son épreuve, Wechsler espère que l'étude de la différence entre l'échelle verbale et l'échelle de performance apportera des éléments diagnostiques. Par exemple, les groupes cliniques correspondant aux malades organiques du cerveau ou

© Dunod – La photocopie non autorisée est un délit.

aux patients psychotiques obtiendraient de meilleures notes aux tests verbaux. En revanche, les adolescents psychopathes ou les déficients mentaux auraient de meilleurs résultats en performance (p. 181).

Ces pistes de recherche ouvertes par Wechsler, qui veut faire ici œuvre de psychopathologue, se sont révélées bien décevantes. En effet, la plupart des études ne sont pas venues confirmer ces premiers travaux cliniques.

L'étude de cette différence aujourd'hui, en ce qui concerne les enfants et les adolescents, ne semble plus pertinente que sur deux points seulement. D'une part, des travaux utilisant le WISC-R ont montré que les enfants ayant des troubles d'apprentissage ont un niveau verbal significativement inférieur à leur niveau en performance (Grégoire, 2000, p. 143). D'autre part, il semblerait que les adolescents délinquants aient, pour la majorité d'entre eux, un niveau en performance supérieur à leur niveau verbal : ceci pourrait s'expliquer par la tendance à s'exprimer plus par l'agir que par la parole.

Mais dans l'ensemble, cette analyse de la différence verbal/performance n'a pas tenu ses promesses. Une des raisons tient sans doute également à une mauvaise appréciation par les praticiens de cette différence : à partir de ses travaux sur l'échantillon d'étalonnage du WISC-III, Grégoire montre que plus de 40 % des sujets présentent une différence entre les deux échelles considérée comme significative (c'est-à-dire égale ou supérieure à 12 points). Or, les psychologues ont tendance à accorder une valeur pathologique à cette différence, ce qui reflète une méconnaissance des résultats normaux dans la population (2000, pp. 136-138).

Si cette différence n'a pas une signification pathologique, en revanche, elle reste très corrélée avec le niveau socioculturel : les enfants des cadres supérieurs et des professions intellectuelles ont un QI verbal significativement supérieur aux enfants des autres groupes. Ce résultat traduit le meilleur niveau verbal des enfants, tel qu'il est constaté habituellement dans les classes sociales aisées.

Il ne faut jamais perdre de vue que les résultats obtenus n'ont de sens qu'en comparaison avec une population de référence, et il existe des mouvements évolutifs qu'il faut prendre en considération. Par exemple, le QI moyen de la population ne cesse de progresser, en Europe comme aux États-Unis. Ou bien, Grégoire constate une évolution entre le WISC-R et le WISC-III : dans la population d'échantillonnage du WISC-III, les enfants d'employés et d'ouvriers ne présentent plus un niveau significativement meilleur à l'échelle de performance, au détriment de l'échelle verbale, contrairement à ce qui avait toujours été constaté avec les éditions précédentes.

Toutes ces évolutions sont liées aux modifications des conditions socio-éducatives qui touchent l'ensemble de la société. Il est donc essentiel, pour les praticiens, de référer les résultats obtenus à la réalité socioculturelle actuelle, et non aux représentations anciennes, qui sont pour certaines dépassées.

Quant aux différents subtests choisis, la procédure de Wechsler est ici encore extrêmement pragmatique, et il a d'ailleurs conservé un certain nombre d'épreuves issues des *Army tests* qu'il jugeait intéressantes.

Wechsler propose une méthode d'analyse des différents résultats aux subtests, qui est l'analyse du scatter ou de la dispersion. Le terme anglais de scatter désigne toute irrégularité entre les résultats obtenus par un même sujet à différents tests mentaux. On appelle « patron psychométrique » (*psychometric pattern*) l'énoncé numérique ou verbal des relations existant entre deux ou plusieurs résultats à des tests et concernant le même individu (Delay, Perse et Pichot, 1966, p. 47). Le terme profil est aujourd'hui plus couramment employé.

Si Wechsler n'introduit pas l'analyse du scatter dès la première publication de son échelle en 1939, il développe cet aspect dès 1941. Sa méthode est simple : si la différence entre l'échelle verbale et l'échelle de performance est faible, il propose de faire la moyenne des notes de l'ensemble de l'échelle. L'analyse du scatter se fait ensuite en comparant chaque note standard avec cette note moyenne : il considère toute différence supérieure à 2 points comme significative. Si la différence entre le verbal et la performance est trop élevée, il faut alors évaluer cette dispersion séparément pour chaque échelle.

Pour Wechsler, cette analyse du scatter doit permettre d'établir des profils (*pattern*) cliniques caractéristiques :

> « Après avoir déterminé quelle est, pour la note d'un test, la différence qui constitue une déviation significative, le problème clinique général de l'établissement du *pattern* du test, consiste à établir les associations entre les divergences de notes de tests particuliers et les entités cliniques particulières. » (Wechsler, 1956, p. 183)

Pour cela, il utilise la méthode des signes, qui consiste à reprendre les notes, élevées ou faibles, qui apparaissent comme caractéristiques d'un type particulier de trouble mental ou de maladie, ou bien qui lui ont été associées. Wechsler présente les profils de tests rencontrés dans diverses maladies mentales (1956, pp. 184-185).

Par exemple, il donne le profil suivant pour la schizophrénie :

Information .... + à ++
Compréhension .... – à –

© Dunod – La photocopie non autorisée est un délit.

Arithmétique	0 à –
Mémoire immédiate	0 à +
Similitudes	+ à – ; suivant type de schizophrénie
Vocabulaire	+ +
Complètement d'images	0 à – ; suivant type de schizophrénie
Arrangement d'images	– à 0
Assemblage d'objets	–
Cubes	0 à +
Code	–

Verbal > Performance, généralement.
Total Arrang. images + Compréhension < Total Information + Cubes.
Assemblage d'objets (très) < Cubes.
Similitudes très faible avec Vocabulaire élevé et Information catégoriquement pathognomonique.
Variabilité inter-test marquée et, dans la plupart des cas, plus grande entre les subtests de la partie verbale qu'entre ceux de la partie performance de l'échelle.

Wechsler tente d'utiliser son échelle en vue d'un diagnostic différentiel en psychopathologie. Chaque entité (psychopathes, névrotiques, etc.) est considérée comme suffisamment homogène pour pouvoir correspondre à un profil psychométrique spécifique. Toutefois, l'expérience clinique de Wechsler le rend prudent : des personnes souffrant des mêmes troubles mentaux ont des profils différents, et on peut trouver un profil caractéristique d'une maladie mentale chez un sujet qui ne présente absolument aucun problème psychopathologique… Il conseille donc de ne pas se fier exclusivement à ces profils, mais d'utiliser d'autres signes cliniques dans la démarche en vue du diagnostic.

Malgré cette prudence, Wechsler témoigne pour son échelle d'une véritable ambition dans le champ psychopathologique, qui dépasse considérablement le cadre d'une stricte évaluation intellectuelle. Son approche reste cohérente avec le souci clinique et psychopathologique qui l'anime dès la conception de son test.

Mais cette tentative aboutit à un échec massif. De très nombreuses recherches ont tenté de mettre en évidence l'existence de profils caractéristiques de certaines pathologies, dans le domaine du handicap mental, de la neuropsychologie et de la psychiatrie. Toutes se sont conclues par une déception : aucun profil n'a pu être mis en relation avec une pathologie quelconque. De ce fait, ce type de recherches est allé en diminuant depuis les années soixante-dix (Grégoire, p. 167).

Penser qu'un profil obtenu à une épreuve d'efficience intellectuelle peut renseigner sur la structure psychopathologique d'une personne est sans doute un peu naïf… Pour Grégoire, cette impasse est liée à une mauvaise utilisation des échelles de Wechsler : il ne fallait pas chercher à transformer une épreuve d'intelligence en test de personnalité.

Une critique différente, mais qui me paraît tout à fait fondamentale, permet d'éclairer autrement ce fiasco. La méthode des signes en psychopathologie et en psychologie clinique est directement héritée de la médecine, et témoigne d'ailleurs d'une dépendance maintenue de ces disciplines à l'égard de la tradition médicale, comme le fait remarquer Lanouzière[1]. En médecine, l'examen clinique consiste à relever des signes et à les regrouper de façon cohérente, ce qui permet ensuite de procéder à une nosographie, c'est-à-dire de décrire et de classer différentes maladies. Certains promoteurs de la méthode clinique en psychologie, comme Rey par exemple, ont pu défendre cette conception de la clinique.

> « La méthode des signes s'impose toutes les fois qu'il faut découvrir chez un être… les signes et associations de signes individualisés dans leur degré et nuance, signes souvent polyvalents, caractérisant néanmoins un état normal ou morbide défini et classé pouvant affecter l'espèce. » (1958, p. 6)

Le modèle médical est ici véritablement « plaqué » sur la psychopathologie : la maladie sous-jacente est mise en évidence, à partir de l'inventaire d'un certain nombre de signes apparents. Nous retrouvons ici un modèle très actuel, puisqu'il est celui qui organise le DSM[2]. Il s'agit d'une démarche centrée sur la maladie, à partir de la classification des signes, plus que sur la personne du malade.

Comme le note très justement Lanouzière :

> « Alors que dans ses intentions la méthode clinique vise à dépasser les limites statistiques de la psychométrie par la recherche de ce qui appartient en propre à l'individu, de ce qui le particularise, dans sa pratique elle ne semble pas se dégager de cette référence à une norme statistique ou théorique, culturellement et historiquement déterminée. »

Il n'est donc pas étonnant que la méthode des signes utilisée à partir des échelles de Wechsler pour rendre compte de troubles psychopathologiques chez des individus n'ait rien donné de concluant : elle laissait tout simplement de côté la singularité de chaque sujet, qui ne peut qu'échapper radicalement à ces tentatives de description et de classification par trop

---

1. J. Lanouzière, *La Mesure de l'intelligence*, polycopié université René Descartes – Paris V.
2. *Manuel diagnostique et statistique des troubles mentaux* : manuel proposé aux États-Unis pour établir un diagnostic psychiatrique après l'examen d'un malade mental, en référence à une classification des syndromes et des maladies. L'usage du DSM se répand de plus en plus en France.

© Dunod – La photocopie non autorisée est un délit.

réductionnistes... En effet, pour reprendre l'exemple de la schizophrénie, il apparaît aujourd'hui qu'il existe des modalités différentes et complexes qui renvoient à ce trouble psychopathologique. Comment imaginer alors que l'on pourrait dégager, à partir de quelques tests, des modalités similaires de comprendre, raisonner, définir des mots, etc., qui permettraient un diagnostic différentiel ?

Cette démarche est aberrante, et les recherches récentes l'ont prouvé. Mais derrière l'apparente naïveté de cette approche, nous retrouvons un modèle naturaliste, prompt à favoriser la nosographie médicale au détriment de la singularité du patient.

C'est peut-être aussi ce qui explique la persistance de cette méthode des signes dans la formation des psychologues, alors que les études montrant son absence de validité sont déjà anciennes. En effet, elle était encore enseignée en tant que telle dans certaines universités il y a seulement quelques années.

Actuellement, il existe encore des recherches portant sur les profils spécifiques de notes standard chez des sujets souffrant de troubles d'apprentissage.

Nous verrons avec le WISC-III que l'étude de la dispersion reste tout à fait pertinente d'un point de vue clinique, mais si on lui laisse sa valeur descriptive. Elle permet de mettre en évidence les réussites et les échecs d'un enfant : en associant ces informations avec les autres éléments fournis par l'écoute dans le cadre de la rencontre clinique, il est parfois possible de donner des hypothèses explicatives à ces mouvements observés au sein des résultats au test. Mais il ne s'agit en aucune façon d'en déduire un diagnostic.

D'ailleurs, Grégoire met en garde contre une idée reçue : les psychologues ont l'habitude de considérer la dispersion des notes standard comme un phénomène pathologique. À partir de l'échantillonnage du WISC-III, Grégoire montre que 65 % des sujets ont une note ou plus qui s'écarte de la moyenne de leurs notes standard. Seuls les profils constitués de 3 notes déviantes par rapport à la moyenne sont suffisamment peu fréquents pour avoir un sens par rapport à l'ensemble de la population.

> « Une certaine dispersion des notes standard apparaît ainsi comme la règle et non l'exception. Ce phénomène doit conduire le praticien à considérer la dispersion des notes au WISC-III avec plus de circonspection que par le passé. L'hétérogénéité des performances n'est pas, comme on le croit trop souvent, l'apanage des sujets souffrant de troubles cognitifs. Elle est, au contraire, un phénomène relativement normal qui découle de la diversité des tâches cognitives proposées dans le WISC-III. » (2000, pp. 164-165)

Quant au choix des items, la démarche de Wechsler est là ausssi pragmatique. On appelle item l'élément de base d'un test : donc, selon les subtests, il s'agit de questions, ou d'actes à accomplir.

Wechsler reproche aux concepteurs de tests d'introduire des éléments en fonction de critères « statistiques et a prioristes ». Pour lui, il faut que les tests soient soumis à une vérification expérimentale effective, ou à quelque critère pratique de validation :

> « La seule manière qui permette de savoir si un élément de test est une mesure vraiment « bonne » de l'intelligence, c'est de l'essayer effectivement. » (p. 92)

La validation des échelles de Wechsler s'est faite de façon pragmatique, dans tous ses aspects. Cette validation a laissé à chaque fois une large place aux données cliniques, donc à la subjectivité et à l'expérience du concepteur, dans une confrontation féconde avec les données statistiques.

7. Les critiques

Une des principales critiques faites aux tests d'intelligence en général, et cela concerne bien sûr les échelles de Wechsler, est l'influence de la classe sociale sur les performances intellectuelles.

On note au WISC-III de réelles différences de QI selon la catégorie socioprofessionnelle de la famille : les enfants d'ouvriers obtiennent les résultats les plus faibles, immédiatement suivis par les enfants d'artisans et de commerçants. Les enfants de cadres supérieurs ont les meilleurs résultats, suivis avec une certaine distance par les enfants de cadres moyens (Grégoire, 2000, p. 76) Les enfants des classes aisées ont un meilleur niveau verbal que les enfants des autres groupes.

Pour Grégoire, ces résultats doivent être relativisés, car les différences de scores entre les groupes restent assez faibles. Plusieurs recherches ont aujourd'hui mis en évidence l'impact de l'environnement et des conditions éducatives, liés à la classe sociale, sur l'évolution des performances intellectuelles des enfants. Même si Grégoire pense pouvoir accorder aujourd'hui moins d'importance à l'influence des conditions socio-économiques d'éducation, celle-ci reste tout de même déterminante.

À tel point que le QI est devenu un critère pour apprécier les capacités d'évolution d'enfants adoptés tardivement. Duyme, dans une recherche très médiatisée, montre que des enfants qui ont subi des carences multiples

© Dunod – La photocopie non autorisée est un délit.

avant 4 ans et qui ont été adoptés tardivement, c'est-à-dire entre 4 et 6 ans, atteignent à l'adolescence un QI bien supérieur à leur QI évalué dans leur petite enfance. Cette progression est d'autant plus importante que l'enfant a été adopté par une famille de niveau socioprofessionnel favorisé. Il observe donc une variation des gains de QI en fonction du milieu socioculturel.

Duyme a mené précédemment la même étude avec des enfants adoptés précocement, et les résultats sont similaires. Avec cette seconde recherche, il prouve que tout n'est pas joué avant 6 ans, et qu'une modification favorable de l'environnement, même si elle intervient tardivement dans le développement de l'enfant, peut avoir des effets très bénéfiques, ce qui témoigne de potentialités sans doute méconnues chez ces enfants.

Dans le même temps, par ces travaux, Duyme milite pour démontrer l'impact de l'environnement sur le niveau intellectuel. Si en France, l'action de l'éducation et du contexte socioculturel sur le développement des capacités intellectuelles est assez généralement admise, il n'en est pas de même aux États-Unis et en Europe du Nord, où une idéologie innéiste se développe de manière hégémonique :

> « Les spécialistes de la génétique appliquée aux comportements apportent actuellement leur savoir au secteur médical, ainsi que leurs affirmations. De ce fait, il se peut que les spécialistes, dans les sciences biomédicales, assimilent une conception génétique de l'intelligence en oubliant les influences environnementales. (...) L'intelligence, par exemple, pourrait être conçue comme génétiquement déterminée et le statut social de chacun serait lié à ses gènes. Cette idéologie du « tout génétique » se développe non seulement aux USA [...mais aussi...] toute l'Europe du Nord est « mangée » par ce courant de pensée. C'est peut-être dû en partie aux crédits américains qui subventionnent ce type de recherches. » (2000, p. 16)

Ainsi, il ne suffit pas de toujours interpréter les résultats aux tests en fonction du contexte socioculturel du sujet. Le risque d'une utilisation des tests d'intelligence pour défendre une idéologie innéiste et raciste n'est pas l'apanage de l'histoire, en particulier du passé de la psychologie américaine comme nous l'avons vu, mais reste très actuel.

L'autre critique faite aux échelles de Wechsler provient de la psychologie cognitive. Les psychologues cognitivistes reprochent aux échelles de Wechsler d'être théoriquement peu fondées, peu modernes, par rapport aux nouvelles théories de l'intelligence. Ils blâment Wechsler de ne pas avoir développé une véritable théorie de l'intelligence.

Dans les années soixante, ce désintérêt chez les cognitivistes, plus encore que la critique sociale des tests, entraîne la disparition de l'enseignement des tests dans les universités françaises.

Ce mouvement s'est inversé depuis le début des années quatre-vingt. Sans doute le peu de succès des tentatives de construction de nouveaux tests, basées sur des théories plus récentes, a réactivé l'intérêt porté aux échelles de Wechsler, qui sont de nouveau enseignées dans les universités.

Parallèlement à l'affaiblissement de la critique sociale à l'égard des tests, les échelles de Wechsler semblent aujourd'hui ne plus guère susciter de critiques. Il faut sans doute mettre en garde les praticiens, comme les étudiants et leurs professeurs, contre cet excès de consensus : il n'est pas bon de considérer que le débat est clos sur le problème des tests. L'histoire a montré les dangers et les perversions possibles de ces tentatives objectivantes d'évaluation intellectuelle. Les préoccupations de Duyme sont là pour nous le rappeler : instruments finalement relativement neutres, les tests et le QI peuvent servir demain n'importe quelle idéologie.

8. Wechsler successeur de Binet : l'intelligence comme mythe

Wechsler est-il pour autant l'héritier de Binet ? Ceci est sans doute exact sur certains points. Tous deux cherchent à évaluer les manifestations de l'intelligence, car ils ne pensent pas que l'on puisse mesurer l'intelligence en tant que telle. Ils partagent une conception globale de l'intelligence. Pour rendre compte du fonctionnement intellectuel, il leur faut donc un ensemble d'épreuves qui mettent en lumière des aptitudes différentes. Ici, Wechsler se réfère explicitement à Binet : un seul test n'a aucun sens, en revanche plusieurs tests apportent des renseignements fiables.

On a pu comparer Wechsler et Binet pour leur approche pragmatique, et aussi pour leur conception de l'intelligence, qui consisterait en « quelques idées générales, mais pas de théorie très précise. » (Huteau et Lautrey, 1999, p. 122) Or, cela est inexact : Binet et Wechsler ont, chacun à son époque, développé une théorie de l'intelligence. Mais ils n'ont jamais considéré que l'on pouvait caractériser l'intelligence de façon à la réduire en un objet précis, objectivable et mesurable. Ils se sont donc attachés à en évaluer les manifestations, sous différentes formes.

© Dunod – La photocopie non autorisée est un délit.

Force est de constater que Binet et Wechsler qui restent dans l'histoire comme les deux principaux créateurs de tests d'intelligence, ont une place congrue, voire réduite à néant, dans les manuels traitant de l'histoire des théories de l'intelligence. N'y a-t-il pas, en leur accordant aussi peu de crédit, un réel parti pris idéologique ? Car Binet et Wechsler partagent de fait une même conception de l'intelligence : il ne s'agit pas pour eux d'un objet réel identifiable en tant que tel, et que l'on peut décrire selon une approche scientifique. Il s'agit d'une construction mythique, qui concerne l'origine d'un problème essentiel : qu'est-ce qui permet aux êtres humains d'établir des relations utiles avec leur environnement ?

Un mythe correspond à un « discours de la vérité », car il relève d'un savoir qui tente de dire la vérité, et répond à une impossibilité, une béance. Il s'agit d'un discours qui fait sens, et pour reprendre l'expression de Vernant, le mythe est une « dimension irrécusable de l'expérience humaine ». Une construction mythique, qui produit un récit explicatif d'une origine, permet un certain découpage du réel, et le dégagement de causes signifiantes. À l'inverse, dans la démarche scientifique, la vérité se construit en même temps que l'objet scientifique se dégage, en s'arrachant à l'explication mythique.

Pour Binet comme pour Wechsler, l'intelligence a un statut symbolique. Il s'agit d'un point d'origine, à partir duquel il est possible de décliner une infinité d'aptitudes. Certaines peuvent être connues par la démarche scientifique, en ayant recours à l'observation et à l'expérimentation. Mais la somme de ces aptitudes ne dira jamais la vérité de l'intelligence, car celle-ci aura toujours des facettes irréductibles à la connaissance.

Alors qu'ils défendent une approche psychométrique qui introduit la mesure dans le domaine des fonctions intellectuelles, l'intelligence reste pour eux une construction mythique. Faut-il y voir un simple paradoxe ? Ce n'est pas mon avis. Je crois, à l'inverse, que le succès de leurs tentatives tient à ce refus d'objectiver l'intelligence.

Wechsler, pas plus que Binet, n'échappe au scientisme de son époque : Binet est fasciné par la mesure en tous domaines, Wechsler propose une définition statistique de l'intelligence. Mais on ne peut pas les réduire, ni l'un ni l'autre, à cette démarche scientiste. Ce refus d'objectiver l'intelligence en dernière instance revient à signifier l'impossibilité d'objectiver le sujet humain, serait-ce dans son fonctionnement intellectuel.

Wechsler et Binet ont aussi en commun leur ancrage de psychopathologue et de clinicien. Tous deux cherchent à mettre au point un instrument qui permette un diagnostic différentiel, et ils se préoccupent des problématiques liées à la déficience intellectuelle. Leur souci ici est d'ordre social, car ils réfléchissent à l'orientation et à la prise en charge des personnes déficientes.

Surtout, ils construisent leurs tests en s'appuyant essentiellement sur une démarche clinique, et sur les données issues de la relation clinique. Sans doute est-ce cela qui les distingue radicalement d'un certain nombre d'autres tentatives de création de test. Les essais plus récents ont procédé de la façon inverse : à partir de théories de l'intelligence, on a cherché à mettre au point des épreuves qui apprécient l'intelligence préalablement définie.

Finalement, Wechsler et Binet ont en commun de situer l'intelligence comme un point symbolique, mythique, qui permet d'organiser des aptitudes qui en rendent compte sans jamais l'épuiser. À partir de là, ils redonnent d'une certaine façon la parole au sujet : ce sont les données issues de la clinique qui prennent dans ce modèle valeur de vérité, et non un modèle théorique extérieur. Il y a dans leur approche une certaine forme de réhabilitation de la subjectivité : subjectivité de celui qui passe le test, mais aussi subjectivité du psychologue, qui doit donner plus de crédit à ses propres impressions cliniques et à son expérience qu'aux résultats du test. Rien d'étonnant donc si les psychologues cliniciens aujourd'hui persistent à utiliser ces échelles : elles ménagent, de par leur conception, donc structurellement, un espace pour la subjectivité de chaque interlocuteur, donc un champ possible de rencontre et de relation.

9. Présentation du WISC-III

Le WISC-III est la troisième édition française de l'Échelle d'intelligence de Wechsler pour enfants, publiée en 1996. Il s'agit d'un instrument clinique d'administration individuelle qui évalue l'intelligence des sujets âgés de 6 ans à 16 ans 11 mois.

Comme pour tous les tests, le WISC-III doit présenter un certain nombre de qualités métriques, c'est-à-dire de mesures, qui sont la validité, la fidélité et la sensibilité.

- **La validité** : la qualité d'un test mesurant effectivement ce qu'il est censé mesurer. En général, pour apprécier la validité d'un test, on calcule la corrélation entre la performance au test et la performance dans une situation indépendante du test, et qui peut servir de critère pour ce que l'on cherche à mesurer. Par exemple, si un test doit fournir une indication sur le niveau scolaire, il doit être corrélé avec ce critère évalué au même moment par d'autres moyens, par exemple grâce aux résultats scolaires.

© Dunod – La photocopie non autorisée est un délit.

- **La fidélité** : caractéristique d'un test qui fournit des résultats cohérents sur les individus testés : cohérence des résultats observés à deux dates différentes, des résultats obtenus dans deux moitiés du test ou dans deux tests parallèles, ou notés par deux examinateurs différents. Il s'agit donc de la constance des scores obtenus par une personne, ou un groupe de personnes, au même test, dont les résultats seront alors fiables.
- **La sensibilité** : qualité d'un test qui possède un pouvoir discriminant plus ou moins grand. Un test est plus ou moins sensible selon qu'il permet plus ou moins de différencier les personnes les unes par rapport aux autres.

En ce qui concerne le WISC-III français, peu de recherches sur ses qualités métriques ont eu lieu, mais les recherches sur le WISC-R ou sur le WISC-III américain laissent penser que ces qualités sont satisfaisantes.[1]

Le WISC-III est bâti selon le même principe que toutes les échelles de Wechsler, et il est composé de différents subtests.

Comme toutes les échelles de Wechsler, le WISC-III permet d'évaluer un QI verbal, un QI de performance et un QI total. De plus, les concepteurs ont introduit des indices complémentaires : l'indice de Compréhension Verbale, l'indice d'Organisation Perceptive et l'indice de Vitesse de Traitement.

Comme nous l'avons vu, un QI ne devrait jamais correspondre à une simple valeur, ce qui ouvre la porte à toutes les simplifications, alors que le risque d'erreur de mesure (due autant à la situation, à l'examinateur, à l'examiné, etc.) est statistiquement très élevé. En toute rigueur, les résultats devraient toujours être donnés en termes d'intervalles de confiance (voir *Manuel* pp. 251-257).

Par exemple, il est impropre de donner le résultat suivant :

QI total = 100.

Mais le résultat correct est :

QI total = 95-105

(ce qui signifie : le QI total de cet enfant a 90 % de chances de se trouver dans cet intervalle).

Le QI total peut être comparé à la classification statistique dans la population de référence, ce qui permet de situer l'enfant par rapport aux résultats obtenus par les enfants de même âge (*Manuel*, p. 31). Par exemple, un enfant qui a un QI total = 100 se situera dans les limites 90-109. En termes

1. Pour plus de précisions sur ces aspects psychométriques, voir Grégoire, 2000, pp. 103-127.

La structure du WISC-III

L'échelle verbale est composée des subtests suivants :

- Information : questions portant sur des informations variées ;
- Similitudes : questions dans lesquelles on demande à l'enfant en quoi deux choses se ressemblent ;
- Arithmétique : problèmes arithmétiques à résoudre mentalement ;
- Vocabulaire : définitions de mots ;
- Compréhension : questions portant sur des situations de la vie courante ;
- (Mémoire des chiffres : l'enfant doit répéter des séries de chiffres)[a].

L'échelle de performance est composée des subtests suivants :

- Complètement d'images : des images dans lesquelles il manque un détail que l'enfant doit retrouver ;
- Code : substitution d'un symbole à un autre, à faire par écrit ;
- Arrangement d'images : retrouver une histoire, à partir d'images en désordre qu'il faut ordonner ;
- Cubes : reproduire des figures à l'aide de cubes ;
- Assemblage d'objets : assembler des morceaux pour retrouver une représentation connue (principe des puzzles) ;
- (Symboles : retrouver des symboles) ;
- (Labyrinthes : se repérer dans des labyrinthes).

a. Les subtests entre parenthèses sont facultatifs.

de classification, il se situe au niveau moyen, c'est-à-dire que ses résultats correspondent aux résultats obtenus par 50 % des enfants de son âge.

Le QI total n'a de sens que s'il n'y a pas une trop grande différence entre les échelles verbale et de performance. Si cette différence est proche de 12 points (seuil à partir duquel elle est considérée comme significative), le QI global garde une signification. Si cette différence est beaucoup plus élevée, le QI total perd alors toute valeur. (Grégoire, 2000, p. 212).

Pour le QI verbal et le QI de performance, il faut de la même façon préférer les intervalles de confiance à la note unique, source d'erreurs. Les risques d'erreur étant aussi importants pour l'établissement de chacune de ces échelles, l'appréciation de leur différence doit donner lieu à la même prudence que pour l'interprétation des QI. On considère classiquement que

© Dunod – La photocopie non autorisée est un délit.

la différence entre l'échelle verbale et l'échelle de performance doit être supérieure ou égale à 12 points pour être significative. Ce repère a été confirmé récemment par Grégoire (2000, p. 135). Il est bien sûr possible de commenter une différence un peu inférieure à 12 points, mais en étant à ce moment-là conscient de l'existence possible d'une erreur de mesure.

Quant aux indices complémentaires de Compréhension verbale et d'Organisation perceptive, ils représentent des mesures plus homogènes que les QI verbal et de performance (Grégoire, 2000, p. 114).

L'indice de Compréhension verbale comprend les subtests suivants : Information, Similitudes, Vocabulaire et Compréhension.

L'indice d'Organisation perceptive est composé des subtests Complètement d'images, Arrangement d'images, Cubes et Assemblage d'objets.

Nous pouvons déjà remarquer que les deux subtests qui ne sont pas pris en compte pour le calcul de ces indices sont l'Arithmétique pour l'échelle verbale et le Code pour l'échelle de performance. Or, ces deux subtests sont très sensibles à la capacité à fixer son attention, tout particulièrement dans des situations qui évoquent la scolarité. Il est donc tout à fait intéressant de comparer ces indices avec les QI verbal et de performance : s'il existe une différence importante, cela témoigne alors d'un fléchissement qui peut faire écho à des difficultés scolaires.

L'indice de Vitesse de traitement présente beaucoup moins d'intérêt, car il est peu corrélé avec d'autres résultats, et qui plus est Grégoire pense que sa dénomination est trompeuse (p. 114) Il est calculé à partir des subtests de Code et Symboles. Dans la mesure où cette dernière épreuve est facultative, et où cet indice paraît peu fiable en l'état actuel des connaissances, nous n'y aurons pas recours.

Une question se pose régulièrement dans la clinique : existe-t-il un phénomène d'apprentissage au WISC-III ? En effet, il n'est pas rare qu'une demande de bilan ait lieu pour un enfant qui a déjà effectué la passation du WISC-III un an ou deux ans auparavant, si la situation a changé, si l'enfant semble avoir beaucoup progressé ou à l'inverse si ses difficultés se sont aggravées. La nécessité d'un re-test peut aussi être liée à une contrainte administrative (renouvellement des dossiers CDES, par exemple)[1].

On constate un effet d'apprentissage entre le test et le re-test, qui se manifeste surtout pour l'échelle de performance. Ce phénomène est présent

1. Commission départementale d'éducation spéciale : elle se prononce sur l'orientation et le maintien des jeunes de moins de 20 ans dans les établissements et les services de l'éducation spéciale qui s'occupe des jeunes handicapés, mentaux, sensoriels ou moteurs.

également à l'échelle verbale, mais de façon moins marquée (*Manuel*, pp. 181-184). Cependant, cette manifestation d'apprentissage s'estompe avec le temps. Il est donc conseillé de respecter un intervalle d'au moins un an entre deux passations (Grégoire, 2000, p. 133).

Enfin, l'étude de la dispersion constitue un des aspects classiques de l'approche clinique des échelles de Wechsler. Comme nous l'avons vu (voir *supra*), Wechsler a mis de grands espoirs dans l'étude de la dispersion, en termes de psychopathologie et de diagnostic différentiel, mais rien de tout ceci n'est vraiment concluant. En particulier, le dégagement de profils caractéristiques s'est révélé décevant.

Tout ceci devrait nous inciter à la plus grande prudence. L'étude de la dispersion permet tout simplement de mettre en lumière les réussites et les faiblesses d'un enfant.

Dans un premier temps, on étudie la dispersion intra-individuelle : si la différence entre l'échelle verbale et l'échelle de performance n'est pas significative, on établit la moyenne entre tous les subtests. Ensuite, on compare les scores obtenus à chaque subtest avec cette moyenne. Le risque d'erreur de mesure étant ici aussi important, seules les différences statistiquement significatives sont retenues. Pour cela, il faut se reporter aux tableaux qui répertorient les différences significatives entre la note standard à un subtest et la moyenne des notes des subtests d'une échelle (*Manuel*, pp. 263-264). Le seuil de signification généralement retenu est celui de 5 % : les valeurs correspondantes dans le tableau signifient qu'il n'y a que 5 % de chances que la différence obtenue soit due uniquement au hasard.

> Par exemple, un enfant obtient une moyenne égale à 10,25 à l'ensemble des 10 subtests du WISC-III.
>
> Si son score en Vocabulaire égale 7, la différence est donc : 10,25 – 7 = 3,25.
>
> Au subtest de Vocabulaire, la différence, pour être significative en retenant le seuil de 5 %, doit être de 3,08.
>
> Il y a donc pour cet enfant 95 % de chances que cet écart soit lié à une différence significative entre sa moyenne et son résultat en Vocabulaire.

Si la différence entre l'échelle verbale et l'échelle de performance est significative (égale ou supérieure à 12 points), on établit la moyenne pour chaque échelle, et on apprécie la dispersion des notes standard à cette moyenne pour chaque échelle (*Manuel*, pp. 263-264).

Dans un second temps, on analyse la dispersion inter-individuelle : il s'agit de comparer les résultats de l'enfant avec ceux de l'échantillon d'étalonnage, c'est-à-dire d'établir une comparaison avec la moyenne des

© Dunod – La photocopie non autorisée est un délit.

scores des enfants du même âge. Il y a ici une mise en relation avec les normes existantes dans la population de référence[1].

Mais quelle que soit la valeur de ces données numériques, tous ces résultats ne prennent sens que grâce à l'interprétation du clinicien. Ces chiffres n'ont pas de valeur en soi : c'est le psychologue qui peut prendre en compte l'état émotionnel de l'enfant, sa motivation ou son apathie, ou encore la qualité de la relation qui s'est nouée entre eux au cours du bilan. Il faut encore insister sur le principe de Wechsler : le psychologue doit toujours privilégier les données issues de la clinique par rapport aux résultats numériques des tests.

De même, nombre d'aspects essentiels échappent à l'approche quantitative : par exemple, les erreurs électives commises par l'enfant à un item particulier. Seule une approche clinique peut ici apporter un éclairage indispensable.

1. Les détails concernant la moyenne et la signification des écarts à cette moyenne pour la population d'échantillonnage sont donnés dans la *Grille d'aide à l'interprétation des scores aux différents subtests du WISC-III*, Grégoire, 1996, p. 4.

CHAPITRE 4

L'approche clinique des subtests du WISC-III

Sommaire

Psychologue expérimenté, Wechsler sait parfaitement que les tests d'intelligence apportent de nombreux renseignements d'un autre ordre :

> « Bien qu'un examen d'intelligence ait pour but essentiel de donner une mesure valable et sûre de la capacité intellectuelle globale d'un sujet, on peut raisonnablement penser que toute Échelle d'Intelligence bien conçue fournira à son utilisateur quelque chose de plus qu'un simple QI ou un âge mental. En fait, la plupart des épreuves d'intelligence, administrées individuellement, mettent à jour un certain nombre de données touchant le mode de réaction du sujet, ses aptitudes et ses incapacités particulières, et assez souvent, quelques indications des traits de sa personnalité. » (1956, p. 178)

Le WISC-III, en effet, comme toutes les échelles de Wechsler, propose en un temps relativement limité une grande variété de situations. Il constitue donc pour le psychologue une médiation privilégiée dans la relation avec l'enfant. L'écoute clinique permet ici de considérer l'enfant dans sa singularité, en étant attentif à tout ce qui accompagne la passation proprement dite, mais qui en est indissociable. Pour Marie-Ange Chabert :

> « Cela implique de relever avec soin les formulations des réponses, d'être attentif aux petites déviances, aux petits ratés, de noter les façons de faire de l'enfant aussi bien dans ses modalités d'adaptation aux épreuves des tests que dans les comportements d'accompagnement ou de dérivation qui se manifestent en parallèle pendant la passation. » (1999, pp. 28-29)

J'ajouterai à ceci la dimension transférentielle : toutes les paroles, toutes les manifestations comportementales ou autres qui interviennent pendant la passation sont adressées au psychologue.

Dans cette partie sur l'approche clinique des subtests, les dix subtests du WISC-III vont être présentés dans leur ordre de passation. En effet, les subtests verbaux et de performance sont proposés alternativement à l'enfant, afin de maintenir son attention pendant toute la passation. Il est important de respecter ici l'ordre dans lequel les épreuves sont amenées, car la succession peut présenter un intérêt d'un point de vue clinique. Par exemple, une épreuve difficile, anxiogène pour un enfant, peut entraîner un effet de

© Dunod – La photocopie non autorisée est un délit.

déstabilisation sur le début du subtest suivant, même s'il s'agit d'un domaine où l'enfant se sent plus à l'aise.

Seuls les dix subtests de l'échelle sont présentés, pour privilégier une approche fine et nuancée de chaque épreuve, qui permette de mettre en évidence de nombreux aspects cliniques. En effet, chaque subtest crée une situation spécifique, à laquelle l'enfant réagit en fonction de sa personnalité. Les praticiens ont généralement assez peu recours aux subtests optionnels, car les renseignements apportés par les épreuves obligatoires sont déjà très riches. Pour le psychologue qui décide de recourir à un de ces subtests facultatifs, il est bien sûr tout à fait possible de mettre en œuvre la même approche clinique.

Pour chaque subtest sont développées dans un premier temps les aptitudes évaluées, et dans un second temps l'approche clinique. Ce choix est motivé par la nécessité de toujours rappeler ce que chaque subtest est censé évaluer.

En effet, certaines approches cliniques des épreuves psychométriques, en perdant de vue le but premier de l'échelle, ont donné lieu à des excès, par exemple en imputant la réussite ou l'échec à un subtest à certaines organisations psychopathologiques. Nous avons vu qu'il est excessif de vouloir transformer ce type d'épreuve en échelle de diagnostic différentiel en psychopathologie.

Mais l'approche clinique présentée dans un second temps permet non seulement de dégager ce que le subtest comme médiation permet comme expression chez l'enfant, mais aussi de restituer le lien entre les aptitudes évaluées et les traits de personnalité, puisque leur séparation est purement artificielle.

Cependant, les traits dégagés ici n'ont pas en soi une valeur psychopathologique. Par exemple, les troubles de l'attention se manifestent au WISC-III très clairement, beaucoup plus nettement qu'aux épreuves projectives par exemple. Or, des troubles de l'attention peuvent exister aussi bien chez un enfant sans difficulté majeure mais présentant des traits phobiques très circonscrits. On peut également les retrouver chez un enfant névrosé obsessionnel, comme chez un enfant souffrant de troubles dysharmoniques ou chez un enfant psychotique.

Cela signifie que ces traits mis en évidence grâce au WISC-III n'ont dans un premier temps qu'une valeur purement descriptive. Ce n'est que secondairement qu'ils prendront sens dans un tableau d'ensemble. Il faut mettre en regard cet aspect dégagé, par exemple ici les troubles de l'attention, avec les autres renseignements : parole de l'enfant et de ses parents, parole éventuellement d'autres personnes (enseignant, médecin, etc.), histoire de vie de l'enfant, éléments apportés par les épreuves instrumentales, les épreuves scolaires éventuellement, les dessins et les méthodes projectives. C'est seulement à partir de ce faisceau d'éléments, en provenance de différents discours, qu'il va être possible de faire une hypothèse sur le statut de ces troubles de l'attention chez cet enfant en particulier, envisagé dans sa singularité.

Par souci de clarté, quatre grandes catégories sont présentées pour chaque subtest :

- le mode de réaction et le comportement de l'enfant ;
- le mode de verbalisation et le discours de l'enfant ;
- les erreurs spécifiques intra-subtest : il s'agit d'analyser les erreurs à l'intérieur de chaque subtest, tout particulièrement celles qui surviennent à des items où l'on attendrait que l'enfant réussisse compte tenu de son niveau ;
- l'étude de la dispersion : on s'attachera ici surtout à la dispersion intra-individuelle, c'est-à-dire aux réussites et aux échecs significatifs chez un enfant par rapport à sa propre moyenne.

  Dans certains cas, la dispersion interindividuelle sera envisagée, c'est-à-dire les réussites et les échecs par rapport à la moyenne des enfants du même âge.

D'autre part, une précaution s'impose : le test étant étalonné à partir d'items que les enfants ne connaissent pas, les dévoiler risquerait de fausser les résultats de passations ultérieures. Pour préserver cette confidentialité, les questions des subtests verbaux comme les items des épreuves de performance ne sont pas divulgués. Seules, dans certains cas, les réponses de l'enfant sont rapportées, sans préciser leur exactitude. Les réponses de l'enfant ont été modifiées ou travesties dans tous les cas où elles auraient permis de deviner la question posée. S'il est indispensable de connaître la question pour comprendre le sens de la réponse de l'enfant, un item factice est proposé, créé pour la circonstance.

1. Le Complètement d'images

Le subtest de Complètement d'images est composé de 30 items présentés par ordre croissant de difficulté. L'enfant doit répondre en temps limité (20 secondes). Ce sont des images incomplètes qui représentent des objets ou des scènes familières, sur lesquelles il faut nommer ou désigner la partie manquante. Dans la consigne, le psychologue annonce à l'enfant qu'il va lui

© Dunod – La photocopie non autorisée est un délit.

montrer des images et sur chacune d'elles une partie manque. Il demande à l'enfant de lui dire ce qui manque.

Aptitudes évaluées

Pour Wechsler, il s'agit de la meilleure épreuve de l'échelle de performance après les Cubes. Le Complètement d'images mesure « les aptitudes fondamentales de perception et de conception tout autant qu'elles font appel à la reconnaissance visuelle et à l'identification de formes et d'objets familiers » ainsi que « la capacité de l'individu à faire la différence entre les détails essentiels et ceux qui ne le sont pas » (Wechsler, 1956, pp. 111-112).

La limitation dans le temps joue peu : Wechsler note que la réussite n'est pas meilleure si la personne a plus de temps.

Grégoire (1995) confirme le jugement de Wechsler : il s'agit d'une tâche de discrimination visuelle, qui fait donc appel à l'organisation spatiale. Elle fait aussi appel à la mémoire à long terme, puisqu'il faut comparer une image actuelle à une représentation mémorisée. Enfin, il faut pouvoir se dégager de la représentation d'ensemble pour analyser les détails. Ainsi, elle renvoie à une aptitude de perception et de reconnaissance visuelle : elle fait donc appel au sens de l'observation et à l'adaptation à la réalité environnante. Réussir ce subtest suppose que l'enfant puisse répéter un effort systématique de nombreuses fois : en ce sens, cette épreuve nécessite de bonnes capacités de concentration.

Approche clinique

Le Complètement d'images est la première épreuve présentée à l'enfant. La façon dont il réagit illustre son attitude face à une situation nouvelle. Plus fondamentalement, la relation entre l'enfant et le psychologue, médiatisée par le test, commence à se nouer à ce moment précis.

Le Complètement d'images peut provoquer de ce fait deux réactions diamétralement opposées. L'effet le plus fréquent va plutôt dans le sens d'un apaisement : en reprenant les raisons qui ont conduit à demander ce bilan, le psychologue et l'enfant ont évoqué les difficultés qui motivent cette rencontre. Si ce premier entretien est indispensable pour que l'enfant soit réellement demandeur du bilan, comme nous l'avons vu, ce rappel des problèmes peut être difficile. Ce sont des questions personnelles qui sont abordées. Par exemple, l'enfant, surtout pendant la période de latence, est très pudique, il n'aime pas se dévoiler devant un étranger, même si cet entretien est mené avec délicatesse.

Donc, l'enfant pense que le climat créé par ce premier échange va persister. Il est en général heureusement surpris par le matériel du Complètement d'images : celui-ci est coloré, les quelques personnages humains sont plutôt gais, joyeux. Il s'agit de dessins assez neutres, leur contenu est beaucoup moins projectif par exemple que celui de l'Arrangement d'images. Dans la grande majorité des cas, l'enfant est rassuré par la neutralité du matériel, il est intéressé, et un mode de relation assez ludique s'instaure alors, l'enfant cherchant la réponse comme s'il s'agissait d'un jeu.

Mais le Complètement d'images peut provoquer la réaction inverse. Première épreuve proposée, elle est aussi très sensible à l'anxiété, au stress, à la tension. Un enfant qui a tendance à perdre ses moyens face à une situation inédite risque de reproduire ce type de manifestations à ce subtest. Ces réactions émotionnelles peuvent se manifester à travers différentes formes de manifestations anxieuses.

Le mode de réaction et le comportement de l'enfant

Les réactions anxieuses à cette épreuve peuvent s'exprimer de diverses manières. Il peut s'agir d'une réaction de « choc » au premier item proposé, l'enfant se récupérant ensuite aux items suivants. Dans ce cas, il s'agit surtout d'une réaction d'angoisse face à une situation nouvelle :

> Alma, 6 ans et demi, consulte pour des angoisses nocturnes importantes, accompagnées de cauchemars.
>
> Au premier item du Complètement d'images, pourtant très facile, elle ne peut pas répondre. Elle répond aux items suivants sans aucune difficulté. Quand, à la fin de la passation du subtest, je lui présente à nouveau la première image, elle donne la bonne réponse sans hésiter.

Cet effet de sidération est assez rare. En revanche, les réactions anxieuses apparaissent souvent à cette épreuve sous la forme d'une tendance à la précipitation. Cette fuite en avant s'observe chez un enfant qui se hâte, qui donne de mauvaises réponses parce qu'il ne prend le temps ni d'observer, ni de réfléchir.

> Les parents de Sylvain, 12 ans, consultent pour des difficultés scolaires persistantes, qui concernent en particulier l'écriture et l'orthographe. Sylvain souffre d'obésité, il se sent mal dans sa peau, s'isole dans la classe et ses professeurs le trouvent triste. Sylvain dit qu'il se trouve « nul ». Il m'est adressé par le pédopsychiatre qui le suit depuis deux ans, car il ne constate guère d'améliorations.
>
> Particulièrement à cette première épreuve, Sylvain se précipite, ne prend pas le temps nécessaire pour réfléchir. S'il réussit les premiers items, qui sont simples, sa précipitation l'empêche d'examiner les Complètements plus difficiles, où il est

© Dunod – La photocopie non autorisée est un délit.

en échec. Cette précipitation dure le temps des deux premiers subtests, le Complètement d'images et l'Information, et le pénalise de façon importante. Elle disparaît ensuite tout à fait, et ne se manifestera plus pendant la suite de la passation.

Quand elle existe, la tendance à la précipitation face à la tâche s'exprime également à d'autres subtests qu'au Complètement d'images. Elle apparaît toutefois de façon assez évidente ici, à la première épreuve. Pour Sylvain, il semble bien qu'il s'agisse d'un mouvement de sidération face à une situation nouvelle.

Ces réactions de fuite en avant peuvent donc être la marque de l'évitement, et renvoyer à des réactions de type phobique face à la tâche (voir Kevin, *infra*).

Quand cette précipitation devient extrême, elle peut alors témoigner d'un débordement par l'excitation chez un enfant qui ne parvient pas à se contrôler. Dans ce cas, les résultats peuvent être très faibles, comme on peut le rencontrer chez des enfants psychotiques ou prépsychotiques.

Le mode de verbalisation et le discours de l'enfant

Bien que le mode de verbalisation de l'enfant apparaisse surtout aux épreuves verbales, le Complètement d'images est la seule épreuve de l'échelle de performance où la réponse attendue est de type oral. En ce sens, la façon de répondre de l'enfant est parfois caractéristique.

Par exemple, certains enfants en difficulté pour l'expression verbale voient bien ce qui manque, mais sont incapables de le nommer. Quand ils peuvent désigner correctement la partie manquante, la réponse est considérée comme bonne. Ainsi, quand elles existent, les difficultés de verbalisation d'un enfant apparaissent dès ce subtest.

Bien évidemment, ce subtest articulé autour de ce qui « manque » ne peut que réactiver toute problématique en termes de manque. Certains enfants s'en défendent en répondant « il ne manque rien », quand ils ne distinguent pas la partie manquante. Ce type de réponses peut être sous-tendu par des phénomènes appartenant à des registres différents. Soit la pensée reste syncrétique, c'est-à-dire que l'enfant ne discrimine pas les détails dans la globalité.

> « Le syncrétisme correspond à un système archaïque de pensée et de perception, qui constitue la première étape du développement de la connaissance humaine et qui est caractérisé par une appréhension globale, floue, non structurée de la réalité. » (*Dictionnaire de la psychologie*, Larousse, 1994)

Cela renvoie à une pensée qui reste globalement immature.

Toutefois, cette approche syncrétique peut elle-même rendre compte de modes de fonctionnement psychiques particuliers. Ainsi, elle peut être la forme sous laquelle s'exprime une angoisse de castration impossible à négocier, l'enfant ne supportant pas une problématique de l'ordre du manque.

Mais si les représentations du Complètement d'images sont relativement simples, il n'en reste pas moins qu'elles peuvent devenir le support des projections de l'enfant. Dans ce cas, l'enfant exprime ses préoccupations à travers les mots qu'il choisit.

Par exemple, il n'est pas rare que ce questionnement autour du manque réactive des thématiques de lien et de rupture chez des enfants qui souffrent d'une importante angoisse de séparation. Dans ce cas, plutôt que l'objet manquant, l'enfant nomme sa fonction, souvent en termes de « ce qui attache, ce qui lie, ce qui sépare… ».

> Damien, 7 ans et demi, consulte pour des angoisses de mort très importantes, qui s'accompagnent d'un refus de grandir. Damien est un enfant très souriant, qui s'investit beaucoup dans la relation sur un mode très ludique. Il semble toutefois très inquiet, et en particulier paraît avoir peur de toute séparation, car il me demande avec beaucoup d'anxiété où je pars, au moment d'une pause.
>
> Ses formulations se répètent au Complètement d'images :
>
> - Question 9 : « Le truc pour accrocher »
> - Question 10 : « La clef... elle est perdue ici... »
> - Question 20 : « Le petit crochet... pour attacher... »
> - Question 22 : « Le petit clou... pour accrocher... »
>
> On voit bien ici les préoccupations de Damien, qui tournent autour du lien, de la séparation, de tout ce qui peut attacher.

Les erreurs spécifiques intra-subtest

Contrairement à l'Arrangement d'images par exemple, les représentations du Complètement d'images étant plutôt neutres, on constate peu d'erreurs électives à ce subtest qui seraient liées à des mouvements projectifs déstabilisants.

Comme nous l'avons vu, le Complètement d'images peut être très sensible au stress. Dans ce cas, le premier item peut être électivement raté, alors que des questions plus difficiles sont réussies ensuite.

Par ailleurs, les difficultés à nommer ce qui manque à ce subtest peuvent aussi renvoyer à des troubles de l'ordre de l'angoisse de morcellement. Dès lors les représentations humaines sont particulièrement déstabilisantes pour l'enfant qui ne parvient pas à reconstituer une image entière. Ce sont alors les quelques items liés au corps humain qui sont échoués.

© Dunod – La photocopie non autorisée est un délit.

> Mathieu, 7 ans et demi, ne parvient pas à effectuer les premiers apprentissages scolaires, et il a redoublé le CP. Le pédopsychiatre qui le suit depuis un an me l'adresse, car la question se pose d'une orientation dans une structure spécialisée.
>
> Mathieu se montre d'emblée très agité et opposant. Le premier rendez-vous est difficile, car Mathieu réclame que je lui fasse un cadeau pour qu'il accepte d'effectuer le bilan.
>
> Le second rendez-vous se passe plus paisiblement, Mathieu étant accompagné par son père. J'apprendrai toutefois ensuite que celui-ci lui a promis de lui acheter un livre s'il accepte la passation du bilan. Cependant, derrière les revendications de Mathieu, on peut percevoir une angoisse massive face à une situation relationnelle nouvelle.
>
> Effectivement, Mathieu apparaît à travers le bilan envahi par une angoisse massive, et les traits psychotiques sont au premier plan.
>
> Au subtest du Complètement d'images, Mathieu échoue électivement à tous les items qui renvoient au corps humain.

L'étude de la dispersion

➤ Exemple de réussite

Quand le score obtenu au Complètement d'images est beaucoup plus élevé[1] que les résultats obtenus aux autres subtests de l'échelle de performance, cela témoigne d'un sens de l'observation particulièrement actif et efficace.

Dans certains cas, ce décalage peut venir traduire un investissement particulièrement important du regard, avec un besoin de contrôle. Cela correspond alors à un besoin de maîtriser l'environnement par le regard, qui représente une défense contre l'angoisse.

> Marie, 10 ans et demi, consulte parce qu'elle réclame depuis très longtemps une famille adoptive. Victime de maltraitance dans sa petite enfance, elle a été placée très tôt. Elle vit dans un foyer où elle ne pose pas de problèmes particuliers. Toutefois, un projet d'adoption par une famille qui l'accueille pendant les vacances ayant échoué, le bilan est demandé pour faire le point sur cette question.
>
> Marie est une enfant très sympathique, qui parle aisément. Elle s'investit beaucoup dans la relation, et elle semble chercher à faire plaisir à son interlocutrice. Elle me parle en particulier beaucoup de sa recherche d'une famille et de son désir d'être adoptée.
>
> Elle obtient au WISC-III les résultats suivants :
>
> – Information : 12
> – Similitudes : 8
> – Arithmétique : 12
> – Vocabulaire : 10

1. Pour apprécier les écarts significatifs, se reporter aux tables du *Manuel* pp. 263-264.

- Compréhension : 13
- Complètement d'images : 16
- Code : 9
- Arrangement d'images : 14
- Cubes : 11
- Assemblage d'objets : 11

QI verbal = 106 (100-111)[1] ;
QI de performance = 116 (107-122) ;
QI total = 111 (105-116).

Indice de Compréhension verbale = 104 (98-110) ;
Indice d'Organisation perceptive = 119 (109-124).

Différence QI verbal/QI de performance = 10 points.

QI total : niveau moyen à normal fort.

Moyenne pour l'ensemble de l'échelle = 11,6.

Résultats déviant significativement de cette moyenne : Complètement d'images (+ 4,4 points) et Similitudes (– 3,6 points).

Résultats déviant significativement par rapport à la moyenne de la population : Complètement d'images (+ 6 points), Arrangement d'images (+ 4 points).

Marie obtient son meilleur score au Complètement d'images. Dans un contexte d'insécurité et de précarité affectives, on peut penser qu'elle a développé un important contrôle par le regard, comme une tentative de maîtriser ce qu'elle vit.

Ce phénomène de surinvestissement, de contrôle et de maîtrise par le regard se rencontre très fréquemment chez des enfants qui ont vécu très tôt un sentiment d'insécurité important. Ce contrôle par le regard devient une tentative de trouver une certaine prise sur l'environnement.

➤ Exemple d'échec

À l'inverse, un échec électif au Complètement d'images peut renvoyer à une réaction phobique, d'évitement du regard.

Kevin, 6 ans et demi, se montre très perturbateur dans la classe et refuse les premiers apprentissages en lecture et écriture au CP (*cf. infra*, Illustrations cliniques).

- Information : 10
- Similitudes : 14
- Arithmétique : 7
- Vocabulaire : 13
- Compréhension : 14
- Complètement d'images : 9

1. Les valeurs indiquées entre parenthèses correspondent aux intervalles de confiance à 90 % (voir *supra*). La note obtenue contenant un certain degré d'erreur de mesure, cela signifie que la note vraie a 90 % de chances d'être incluse dans l'intervalle formé par les deux notes limites (voir *Manuel* pp. 251-257).

© Dunod – La photocopie non autorisée est un délit.

- Code : 12
- Arrangement d'images : 17
- Cubes : 15
- Assemblage d'objets : 14

QI verbal = 110 (104-115)[1] ;
QI de performance = 125 (115-130) ;
QI total = 120 (113-124).

Indice de Compréhension verbale = 116 (109-121) ;
Indice d'Organisation perceptive = 125 (115-130).

Différence QI verbal/QI de performance = 15 points.

QI verbal : niveau moyen à normal fort ;
QI de performance : niveau normal fort à supérieur

Moyenne pour l'échelle verbale = 11,6.

Moyenne pour l'échelle de performance = 13,4.

Résultats déviant significativement de la moyenne verbale :
Arithmétique (– 4,6 points).

Résultats déviant significativement de la moyenne de performance : Complètement d'images (– 4,4 points) et Arrangements d'images (+ 3,6 points).

Résultats déviant significativement par rapport à la moyenne de la population : Similitudes (+ 4 points), Compréhension (+ 4 points), Arrangement d'images (+ 7 points), cubes (+ 5 points) et Assemblage d'objets (+ 4 points).

Kevin obtient son moins bon score de l'échelle de performance au Complètement d'images, où il ne parvient pas à fixer son attention, il est très agité. Kevin est extrêmement contrôlé pour son âge : cette tension est telle qu'il est très vite envahi par l'excitation, car il ne peut maintenir un tel contrôle très longtemps. Cela se manifeste ici particulièrement, ce subtest provoquant une réaction d'évitement phobique du regard.

2. L'Information

Il s'agit de questions orales, qui évaluent des connaissances appartenant à des domaines variés. La consigne, ici très simple, consiste à annoncer à l'enfant qu'on va lui poser des questions.

Aptitudes évaluées

Depuis longtemps, les psychiatres avaient l'habitude de poser des questions portant sur les connaissances à leurs patients, afin d'avoir une idée de leur niveau intellectuel. Cependant, on peut toujours se demander si les connais-

1. *Cf.* note précédente.

sances d'un sujet ne sont pas surtout très liées à son niveau culturel, et Wechsler introduit d'emblée cette objection. Réserve qui prend d'autant plus de relief avec les enfants, car le niveau culturel d'un enfant dépend étroitement du niveau socioculturel de sa famille.

Mais Wechsler remarque que ce subtest d'Information est très corrélé avec les subtests qui reflètent bien le niveau intellectuel, et l'étendue des connaissances a manifestement à voir avec les capacités intellectuelles. En fait, il faut bien choisir les questions : celles-ci doivent « ... faire appel à la sorte de connaissances qu'un individu moyen, ayant eu des occasions moyennes, peut être capable d'acquérir par lui-même » (1956, p. 96). Il faut éviter les connaissances trop spécialisées ou académiques, mais ici encore Wechsler précise que chaque question doit être essayée séparément.

Lorsque ce subtest a été expérimenté, les examinateurs ont noté qu'il indiquait bien l'intérêt qu'un individu porte au monde qui l'entoure. Mais il présente l'inconvénient de refléter le milieu social, c'est-à-dire l'information verbale dont l'enfant a bénéficié jusque-là.

Cette contradiction entre un subtest qui d'une part semble bien représenter l'efficience intellectuelle globale et d'autre part apparaît comme très dépendant du niveau culturel ne peut que nous étonner. Grégoire l'explique assez simplement, car l'acquisition de connaissances n'est pas une simple accumulation passive. Au contraire, elle mobilise une dynamique intellectuelle : l'Information ne renvoie pas aux capacités intellectuelles, mais à leurs fruits (1995, p. 143). D'ailleurs, l'Information est beaucoup plus corrélée avec le subtest des Cubes qu'avec la mémoire immédiate.

L'Information évalue bien ce que R.B. Cattell (1967) décrit sous le nom d'intelligence cristallisée. Il sépare le facteur *g* de Spearman en intelligence fluide et cristallisée. La première forme consiste à s'adapter à des stimuli nouveaux. La seconde forme s'applique à des situations qui supposent un apprentissage antérieur, ce qui renvoie donc à l'éducation et à la culture.

Approche clinique

L'Information est le premier subtest verbal, qui se fait sous la forme d'un échange du type questions-réponses. Ce subtest est bien sûr très lié aux acquis socioculturels, et il faut toujours prendre cette dimension en considération : il est important de relativiser les résultats en fonction des acquis de l'enfant.

Ce subtest renvoie surtout à l'ouverture sur le monde, et il reflète bien la curiosité intellectuelle de l'enfant. Comme il s'agit de connaissances très

© Dunod. La photocopie non autorisée est un délit.

socialisées, elles renvoient aussi à l'intérêt que l'enfant porte au monde social. Au-delà des connaissances, ce qui se manifeste ici peut traduire le rapport de l'enfant au savoir, qu'il se comporte en petit chercheur, pour reprendre ce qu'écrit Freud à propos de l'enfant en période œdipienne, ou bien que cet accès au savoir lui soit, pour une raison ou une autre, barré. Un très bon investissement de cette épreuve, surtout chez l'enfant pendant la période de latence, peut être le signe d'une sublimation effective de la curiosité sexuelle (Arbisio, 1997, p. 232 et suivantes).

À l'inverse, des difficultés à cette épreuve peuvent traduire un manque d'investissement du savoir. Cette absence d'investissement des connaissances peut masquer des problématiques sous-jacentes très diverses. Il peut s'agir d'une inhibition névrotique, dans laquelle l'interdit qui frappe la curiosité sexuelle s'est étendu sur toute forme d'accès au savoir (Arbisio, p. 210 et suivantes). Cela peut advenir aussi chez un enfant qui refuse de grandir, ce qui est bien souvent lié à des enjeux œdipiens inextricables.

En outre, cette absence d'ouverture sur le monde extérieur peut aussi se rencontrer chez enfants très insécurisés, carencés, qui restent pris dans des préoccupations plus narcissiques que relationnelles. Elle se rencontre également chez des enfants présentant des troubles importants de la personnalité, chez qui ce déplacement de l'énergie pulsionnelle vers des buts socialisés n'est pas accessible.

Ce subtest est de toute façon le premier dans lequel le mode de verbalisation de l'enfant peut se déployer pleinement.

Cooper conseille de prendre en compte la difficulté croissante des questions. En effet, l'enfant peut réagir différemment s'il trouve les premières questions très faciles, et est ensuite rebuté par les items où il se sent en échec (cité par Grégoire, 2000, p. 178). Pour éviter ce type d'effet, il ne faut pas hésiter à prévenir l'enfant, si on le sent déstabilisé par les échecs. On peut lui expliquer que les questions sont de plus en plus difficiles, mais que le psychologue doit aller le plus loin possible, jusqu'au moment où il ne peut plus répondre. Si on lui dit aussi que l'échelle est prévue pour des adolescents jusqu'à presque 17 ans, cela suffit généralement à rassurer un enfant qui se situe dans la moyenne de son âge. Si ses échecs continuent à être la source d'une profonde angoisse pour lui, cela renvoie alors bien sûr à ses propres difficultés, exacerbées par la situation du test.

Le mode de réaction et le comportement de l'enfant

Par rapport au Complètement d'images, la situation en Information apparaît aussitôt beaucoup plus scolaire que la précédente. L'aspect ludique reste présent, mais sur un mode différent : assez fréquemment, certains enfants disent que l'exercice les fait penser à des jeux télévisés ou radiophoniques... Cette épreuve évoque un peu l'envie de briller des « forts en thème », qui ont réponse à tout, ce que certains enfants, plus délurés que d'autres, ne manquent pas de faire remarquer...

Cette référence soit à l'exercice scolaire, soit à des concours ou à des jeux que l'enfant connaît, crée un climat de compétition qui n'existe pas au Complètement d'images. Les réactions de l'enfant témoignent souvent de la façon dont il vient s'inscrire, ou pas, dans une compétition intellectuelle.

Par exemple, certains enfants sont très mobilisés par ce subtest : ils cherchent intensément les réponses, sont visiblement très heureux de trouver quand ils savent répondre, ils supportent mal quand ils ne peuvent rien proposer. Ils ont envie de briller aux yeux du psychologue, de montrer qu'ils « savent ». En ce sens, ce subtest renvoie à l'ambition intellectuelle, au désir de savoir.

Chez certains enfants, cela peut prendre des proportions excessives : extrêmement tendus, ils ne tolèrent aucun échec, répondant n'importe quoi quand ils ignorent la réponse plutôt que d'avouer leurs lacunes. L'envie de réussir prend alors une tonalité névrotique : soit que l'enfant ne tolère pas de ne pas savoir, soit qu'il existe une injonction familiale, consciente ou inconsciente, exigeant qu'il réussisse à tout prix.

Yanaël, 9 ans et demi, consulte pour des difficultés d'apprentissage scolaire et des difficultés relationnelles, car il se fait rejeter par les enseignants et par les autres enfants. Yanaël obtient un bon niveau à l'ensemble de l'échelle : QI verbal = 122 (115-126)[1] ; QI performance = 105 (97-112) ; QI total = 116 (110-121).

Malgré ses bons résultats, Yanaël a une peur panique de l'échec et sa tension est extrême. S'il parvient à effectuer l'ensemble de la passation, c'est au prix de beaucoup de précipitation, de réponses données au hasard, car il est tellement tendu qu'il est incapable de réfléchir. Cette adaptation, coûteuse pour lui car épuisante, mais cependant efficace, commence à céder avec l'Information. Bien que ses résultats soient très honorables, Yanaël fond en larmes au cours du subtest, comme si la charge émotionnelle était beaucoup trop forte.

- Item 5 : « C'est facile, c'est Noël ! »
- Item 8 : « C'est mai, juin, janvier... Non, c'est septembre ! »
- Item 11 : « C'est l'Angleterre, l'Espagne et... j'en sais rien, je sais pas ! Y en a pas, de troisième ! »

1. *Cf.* note précédente.

© Dunod – La photocopie non autorisée est un délit.

> – Item 12 : « ça sert à séparer ce qui est bon de ce qui est mal... »
>
> Il fond alors en larmes subitement. Nous reprenons après une pause, car il tient à poursuivre le bilan.
>
> – Item 19 : « Il faut pas que je dise de bêtises... Le Japon ? »
>
> Plus tard, il se mettra de nouveau à pleurer pendant le subtest d'Arithmétique et celui des Cubes, comme si la tension devient extrême dès qu'il doit mobiliser sa réflexion. Sa peur névrotique de l'échec, liée à un fort sentiment de culpabilité, a un effet paralysant, l'empêchant de jouer librement de ses capacités de réflexion, pourtant bien réelles. Yanaël souffre de troubles phobiques importants, qui se sont cristallisés autour de la scolarité, dans un contexte d'exigences familiales importantes.

Certains enfants, en revanche, n'investissent pas du tout cette épreuve, comme si les questions posées ne faisaient pas partie de leurs préoccupations.

Le mode de verbalisation et le discours de l'enfant

Premier subtest verbal, l'Information offre un cadre dans lequel l'enfant peut éventuellement déployer un discours. En effet, si certains enfants répondent de façon laconique, précise et « efficace » à la question posée, d'autres instaurent d'emblée des modalités de discours particulières.

Des réponses très longues, détaillées et savantes peuvent ici aussi témoigner du désir de briller, de vouloir se montrer intelligent aux yeux du psychologue. Mais certaines réponses longues ont un tout autre sens :

> Paul, 8 ans, l'air très tendu, il cherche ses mots, semble très anxieux :
>
> – Item 14 : « L'Himalaya, je n'en suis pas sûr... »
>
> – Item 19 : « C'est pas la France ? Le Mexique ? Non ça, c'est le plus grand... La Croatie ? Je vais dire le Mexique parce que c'est très grand, mais je ne suis pas sûr que ça soit... »
>
> Paul exprime beaucoup de doute et de manque de confiance en lui-même à travers son discours. Ce phénomène de doute très important se retrouvera aux épreuves projectives, renvoyant à des traits obsessionnels précoces qui l'entravent considérablement.

Le mode de verbalisation s'inscrit dans l'échange entre l'enfant et le psychologue, et il prend tout son sens à partir de la relation. Ainsi, la façon dont l'enfant s'adresse au clinicien s'inscrit dans des enjeux transférentiels :

> Anne, 10 ans, consulte pour un problème de phobie scolaire :
>
> – Item 11 : « Méditerranée... C'est bon ou pas, Méditerranée ? »
>
> Pour cette petite fille qui ne supporte pas de quitter sa mère pour se rendre à l'école, son mode de verbalisation sous forme de questions adressées à la psychologue témoigne bien de sa dépendance à l'autre dans la relation. Elle vient chercher la réponse chez l'autre, dans une difficulté de séparation patente.

D'autres formules rendent compte également d'une dépendance chez l'enfant :

> Alain, 6 ans et demi, souffre d'instabilité et de troubles du comportement à l'école, mais ses parents consultent pour précocité :
>
> – Item 10 : *Qui était La Fontaine ?* « Un roi ? Un dessinateur ? J'ai pas appris... »
>
> Alain a des réactions de prestance en permanence, et il veut masquer ses difficultés. Toutefois, sa dépendance s'exprime autant dans ses nombreuses questions à la psychologue pendant toute la passation, que dans sa façon de se référer à ce qu'il a appris.

Les erreurs spécifiques intra-subtest

Les réponses de l'enfant peuvent avoir une valeur projective. Cela peut apparaître dans des réponses justes, à travers les formulations ou les commentaires. Mais ces effets de projection se manifestent d'autant plus clairement que l'enfant ne donne pas la bonne réponse. Il est d'ailleurs souvent difficile de faire la part entre la méconnaissance qui laisse un espace libre que l'enfant investit pour exprimer ses préoccupations, ou la prégnance des phénomènes projectifs qui empêchent l'enfant de trouver la réponse, même s'il la connaît. Les deux modalités existent certainement, voire coexistent chez un même enfant.

Nous pouvons cependant penser que, dans certains cas, la question réactive pour l'enfant une problématique particulière. L'irruption d'affects ou de représentations ayant une charge fantasmatique peut alors l'empêcher de trouver la réponse, qu'il connaît par ailleurs[1]. Cela s'observe plutôt aux questions les plus faciles, et prend alors le sens d'un oubli. Parfois, cela peut avoir la forme d'un véritable lapsus.

> Damien, 7 ans et demi :
>
> – Question 11 : *Donne-moi le nom de trois pays* « La Loire... »
>
> Pour Damien, qui habite une ville traversée par ce fleuve, cette réponse paraît très caractéristique de sa manière d'être, c'est-à-dire qu'il reste très centré sur son monde, et se montre très effrayé par tout ce qui évoque l'univers extérieur.

Par ailleurs, quelques questions au subtest d'Information portent sur des repères temporels : par exemple, en fonction de son âge, l'enfant doit pouvoir se repérer dans les années, les mois ou les semaines. Ces items sont précieux

1. Nous pouvons faire le rapprochement avec un phénomène bien connu au Rorschach, quand le contrôle perceptif se trouve déstabilisé par une charge fantasmatique. Le contrôle formel se trouve alors en défaut, témoignant qu'à ce moment particulier, l'accrochage à la réalité externe s'est trouvé perturbé, ouvrant un espace d'expression pour des préoccupations plus personnelles.

© Dunod – La photocopie non autorisée est un délit.

pour déterminer l'inscription de l'enfant dans ce repérage temporel. Ils peuvent parfois être échoués pour des raisons d'immaturité.

Cependant, ils sont particulièrement chutés, et parfois de façon élective, alors que l'ensemble est bien réussi, quand l'enfant souffre de troubles importants de la personnalité, de type psychotique ou prépsychotique : le repérage temporel est alors impossible.

Blaise, 7 ans, consulte pour des difficultés majeures d'apprentissage scolaire et d'importants troubles du comportement (voir aussi Code et Assemblage d'objets).

Il m'est adressé par la psychologue qui le suit et qui voudrait plus d'éléments concernant son niveau. Je le rencontre dans un contexte marqué par une récente amélioration des symptômes. La mère de Blaise a quitté le père de l'enfant à la naissance de celui-ci. À la sortie de la maternité, elle n'est pas rentrée chez son mari, à la stupéfaction de celui-ci, mais est retournée chez ses propres parents. Elle ne sait toujours pas très bien les raisons qui l'ont poussée à agir ainsi. Elle n'a ensuite jamais parlé à Blaise de son père, jusqu'aux récentes rencontres avec cette psychologue qui a tenté de l'aider à le faire. Depuis ces quelques séances, Blaise s'est beaucoup apaisé.

Blaise investit bien la relation et la situation. Toutefois, il se montre particulièrement logorrhéique et semble très angoissé. Blaise évoque d'emblée son beau-père et les punitions liées au travail scolaire. Il se montre très fatigable. Il a, dans un second temps, des réactions auto-érotiques importantes, comme sucer ses doigts.

À l'issue du bilan, il apparaît que cet enfant présente d'importants traits dysharmoniques, alors même que la question d'une structure psychotique se pose. Toutefois, la récente évolution de cet enfant commande de rester extrêmement prudent sur ces questions diagnostiques.

Au subtest d'Information, qu'il réussit par ailleurs très bien, Blaise rate deux items parmi les plus faciles : pour le premier, il s'agit de se repérer dans la semaine, et pour l'autre dans le calendrier.

Il donne également des réponses au contenu très projectif :

- Item 6 : *Que faut-il faire pour faire cuire des pâtes ?* « On met dans une casserole, on met sur le feu... ça fait bouillir comme une tempête... ».
- Item 7 : *Quels sont les premiers mois de l'année ?* « Avril, juin, l'été... Heureusement qu'il y a pas de feuilles mortes... elles pourraient entrer dans le moteur et la voiture elle prendrait feu... Elle exploserait... »
- Item 10 : *Qui était Jean de La Fontaine ?* « Un navigateur, c'est lui qui a tué tous les sauvages en Amérique [etc., réponse trop compliquée, je n'arrive pas à la noter] » [?] « Il a trouvé des sauvages, les ont tous tués et ils ont fait l'Amérique, mais c'est moins riche, parce que le World Trade Center s'est écroulé [etc.] ».

On voit bien, à travers ces quelques réponses, comment Blaise se saisit d'éléments de réalité pour exprimer ses préoccupations, en particulier ses importantes angoisses de mort.

L'étude de la dispersion

➤ Exemple de réussite

Une excellente réussite à ce subtest peut renvoyer à l'envie de savoir, voire de briller intellectuellement et par ses connaissances. Cela peut parfois se trouver en contradiction avec une aisance moindre dans d'autres domaines, ce qui peut générer un sentiment d'insatisfaction, voire de l'angoisse, chez l'enfant.

René, 6 ans et demi, consulte pour un éventuel saut de classe (passage de grande section de maternelle en CE1 directement). René a d'emblée un contact très adapté, à la fois un peu réservé mais il s'exprime très vite et très bien sur de nombreux sujets. En revanche, il se plaint très vite d'être fatigué, alors que cette fatigabilité ne se manifeste pas par ailleurs.

En fait, René a tendance à une certaine instabilité ; il a du mal à se tenir à une tâche, même présentée sur un mode ludique, pendant un temps un peu soutenu. En même temps, il cherche beaucoup à briller, à prouver l'étendue de ses connaissances. Ces deux aspects sont assez contradictoires.

Il obtient les résultats suivants au WISC-III :

- Information : 19
- Similitudes : 12
- Arithmétique : 13
- Vocabulaire : 17
- Compréhension : 17
- Complètement d'images : 15
- Code : 6
- Arrangement d'images : 14
- Cubes : 11
- Assemblage d'objets : 12

QI verbal = 138 (130-141) ;
QI de performance = 111 (102-117) ;
QI total = 128 (121-132).

Indice de Compréhension verbale = 116 (109-121) ;
Indice d'Organisation perceptive = 125 (115-130).

Différence QI verbal/QI de performance = 27 points.

QI verbal : niveau très supérieur ;
QI de performance : niveau moyen à normal fort.

Moyenne pour l'échelle verbale = 15,6.

Moyenne pour l'échelle de performance = 11,6.

Résultats déviant significativement de la moyenne verbale : Information (+ 3,4 points), Similitudes (– 3,6 points).

Résultats déviant significativement de la moyenne de performance : Complètement d'images (+ 3,4 points) et Code (– 5,6 points).

© Dunod – La photocopie non autorisée est un délit.

> Résultats déviant significativement par rapport à la moyenne de la population : Information (+ 9 points), Vocabulaire (+ 7 points), Compréhension (+ 7 points), Complètement d'images (+ 5 points), Code (– 4 points) et Arrangement d'images (+ 4 points).
>
> L'excellent résultat en Information s'inscrit dans un très bon niveau global, mais avec une importante hétérogénéité entre l'échelle verbale et l'échelle de performance. Si ce décalage est sûrement lié pour partie au niveau socioculturel de la famille (le père est ingénieur), il rend compte aussi de la grande aisance verbale de René. Sans entrer dans le détail de l'analyse de ce protocole, nous pouvons remarquer le résultat très faible au Code. René est très instable et a beaucoup de mal à fixer son attention, ce que le subtest du Code met particulièrement en évidence. Ainsi, malgré la très forte ambition intellectuelle de cet enfant, qui a sans doute choisi cette voie pour se démarquer au sein de sa nombreuse fratrie, le passage anticipé paraît un peu prématuré en l'état actuel, c'est-à-dire tant que l'instabilité est aussi massive.

➤ Exemple d'échec

À l'inverse, un résultat très chuté en Information, quand il ne s'agit pas d'une problématique d'ordre exclusivement culturel, peut renvoyer à un manque d'investissement des connaissances, du monde extérieur, ou à une centration sur soi importante.

> Baptiste, 6 ans, consulte en vue d'un passage anticipé en CP. Né au mois de janvier, il fait sa quatrième année de maternelle et s'en plaint beaucoup. Il avait en effet compris qu'à 6 ans, il serait en CP et se sent dévalorisé d'être toujours en maternelle, alors qu'il est le plus grand de sa classe et qu'il a manifestement un bon niveau. Mais il est dans une école très stricte sur l'application de ces règles d'admission en fonction de l'âge. Ses parents n'ont pas de souhaits *a priori*, mais constatent que Baptiste s'ennuie de plus en plus à l'école et devient turbulent.
>
> Il obtient les résultats suivants :
>
> - Information : 7
> - Similitudes : 14
> - Arithmétique : 13
> - Vocabulaire : 14
> - Compréhension : 13
> - Complètement d'images : 8
> - Code : 10
> - Arrangement d'images : 11
> - Cubes : 14
> - Assemblage d'objets : 10
>
> QI verbal = 113 (106-118) ;
> QI de performance = 104 (96-111) ;
> QI total = 110 (104-115).

> Indice de Compréhension verbale = 112 (105-117) ;
> Indice d'Organisation perceptive = 104 (96-111).
>
> Différence QI verbal/QI de performance = 9 points.
>
> QI total : niveau moyen à normal fort.
>
> Moyenne pour l'ensemble de l'échelle = 11,4.
>
> Résultats déviant significativement de cette moyenne :
> Information (– 4,4 points).
>
> Résultats déviant significativement par rapport à la moyenne de la population : Similitudes (+ 4 points), vocabulaire (+ 4 points) et Cubes (+ 4 points).
>
> Si Baptiste est très à l'aise sur le plan verbal en général, on peut remarquer que l'Information est beaucoup moins bien réussie que les autres subtests verbaux. Alors qu'il a de bonnes capacités de raisonnement et de compréhension, Baptiste reste peu intéressé par les enjeux du monde extérieur, ce qui se traduit en particulier par des repères temporels qui ne sont pas encore intégrés, sans que cela prenne dans son cas la moindre signification psychopathologique. Il s'agit d'une légère immaturité, qui devrait disparaître d'elle-même dans les mois qui viennent.

3. Le Code

C'est une série de formes géométriques (pour les 6-7 ans) ou de chiffres (8-16 ans), associés chacun à un symbole simple. À l'aide d'un crayon, l'enfant remplit la feuille de réponses en faisant correspondre les symboles avec les formes ou avec les chiffres, selon l'épreuve.

La tâche commence par un bref entraînement, pendant lequel l'enfant se familiarise avec le matériel. Puis, le psychologue dit à l'enfant de remplir autant de cases qu'il le peut, en travaillant aussi vite que possible, sans faire d'erreur.

Aptitudes évaluées

Wechsler introduit ce test dans son épreuve car les tests dits de substitution sont parmi les tests psychologiques les plus anciens et les plus sûrs, et ils font partie de nombreuses échelles d'intelligence. Cette tâche permet d'apprécier la rapidité et la précision avec lesquelles est menée cette association de symboles. Cependant, en ce qui concerne les adultes, Wechsler remarque que pour les personnes qui ne savent ni lire ni écrire, utiliser du papier et un crayon est tout à fait déroutant (1956, p. 116). Ainsi, pour des personnes souffrant d'illettrisme, ce test n'est pas adapté et est supprimé de l'échelle. Dans le WISC-III, il existe un subtest supplémentaire, les Labyrinthes, qui peut remplacer le Code, si besoin.

© Dunod – La photocopie non autorisée est un délit.

Wechsler note également que les personnes souffrant de troubles névrotiques ou d'instabilité réussissent plutôt mal au Code : en effet, les réactions émotionnelles à toute tâche demandant un effort soutenu, même pendant un temps bref, les empêchent de se concentrer et de s'appliquer. Il précise bien qu'il s'agit ici d'une efficience mentale amoindrie, plutôt que d'un affaiblissement de la capacité intellectuelle. En règle générale, le résultat au Code est faible chez tous ceux dont les capacités de concentration sont diminuées, que ce soit pour des raisons émotionnelles ou autres (p. 117).

Quant à Grégoire, les données statistiques lui permettent de montrer que l'épreuve de Code est le plus médiocre prédicteur de la note totale. L'analyse factorielle met en évidence que pour l'ensemble de l'échelle, le Code est l'épreuve la moins saturée par le facteur *g* (intelligence générale) et par le facteur de performance. En revanche, on a pu montrer qu'un facteur d'attention sature surtout les épreuves d'Arithmétique, du Code et de Mémoire des chiffres. C'est également à ces trois subtests que les enfants dyslexiques obtiennent leurs plus faibles résultats (1995, pp. 160-161).

En fait, le Code constitue la seule tâche d'apprentissage de toute l'échelle. Dans la mesure où la vitesse joue un rôle déterminant pour le résultat, la capacité qu'a le sujet de mémoriser très rapidement les associations de symboles, donc d'apprendre, devient centrale pour réussir l'épreuve. Le Code fait donc principalement appel à l'attention, à la mémoire à court terme et à la coordination visuomotrice. Cette épreuve s'est ainsi révélé une des plus sensibles de l'échelle aux troubles neurologiques.

Il faut relever ici l'influence possible de l'environnement, car, comme nous l'avons déjà vu de manière générale pour l'ensemble des tests, il ne faut pas croire que le contexte soit sans effet sur la passation elle-même. Lombard et Riedel (1978) ont comparé les performances d'enfants au WISC (impression noire sur fond blanc) et au WISC-R (impression bleue sur fond blanc) : ils ont constaté que la couleur augmente de façon significative les performances (cité par Grégoire, 1995, p. 161).

Le Code est le seul subtest qui fasse appel à l'aptitude graphomotrice : il est tout à fait important de comparer le résultat obtenu au Code avec une épreuve de niveau graphomoteur du type du Bender[1], car des difficultés dans ce domaine peuvent être à l'origine d'un échec au Code.

1. *Test moteur de structuration visuelle de Bender et adaptation H.H.R.,* L. Bender, adaptation par H. Santucci et M.-G. Pêcheux : « Épreuve d'organisation grapho-perceptive – Révision 1967 », Éditions du Centre de Psychologie Appliquée (ECPA).

Approche clinique

La plupart des auteurs remarquent l'impact possible de l'anxiété sur cette épreuve. La pression du temps est telle qu'un enfant trop anxieux peut ici perdre ses moyens. Cette appréhension peut s'exprimer sous des formes diverses : comme le note Grégoire, trop de méticulosité peut représenter un handicap, car l'enfant devient alors trop lent.

Mais le Code est surtout particulièrement sensible à deux phénomènes : les problèmes d'attention et l'état de tension. D'ailleurs, plusieurs études récentes ont mis à jour l'importance de la capacité d'attention et de concentration pour réussir cette épreuve, ce qui correspond parfaitement à ce qui se dégage de l'expérience clinique (Schwean *et al.*, 1993, Brown, 1996 et 1998, cités par Grégoire, 2000, p. 192).

L'attention, qu'elle soit vigilance, concentration ou intérêt, peut être définie comme « le contrôle, l'orientation et la sélection par l'individu d'une ou de plusieurs formes d'activités durant une période de temps qui ne peut être maintenue longtemps. » (Boujon, Quaireau, 1997, p. 3).

L'attention correspond à une libre mobilisation des investissements qui peuvent être utilisés par la pensée. Cette attitude de réceptivité peut être gênée par les affects ou l'anxiété, quand ils sont envahissants. L'attention est un automatisme sans effort, passif et non sélectif.

En revanche, la concentration correspond à un effort volontaire. La personne instaure une relation active avec le monde extérieur, afin de fixer son attention sur une tâche, en excluant les émotions, les affects ou les pensées sans lien avec le sujet en cours.

Les troubles de l'attention peuvent s'inscrire dans des problématiques très diverses. Ils peuvent ne concerner que certains domaines de façon très précise. Les troubles de l'attention électifs que l'on rencontre le plus fréquemment chez les enfants, c'est-à-dire ne touchant qu'un secteur très spécifique, intéressent les activités scolaires. Cela se retrouve très souvent chez des enfants souffrant de phobies scolaires.

Dans ce cas, les réactions d'angoisse se traduisent par de l'affolement, par une incapacité à fixer son attention. L'enfant perd tous ses moyens dès qu'il est en situation scolaire : alors qu'il connaît parfaitement ses leçons, il rend une feuille blanche à son contrôle, car il est incapable de mobiliser ses connaissances. Ces réactions peuvent constituer de véritables symptômes phobiques, dont l'objet est la scolarité. Très fréquents, ces symptômes passent souvent inaperçus : l'enseignant, comme les parents, ne comprennent pas l'échec scolaire de l'enfant, car ils se rendent bien compte qu'il est intelligent, et qu'il ne s'agit pas d'un problème de capacités.

© Dunod – La photocopie non autorisée est un délit.

Or, il est très important de pouvoir repérer ce type de phénomène le plus tôt possible. En effet, le risque est que s'instaure un effet « boule de neige » : l'enfant s'affole de plus en plus, son échec s'accroît, il perd considérablement confiance en lui. Il peut mettre alors en place un système d'évitement de tout ce qui lui rappelle cette situation d'angoisse, ce qui peut provoquer des échecs scolaires très graves chez des enfants intelligents.

Le WISC-III est un moyen privilégié pour mettre à jour ce type de symptômes, qui passent généralement inaperçus dans des entretiens. En effet, l'enfant sait bien ce qu'il ressent, mais n'a généralement pas les mots pour l'exprimer.

Dans ce cas, les réactions d'angoisse se manifestent aux subtests dans lesquels l'enfant a l'impression de revivre une situation scolaire, donc tout particulièrement au Code et en Arithmétique.

Afin de mettre en évidence ces symptômes, il faut apprécier le poids des troubles de l'attention dans le fonctionnement psychique de l'enfant. Cela nécessite en particulier de croiser les éléments cliniques qui se dégagent du WISC-III avec une épreuve instrumentale du type de la reproduction de structures rythmiques[1].

Si les réactions d'angoisse concernent électivement la scolarité, ce sont surtout les subtests à la connotation la plus scolaire qui susciteront ces mouvements phobiques, alors que l'enfant n'a pas de mal à se concentrer pour d'autres activités de pensée ou pour des actions d'imitation, comme la répétition de rythmes.

S'il s'agit chez l'enfant de troubles phobiques plus importants, ils envahissent alors l'ensemble des activités de pensée. Ces réactions d'angoisse se manifestent alors pendant toute la passation du WISC-III. Mais l'enfant reste toutefois capable de fixer son attention dans des domaines qui ne sont pas angoissants pour lui, par exemple quand il joue. En général, dans ce cas, l'épreuve de rythme est bien réussie.

Mais la difficulté à fixer son attention peut envahir massivement toutes les activités de l'enfant, empêchant toute concentration, même dans les jeux par exemple. Cela se manifeste tout particulièrement chez des enfants présentant des troubles graves de la personnalité. L'impossibilité à fixer son attention apparaît alors aussi bien pour la totalité du WISC-III qu'à l'épreuve de rythme.

Quant à l'état de tension chez l'enfant, il s'agit d'un état d'alerte, d'une hypervigilance. Pour Bergès :

1. Par exemple, on peut utiliser les *Épreuves de rythme* de M. Stambak et V. Lavondes, Éditions EAP.

« Cet état de tension interne se traduit au niveau de la posture, à la fois bloquée et inquiète ; difficile à modifier de l'extérieur, l'attitude générale trahit l'absence de disponibilité, la crispation (dans la « position de repos », les poings sont crispés, les épaules remontées). Quant au mouvement, il oscille entre la retenue contrainte et l'explosion brusque, ce qui lui confère un caractère heurté. Les mâchoires sont serrées (...). La respiration est souvent bloquée, entrecoupée de longs soupirs (...). Enfin, pendant l'entretien, l'enfant fait état d'une sensation interne de tension douloureuse, d'impatiences musculaires, d'ébauches de crampe ou même de crampes pénibles au cours de certaines activités, notamment pendant l'écriture. » (1985, tome 1, p. 407)

La consigne du Code dit explicitement à l'enfant qu'il doit reproduire le plus de symboles possible : le psychologue fait ainsi appel à l'envie de bien faire de l'enfant. Ce désir de bien faire peut s'inscrire dans une ambition, une volonté de réussir pour s'affirmer, ou bien dans un désir de faire plaisir à l'autre dans la relation.

Tous ces aspects, apprentissage, mémorisation, capacité à fixer son attention, désir de réussir, acquisition d'automatismes, constituent autant de capacités et d'attitudes personnelles sollicitées par la scolarité.

Le Code a souvent assez mauvaise réputation chez les psychologues, car, comme nous l'avons vu, il est plutôt mal corrélé avec le reste de l'échelle. Mais, paradoxalement, cela représente sur le plan clinique un avantage : de façon empirique, le Code constitue un indicateur intéressant de l'attitude de l'enfant face à la situation scolaire en général, sans que cela ne préjuge en rien de ses capacités par ailleurs.

Le Code apparaît comme un des subtests les moins projectifs de toute l'échelle, à la fois par le matériel proposé et l'exercice demandé. On pourrait penser que le Code B, qui utilise des chiffres, serait susceptible de provoquer des réactions de rejet ou de crainte pour des enfants en difficulté avec les mathématiques. À l'expérience, ce phénomène est très peu patent, et sans commune mesure avec les effets induits par le subtest d'Arithmétique. Il est bien évident que l'enfant peut réagir également à la présentation de tel ou tel chiffre, chargé pour lui d'une symbolique particulière ; mais la situation ne permet généralement pas de savoir si, par exemple dans le cas d'une faute d'inattention, celle-ci est liée à une réaction spécifique de l'enfant face à un chiffre précis.

Le Code présente aussi une autre caractéristique : l'enfant doit réaliser la tâche tout seul, sous le regard du psychologue, ce qui représente un relatif isolement par rapport aux subtests précédents, basés sur l'échange et l'interaction permanents. Cette situation nouvelle, qui évoque la capacité à être

© Dunod – La photocopie non autorisée est un délit.

seul en présence de la mère, telle qu'elle a été décrite par Winnicott, peut s'avérer déstabilisante pour certains enfants sensibles aux enjeux de séparation.

Le mode de réaction et le comportement de l'enfant

Dans la mesure où le Code ne fait pas du tout appel à la verbalisation et se prête très peu aux commentaires, il est bien évident qu'ici ce sont surtout les modes de réactions, la manière d'être de l'enfant qui sont riches d'enseignement pour le psychologue.

Le Code étant particulièrement sensible à la capacité à fixer son attention, les difficultés de cet ordre vont souvent se refléter à travers les réactions de l'enfant : il se distrait, se trompe parce que manifestement il a la tête ailleurs, ou encore sa progression est lente, laborieuse, du fait d'un manque de concentration. Certains enfants perdent du temps en repassant plusieurs fois sur le même signe, ou en ratant des cases.

Mais nous avons vu que les troubles de l'attention se manifestent très différemment selon la place qu'ils occupent dans le fonctionnement psychique.

Quand ils sont tout à fait électifs, ils ne concernent qu'un domaine spécifique, sur lequel une importante angoisse vient se cristalliser : ceci se rencontre très souvent dans le cas de phobies scolaires, qui existent indépendamment d'autres symptômes et de troubles psychopathologiques avérés.

> Pacôme, qui a presque 11 ans, consulte pour d'importants troubles du comportement. À peu près vers 4 ans, il a été confié par sa mère à ses grands-parents paternels, dans un contexte de divorce difficile. Le père de Pacôme est alors incarcéré pour violences envers sa femme. Mais les grands-parents sont dépassés par les difficultés de Pacôme, à qui ils ne parviennent pas à poser des limites sur le plan éducatif. Placé à 9 ans dans un foyer éducatif, il en est exclu à cause de ses troubles du comportement. Il se montre très violent, surtout avec les autres enfants. Bien que fréquentant une école adaptée, Pacôme présente un important retard sur le plan scolaire. La demande de bilan est faite par l'assistante sociale qui est sa référente à l'Aide sociale à l'enfance, qui s'interroge sur son orientation.
>
> Pendant le bilan, Pacôme pose des questions sur tout, se montre instable, touche à tout, avec un besoin de tout contrôler. Toutefois, il est possible de le cadrer dans une relation à deux. Il semble quand même investir plus la relation que la situation de bilan elle-même.
>
> Pacôme obtient un résultat très faible au subtest de Code, où il perd tous ses moyens. Complètement affolé, il me dit avant de commencer : « Je vais pas arriver à ça ! ». Très désarçonné également par l'Arithmétique, il fixe cependant très bien son attention aux autres épreuves, et obtient aussi un très bon résultat à la reproduction des structures rythmiques, puisque son score correspond à la

moyenne des enfants de 10 ans. Les réactions d'angoisse apparaissent surtout au contact des contenus scolaires, domaine dans lequel Pacôme est en difficulté.[1]

S'il s'agit chez l'enfant de troubles phobiques plus importants, ils risquent alors de concerner plus largement l'activité de pensée, et de se retrouver à l'ensemble du WISC-III. Mais l'enfant garde la possibilité de fixer son attention si la tâche est plus automatique et ne demande pas de réflexion : en général, dans ce cas, l'épreuve de rythme est bien réussie.

Joseph, qui a 9 ans et demi, consulte pour une phobie scolaire gravissime qui a débuté l'année précédente. Joseph hurlait, refusait d'aller à l'école. Le pédopsychiatre consulté a diagnostiqué une importante dépression et lui a prescrit un traitement antidépresseur à une dose élevée. Parallèlement à une psychothérapie menée pendant environ six mois, l'amélioration des symptômes a été spectaculaire. Le traitement a donc été progressivement interrompu. Après une rentrée sans difficulté particulière dans une nouvelle école, Joseph a de nouveau des crises de terreur à la rentrée des vacances de la Toussaint, il ne veut pas retourner à l'école car, dit-il, « la maîtresse crie trop ». Il refuse de manger, se plaint de maux de tête et de ventre, mais le pédiatre ne diagnostique aucun trouble somatique.

Joseph se montre très ambivalent à la fois pour participer au bilan et pour revenir pour le deuxième rendez-vous, alors qu'il investit beaucoup la relation. On sent chez Joseph une très forte agressivité, mais qui ne s'exprime pas directement. En revanche, pendant la passation même du bilan, il s'investit, sourit et rit beaucoup, et surtout cherche à réussir et à bien faire. Joseph semble subir une extrême pression et il a tendance à se précipiter dans une sorte de fuite en avant. Malgré son bon niveau, l'ensemble de la passation du WISC-III est parasité par sa très grande angoisse.

Particulièrement au Code, il se déconcentre et se trompe, commettant des fautes d'inattention. Après chaque erreur, il a tendance à perdre un temps considérable pour se corriger, bien que je lui conseille de n'en rien faire. Toutefois, il ne rencontre pas ces mêmes difficultés à l'épreuve de rythme, où il se situe au quartile[2] supérieur de 9 ans.[3]

Quand les troubles de l'attention sont massifs, et en dehors de toute atteinte organique, ils peuvent être l'expression d'une forte angoisse chez un enfant présentant des troubles de la personnalité importants. Ici, l'impossibilité de fixer son attention est majeure et apparaît aussi bien aux épreuves intellectuelles qu'à la reproduction de rythmes. À l'extrême, comme on peut le voir avec de nombreux enfants psychotiques, cette impossibilité de se fixer

1. Pour l'analyse détaillée du WISC-III de Pacôme, voir *infra* – Similitudes.
2. Un quartile correspond à chacune des 3 valeurs qui divisent une distribution statistique en 4 parties d'effectifs égaux. Joseph obtient donc un résultat qui correspond au niveau supérieur des enfants de 9 ans.
3. Pour l'analyse détaillée du WISC-III de Joseph, voir *infra* : Étude de la dispersion.

© Dunod – La photocopie non autorisée est un délit.

sur une tâche ne permet pas d'effectuer le bilan. Pour ces enfants, la situation de bilan est sans doute d'autant plus angoissante qu'elle est éminemment relationnelle.

> Olivier, 7 ans, consulte pour des troubles du comportement et une impossibilité pour s'inscrire dans les apprentissages scolaires. Il a été placé dans un foyer de l'Aide sociale à l'enfance sur la demande de sa mère, car il met en danger ses jeunes frères et sœurs par sa violence. La mère d'Olivier se résignait difficilement à cette séparation, mais elle a eu très peur le jour où Olivier a tué son chat, auquel il était pourtant très attaché : elle s'est alors décidée à faire cette demande de placement. Le bilan est fait à la demande de la psychologue du foyer, car il faut envisager une orientation pour cet enfant qui n'est plus toléré à l'école.
>
> Lors de notre première rencontre, Olivier est terrorisé. Il n'ose pas quitter les genoux de son éducatrice, et refuse massivement la passation du bilan. L'éducatrice me dit qu'il s'insultait dans la salle d'attente disant qu'il voulait aller au cimetière. Olivier n'accepte la passation du bilan qu'en présence de sa mère.
>
> Ainsi, lors d'un second rendez-vous avec sa mère, Olivier peut effectuer le bilan, mais il est à la limite de pouvoir faire la passation. Il en sera de même lors du troisième rendez-vous : sa mère ne pouvant pas être là, elle a beaucoup insisté pour qu'il termine le bilan sans elle. Olivier en accepte le principe, mais à plusieurs reprises, il s'interrompt, refusant de poursuivre, la concentration demandée étant sans doute trop difficile pour lui. Olivier est en permanence à la limite du refus, et son agitation est très importante.
>
> Si les problèmes d'attention d'Olivier sont massifs, ils se manifestent particulièrement au Code, qu'il effectue pourtant en présence de sa mère, ce qui visiblement le satisfait et le stabilise. Incapable de fixer son attention, il se montre très dépendant, et attend visiblement que sa mère réalise la tâche à sa place. Pour l'aider, celle-ci lui indique spontanément la case qu'il doit remplir. Il est alors beaucoup plus à l'aise et il obtient d'ailleurs au Code un résultat cohérent par rapport à l'ensemble de l'échelle de performance : tout se passe comme si Olivier ne pouvait fixer son attention qu'à partir du moment où il s'inscrit dans une relation fusionnelle avec sa mère.

Le Code est aussi très sensible aux problèmes de tension tels qu'ils peuvent se rencontrer chez un enfant. Si cette tension peut gêner l'enfant de multiples façons, elle apparaît tout particulièrement ici au niveau de l'écriture. Il n'est pas rare que des réactions d'angoisse face à la scolarité se cristallisent autour de l'acte d'écrire, parfois à l'exclusion de tout autre symptôme. L'enfant se plaint d'avoir du mal à écrire, et généralement, dans l'ensemble du travail scolaire, le passage à l'écriture lui déplaît profondément. La plupart du temps, les enseignants sont les premiers à se plaindre : l'enfant écrit très mal, il est illisible, son travail est particulièrement sale et mal présenté. Dans ce cas, la surcharge de tension s'est concentrée sur l'activité graphomotrice.

Gaël, 10 ans et demi, consulte pour des problèmes scolaires déjà anciens, qui se traduisent en particulier par d'importantes difficultés au niveau de l'écriture. Dès la grande section de maternelle, Gaël se montre peu habile en graphisme, mais sans que cela soit dramatique. En CP, Gaël se montre très angoissé face aux apprentissages. Un jour, il dit que l'école lui donne envie de mourir. Gaël me raconte qu'en CP, sa tension était telle dans l'apprentissage de l'écriture, qu'un jour il n'a plus pu tenir son stylo correctement. Depuis ce moment, malgré de multiples prises en charge en orthophonie et en rééducation de l'écriture, il n'y a pas eu d'amélioration. Des difficultés en lecture et en orthographe sont venues se greffer sur ce problème de tension. Malgré son bon niveau aux épreuves d'efficience, Gaël a été orienté dans une école spécialisée.

Gaël se montre très gentil et participe volontiers au bilan. On peut remarquer toutefois une précipitation extrême dans tout ce qu'il met en œuvre.

Au WISC-III, Gaël se montre très mal à l'aise au Code, à l'inverse des autres subtests de performance où il témoigne d'une véritable aisance et d'un réel plaisir de pensée. Le Code est spectaculairement chuté par rapport aux autres subtests de performance.

Le bilan mettra en évidence que Gaël est un enfant très intelligent, mais qui a constitué un mode d'organisation phobique très important, sans doute depuis longtemps. Ses réactions d'angoisse se cristallisent autour de la scolarité et en particulier autour de l'écriture. Toutefois, il s'agit d'une angoisse beaucoup plus globale. C'est une angoisse phobique, comme s'il y avait à la fois une difficulté à se séparer de la mère, à entrer dans les enjeux de castration, car la présence paternelle est très forte mais en même temps elle ne permet pas vraiment la pacification. Cela se solde par un très fort sentiment de culpabilité et des conduites d'autopunition qui font penser que l'échec scolaire s'inscrit dans ce contexte. Ainsi, ces problématiques s'inscrivent dans un contexte très névrotique.

Enfin, le Code crée une situation où l'enfant doit travailler seul sous le regard du psychologue. La spécificité relationnelle du Code est constituée essentiellement par cette relative solitude à laquelle est renvoyé l'enfant, qui reste en présence du psychologue silencieux, ce qui renvoie à la capacité d'être seul en présence de la mère.

Certains enfants particulièrement sensibles aux difficultés de séparation et d'abandon réagissent à cette nouvelle situation.

Paolo, 7 ans et demi, consulte pour des difficultés d'apprentissage scolaire liées à une importante immaturité. Aîné de trois enfants adoptés, Paolo reste très « collé » à sa mère adoptive, après avoir manifestement mal supporté l'arrivée de deux enfants plus jeunes dans la famille, originaires comme lui du Brésil.

Pendant la passation du Code, Paolo se met à sucer son pouce, avec des manifestations auto-érotiques semblables à celles que l'on pourrait rencontrer chez un enfant beaucoup plus jeune.

Mais ces difficultés s'expriment différemment chez des enfants ayant des difficultés majeures de séparation et de différenciation. Certains enfants qui

© Dunod – La photocopie non autorisée est un délit.

présentent des troubles psychotiques ou prépsychotiques peuvent réaliser ce qui leur est demandé grâce au lien avec le psychologue, car ils participent sans angoisse apparente aux subtests qui mobilisent une interaction permanente entre l'enfant et le clinicien. Mais ils sont incapables de fixer leur attention dès qu'ils ne s'étayent plus sur l'autre, ce que l'on retrouve fréquemment dans des problématiques symbiotiques.

> Mathieu, 7 ans et demi, répond assez aisément à l'ensemble des subtests proposés. Mais le passage au Code ne lui est pas possible : très vite mal à l'aise dans cette situation où il est livré à lui-même, il se met à se raconter des histoires à voix haute. Comme je lui conseille d'être attentif à ce qu'il fait, il n'ose plus poursuivre ses histoires, mais fait des bruitages avec sa bouche. Son résultat au Code est très faible, si on le compare aux résultats obtenus au reste de l'échelle.

La verbalisation

Cette dimension est pratiquement toujours absente du Code, où il est demandé à l'enfant de rester bien concentré sur sa tâche. Quand l'enfant se met à parler, ou à faire des commentaires, comme Mathieu, cela renvoie toujours à la difficulté à fixer l'attention, quelles qu'en soient les raisons.

Bien que cela soit relativement rare, quelques enfants ont besoin d'accompagner la réalisation de la tâche en parlant : ils « oralisent », d'une certaine façon, exprimant à voix haute les associations que l'exercice les oblige à faire. Ce mode de réaction peut sans doute renvoyer à deux phénomènes différents. D'une part, ce sont des enfants qui ont certainement besoin de s'étayer sur le langage pour réaliser une tâche. D'autre part, cela correspond aussi à une manière de ne pas couper complètement la relation, en continuant à s'adresser au psychologue.

Les erreurs spécifiques intra-subtest

Cette dimension est ici peu pertinente : en effet, il est probable, en particulier pour le Code B, correspondant aux 8-16 ans et qui fait appel à des chiffres, qu'il existe un impact de la symbolique d'un chiffre, pour un enfant, qui puisse provoquer une erreur élective, par exemple. Mais, contrairement au subtest d'Arithmétique où ces aspects peuvent parfois se manifester de façon explicite, il n'est pas du tout évident ici de pouvoir dégager ce type de phénomène.

En revanche, il est intéressant de prendre en compte la qualité du tracé, comme on peut le faire pour le dessin. Certains enfants sont très soigneux et appliqués, témoignant non seulement d'une envie de bien faire, mais aussi du rapport à l'autorité. Le Code fait appel à l'acquisition d'automatismes, à partir d'un matériel peu projectif : cela peut tout à fait rassurer certains enfants, en particulier pendant la période de latence. En effet, il s'agit d'un exercice impersonnel, demandant peu d'implication émotionnelle ou affective. Le surinvestissement de ce subtest peut parfois correspondre à une attitude conformiste, et à une soumission un peu passive à l'autorité de l'adulte.

D'autres enfants, au contraire, vont plutôt mettre en œuvre un tracé rapide, mal fait : cela peut être dû à la tension ou bien à un sentiment de rébellion plus ou moins assumé, les deux phénomènes pouvant d'ailleurs tout à fait être liés.

L'étude de la dispersion

➤ Exemples de réussite

Très sensible aux capacités d'attention et de concentration, le Code est également une épreuve d'apprentissage, et concerne particulièrement l'acquisition d'automatismes. Si ce subtest témoigne assez bien de l'adaptation scolaire, il peut aussi mettre en évidence la capacité d'acquérir des automatismes, donc de s'inscrire dans des activités assez conformistes et stéréotypées, chez des enfants déficients intellectuels. Le même phénomène peut se retrouver chez des enfants souffrant de troubles psychotiques, mais qui s'expriment sur un mode déficitaire. Dans ce cas, le Code est particulièrement bien réussi par rapport à l'ensemble de l'échelle.

Inès va avoir 7 ans et elle fréquente le CP, mais ne peut accéder à aucun apprentissage. Les difficultés d'Inès ont été repérées dès sa toute petite enfance, quand sa mère l'emmenait aux consultations de la Protection maternelle et infantile. Inès est agitée, ne peut pas tenir en place. Le dernier signalement est venu de l'école : on parle d'hyperactivité, Inès est violente, elle a une attitude hypersexualisée avec les garçons.

Ce signalement se conclut par un placement dans une famille d'accueil, aussi mal accepté par Inès que par sa mère. Inès était jusque-là la seule enfant, mais sa mère est enceinte peu de temps après le départ de sa fille, et donnera naissance à une autre fille.

Le bilan est demandé par l'assistante sociale qui est référente d'Inès pour l'Aide sociale à l'enfance, en vue d'une orientation.

Inès participe volontiers, et investit beaucoup la relation sur un mode affectueux. Inès montre une très grande immaturité dans son contact et une extrême dépendance dans la relation à l'autre. Elle semble en difficulté avec un certain nombre de repères : en particulier, elle reste dans une grande incompréhension à propos du placement. Elle ne comprend pas, elle est triste d'avoir été séparée de sa mère chez qui elle voudrait retourner, et les raisons qui ont motivé cette séparation lui restent totalement obscures.

© Dunod – La photocopie non autorisée est un délit.

Elle obtient les résultats suivants au WISC-III :
- Information : 5
- Similitudes : 3
- Arithmétique : 2
- Vocabulaire : 5
- Compréhension : 6
- Complètement d'images : 8
- Code : 13
- Arrangement d'images : 3
- Cubes : 4
- Assemblage d'objets : 7

QI verbal = 65 (61-73) ;
QI de performance = 79 (74-89) ;
QI total = 69 (65-76).

Indice de Compréhension verbale = 70 (66-78) ;
Indice d'Organisation perceptive = 73 (69-84).

Différence QI verbal/QI de performance = 14 points.

QI verbal : retard mental à niveau limite ;
QI de performance : niveau limite à normal faible

Moyenne pour l'échelle verbale = 4,2.

Moyenne pour l'échelle de performance = 7.

Résultats déviant significativement de la moyenne verbale : aucun.

Résultats déviant significativement de la moyenne de performance : Code (+ 6 points), Arrangements d'images (– 4 points) et Cubes (– 3 points).

Pour Inès, dont les résultats se situent tous en dessous de la moyenne de son âge, le Code est le seul subtest où elle se montre très à l'aise, avec un score supérieur à la moyenne. Inès peut réaliser une tâche de façon tout à fait satisfaisante, dès qu'elle peut s'inscrire dans des automatismes. Toutefois, cela se passe dans un contexte relationnel très particulier. Pendant toute la passation du Code, Inès a une attitude étonnante : elle me regarde en permanence, dans une quête d'approbation, établissant une relation de grande dépendance.

Ce surinvestissement de l'épreuve du Code peut aussi se rencontrer chez certains enfants en dehors d'une problématique liée à la déficience intellectuelle : l'acquisition d'automatismes est alors privilégiée, au détriment d'un engagement plus personnel, et constitue un véritable repli défensif. Ce mouvement, assez banal chez l'enfant pendant la latence, est lié à l'inhibition qui s'est mise en place après le déclin œdipien. Il n'y a alors là aucune dimension psychopathologique.

Quand cette inhibition est massive, elle peut être d'origine névrotique. Il n'est pas rare, chez des enfants souffrant d'inhibition intellectuelle, de trouver un bien meilleur résultat au Code, qui correspond à un mode de pensée banalisé, peu impliquant.

Mais une excellente réussite au Code peut être liée au phénomène inverse : comme nous l'avons vu, le Code renvoie au désir de bien faire, de briller, de réussir. Dans ce cas, la réussite est la marque de l'ambition, voire de l'envie de gagner dans la compétition.

Lucien a presque 11 ans et il consulte parce qu'il est considéré dans sa classe comme dangereux pour lui et pour les autres. Très agressif avec les autres enfants, en particulier avec les filles, Lucien est perturbateur et a déjà été renvoyé de plusieurs écoles. L'école privée qu'il fréquente actuellement ne veut plus le garder, malgré les pressions exercées par le père de Lucien, qui pense qu'il s'agit de « harcèlement » contre son fils. Lucien est passé en 6e avec un an d'avance. Des tests effectués antérieurement lui donnent un très bon niveau, mais Lucien est en échec car il refuse de travailler.

Lucien se montre peu loquace, très réservé, mais semble toutefois bien investir la situation.

Il obtient les résultats suivants :

- Information : 14
- Similitudes : 15
- Arithmétique : 16
- Vocabulaire : 15
- Compréhension : 16
- Complètement d'images : 9
- Code : 19
- Arrangement d'images : 13
- Cubes : 15
- Assemblage d'objets : 13

QI verbal = 135 (127-139) ;
QI de performance = 128 (118-132) ;
QI total = 137 (130-140).

Indice de Compréhension verbale = 131 (123-135) ;
Indice d'Organisation perceptive = 116 (107-122).

Différence QI verbal/QI de performance = 7 points.

QI total : niveau très supérieur.

Moyenne pour l'ensemble de l'échelle = 14,5.

Résultats déviant significativement de cette moyenne : Complètement d'images (– 5,5 points) et Code (+ 4,5 points).

Lucien obtient des résultats supérieurs pour la plupart à ceux de la moyenne des enfants de son âge. Mais Lucien réussit un score excellent au Code. Alors que sa tendance à se précipiter le pénalise relativement à d'autres subtests, comme au Complètement d'images par exemple, le Code témoigne de sa rapidité et de sa capacité à fixer son attention de façon efficace. En même temps, Lucien semble vivre une compétition permanente : il s'engage dans ce subtest avec une sorte de rage, comme s'il devait vaincre un adversaire.

© Dunod – La photocopie non autorisée est un délit.

➤ Exemples d'échec

L'échec électif au Code se rencontre pratiquement toujours chez des enfants ayant des troubles de l'attention. Étant donné la proximité de ce subtest avec la situation scolaire, il est très important de faire la part entre des troubles de l'attention que l'on pourrait dire « structurels », c'est-à-dire se manifestant dans toutes les situations, ou des troubles de l'attention plus spécifiques, qui ne concernent que la scolarité (voir *supra*).

Joseph, 9 ans et demi, consulte pour une phobie scolaire grave (voir *supra, in* Le mode de réaction et le comportement de l'enfant).

Il obtient les résultats suivants au WISC-III :

- Information : 14
- Similitudes : 18
- Arithmétique : 9
- Vocabulaire : 13
- Compréhension : 13
- Complètement d'images : 17
- Code : 9
- Arrangement d'images : 9
- Cubes : 14
- Assemblage d'objets : 15

QI verbal = 122 (115-126) ;
QI de performance = 120 (110-125) ;
QI total = 124 (117-128).

Indice de Compréhension verbale = 128 (120-132) ;
Indice d'Organisation perceptive = 125 (115-130).

Différence QI verbal/QI de performance = 2 points.

QI total : niveau normal fort à supérieur.

Moyenne pour l'ensemble de l'échelle = 13,1.

Résultats déviant significativement de cette moyenne :
Similitudes (+ 4,9 points), Arithmétique (– 4,1 points), Complètement d'images (+ 3,9 points), Code (– 4,1 points) et Arrangement d'images (– 4,1 points).

Résultats déviant significativement par rapport à la moyenne de la population : Information (+ 4 points), Similitudes (+ 8 points), Complètement d'images (+ 7 points), Cubes (+ 4 points) et Assemblage d'objets (+ 5 points).

Pour Joseph, qui réussit bien l'Épreuve de rythme, les réactions d'angoisse face aux activités scolaires se manifestent essentiellement en Arithmétique et au Code. En effet, même si son score à ces subtests reste dans la moyenne par rapport aux résultats des enfants du même âge, il est beaucoup plus faible que ses autres résultats. On peut remarquer parallèlement l'excellent résultat au Complètement d'images : Joseph exerce un important contrôle par le regard, sans doute dans un besoin de baliser l'espace pour se défendre contre l'angoisse.

Mais des troubles de l'attention plus structurels peuvent également se manifester au Code : dans ce cas, on les rencontre généralement dans d'autres épreuves.

Blaise, 7 ans, consulte pour d'importants troubles du comportement et l'absence d'acquisitions scolaires (voir aussi Information et Assemblage d'objets).

Il obtient les résultats suivants au WISC-III :
- Information : 11
- Similitudes : 8
- Arithmétique : 11
- Vocabulaire : 15
- Compréhension : 14
- Complètement d'images : 8
- Code : 7
- Arrangement d'images : 13
- Cubes : 13
- Assemblage d'objets : 9

QI verbal = 111 (104-116) ;
QI de performance = 99 (92-106) ;
QI total = 106 (100-111).

Indice de Compréhension verbale = 112 (105-117) ;
Indice d'Organisation perceptive = 104 (96-111).

Différence QI verbal/QI de performance = 12 points.

QI verbal : niveau moyen à normal fort ;
QI de performance : niveau moyen

Moyenne pour l'échelle verbale = 11,8.

Moyenne pour l'échelle de performance = 10.

Résultats déviant significativement de la moyenne verbale :
Similitudes (– 3,8 points) et Vocabulaire (+ 3,2 points).

Résultats déviant significativement de la moyenne de performance : Code (à la limite : + 3 points), Arrangements d'images (+ 3 points) et Cubes (+ 3 points).

Résultats déviant significativement par rapport à la moyenne de la population : Vocabulaire (+ 5 points) et Compréhension (+ 4 points).

Si la dispersion du Code, par rapport à la moyenne qu'obtient Blaise en Performance, est à la limite d'être significative, les éléments cliniques confirment ses troubles de l'attention. À toutes les épreuves, Blaise fait preuve d'une grande précipitation et sa logorrhée est permanente pendant toute la passation. L'Épreuve de rythme est extrêmement chutée, puisque Blaise se situe en dessous du quartile inférieur de 5 ans. Blaise est envahi par une grande excitation, qui l'empêche de fixer son attention quelles que soient les circonstances.

Cependant, un autre type d'échec peut se rencontrer chez des enfants pénalisés par leur lenteur. Le Code est la première épreuve de l'échelle où la rapidité joue un rôle important (cela est vrai pour les subtests de performance

© Dunod – La photocopie non autorisée est un délit.

suivants : l'Arrangement d'images, les Cubes et l'Assemblage d'objets). Cela peut bien sûr concerner des enfants souffrant de troubles neurologiques. Mais tout enfant ayant du mal à se montrer rapide, quelles qu'en soient les raisons, est ici pénalisé. Cela se retrouve chez des enfants trop méticuleux, qui doutent, hésitent, ou vérifient tout très longuement. L'obsessionnalisation précoce chez certains enfants entraîne ce type d'échec, les mécanismes obsessionnels empêchant une mobilisation efficace de leurs capacités. Ce phénomène, induit quasi expérimentalement aux subtests du WISC-III, reproduit fidèlement les difficultés auxquelles ils doivent faire face dans leur travail scolaire.

4. Les Similitudes

Ce sont deux termes présentés oralement : pour chaque couple, l'enfant doit trouver la ressemblance. Le subtest entier comprend 19 paires de mots. L'épreuve n'est pas chronométrée. La note obtenue est de 0, 1 ou 2, selon la qualité de la réponse. Pour certaines réponses cotées 0 ou 1, il est prévu que le psychologue demande à l'enfant de préciser sa réponse, en vue de l'améliorer (voir *Manuel*).

Dans la consigne, le psychologue explique à l'enfant qu'il va lui dire deux mots et lui demander en quoi ces deux termes se ressemblent. Puis, il lui donne un item d'exemple.

Aptitudes évaluées

Pour Wechsler, les Similitudes sont un des meilleurs tests de toute l'échelle. Il précise toutefois qu'il faut être vigilant au choix des mots, qui ne doivent pas être trop difficiles, sinon un facteur de connaissance linguistique entre en jeu, qui vient fausser les résultats. Wechsler note que ce subtest éveille l'intérêt des adultes, et qu'il est saturé en facteur *g* d'intelligence générale. Ce subtest révèle la façon dont la personne met les choses en relations les unes avec les autres.

D'autre part, ce subtest permet d'apprécier le caractère logique du processus de pensée du sujet, il est donc source d'informations qualitatives. Wechsler donne l'exemple du couple de mots « orange » et « banane » (1956, pp. 106-107) : il y a une différence de maturité et de niveau de pensée évidente entre la personne qui dit qu'elles se ressemblent parce qu'elles ont toutes les deux une peau, et celle qui dit que ce sont deux fruits. Il faut approcher de la mentalité adulte pour établir une ressemblance d'essence ; toutefois, de nombreux adultes n'appréhendent qu'une ressemblance superficielle. Wechsler distingue donc plusieurs niveaux de réponse, qu'il note différemment. Il conseille aussi, pour un même score global à ce subtest, de distinguer les individus qui l'obtiennent avec seulement des réponses de niveau inférieur, et ceux qui, plus irréguliers, alternent entre des réponses de niveau supérieur et de niveau inférieur, voire des échecs. Ces derniers, en effet, bien que plus irréguliers, ont sans doute plus de possibilités.

Grégoire (1995, p. 145) précise ces différents niveaux dégagés par Wechsler. Cette épreuve apprécie la capacité à former des concepts verbaux, donc à constituer des classes hiérarchisées incluses les une dans les autres. En fonction du degré de maturité de sa pensée, l'enfant donne une réponse de niveau différent :

Pour l'exemple « orange » et « banane » :

– l'enfant peut dire qu'elles ont toutes les deux une peau : réponse de niveau concret, qui fait référence à un aspect descriptif, à une qualité de l'objet ;
– l'enfant dit qu'elles se mangent toutes les deux : réponse de niveau fonctionnel, construite à partir de l'usage des objets ;
– l'enfant dit que ce sont des fruits : réponse de niveau abstrait, considérant la classe commune d'appartenance des objets.

Pour passer du niveau concret au niveau abstrait, l'enfant doit pouvoir se concentrer sur l'essentiel, en éliminant les détails superflus. Il doit comprendre que la classe des bananes et celle des oranges appartiennent à une classe plus vaste, qui est celle des fruits : il s'agit d'un degré supérieur dans l'abstraction.

Les résultats au subtest des Similitudes sont très certainement liés au niveau socioculturel de la famille de l'enfant. Mais il y a eu finalement assez peu d'études portant spécifiquement sur ce subtest, et il reste difficile de savoir si la dimension socioculturelle a un poids différent ici, par rapport aux autres subtests verbaux.

Donc, les Similitudes permettent d'apprécier essentiellement les capacités d'abstraction et de logique verbale. Ce subtest suppose de pouvoir généraliser à partir du particulier, du singulier, et cela préfigure chez l'enfant l'accès à la conceptualisation. La très forte corrélation entre les Similitudes et le facteur *g* d'intelligence générale permet d'éliminer toute suspicion de déficience intellectuelle en cas de réussite à ce subtest.

© Dunod – La photocopie non autorisée est un délit.

Approche clinique

Pour les adultes, Wechsler relève des « index qualitatifs » : il considère l'échec aux Similitudes, chez des personnes d'intelligence normale ou supérieure, mais qui ne peuvent donner que des différences au lieu des ressemblances, comme presque toujours pathognomonique de la schizophrénie. L'attaque des processus de pensée par la dissociation schizophrénique vient donc particulièrement se traduire à travers ce subtest, par l'impossibilité à faire des liens. Cependant, Wechsler relativise lui-même la portée de cette observation, car il remarque que cet échec n'est pas systématique chez tous les patients schizophrènes. Comme nous l'avons vu, ces recherches à propos des profils psychopathologiques à partir des échelles de Wechsler se sont finalement révélées décevantes.

Répondre à ce subtest suppose de réfléchir à partir de connaissances déjà acquises. Cette mobilisation des connaissances est non seulement liée aux facteurs intellectuels, mais elle est très directement soumise à des aspects psychoaffectifs, émotionnels et transférentiels. Certains enfants peuvent posséder les connaissances nécessaires, mais ne pas parvenir à donner la réponse conceptuelle adéquate.

D'un point de vue clinique, il faut surtout insister sur les mises en relation que suppose cet exercice : l'enfant est ici directement sollicité par le psychologue pour mettre en liens, pour établir des relations, et cette consigne dépasse largement les seuls aspects intellectuels. Elle a une connotation affective et relationnelle évidente.

Le mode de réaction, le comportement de l'enfant

Comme les autres subtests verbaux, les Similitudes consistent en un échange de questions-réponses entre le psychologue et l'enfant. Moins directement associée à la scolarité que l'Arithmétique, ou même que l'Information et le Vocabulaire, une dimension plus ludique peut apparaître à cette épreuve.

En effet (et nous rencontrerons un phénomène tout à fait similaire aux Cubes, pour l'échelle de performance), pour certains enfants qui prennent plaisir au fonctionnement intellectuel, ce subtest peut être l'occasion d'un échange ludique, parfois joyeux, avec le psychologue. L'exercice ici évoque les jeux de devinette, et il y a un véritable bénéfice de plaisir, au sens du plaisir lié à l'humour, à trouver la bonne réponse. Dans ce cas, le clinicien aussi se prend au jeu et « s'amuse » littéralement dans cet échange, d'autant que les questions sont de difficulté croissante, comme dans de nombreux jeux connus par les enfants. Il y a donc une sorte de progression ludique.

La réaction intéressée de l'enfant, sa satisfaction manifeste à trouver la bonne réponse, son investissement de l'échange reflètent le plaisir qu'il éprouve à une réflexion étayée sur le langage. La dimension d'énigme et de trouvaille liée à l'exercice témoigne également de la curiosité de l'enfant, de son appétence à apprendre et à découvrir. Nous retrouvons ici de nouveau ce « petit chercheur », au sens de Freud, quand la mise en place des enjeux de la période de latence lui ont permis de développer sa curiosité intellectuelle et son envie de savoir.

À l'inverse, d'autres enfants ne peuvent pas du tout investir cet exercice sur un mode ludique : même quand ils réussissent bien, ils ne semblent pas éprouver un plaisir particulier à « deviner » la bonne réponse. Très souvent, pour ces enfants, et quelles que soient leurs capacités, toute tâche intellectuelle reste très connotée scolairement. Ainsi, même avec une très bonne réussite, celle-ci s'inscrit dans un contexte plus normé, plus conformiste. Ce sont souvent des enfants qui n'ont pas encore découvert qu'il peut y avoir un vrai plaisir ludique au fonctionnement intellectuel : ils répondent parce qu'il le faut, mais sans véritable investissement. Dans ce cas, cela fait souvent écho à ce qui est dit par les enseignants : ce sont des enfants qui ne posent pas de problème particulier, qui travaillent même souvent correctement, mais qui s'ennuient profondément face à tout ce qui est scolaire, car ils n'en tirent pas de réelle satisfaction.

La réaction de prestance est un autre mode de réaction fréquent aux Similitudes (que l'on peut mettre en regard avec son équivalent au Complètement d'images : « il ne manque rien ! »). Ici, l'enfant répond à brûle-pourpoint : « ça ne se ressemble pas ! ». Si voir les différences au lieu des ressemblances, pour les questions relativement faciles, a à voir avec l'immaturité de la pensée (voir *infra*), ce mode de réaction pour les questions plus difficiles, où l'enfant n'est pas en mesure de dire ce qui est semblable, renvoie souvent à une volonté de masquer son ignorance. Ces réactions de prestance peuvent parfois être envahissantes, et gêner considérablement l'enfant dans sa vie scolaire.

Benjamin, 8 ans et demi, consulte pour un manque d'assurance et une lenteur qui sont relevés surtout à l'école. Ses parents pensent qu'il souffre de dyslexie et le font suivre par une orthophoniste. Il m'est adressé par la psychothérapeute qui le suit pour fait le point sur son niveau.

Benjamin est né à Haïti et a été adopté à l'âge de deux ans. Ses parents adoptifs paraissent très attentifs et chaleureux.

Benjamin est un enfant ouvert, qui s'inscrit bien dans la relation. Mais on perçoit vite une très forte angoisse derrière cette apparente aisance. Benjamin est remuant, touche-à-tout, il pose de multiples questions et s'inquiète très vite de

© Dunod – La photocopie non autorisée est un délit.

l'absence de ses parents, alors que ceux-ci patientent dans la salle d'attente. En même temps, il tente de masquer son inquiétude derrière une attitude sympathique et agréable.

Aux Similitudes, alors qu'il répond très bien aux premières questions, il est déstabilisé par les items plus difficiles, et ne veut pas reconnaître qu'il ne sait pas la réponse :

- Item 9 : « Il y en a un qui sert à écrire, et l'autre à peindre... »[1]
- Item 12 : « La tristesse, on n'est pas content, et le bonheur, on est content... (?) C'est le contraire... ».
- Item 15 : « C'est le contraire... ».
- Item 16 : « On se sert du plastique pour faire le bois... ».
- Item 17 : « L'arbre c'est de l'eau, et la souris c'est de l'eau... ».

Ainsi, ce garçon, qui réussit par ailleurs très bien ce subtest des Similitudes (Similitudes = 13), met en œuvre des réactions de prestance, car il veut à tout prix cacher quand il ne sait pas répondre. Benjamin cherche à bien faire et à masquer ses difficultés, sans doute dans une crainte fantasmatique de décevoir sa famille adoptive.

Le mode de verbalisation et le discours de l'enfant

Comme pour les autres subtests verbaux, le discours de l'enfant peut se déployer particulièrement bien aux Similitudes. Selon le style de l'enfant, la verbalisation est riche, le discours développé, ou la réponse donnée simplement, se réduisant à l'extrême à un substantif.

Les Similitudes sont particulièrement sensibles à la maturité de l'enfant. La question posée sollicite les ressemblances, c'est-à-dire la capacité à pouvoir dégager une catégorie plus générale, ce qui suppose de pouvoir se dégager des objets nommés. Quand l'enfant est trop jeune, ce processus ne lui est pas accessible. Cela reste vrai pour des enfants plus âgés, mais restés immatures, qui vont très vite donner les différences à la place des ressemblances :

Tony[2], 10 ans, consulte pour des troubles du comportement graves à l'école. Le père de Tony est passionné d'armes à feu, et Tony lui a volé un pistolet, avec lequel il a menacé son maître pendant la classe. C'est son maître qui a réussi à convaincre Tony de venir me rencontrer, mais il reste réticent : « C'est pas une dame qui va me changer ! » me dit-il.

---

1. Les questions, et certaines réponses quand cela est possible, sont modifiées, afin de préserver la confidentialité de l'épreuve. J'ai gardé le mode de discours de l'enfant et ses formulations les plus significatives, qui mettent en évidence sa manière d'être et ses réactions dans le cadre de la situation créée avec le psychologue autour de ce subtest.
2. Ce cas a fait l'objet d'une publication dans *Psychologie clinique et projective*, « Diagnostics et pronostics », vol. 9, 2003.

Tony est instable depuis longtemps, mais ses difficultés se sont aggravées depuis une rupture d'anévrisme qu'a eue son père, qui a laissé celui-ci très handicapé et profondément dépressif.

- Item 9 : « C'est pas du tout pareil ! »
- Item 12 : « C'est pas du tout pareil ! Si peut-être la tristesse, tu pleures, et le bonheur, tu pleures aussi... »

Tony garde une pensée encore immature, avec à la fois des réponses très concrètes, des formulations infantiles, mais aussi une réaction immédiate et spontanée, qui lui fait donner les différences sans réfléchir. On voit bien en même temps le poids des préoccupations de Tony, qui est extrêmement déprimé depuis l'accident de son père.

Les Similitudes mettent particulièrement bien en évidence l'impossibilité de dissocier chez l'enfant l'immaturité affective et intellectuelle. En effet, à l'exclusion des problématiques liées à la déficience intellectuelle, l'immaturité de pensée se traduit chez l'enfant par des réponses de niveau inférieur par rapport à ce qui est attendu pour son âge. Cette immaturité de pensée va généralement de pair avec une immaturité affective, qui peut s'exprimer également à travers les contenus.

Sébastien, 11 ans, consulte pour un retard scolaire ancien. Alors que je le fais patienter dans la salle d'attente pendant que je reçois ses parents, il entre dans le cabinet en pleurant, se plaignant d'être resté trop longtemps tout seul, comme aurait pu le faire un jeune enfant.

- Item 2 : *En quoi le pain et les pâtes se ressemblent ?* « Ça se mange ! »
- Item 5 : *En quoi un chapeau et des gants se ressemblent ?* « On peut le mettre sur soi ».
- Item 7 : *En quoi un rat et un lion se ressemblent ?* « C'est pas pareil ! » (Oui, mais essaye de me dire en quoi ils se ressemblent) « Ils ont une grande queue ».
- Item 13 : *En quoi la Suisse et l'Australie se ressemblent ?* « Il y a la mer... ».

On repère chez Sébastien une immaturité de pensée importante eu égard à son âge : ses réponses aux questions 2 et 5, qui sont tout à fait faciles pour son âge, restent au niveau fonctionnel. Sa réaction à la question 7, qui consiste à dire la différence plutôt que la ressemblance, se rencontre chez des enfants beaucoup plus jeunes. Sébastien peut s'étayer sur ma relance, mais il donne alors une réponse de niveau concret, qui reflète par ailleurs l'impact des préoccupations phalliques, comme on le rencontre, là encore, chez de jeunes enfants. Enfin, sa dernière réponse, très rare à cette question et peu adaptée, reflète sans doute l'essentiel de ses préoccupations, dans une fixation à l'image maternelle dont il ne peut se déprendre.

L'immaturité peut aussi s'exprimer différemment. Pour ces enfants restés très immatures, il leur a souvent été demandé, à l'école en particulier, d'effectuer des tâches pour lesquelles ils ne sont pas prêts. Ne pouvant pas s'appuyer sur leurs propres repères, souvent pris d'affolement devant leur

© Dunod – La photocopie non autorisée est un délit.

impossibilité à répondre, ils tentent de deviner ce que l'adulte attend d'eux. Ces enfants répondent un peu au hasard, ils inventent, ils « tentent leur chance », mais sans aucune certitude, car ils n'ont jamais pris l'habitude de s'appuyer sur leur propre réflexion. Ce mode de réaction s'accompagne d'un rapport de dépendance dans la relation à l'autre.

Aurélie, 7 ans et demi, consulte pour un refus scolaire, des relations très conflictuelles surtout avec sa mère et des troubles du sommeil persistants.

Aux Similitudes, sa pensée reste très concrète. Aurélie a des formulations infantiles, mais son mode de relation l'est également. Elle exprime toutes ses réponses sur un mode interrogatif, attendant que je lui donne la bonne réponse :

- Item 6 : « Ça a le même goût ? Ça a la même forme ? »
- Item 7 : « C'est des arbres ? »
- Item 8 : « C'est pareil, non ? Je sais pas ce que c'est le coton... »
- Item 10 : « Peut-être que le dessin c'est fait avec de la sculpture ? »
- Item 11 : « Une troupe, c'est quoi ? »

Pour Aurélie, qui reste très collée à une mère qui la surprotège, la dépendance à l'autre vient s'exprimer massivement à travers sa difficulté à s'appuyer sur ses propres repères pour réfléchir. Cela se traduit dans son comportement par les questions qu'elle m'adresse, car pour elle la réflexion et les réponses ne peuvent être données que par l'autre. Cette dépendance et cette immaturité la pénalisent de façon importante au niveau de sa pensée, car elle obtient un faible score à ce subtest (Similitudes = 6).

L'immaturité peut aussi se manifester à travers les contenus de certaines réponses. Ce n'est pas alors la pensée catégorielle qui aide l'enfant à trouver la réponse, mais son mode de pensée reste à un niveau plus sensoriel, renvoyant au registre de l'affectivité, sur un mode assez régressif.

Romuald, 9 ans répond à l'item 8 : *En quoi un tricot et une robe se ressemblent ?* « C'est doux. »

Il n'est pas rare que des enfants restés dépendants, qui ont du mal à s'autonomiser à la fois affectivement et au niveau de la pensée, aient besoin de faire le détour par la relation avec le psychologue pour donner la réponse. Cela montre bien, ici encore, qu'il est tout à fait impossible d'envisager le fonctionnement intellectuel comme une entité séparée des autres registres de la vie psychique. Potentiellement, l'enfant est tout à fait capable de répondre ; mais il ne peut réfléchir qu'en s'étayant sur une relation. Les Similitudes, où il est prévu que le psychologue relance, questionne à partir de certaines réponses de l'enfant (considérées comme des échecs ou des réussites de niveau inférieur) créent expérimentalement cette interaction.

Germain, 11 ans, consulte pour un problème d'immaturité important :

- Item 13 : *En quoi la Suisse et l'Australie se ressemblent ?* « Il y a de l'herbe toutes les deux… » (Peux-tu m'en dire davantage ?) « Ce sont des pays… »
- Item 16 : *En quoi l'essence et le plastique se ressemblent ?* « Ce sont des matières » (C'est-à-dire ?) « Ça vient de la nature… » (Explique-moi plus précisément…) « Ben, l'essence ça vient du pétrole, et le plastique ça vient du pétrole. »

On voit bien ici que la première réponse est donnée précipitamment, sans réfléchir. C'est seulement dans un second temps que Germain, après que je l'ai sollicité, fait l'effort de réfléchir vraiment, et trouve alors la réponse sans grande difficulté.

Ce subtest des Similitudes n'est pas sensible seulement à la maturité. L'exercice consistant à généraliser, certains enfants amplifient, exagèrent ce phénomène, ce qui peut être l'expression d'une intellectualisation précoce. Ou bien ils peuvent effectuer la globalisation demandée, mais celle-ci est peu adéquate, car leurs réponses sont trop compliquées. Il s'agit ici d'un mécanisme de défense, visant à mettre à distance des résonances fantasmatiques perçues comme dangereuses. Cette modalité particulière de discours peut être la traduction, à travers la verbalisation, de mécanismes obsessionnels. Chez l'enfant jeune, cela peut renvoyer à une obsessionnalisation précoce.

Kevin, 6 ans et demi, cherche des réponses trop compliquées et abstraites :

- Item 1 : « C'est que les ballons c'est rond, cercle, triangle… (développement très compliqué, que je ne parviens pas à noter) » (?).

Kevin donne la bonne réponse après que j'ai répété la question : l'étayage relationnel lui permet de se récupérer et de donner une réponse simple et adéquate.

- Item 3 : « Les accordéons sont triangles, rectangles et un violon ça a la forme de deux ronds et une barre qui monte… ».

Pour cet item également, Kevin peut donner la bonne réponse après que je lui ai redit la question.

Pour cet enfant qui présente des troubles obsessionnels précoces, des défenses par l'intellectualisation sont déjà inscrites, qui lui font rechercher des réponses compliquées. Il bénéficie de l'étayage relationnel, pour s'autoriser une pensée plus simple et ancrée dans la réalité (voir cas clinique développé dans la dernière partie).

Les erreurs spécifiques intra-subtest

Des éléments très projectifs peuvent être dégagés à partir des réponses de l'enfant, comme pour les autres subtests verbaux. Comme pour l'Information, il faut toujours s'interroger sur le sens de certaines erreurs, quand elles interviennent à des items considérés comme faciles pour l'enfant, par rapport à son niveau à l'ensemble du subtest.

© Dunod – La photocopie non autorisée est un délit.

L'accent mis sur le lien et la relation inclus dans la consigne peut parfois réactiver des thématiques autour de la séparation, qui s'expriment plus clairement ici que dans le reste de l'échelle verbale.

> Jonas, 13 ans et demi, consulte pour des difficultés apparues au cours de l'année précédente : insomnie, crises de larmes, troubles psychosomatiques. L'entretien avec ses parents a mis en évidence un événement important, le départ de l'aîné des enfants à l'Université, dans une ville éloignée de chez eux, au cours des mois qui ont précédé l'apparition des troubles de Jonas.
>
> Jonas est présenté comme étant particulièrement attaché à ce frère aîné. Dans ses réponses, Jonas utilise un vocabulaire centré sur les liens et l'attachement.
>
> - Item 11 : *En quoi se ressemblent une meute et une troupe ?* « Elles sont unies... » (Explique-moi un peu plus...) « Elles sont soudées... »
>
> Anne, 10 ans, a été séparée de sa mère et placée sur décision judiciaire suite à de mauvais traitements. Extrêmement attachée à sa mère, elle vit très mal la mesure de placement, et se plaint beaucoup de devoir rester dans une famille d'accueil.
>
> À ce même item 11, Anne répond : « C'est pour... ben, une meute, pour vivre... » (Précise un peu plus...) « Pour vivre... ».

Comme pour tous les subtests verbaux, certaines questions vont susciter des mouvements plus projectifs que d'autres items plus neutres.

En particulier, la réactivation du mouvement agressif peut être déstabilisante : elle est alors à la source d'erreurs électives.

> Marius, 8 ans, consulte pour des difficultés relationnelles. Il répond à l'item 7 : *En quoi un tigre et un singe se ressemblent ?* « Le tigre mange le singe... »
>
> Thomas, 6 ans et demi, consulte pour des difficultés d'apprentissage. Il répond à ce même item 7 : « C'est qu'un tigre ça... ça peut griffer... et un singe aussi... »

Mais ce sont parfois d'autres types de préoccupations qui viennent parasiter la réflexion, et qui peuvent être à l'origine d'une erreur élective et inattendue :

> Sylviane, presque 10 ans, consulte parce qu'elle s'ennuie en classe et se montre turbulente.
>
> Le bilan mettra en évidence une érotisation importante des préoccupations, avec un mode de fonctionnement hystérique précocement inscrit.
>
> - Item 11 : *En quoi se ressemblent une meute et une troupe ?* « Parce qu'on est plusieurs dans les deux... » (?) « parce que dans les deux, on s'aime... »

L'étude de la dispersion

➤ Exemple de réussite

Quand les Similitudes sont très bien réussies par rapport aux autres subtests, cela reflète en règle générale de bonnes capacités de réflexion, de raisonnement et de logique. Cette réussite préfigure de bonnes dispositions chez l'enfant pour l'abstraction et l'intelligence conceptuelle. Elle n'a pas tout à fait le même sens, selon que le résultat au subtest des Cubes est également élevé ou pas. Quand ces deux épreuves sont nettement mieux réussies que l'ensemble, les qualités de raisonnement et l'esprit logique sont particulièrement privilégiés, dans tous les domaines. Si les Similitudes dominent nettement les Cubes, ces aspects sont dominants, mais uniquement dans le registre du langage.

En règle générale, un bon résultat aux Similitudes renvoie à ces bonnes capacités de raisonnement centrées sur le langage, quand par ailleurs l'enfant ne rencontre pas de difficultés particulières, et qu'il n'y a pas de subtest particulièrement chuté dans l'échelle.

En revanche, chez certains enfants, l'accent mis sur ces aspects de raisonnement, par rapport à l'ensemble des capacités mobilisées par les différents subtests, peut évoquer un besoin de généraliser, de globaliser, qui reflète parfois un désir de maîtrise. Cela apparaît moins nettement chez les enfants que chez les adolescents. Mais on peut rencontrer cette tentation de maîtrise soit chez des enfants présentant une obsessionnalisation précoce, soit chez des enfants qui essaient par ce biais de se défendre d'angoisses importantes, dans un contexte phobique. Généralement, dans ce cas, ce sont des enfants qui peuvent présenter divers symptômes. La plupart du temps, des résultats chutés à certains subtests coexistent avec ces très bons résultats aux Similitudes, et éventuellement aux Cubes.

> Gaël, 10 ans et demi, consulte pour des problèmes scolaires anciens, et une problématique centrée sur les difficultés d'écriture (voir *supra*, paragraphe 3 sur le subtest Code).
>
> Il obtient les résultats suivants :
>
> - Information : 10
> - Similitudes : 16
> - Arithmétique : 8
> - Vocabulaire : 13
> - Compréhension : 14
> - Complètement d'images : 15
> - Code : 4
> - Arrangement d'images : 14

© Dunod – La photocopie non autorisée est un délit.

- Cubes : 14
- Assemblage d'objets : 14

QI verbal = 113 (106-118) ;
QI de performance = 116 (107-122) ;
QI total = 117 (111-122).

Indice de Compréhension verbale = 120 (113-125) ;
Indice d'Organisation perceptive = 129 (118-133).

Différence QI verbal/QI de performance = 3 points.

QI total : niveau normal fort à supérieur.

Moyenne pour l'ensemble de l'échelle = 12,2.

Résultats déviant significativement de cette moyenne : Similitudes (+ 3,8 points), Arithmétique (– 4,2 points) et Code (– 8,2 points).

Résultats déviant significativement par rapport à la moyenne de la population : Similitudes (+ 6 points), Compréhension (+ 4 points), Complètement d'images (5 points), Code (– 6 points), Arrangement d'images (+ 4 points), Cubes (+ 4 points) et Assemblage d'objets (+ 4 points).

Pour Gaël qui subit un état de tension très important, qui se traduit particulièrement par de réelles difficultés dans le passage à l'écriture, le raisonnement et la réflexion logiques sont des domaines privilégiés. Alors qu'il a beaucoup de mal pour fixer son attention, ce dont témoignent ses résultats en Arithmétique et au Code, il obtient un très bon score aux Similitudes et aux Cubes.

Le bilan mettra en évidence d'importants troubles de type phobo-obsessionnel chez ce garçon : l'impact de l'angoisse, très important, crée à la fois la tension, fixée sur l'acte d'écrire, et la difficulté de concentration. Le recours au raisonnement prend chez Gaël une dimension défensive qui lui permet de tenir l'angoisse relativement à distance.

➤ Exemples d'échec

En cas d'échec électif aux Similitudes, la plus grande prudence est de mise au niveau de l'interprétation, comme d'ailleurs pour la plupart des subtests verbaux. En effet, ce résultat peut être la conséquence d'une situation culturelle. De nombreux adultes ont un mode de pensée qui reste au niveau concret ou fonctionnel, et leurs enfants n'ont pas l'habitude de la pensée catégorielle. Cet aspect doit toujours être envisagé, car l'échec aux Similitudes se retrouvant chez les enfants déficients, le risque est grand d'interpréter l'absence de cet acquis culturel comme relevant de la déficience.

Pacôme, presque 11 ans, consulte pour d'importants troubles du comportement et des problèmes de violence (voir *supra*, paragraphe 3, Code).

Il obtient les résultats suivants au WISC-III :

- Information : 9
- Similitudes : 4
- Arithmétique : 6

- Vocabulaire : 8
- Compréhension : 5
- Complètement d'images : 9
- Code : 1
- Arrangement d'images : 10
- Cubes : 13
- Assemblage d'objets : 13

QI verbal = 78 (74-85) ;
QI de performance = 94 (87-102) ;
QI total = 83 (78-89).

Indice de Compréhension verbale = 80 (75-87) ;
Indice d'Organisation perceptive = 108 (100-114).

QI verbal : niveau limite à normal faible.

QI de performance : niveau normal faible à moyen.

Différence QI verbal/QI de performance = 16 points.

Moyenne pour l'échelle verbale = 6,4.

Moyenne pour l'échelle de performance = 9,2.

Résultats déviant significativement de la moyenne verbale : aucun.

Résultats déviant significativement de la moyenne de performance :
Code (– 8,2 points), Cubes (+ 3,8 points) et Assemblage d'objets (+ 3,8 points).

Résultats déviant significativement par rapport à la moyenne de la population :
Similitudes (– 6 points), Arithmétique (– 4 points), Compréhension (– 5 points), Code (– 9 points).

Même si, en toute rigueur, le score de Pacôme aux Similitudes ne diffère pas significativement de sa moyenne verbale, qui est faible, cette différence est très près d'être significative. Pacôme est en difficulté en général sur le plan verbal : il a toujours eu d'importantes difficultés scolaires, et il vivait dans un contexte culturel sans doute peu favorisant. Mais aussi Pacôme a une pensée qui reste très immature, infantile eu égard à son âge, et cette immaturité se manifeste tout particulièrement aux Similitudes, car sa pensée reste très concrète :

- Item 5 : *En quoi une chaussure et une chaussette se ressemblent ?* « Parce que c'est sec... »
- Item 6 : *En quoi une carotte et une pomme de terre se ressemblent ?* « Parce que ça se mange, ça s'épluche aussi... »
- Item 7 : *En quoi un rat et un lion se ressemblent ?* « Parce qu'ils ont une queue... parce qu'aussi ils ont la même couleur des fois... »
- Item 8 : *En quoi le papier et le carton se ressemblent ?* « Parce que c'est doux et parce que ça a la même matière aussi... »

On voit bien comment la pensée de Pacôme reste concrète et fonctionnelle : il met l'accent soit sur les aspects sensoriels, soit sur la dimension fonctionnelle. L'item 7 amène une réponse qui semble renvoyer à des préoccupations phalliques, mais avec une formulation que l'on rencontre généralement chez des enfants beaucoup plus jeunes. L'ensemble reste très immature, mais s'inscrit également dans un mode de pensée concret et fonctionnel qui peut renvoyer à des données culturelles.

© Dunod – La photocopie non autorisée est un délit.

Les enfants déficients obtiennent une note faible en Similitudes : un bon résultat exclut l'hypothèse même de cette déficience.

Mais cette note faible, voire nulle, se retrouve souvent pour des enfants présentant des troubles psychotiques : pour eux, la difficulté à faire des liens empêche la mise en relations qui est ici sollicitée.

Les parents d'Évrard, 7 ans et demi, demandent un bilan sur les conseils d'un psychologue qu'ils ont consulté à propos des difficultés scolaires et affectives d'Évrard. Celui-ci fréquente le CP, où il ne fait aucun apprentissage mais perturbe beaucoup la classe par son agitation et son instabilité. L'enseignant et le directeur de l'école acceptent le redoublement souhaité par les parents, à la condition que ceux-ci mettent en place un suivi psychologique pour Évrard. Sinon, il sera orienté en classe d'adaptation (*cf. infra*, Illustrations cliniques).

Il obtient les résultats suivants au WISC-III :

- Information : 3
- Similitudes : 1
- Arithmétique : 1
- Vocabulaire : 5
- Compréhension : 4
- Complètement d'images : 6
- Code : 1
- Arrangement d'images : 7
- Cubes : 1
- Assemblage d'objets : 3

QI verbal = 56 (53-65) ;
QI de performance = 60 (57-72) ;
QI total = 54 (51-62).

Indice de Compréhension verbale = 62 (59-71) ;
Indice d'Organisation perceptive = 67 (63-78).

QI total : retard mental.

Différence QI verbal/QI de performance = 4 points.

QI total : retard mental.

Moyenne pour l'ensemble de l'échelle = 3,2.

Résultats déviant significativement de cette moyenne : Arrangement d'images (+ 3,8 points).

Résultats déviant significativement par rapport à la moyenne de la population : tous les subtests, à l'exception de l'Arrangement d'images qui se situe à la limite.

Les résultats d'Évrard sont très faibles et son score aux Similitudes ne diffère pas significativement de l'ensemble de ses résultats. Mais Évrard ne peut donner aucune réponse aux Similitudes : il ne peut pas percevoir les ressemblances, ni comprendre que deux objets peuvent avoir un caractère commun ou appartenir à la même catégorie ou la même famille.

- Item 1 : *En quoi un stylo et un crayon se ressemblent ?* « Non, ça se ressemble pas... (essaie de me dire s'il y a une ressemblance) Moi je trouve qu'un stylo parfois c'est blanc, vert, et un crayon c'est noir... ».
- Item 2 : « C'est pas pareil ! »
- Item 3 : *En quoi un vélo et une voiture se ressemblent ?* « C'est pareil sauf qu'un vélo... ça a la même forme, la même couleur... ».
- Item 4 : *En quoi une table et un bureau se ressemblent ?* « Une table parfois c'est blanc... ».

En fait, Évrard ne peut établir aucun lien entre deux mots : il n'est d'ailleurs pas du tout évident qu'il comprenne même les questions posées. Pour cet enfant qui présente d'importants troubles de la personnalité, déjà anciens, c'est la possibilité même d'établir des liens à partir du langage qui n'est pas acquise, et l'empêche de s'inscrire dans une pensée qui suppose ces mises en relations.

5. L'Arrangement d'images

Ce sont des séries d'images en couleur, présentées dans le désordre, que l'enfant doit ordonner pour qu'elles racontent une histoire logique. Le temps est limité. À partir de l'item 3, des points de bonification sont accordés pour la rapidité. Après avoir donné un exemple, le démarrage est différent pour les enfants de 6 à 8 ans, et les plus âgés (voir *Manuel*). Dans la consigne, le psychologue dit à l'enfant qu'il doit mettre les cartes dans l'ordre, pour qu'elles racontent une histoire qui a du sens. Il lui demande de travailler le plus vite qu'il peut.

Aptitudes évaluées

Pour Wechsler, l'Arrangement d'images permet de mesurer l'aptitude d'un sujet à comprendre et à saisir une situation dans son ensemble. Pour réaliser l'exercice, il faut que la personne saisisse la globalité, la signification d'ensemble de l'histoire. Plus que pour tout autre subtest, elle doit évaluer la situation totale.

Par ailleurs, les histoires choisies font toujours référence à des situations humaines ou pratiques. Certains auteurs ont décrit une « intelligence sociale », notion à laquelle Wechsler ne croit pas : il pense qu'il s'agit plus simplement de l'intelligence générale appliquée aux situations sociales (1956, p. 109). Il remarque d'ailleurs qu'il est très rare que les personnes qui réussissent bien l'Arrangement d'images soient déficientes, même si elles échouent aux autres subtests.

© Dunod – La photocopie non autorisée est un délit.

En ce qui concerne la notation, Wechsler accorde des points à un certain nombre d'arrangements qui, sans être parfaitement exacts, racontent un récit plausible, et sont donnés de façon statistiquement suffisamment significative dans la population. Il précise que si un arrangement n'est pas prévu mais qu'il est accompagné d'une explication convaincante, l'examinateur peut le créditer d'une note additionnelle raisonnable. Ce qui lui permet de remarquer l'intérêt d'être attentif aux récits reconstitués : des « explications uniformément bizarres » peuvent être la marque d'un fonctionnement psychique particulier, voire renvoyer à un fonctionnement psychotique (p. 110).

Wechsler note également que l'Arrangement d'images a une corrélation plutôt médiocre avec les autres subtests de l'échelle.

Cette épreuve semble être saturée par le facteur d'organisation perceptive, c'est-à-dire que l'appréhension des stimuli joue un rôle essentiel. En d'autres termes, il semble difficile de réussir cet exercice en procédant par essais-erreurs. Au contraire, il faut pouvoir distinguer ce qui est essentiel de l'accessoire et trouver une histoire qui puisse traverser l'ensemble des images. Cela suppose une planification, et donc de pouvoir se représenter des séquences temporelles : de fait, il faut être capable de se repérer et de s'inscrire dans le temps pour réussir cette tâche, il faut que l'enfant ait intégré les concepts temporels d'avant et d'après (Kaufman, 1979, cité par Grégoire, 1995, pp. 154-155).

Grégoire cite les travaux de Sattler, qui remarque que certains enfants ont tendance à verbaliser l'histoire qu'ils sont en train de construire et que cela a un effet facilitant. Grégoire, en 1995, critique cette conception, à partir des résultats d'analyse factorielle qui montrent que le rôle du langage est extrêmement réduit dans cette épreuve. Il est toutefois intéressant de remarquer que Grégoire revient sur ce jugement en 2000 : étant donnée la saturation par le facteur verbal à cette épreuve, il pense tout à fait possible que le langage joue un rôle dans cette épreuve, même si cet impact ne doit pas être exagéré.

En fait, ce rectificatif apporté par Grégoire à ses propres résultats correspond parfaitement à ce qui se dégage de l'expérience clinique : si l'Arrangement d'images n'est en rien une épreuve verbale, ce subtest a un statut particulier au sein de l'échelle de performance.

Approche clinique

L'Arrangement d'images est d'abord une épreuve d'organisation spatiale, et en tant que telle, elle est difficile pour les enfants souffrant de dyspraxie.

Les dyspraxies ont pour caractéristique principale un déficit dans le domaine de l'organisation spatiale. Les difficultés pour construire ou reproduire des modèles impliquant des relations spatiales sont le pivot du diagnostic (Bergès, 1985, p. 376). Chez les enfants souffrant de dyspraxie, il y a toujours une discordance importante entre les deux échelles du WISC-III. L'échelle de performance est dans ce cas inférieure d'au moins 20 points par rapport à l'échelle verbale.

Les dyspraxies sont homogènes dans leurs manifestations, mais leurs causes sont diverses. On les rencontre fréquemment en cas de troubles graves de la personnalité : elles vont de pair dans ces cas-là avec des perturbations du schéma corporel, et se retrouvent dans certains tableaux de psychose infantile.

On retrouve exactement ce même tableau chez des enfants qui sont d'anciens prématurés, sans que rien d'autre puisse évoquer des troubles de la personnalité :

> « En effet, les conditions dans lesquelles se sont déroulées les premières périodes de la vie sont ici décisives, et la fréquence des troubles conjoints de la motricité, de l'organisation spatiale et de l'intégration du schéma corporel apparaissent par exemple comme constitutives du « syndrome tardif de l'ancien prématuré ». Cette association est tellement fréquente dans les cas de prématurité qu'elle ne saurait, à notre avis, être la marque spécifique d'une évolution psychotique. » (Bergès, p. 377)

Les dyspraxies peuvent aussi correspondre à des symptômes phobiques, et sont liées dans ces cas-là presque toujours à une phobie du regard.

Très souvent, mais ce n'est pas la règle, les enfants souffrant de dyspraxie obtiennent leur meilleur résultat en performance à l'Arrangement d'images, qui leur permet de s'appuyer sur le langage, sur le récit, pour réorganiser le matériel spatialement et temporellement. Chez les enfants dyspraxiques, l'Arrangement d'images est fréquemment le subtest de performance le mieux réussi, car il est le seul qui leur permette de s'étayer réellement sur le langage.[1]

Grégoire met l'accent sur une dimension importante : la souplesse de pensée. Pour découvrir la bonne solution, l'enfant doit pouvoir envisager plusieurs arrangements possibles. S'il se fixe de façon rigide à un seul arrangement, il échoue le plus souvent. Cet aspect est essentiel (nous le retrouvons d'ailleurs de façon encore plus claire à l'Assemblage d'objets) :

1. L'Assemblage d'objets, où une signification de l'objet à reconstituer est en jeu, permet cet étayage dans une moindre mesure. Mais cet appui sur le langage est rendu totalement impossible aux Cubes, par exemple.

© Dunod – La photocopie non autorisée est un délit.

il renvoie à la capacité de mettre en œuvre un processus d'autocritique. Cela suppose que l'enfant accepte l'idée qu'il ait pu se tromper, c'est-à-dire qu'il admette de ne pas savoir, afin de se mettre à la recherche d'une solution meilleure.

Il faut aussi souligner que, comme pour les Cubes et l'Assemblage d'objets, la vitesse joue un rôle qui n'est pas négligeable dans le résultat obtenu.

Les situations mises en scène dans ce subtest ont toujours à voir avec la vie pratique ou sociale. À l'Arrangement d'images, les histoires n'appartiennent pas forcément à la vie courante de l'enfant, mais elles renvoient à des situations suffisamment simples pour être comprises aisément. Par exemple, plusieurs récits ont pour cadre le monde rural ou la nature : cela ne semble pas gêner les enfants de milieu urbain, même quand ils ont peu l'occasion de passer du temps à la campagne. Il y a de fait une proximité entre ces images et celles des bandes dessinées, qui donne à cette épreuve une dimension de familiarité. Dans la version du WISC-III, ce matériel est particulièrement agréable et coloré, et ces images sont très bien acceptées par les enfants qui perçoivent ici aussi un aspect ludique.

L'aspect relationnel est extrêmement présent dans ces récits qui, dans leur grande majorité (11 items sur 14), mettent en scène des relations : entre des adultes et des enfants, des adultes et des animaux, des enfants et des animaux, des parents et des enfants. La « clef » qui permet de comprendre l'histoire est souvent de nature conflictuelle. Par ces aspects relationnels et de mise en scène des conflits, le subtest d'Arrangement d'images est sans doute le plus projectif de toute l'échelle. Toutefois, cela suppose de demander à l'enfant, après chaque item, de raconter l'histoire qui correspond à la séquence d'images, ce qui représente plusieurs avantages.

D'une part, cela permet de mettre en évidence si l'enfant a bien compris : il n'est pas rare qu'un arrangement bien réussi, surtout aux premiers items, ait été fait un peu au hasard, sans que l'enfant ait saisi la cohérence de l'ensemble. Il y a bien sûr ici une différence qualitative essentielle avec une réussite liée à une bonne compréhension. D'autre part, en cas d'erreur, raconter l'histoire à voix haute, adressée au psychologue, conduit certains enfants à se corriger très spontanément, alors que pour d'autres, cette reprise n'apporte rien de plus. Cela est précieux pour le clinicien, car l'enfant qui se corrige a pu se tromper à cause de problèmes d'attention ou parce qu'il a besoin de s'appuyer sur le langage, la verbalisation, la relation avec l'autre, pour réfléchir. Cela met aussi en évidence ses capacités d'autocritique.

Toutefois, chez tous les enfants, ces récits (qu'il est très important de transcrire, au moins pour leurs aspects les plus significatifs) ont très souvent une réelle valeur projective : nous verrons que selon les items et leurs thématiques, cette dimension est plus ou moins sollicitée. Il y a donc une proximité entre ce subtest et les épreuves projectives thématiques, comme le TAT ou le CAT, dans lesquelles le psychologue demande à l'enfant de raconter une histoire à partir d'une image.

La dimension projective de ces récits est telle que, pour les adultes, des échelles ont été mises au point afin d'évaluer les récits racontés à l'Arrangement d'images de la WAIS-R (Segal *et al.*, 1993). Les critères retenus sont les suivants :

– la cohérence des événements ;

– la vraisemblance des causes ;

– l'aspect affectif dans les interactions ;

– l'investissement relationnel ;

– la complexité des représentations ;

– la cohérence des personnages.

L'évaluation de ces six aspects apporte des renseignements dont la pertinence pour le diagnostic de certains troubles de la personnalité a été prouvée.

En revanche, une autre conception de l'approche clinique de ce subtest me paraît discutable. Il est assez classique de considérer que l'Arrangement d'images (comme le subtest de Compréhension) renvoie à l'adaptation pratique et sociale. Or, il y a là un glissement entre deux registres différents qui me paraît très problématique. Comprendre des situations de la vie relationnelle et sociale ne veut pas dire pour autant qu'on y est soi-même adapté. Or, cette interprétation abusive est souvent faite, qui revient à confondre la compréhension que le sujet a d'une situation et ses propres réactions s'il y était directement confronté.

Dans la clinique, nombreux sont les enfants qui consultent pour des difficultés d'adaptation sociale et relationnelle et qui réussissent tout à fait bien ce subtest : il n'y a pas de lien systématique entre ces deux niveaux.

Cette impression issue de l'expérience clinique semble confirmée par des recherches récentes. Lipsitz *et al.* (1993) ont étudié la relation entre les résultats à l'Arrangement d'images et en Compréhension pour deux groupes d'enfants. Dans un groupe, il s'agissait d'enfants ayant des difficultés sociales et des problèmes d'agressivité. L'autre groupe est constitué d'enfants sans problèmes particuliers. L'idée selon laquelle ces deux subtests renseigneraient sur la qualité du fonctionnement social des enfants n'a pas été confirmée par les résultats de leur étude.

© Dunod – La photocopie non autorisée est un délit.

À l'Arrangement d'images, une attention toute particulière peut être accordée au sens de l'humour : quelques items sont franchement drôles et certains enfants rient de bon cœur dès qu'ils ont compris l'histoire. Cela suppose de la vivacité d'esprit et une bonne compréhension des enjeux sociaux et relationnels. L'humour implique d'avoir un regard relativement distancié par rapport à la situation exposée, c'est-à-dire que l'enfant peut en accepter les enjeux, sans être envahi ou débordé par ce qu'elle peut réactiver pour lui.

Par exemple, l'item 6 représente une situation de transgression, mais qui n'apparaît qu'avec la compréhension globale de l'histoire. Certains enfants ne peuvent pas s'autoriser cette représentation : ils ratent cet item de façon élective, alors qu'ils réussissent sans aucune difficulté des arrangements beaucoup plus difficiles. Cela s'accompagne en général pour ces enfants d'un fort refoulement de l'agressivité.

Pour d'autres enfants, non seulement ils trouvent très vite la clef de l'énigme, mais ils rient avec beaucoup de plaisir dès qu'ils ont compris la finalité de l'histoire. Cette satisfaction est d'autant plus forte que la transgression fait partie du récit, et qu'elle est donc autorisée par le psychologue qui partage le plaisir pris à cette plaisanterie…

Le mode de réaction et le comportement de l'enfant

L'Arrangement d'images est un matériel assez gai, coloré, généralement bien accepté par les enfants. L'item d'exemple est clair et les rassure efficacement sur l'exercice qu'ils doivent effectuer.

La façon de procéder de l'enfant montre comment il aborde la résolution de cette tâche. Déjà, l'investissement ou le désintérêt de l'enfant se manifestent en général assez rapidement : soit il est attentif, motivé, cherche visiblement à réussir. Ou bien il se débarrasse le plus vite possible de l'exercice, se mobilisant *a minima*. Comme pour toute épreuve de ce type, la motivation représente un facteur déterminant de la réussite ou de l'échec.

Ensuite, la souplesse de pensée évoquée par Grégoire rejoint très nettement ici des traits de personnalité. Un enfant ne peut commencer à apprendre, ou à accepter de réfléchir, qu'à partir du moment où il admet l'idée qu'il ne sait pas. Or, les enfants restés pris dans une problématique de toute-puissance n'acceptent pas de ne pas savoir, c'est-à-dire de manquer de quelque chose. À l'Arrangement d'images, cela se traduit par l'impossibilité de s'autocritiquer.

> Les parents d'Augustin, qui a bientôt 11 ans, consultent pour une situation d'échec scolaire persistante, malgré de nombreux changements d'établissement depuis le CP. Augustin est un enfant vif, éveillé, mais qui est incapable de fixer son attention dès qu'il s'agit d'apprentissages scolaires. Il ne s'intéresse qu'aux jeux et au dessin, dans lequel il excelle.
>
> Augustin a un contact très immature, il me tutoie d'emblée comme pourrait le faire un enfant plus jeune. Très excité et volubile, il ne cesse de parler, rendant la passation du test difficile car il faut le ramener en permanence à la tâche en cours.
>
> À l'Arrangement d'images, qu'il réussit pourtant bien, il se précipite beaucoup, a beaucoup de mal à fixer son attention et déploie une véritable logorrhée.
>
> À plusieurs reprises, alors qu'il a du mal à trouver le bon arrangement, il me dit « Il y a une carte de trop ! » sur un ton accusateur.
>
> Alors qu'il raconte un récit aberrant sur une séquence d'images qu'il vient d'organiser, il se rend sans doute compte de son absurdité. Il m'assène alors, sur un ton péremptoire et sans appel : « Moi, je le vois comme ça ! ».
>
> Augustin tente de maintenir une position de toute-puissance, dans laquelle il déciderait lui-même des règles. Mais ces réactions évoquent aussi des attitudes de prestance, motivées par le refus de se sentir en échec.

Ce type de réactions peut se rencontrer chez des enfants organisés sur un mode névrotique, ce qui est le cas pour Augustin. Bien que structurés autour de l'angoisse de castration, ils persistent à en refuser les conséquences. Cette situation est en général pour eux très conflictuelle. Ce sont des enfants que l'on rencontre souvent en consultation pour difficultés scolaires, alors qu'ils ont les capacités requises pour une scolarité normale. Ils se plaignent fréquemment de s'ennuyer à l'école, et les enseignants se demandent souvent à leur propos s'il ne s'agit pas d'enfants surdoués. Cette plainte recouvre en général des réactions de prestance. En effet, dès que ce qui leur est demandé à l'école dépasse le stade de l'évidence et qu'ils doivent réfléchir, ils en sont empêchés par leur refus, très profond, d'accepter leur manque. Ce conflit névrotique est à l'origine de nombreuses problématiques d'échec scolaire chez des enfants normalement doués. Mais, en dehors de la mise en œuvre d'une analyse avec l'enfant ou d'un bilan approfondi à l'écoute de ces dimensions conflictuelles, la composante névrotique de ce problème passe souvent inaperçue, laissant enfant, parents et enseignants face à une énigme insoluble.

On peut rencontrer également ce type de réactions chez certains enfants psychotiques, et elles prennent alors un caractère beaucoup plus massif. Ce sont des enfants qui disposent très vite les cartes, et ils peuvent réussir parfois les premiers items, où l'ordre à trouver est assez évident. Mais dès qu'il faut mobiliser une réflexion, ils procèdent de la même manière, organisant les

© Dunod – La photocopie non autorisée est un délit.

cartes sur un mode aléatoire, dans des arrangements aberrants. Raconter l'histoire ne les aide pas, et ils n'accèdent pas à une dimension critique.

En outre, certains enfants ne supportent pas de perdre la maîtrise de la situation, non pas parce qu'ils maintiennent une position de toute-puissance, mais parce qu'ils sont très angoissés dans cette situation.

Dans le déroulement habituel, le clinicien dispose les cartes devant l'enfant, celui-ci réalise l'arrangement, puis le psychologue lui demande de raconter l'histoire. Enfin, celui-ci ramasse les cartes, qu'il range avant de donner la série suivante à l'enfant.

Or, des enfants très angoissés se précipitent pour se saisir des cartes (comme ils le font généralement aussi au Rorschach), ou bien pour les ramasser avant le psychologue.

Beaucoup plus que les autres subtests de performance qui font appel aussi à du matériel concret, l'Arrangement d'images provoque ce type de réaction chez les enfants susceptibles de mettre en œuvre ces défenses par le comportement. Cela est sans doute dû au dispositif du subtest lui-même, avec cet enchaînement d'actions répétitives, que l'enfant apprend très vite à connaître.

Ces comportements correspondent presque toujours à une tentative de maîtriser l'angoisse réactivée par la situation. Les enfants instables, agités, présentent fréquemment ce type de réaction. Ces réactions de l'enfant sont adressées au psychologue, dans l'interaction qui se noue entre eux. Derrière l'agitation apparente, se cache toujours une tentative, souvent assez désespérée, de faire face à l'angoisse.

> Aubin a 7 ans et demi. Il m'est adressé par le pédopsychiatre qui l'a suivi pendant quelques mois, mais maintenant Aubin refuse de retourner le voir. Aubin souffre d'une importante instabilité et d'un manque de concentration décelés depuis plusieurs années. Cette symptomatologie s'aggrave actuellement, ce qui motive le bilan.
>
> Aubin semble très inquiet, mais il finit par se détendre et parler plus librement ; toutefois, il a besoin de temps. On ne remarque aucune manifestation d'instabilité en situation de bilan. Visiblement, il investit la relation, mais se montre très inquiet de ses échecs.
>
> Mais Aubin renâcle pour revenir au second rendez-vous, pour poursuivre le bilan. Il me dit qu'il aime quand il gagne et quand c'est facile, et qu'il n'aime plus faire les choses dès qu'il ne sait pas. Il me dit d'ailleurs qu'il n'aime pas l'école parce « qu'on fait toujours les mêmes choses ». Il me semble qu'en fait, Aubin est dans un rapport de compétition extrêmement serré et qu'il ne supporte pas la moindre mise en échec.
>
> À l'Arrangement d'images, Aubin est très anxieux, alors qu'il réussit très bien ce subtest. À chaque fois que je dispose les cartes devant lui, il les compte à voix haute, exprimant son inquiétude quand les cartes sont plus nombreuses à certains

items. Extrêmement soucieux, Aubin s'inquiète de tout en permanence, craignant d'échouer à chaque item.

À l'extrême, chez des enfants psychotiques ou souffrant de dysharmonies graves, ces réactions peuvent être exacerbées, au point de rendre difficile la poursuite de la passation.

Beaucoup plus rares sont les enfants qui cherchent à lire derrière les cartes, après avoir compris que le psychologue lit des chiffres au dos des cartes, afin d'inscrire le résultat sur la feuille de notation. Ce besoin de vérification constitue aussi une manière de se prémunir contre l'angoisse, dans une tentative de maîtriser l'environnement et l'espace. Ces défenses par le comportement peuvent alors avoir le sens de réactions phobiques.

Joseph, 9 ans et demi, consulte pour une phobie scolaire grave. À l'Arrangement d'images, dès qu'il comprend l'existence de repères au dos des cartes, il les retourne systématiquement, dans une sorte de vérification compulsive, bien que je tente de l'en dissuader. Pour cet enfant présentant des symptômes phobiques importants, le contrôle par le regard (qui se manifeste aussi à travers l'excellent résultat au Complètement d'images) semble constituer une manière de baliser l'espace, de l'ordonner, afin de se défendre contre l'angoisse.[1]

D'autres enfants perdent un temps considérable car ils sont envahis par le doute. Ils hésitent, ne parviennent pas à se décider. D'autres enfants terminent dans un laps de temps tout à fait normal, mais passent un long moment à vérifier si l'arrangement est correct. Il y a ici une exacerbation de réactions caractéristiques de la période de latence : l'obsessionnalisation normale du psychisme enfantin devient envahissante.

Le manque de confiance en soi et le doute peuvent aussi se manifester ici, car ce subtest suppose que l'on s'appuie sur ses propres repères. Les enfants restés très dépendants de l'autre peuvent être déstabilisés, et tentent alors de trouver une confirmation chez le psychologue de leur démarche et de leurs réponses.

Christophe, qui a presque 12 ans, consulte pour des problèmes scolaires. Il a pourtant des facilités pour les apprentissages, mais il est « absent » en classe, les enseignants disent de lui qu'il est « dans la lune », il ne prend pas les cours, ne s'intéresse pas à ce qui se dit. Les parents sont divorcés. Le père de Christophe pense qu'il est « fainéant », mais aussi qu'il n'a pas supporté la séparation. Quant à sa mère, elle croit que Christophe a « un QI énorme », mais que la scolarité traditionnelle ne lui convient pas. En fait, Christophe n'a rencontré aucun problème jusqu'en CM1. Ses résultats ont commencé à chuter à partir de cette année-là, alors que son père s'installait avec une nouvelle compagne.

1. Pour une analyse détaillée du WISC-III de Joseph, voir *supra* : Code – L'analyse de la dispersion.

© Dunod – La photocopie non autorisée est un délit.

Christophe participe sans aucune difficulté au bilan, mais sans montrer un investissement important. Il semble un peu triste, et manque de confiance en lui de façon importante. Le bilan mettra en évidence des aspects dépressifs très importants.

À l'Arrangement d'images, Christophe se montre extrêmement dépendant. Il me regarde presque à chaque mouvement, quêtant du regard mon approbation. Pour chaque item, il me demande s'il a réussi, bien qu'il sache que je ne peux pas lui donner la réponse. En fait, il ne s'autorise pas à réfléchir par lui-même et à affirmer ses choix.

Le mode de verbalisation et le discours de l'enfant

Certains enfants verbalisent pendant l'exercice. Sans doute, cela représente une aide pour ceux qui ont besoin de passer par le langage. Mais cette verbalisation n'est pas toujours facilitante. Des enfants se mettent à parler parce qu'ils cherchent à maintenir la relation établie avec le psychologue, et cela renvoie plus alors à des difficultés de séparation. Ces enfants bénéficient souvent d'être ramenés à la tâche, en leur disant qu'ils peuvent se concentrer en silence, et qu'ils pourront raconter l'histoire dans un second temps. Ils y gagnent alors en rapidité et en efficacité.

Quant à la verbalisation proprement dite, elle n'advient que secondairement, si on demande à l'enfant de raconter l'histoire. On retrouve bien sûr alors les différents styles : verbalisation riche ou pauvre, propos laconiques ou détaillés, discours personnel, émaillé de commentaires, ou bien mise à distance du propos, etc. En fait, ce style particulier du discours pour chaque enfant est beaucoup mieux mis en évidence aux subtests verbaux. Du strict point de vue de la verbalisation, l'Arrangement d'images n'apporte généralement pas de renseignement très significatif, que l'échelle verbale n'aurait pas permis de dégager.

En revanche, c'est en lien avec les contenus des différents items que des mécanismes tout à fait projectifs peuvent être mobilisés chez l'enfant, et se manifester à travers les récits qu'il raconte.

Les erreurs spécifiques intra-subtest

Si quelques items sont très neutres, la grande majorité des histoires à retrouver comporte des éléments conflictuels. L'enfant réagit donc au matériel proposé. Ses réactions peuvent se manifester de différentes façons :

– soit il est déstabilisé par le thème de l'histoire ou les représentations proposées. Cela se traduit souvent par des échecs électifs : l'enfant échoue à un item considéré comme facile eu égard à son niveau pour l'ensemble du subtest ;

– soit la réaction projective ne l'a pas empêché de réussir, mais la déstabilisation s'exprime dans le récit après-coup : l'enfant ne peut nommer la situation, ou bien il y a un scotome d'un ou de plusieurs personnages, etc.

Presque chaque séquence d'images réactive une problématique particulière, liée à la thématique de l'histoire. Cependant quelques-unes restent très neutres, et se prêtent difficilement aux mouvements projectifs. Nous pouvons reprendre, par analogie, les catégories introduites par Vica Shentoub *et al.* (1990) à propos du TAT concernant les contenus manifestes et les sollicitations latentes[1].

Il est possible de dégager les sollicitations latentes pour chaque item, et de mettre en lumière les problématiques susceptibles d'être réactivées pour l'enfant (voir tableau page suivante).

Ainsi, l'évocation d'une problématique à un item peut avoir un effet déstabilisant pour un enfant, et être à l'origine d'un échec dont la valeur n'est pas intellectuelle.

> Clara, 7 ans, consulte dans un contexte de crise grave. Les parents sont séparés. Suite à certaines révélations de l'enfant, sa mère a porté plainte pour des actes de pédophilie de la part du père. Celui-ci, mis en accusation, a proféré des menaces de mort contre son ex-femme.
>
> Clara échoue à l'item 11 : « Le papa ne veut pas donner le parapluie à sa fille, elle est obligée d'aller se faire mouiller dehors... »
>
> Clara ne peut pas réussir cet item, qu'elle n'est manifestement pas en mesure de comprendre, car cela suppose de pouvoir se référer à une image paternelle protectrice. Pour elle, l'image paternelle est perçue comme créant les conditions d'une mise en danger. Ce sont des éléments projectifs, liés aux représentations qui sont les siennes, qui l'empêchent sans doute ici de donner l'arrangement adéquat.

Étude de la dispersion

➤ Exemple de réussite

Un résultat élevé à l'Arrangement d'images renvoie généralement à une bonne compréhension des situations sociales et relationnelles, ainsi que de la vie pratique. Il s'agit d'une approche du monde et de l'environnement qui

1. Afin de préserver la confidentialité de l'épreuve, les contenus manifestes ne sont pas présentés ici (voir *Manuel*).

© Dunod – La photocopie non autorisée est un délit.

Les sollicitations latentes du substest Arrangement d'images

Item 1 : Rien de particulier.
Item 2 : Problématique liée à l'agressivité et à l'avidité orales.
Item 3 : Rien de particulier.
Item 4 : Problématique liée à l'avidité orale.
Item 5 : Problématique liée à l'agressivité, qui peut entraîner le scotome d'une partie de l'action. Parfois, plus rarement, problématique de séparation.
Item 6 : Plaisir lié à la transgression, et agressivité.
Item 7 : Relation avec une image maternelle autoritaire, surmoïque. renvoie de toute façon à l'autorité d'une image parentale.
Item 8 : Le thème du feu peut réactiver une angoisse importante, mais cela reste assez rare. En revanche, la relation avec le couple parental, alors qu'elle ne représente pas l'essentiel du récit, peut se révéler déstabilisante pour certains enfants, en cas d'opposition aux parents ou de difficulté de représentation du couple parental.
Item 9 : Mise en scène d'une relation agressive, suivie d'une formation réactionnelle. item difficile pour les enfants qui ont du mal à exprimer leur agressivité.
Item 10 : Renvoie à une double image maternelle, essentiellement protectrice mais représentant également l'autorité.
Item 11 : Relation avec une image paternelle protectrice et autoritaire, et tentation de désobéissance.
Item 12 : Renvoie à une thématique de l'ordre de l'analité, et secondairement de l'agressivité.
Item 13 : Renvoie à la représentation du couple parental.
Item 14 : Rien de particulier ; l'évocation de la neige peut réactiver des affects dépressifs, mais cela est extrêmement rare.

s'inscrit dans un certain pragmatisme. Il est très intéressant de comparer ce résultat avec celui qui est obtenu en Compréhension, qui met à l'épreuve un mode d'appréhension de l'environnement assez proche, mais qui est un subtest verbal.

Boris, qui a presque 11 ans, m'est adressé par le directeur de son école qui appréhende pour lui le passage en 6e. Boris refuse l'école, et il apprend tout seul en dehors. Avant, il perturbait aussi la classe, ce qu'il ne fait plus maintenant.

Boris a été adopté en Roumanie à l'âge de 2 ans et demi. À ce moment-là, il ne parlait pas, ne marchait pas, refusait tout contact. Cependant, dès son arrivée en France, il a fait toutes ces acquisitions très rapidement. Sa mère adoptive est célibataire.

Boris souffre de séquelles d'une poliomyélite qui l'ont laissé très handicapé d'une jambe. De ce fait, il est isolé depuis toujours, ne pouvant pas partager les jeux des autres enfants.

Boris fait beaucoup de compliments, s'extasie sur tout : de manière manifeste, il cherche à plaire et à se faire accepter dans la relation. Il se montre très agréable dans le contact. Boris présente un niveau de langage et de connaissances exceptionnel pour son âge, il parle en fait comme un adulte. Très disert, il est parfois un peu à la limite de la logorrhée, et il demande des justifications à propos de tout, ce qui fait penser à une certaine angoisse sous-jacente. On peut noter que, derrière un abord très agréable et chaleureux, Boris établit un rapport de force subtil et permanent.

Il obtient les résultats suivants au WISC-III :

- Information : 19
- Similitudes : 14
- Arithmétique : 9
- Vocabulaire : 18
- Compréhension : 18
- Complètement d'images : 14
- Code : 5
- Arrangement d'images : 13
- Cubes : 9
- Assemblage d'objets : 6

QI verbal = 138 (130-141) ;
QI de performance = 95 (88-103).

Indice de Compréhension verbale = 144 (135-147) ;
Indice d'Organisation perceptive = 103 (95-110).

QI verbal : niveau très supérieur.

QI de performance : niveau normal faible à moyen.

Différence QI verbal/QI de performance = 43 points.

Moyenne pour l'échelle verbale = 15,6.

Moyenne pour l'échelle de performance = 9,4.

Résultats déviant significativement de la moyenne verbale : Information (+ 3,4 points), Arithmétique (– 6,6 points).

Résultats déviant significativement de la moyenne de performance : Complètement d'images (+ 4,6 points), Code (– 4,4 points), Arrangement d'images (+ 3,6 points) et Assemblage d'objets (– 3,4 points).

Pour Boris, le QI total n'a pas de signification, car la différence entre les deux échelles est très forte. À l'exception de l'Arithmétique, qui reflète bien ses difficultés scolaires, Boris se situe très au-dessus de ce qui est attendu pour son âge à l'échelle verbale. Le profil obtenu par Boris est très caractéristique de ce que l'on rencontre chez les enfants dits « surdoués », qui sont dans une suradaptation aux

© Dunod – La photocopie non autorisée est un délit.

attentes des adultes. Cela se traduit souvent par un excellent niveau à l'échelle verbale, et des résultats plus problématiques aux épreuves de performance qui reflètent plus la prise en compte de la réalité externe.

Chez cet enfant qui cherche surtout à plaire et à se faire accepter par les adultes, ce que l'on peut référer à son histoire, ce surinvestissement du langage s'inscrit sans doute dans ce désir de s'adapter le mieux possible et de satisfaire aux attentes des autres. Les bons résultats en Compréhension et à l'Arrangement d'images témoignent d'un très bon repérage des enjeux sociaux et adaptatifs, qui reflète sans doute la nécessité pour Boris de maîtriser le plus possible l'environnement social, pour s'y faire accepter.

L'échelle de performance est plus problématique, même si Boris s'inscrit dans la moyenne des enfants de son âge. À part le Complètement d'images, qui évoque un important contrôle par le regard chez cet enfant très insécurisé, l'Arrangement d'images est le subtest le mieux réussi en performance : ici, Boris peut s'appuyer sur le langage, ce qui lui permet de compenser (contrairement aux Cubes et à l'Assemblage d'objets) une organisation perceptivo-spatiale plus difficile.

Exemple d'échec

Quand le résultat obtenu à l'Arrangement d'images est très faible par rapport aux autres, il peut s'agir de difficultés spécifiques dans le repérage et la compréhension des situations sociales. Cela peut se produire chez des enfants n'ayant pas d'autre type de difficulté.

Mais l'échec à l'Arrangement d'images peut se rencontrer chez des enfants souffrant de dyspraxie (voir *supra*).

Frédéric, 12 ans, consulte pour une chute catastrophique de ses résultats scolaires, qui compromet ses possibilités de passer dans la classe supérieure.

Frédéric est né très prématuré, avec un très petit poids de naissance. Il a acquis la marche comme le langage tardivement. Il a eu un retard psychomoteur qui a beaucoup inquiété ses parents. Les premières années de scolarité se sont bien passées, mais Frédéric connaît maintenant des difficultés d'apprentissage depuis le CE2.

Il obtient les résultats suivants au WISC-III :

- Information : 11
- Similitudes : 11
- Arithmétique : 3
- Vocabulaire : 13
- Compréhension : 11
- Complètement d'images : 6
- Code : 7
- Arrangement d'images : 1
- Cubes : 5
- Assemblage d'objets : 3

QI verbal = 98 (92-104) ;
QI de performance = 65 (62-76).

Indice de Compréhension verbale = 109 (102-114) ;
Indice d'Organisation perceptive = 64 (61-76).

QI verbal : niveau moyen.

QI de performance : niveau retard mental à limite.

Différence QI verbal/QI de performance = 33 points.

Moyenne pour l'échelle verbale = 9,8.

Moyenne pour l'échelle de performance = 4,4.

Résultats déviant significativement de la moyenne verbale : Arithmétique (– 6,8 points), Vocabulaire (+ 3,2 points).

Résultats déviant significativement de la moyenne de performance : Arrangement d'images (– 3,4 points).

Résultats déviant significativement par rapport à la moyenne de la population : Arithmétique (– 7 points), Complètement d'images (– 4 points), Arrangement d'images (– 9 points), Cubes (– 5 points) et Assemblage d'objets (– 7 points).

Frédéric est un enfant qui souffre de dyspraxie et il présente un tableau tout à fait caractéristique du « syndrome tardif du grand prématuré » décrit par Bergès. Son niveau verbal se situe dans la moyenne, et seule l'Arithmétique a un résultat très faible, qui renvoie aux difficultés scolaires. Les troubles de l'organisation spatiale se manifestent à l'échelle de performance, dont le score est beaucoup plus faible que celui de l'échelle verbale. Frédéric ne parvient pas à compenser ses difficultés spatiales par le biais du langage : l'Arrangement d'images est donc particulièrement chuté. Frédéric est en plus gêné à cette épreuve par sa lenteur.

Des enfants psychotiques ou présentant des dysharmonies graves peuvent également être en très grande difficulté à l'Arrangement d'images. En effet, ils cumulent alors à ce subtest des difficultés d'organisation spatiale et des problèmes pour se repérer dans le temps. Dans ce cas, l'Arrangement d'images est très chuté. En général, ces enfants ne réussissent pas non plus en Information les items de repérage temporel.

6. L'Arithmétique

Ce sont des problèmes arithmétiques que l'enfant doit résoudre mentalement. Il y répond oralement, en temps limité. Des points de bonification sont donnés pour la rapidité, mais seulement pour les derniers items : étant donné les problèmes, ces points concernent beaucoup plus les adolescents que les enfants qui parviennent rarement jusqu'à ce niveau d'aisance dans le maniement du raisonnement et des connaissances arithmétiques.

© Dunod – La photocopie non autorisée est un délit.

Aptitudes évaluées

Wechsler rappelle que la capacité à résoudre des problèmes arithmétiques est depuis longtemps considérée comme un signe de vivacité intellectuelle, et ceci bien avant l'invention de la psychométrie (1956, p. 100). Les tests de raisonnement arithmétique ont une forte corrélation avec l'intelligence générale. Cette épreuve présente toutefois deux défauts essentiels : les résultats sont très dépendants de l'éducation, donc du niveau socioculturel de la personne. Ils sont également très sensibles aux problèmes d'attention et aux réactions émotionnelles, c'est-à-dire essentiellement à l'anxiété.

Au moment de la construction de son échelle, Wechsler a choisi des problèmes qui traitent de situations courantes ou supposent des calculs pratiques, en évitant les difficultés verbales et de lecture. Cette orientation lui a permis de proposer aux adultes une épreuve qu'ils jugent intéressante. Le niveau requis correspond aux acquisitions à la fin de l'école primaire : ce sont les quatre opérations, les fractions et les pourcentages.

Il remarque déjà que les enfants en difficulté dans ce domaine ont souvent du mal avec les autres matières. Ces résultats associés à ceux de l'Information donnent souvent une bonne estimation de la réussite scolaire de l'enfant. Pour réaliser cette épreuve, il faut avoir acquis des connaissances arithmétiques de base : la réussite ou l'échec des items sont donc étroitement liés au niveau scolaire.

Grégoire note que cette épreuve est assez faiblement corrélée avec le facteur « verbal-numérique-scolaire », mais l'est également *a minima* par le facteur « spatial-mécanique-pratique ». Donc, les performances obtenues ici ne peuvent pas s'expliquer par les trois principaux facteurs du modèle hiérarchique de l'intelligence (1995, p. 146). Il remarque également qu'il s'agit de l'épreuve verbale la plus faiblement saturée par le facteur verbal, mais la plus saturée par le facteur de performance (2000, p. 181).

S'il semble bien que les capacités en calcul mental soient liées au niveau intellectuel, en revanche les résultats à ce subtest, qui ne comporte qu'un nombre de questions limité, ne suffisent pas pour inférer les acquis scolaires dans ce domaine.

Des travaux américains permettent d'avoir une vision plus précise des aptitudes sollicitées par l'Arithmétique. Un facteur d'attention/concentration sature principalement trois épreuves : l'Arithmétique, la Mémoire des chiffres, et, dans une moindre mesure, le Code. Ces trois subtests mobilisent la mémoire à court terme, qui est extrêmement sensible aux problèmes d'attention et de contrôle mental (Kaufman, 1975, cité par Grégoire, p. 147).

Grégoire associe ce facteur d'attention décrit par Kaufman avec l'aptitude séquentielle découverte par Bannatyne (1974), qui regroupe trois subtests : la Mémoire de chiffres, l'Arithmétique et le Code. Bannatyne remarque chez les enfants qui ont des difficultés en lecture un déficit du point de vue de la vitesse et de la précision de l'encodage lexical. En effet, Grégoire montre que pour réussir l'épreuve d'Arithmétique, il faut mémoriser correctement la séquence des énoncés : si cet encodage est déficient, la résolution du problème devient impossible. De même, au cours de la résolution du problème, il faut pouvoir retenir les étapes intermédiaires des calculs et les intégrer dans la suite du raisonnement. On voit bien à quel point l'attention et la concentration sont déterminantes pour cette épreuve.

Comme aux autres subtests, les questions d'Arithmétique sont ordonnées par ordre de difficulté croissante. Plus les questions sont difficiles, plus les capacités d'abstraction sont également sollicitées, ainsi que les aptitudes à l'analyse et à la synthèse. Pour l'ensemble, le chronométrage met aussi en jeu la rapidité et la vivacité d'esprit.

Approche clinique

Du point de vue clinique, l'Arithmétique est une épreuve particulièrement intéressante, car le mode d'interaction et le contenu des questions en font, de toute l'échelle, le subtest le plus proche de la situation scolaire. Les enfants ne s'y trompent pas, qui reproduisent ici les attitudes et les comportements dont ils sont coutumiers dans le cadre de la scolarité.

Désir de bien faire, de réussir ou bien faible investissement, confiance en soi ou insécurité, sentiment de doute, aisance ou tension : l'Arithmétique permet une « photographie » souvent très fine et précise du mode de réaction habituel de l'enfant. Les troubles de l'attention et de la concentration s'y manifestent encore plus explicitement qu'au Code (voir paragraphe 3 Code). L'importance des capacités d'attention et de concentration pour réussir ce subtest d'Arithmétique témoigne particulièrement bien de l'impossibilité de séparer les aptitudes intellectuelles de l'ensemble de la vie psychique. Si cette épreuve ne peut pas être réussie par des enfants déficients, qui ne possèdent pas les bases d'arithmétique nécessaires, elle peut être échouée par des enfants tout à fait en mesure de résoudre les problèmes en termes de capacités, mais qui sont incapables de mobiliser l'attention nécessaire. Cette difficulté peut avoir des causes extrêmement variées. D'un strict point de vue descriptif, ce subtest permet souvent de la mettre à jour, dans des contextes où elle est souvent méconnue.

© Dunod – La photocopie non autorisée est un délit.

Quand on sait qu'une majorité d'enfants consulte pour des difficultés apparues dans le cadre de l'école, qu'elles concernent les apprentissages ou le comportement, les données apportées par ce subtest sont particulièrement précieuses. Il n'est pas rare qu'elles permettent de mettre en évidence des réactions de l'enfant passées jusqu'ici inaperçues, ce qui rend ses problèmes incompréhensibles et peut être à la source de nombreux malentendus.

La connotation très scolaire de ce subtest permet aussi de comparer l'investissement de l'enfant selon le type de situations : par exemple, un enfant peu motivé par la scolarité, mais qui a le goût du fonctionnement intellectuel quand celui-ci n'est pas associé à l'école, risque de peu s'investir dans cette épreuve, tout en prenant un réel plaisir à réaliser les figures des Cubes (voir *infra*).

Le mode de réaction et le comportement de l'enfant

Les problèmes d'attention et de concentration, quelle qu'en soit l'origine, se révèlent ici souvent très directement (voir également le paragraphe 3 sur le Code). Ils témoignent en général fidèlement des difficultés rencontrées par l'enfant en situation scolaire.

Par exemple, un enfant peut faire répéter les questions systématiquement : il ne mémorise pas les énoncés, même pour les premiers items, pourtant relativement faciles.

> Augustin, bientôt 11 ans (voir *supra*), me fait répéter toutes les questions systématiquement, avec une telle difficulté pour se concentrer que je me pose la question d'une atteinte de l'audition chez ce garçon. Mais il n'y a rien de tel : Augustin montre simplement à ce subtest les troubles de l'attention qu'il manifeste en situation scolaire.
>
> À l'item 15, il me réclame une feuille de papier pour poser l'opération car il n'arrive pas à la résoudre sans l'écrire. À l'item 16, il m'oppose un refus glacial et ne veut pas poursuivre la passation, visiblement ulcéré de n'avoir pas obtenu le papier qu'il me demande. Quelques négociations plus tard, il accepte de continuer, mais échoue aux items suivants, car il ne parvient pas à mémoriser les énoncés, malgré leur répétition.

Les difficultés pour se concentrer efficacement peuvent avoir des origines diverses. Elles se rencontrent généralement chez des enfants présentant des symptômes phobiques dans le cadre scolaire. L'Arithmétique est très sensible aux réactions d'angoisse : cette épreuve agit souvent comme un véritable révélateur quand l'enfant souffre de troubles phobiques associés à la scolarité, car les réactions d'angoisse sont pratiquement toujours réactivées par cette épreuve. Dans ce cas, l'enfant a tendance à se précipiter, dans une fuite en avant qui devient souvent une source d'erreurs. Il panique, perd ses moyens, finit par répondre sans réfléchir. Il peut s'agir d'un véritable affolement, qui empêche toute mobilisation de la pensée.

> Joseph, presque 10 ans, consulte pour phobie scolaire (voir *supra*) : en Arithmétique, il s'affole, se précipite, ne parvient pas à fixer son attention.
>
> À l'item 16, il me fait répéter plusieurs fois la question. Il donne différentes réponses : « 21... 26 !...Non !... 25 ! » sans réfléchir et sans calculer. Il en fait de même à l'item 17.
>
> À l'item 19, il commence à se fâcher. Il me répond : « On ne peut pas savoir !... et de toute façon, ça ne peut pas être un nombre juste ! »

Comme nous l'avons vu pour le Code, il est essentiel ici de faire la part entre les troubles de l'attention qui touchent les épreuves scolaires uniquement, et qui disparaissent en dehors de ce contexte, et ceux qui envahissent l'ensemble du fonctionnement psychique.

En effet, l'impossibilité de se concentrer et de mémoriser les questions posées peut également se retrouver chez des enfants qui ne parviennent pas à construire une représentation mentale du problème posé, comme cela peut se produire avec certains enfants psychotiques.

Enfin, le doute et le manque de confiance en soi sont susceptibles aussi d'influer sur le comportement de l'enfant pendant la passation. Ce subtest étant de plus chronométré, l'hésitation, le manque d'assurance peuvent faire perdre du temps à l'enfant et le pénaliser. Certains enfants se découragent très vite, d'autres mettent beaucoup d'énergie à masquer des difficultés bien réelles. Mais quel que soit le mode de réaction, il est toujours très proche de ce que vit l'enfant dans sa scolarité.

Le mode de verbalisation et le discours de l'enfant

L'enfant doit répondre oralement à cette épreuve, et son mode de verbalisation fait partie intégrante de ses réactions. Toutefois, quand un enfant est bien à l'aise en Arithmétique, il répond en général simplement, et donne la réponse attendue, sans plus de commentaires. Le rappel de la situation scolaire ici est tel que la plupart des enfants répondent comme à l'école, quand ils sont interrogés par l'enseignant. Ainsi, en dehors de problématiques ou de difficultés particulières, les réponses des enfants sont généralement très peu projectives.

En revanche, la situation se présente très différemment pour des enfants en difficulté, car leurs réactions se traduisent au moins autant dans leur comportement que dans ce qu'ils disent.

© Dunod – La photocopie non autorisée est un délit.

Par exemple, les réactions d'angoisse s'accompagnent généralement de réponses précipitées, affolées, l'enfant corrigeant parfois spontanément plusieurs erreurs avant de prendre le temps de réfléchir.

De même, le doute et le manque de confiance peuvent être exprimés directement par l'enfant.

Mais cela n'est pas toujours le cas : nombreux sont les enfants qui gardent pour eux leurs incertitudes, leur difficulté à s'affirmer même quand ils ont trouvé la bonne réponse. Certains enfants sont ainsi pénalisés par des mécanismes de doute importants, mais qui restent très discrets, parce qu'ils ne les expriment pas verbalement.

Les erreurs spécifiques intra-subtest

Bien que les réponses des enfants soient souvent assez neutres à cette épreuve, les chiffres eux-mêmes peuvent être susceptibles de prendre un sens, une signification particulière pour un enfant. Le chiffre 3 peut renvoyer à la triangulation, ou un chiffre peut renvoyer au nombre de frères et sœurs, ou à la place dans la fratrie… Les opérations elles-mêmes ne sont pas neutres : qu'il s'agisse d'ajouter, de soustraire, de multiplier ou de diviser, chaque opération peut renvoyer l'enfant à une problématique très personnelle. Un échec électif à un item peut signifier que l'enfant a été déstabilisé par la thématique réactivée, mais cela n'est pas toujours aisé à dégager pour le psychologue. Parfois, les commentaires et les explications de l'enfant témoignent bien de ces phénomènes projectifs.

> Mathias[1], 11 ans, consulte pour des difficultés de comportement tellement envahissantes qu'elles ont conduit sa mère à demander un placement dans un foyer : vols répétitifs, agitation, instabilité.
>
> Mathias fait partie d'une famille recomposée. Lui-même est l'aîné de deux frères. Son jeune frère, qui a deux ans de moins que lui, est né handicapé : il est épileptique et nécessite beaucoup de soins de la part de leur mère, bien qu'il soit pris en charge dans une institution. Les parents se sont séparés et chacun a refait sa vie avec un conjoint qui avait lui-même des enfants d'un premier mariage. D'autres enfants sont ensuite nés de chacune de ces nouvelles unions. Notamment, la mère de Mathias a eu plusieurs enfants, aux naissances très rapprochées, avec son second mari.
>
> La situation familiale est tellement complexe que, pour m'y retrouver, je suis obligée de reprendre avec Mathias la liste de ses frères et sœurs, ce qu'il fait avec grand plaisir. Il me dresse donc la liste de ceux qu'il appelle ses « beaux-

1. Ce cas a fait l'objet d'une publication dans *Psychologie clinique et projective*, « Diagnostics et pronostics », vol. 9, 2003.

frères » et « belles-sœurs » (enfants des beaux-parents sans lien de sang avec lui), de ses demi-frères et demi-sœurs dans chaque nouvelle famille, et enfin de son frère et de lui-même.

Alors qu'il obtient de très bons résultats à l'ensemble de l'échelle, notamment en performance, Mathias se trouve assez rapidement gêné en Arithmétique, car, me dit-il, il n'a jamais pu apprendre à faire une division. Effectivement, malgré son aisance dans les autres domaines, il ne peut pas faire les divisions les plus simples. Il s'en plaint, disant qu'il n'a jamais compris pourquoi il reste si hermétiquement fermé à la compréhension de la division, alors qu'il se débrouille très bien pour toutes les autres opérations. Quand je lui demande ce que signifie pour lui « diviser », il me répond immédiatement : « Partager ! »

Mathias a le plus grand mal à trouver sa place dans sa nombreuse famille : la naissance de son frère handicapé, qui a très tôt mobilisé toute l'attention de sa mère, puis l'arrivée de nombreux autres enfants ne lui ont jamais permis de trouver un espace qui lui soit propre. Mathias est alors entré dans une quête affective affolée, accumulant les petits larcins et les sottises, dans une demande désespérée pour qu'on s'occupe de lui. Mathias (qui ne repartira pas de mon cabinet sans m'avoir volé un petit carnet...) est en grande difficulté vis-à-vis de tout ce qui rappelle le partage et la division.

L'étude de la dispersion

➤ Exemples de réussite

Un très bon résultat en Arithmétique renvoie souvent à une très bonne adaptation scolaire et à de bonnes capacités de raisonnement. S'il est assez fréquent que les résultats de l'Arithmétique soient bien plus faibles que ceux des autres subtests (voir *infra*), l'inverse est assez rare. Toutefois, une réussite élective à ce subtest peut témoigner d'un surinvestissement des apprentissages, voire des automatismes acquis scolairement, au détriment d'une approche plus personnelle et imaginative.

Soraya, 8 ans, consulte pour des difficultés de séparation. Elle a beaucoup de mal à quitter ses parents, et ceux-ci la trouvent encore très dépendante pour son âge. Sa mère fait le lien spontanément avec l'angoisse qu'elle a ressentie pendant la grossesse, car elle avait fait une fausse couche auparavant.

Soraya se montre très gracieuse et particulièrement souriante. Elle me dit qu'elle est très heureuse de venir faire ce bilan. En fait son frère, qui est son aîné de deux ans, ayant effectué un bilan récemment pour des difficultés scolaires, Soraya est sans doute flattée de pouvoir faire la même chose que son grand frère.

Elle obtient les résultats suivants au WISC-III :

- Information : 10
- Similitudes : 9
- Arithmétique : 13
- Vocabulaire : 9

© Dunod – La photocopie non autorisée est un délit.

- Compréhension : 9
- Complètement d'images : 7
- Code : 8
- Arrangement d'images : 7
- Cubes : 9
- Assemblage d'objets : 6

QI verbal = 100 (94-106) ;
QI de performance = 82 (77-91) ;
QI total = 90 (85-96).

Indice de Compréhension verbale = 95 (89-101) ;
Indice d'Organisation perceptive = 82 (77-92).

QI verbal : niveau moyen.

QI de performance : niveau limite à moyen.

Différence QI verbal/QI de performance = 18 points.

Moyenne pour l'échelle verbale = 10.

Moyenne pour l'échelle de performance = 7,4.

Résultats déviant significativement de la moyenne verbale :
Arithmétique (+ 3 points).

Résultats déviant significativement de la moyenne de performance : aucun.

Résultats déviant significativement par rapport à la moyenne de la population :
Assemblage d'objets (– 4 points).

Le score de Soraya en Arithmétique est le meilleur pour l'ensemble de l'échelle, et le seul qui se situe au-dessus de la moyenne. Cette enfant, qui cache derrière beaucoup de grâce et de gentillesse une très forte inhibition, a parallèlement développé une sorte de « suradaptation » à la scolarité. Sa principale motivation étant de satisfaire la demande des autres, et surtout de ne pas déplaire, elle se maintient dans un registre conformiste, peu personnel, qui parvient plus ou moins bien à masquer l'inhibition dont elle souffre.

Dans certains cas, ce surinvestissement de la scolarité peut constituer une véritable mobilisation défensive. Les automatismes scolaires ou les activités de pensée portant sur des opérations perçues comme peu impliquantes sont alors investis intensément pour se défendre contre des mouvements plus personnels, pulsionnels, affectifs et/ou émotionnels. Dans ce cas, l'Arithmétique n'est pas forcément réussi électivement : l'enfant peut obtenir de très bons résultats à l'ensemble de l'échelle (mais surtout aux épreuves les plus scolaires), en donnant un protocole très adaptatif, mais avec peu d'éléments projectifs. Parfois, il existe un véritable verrouillage de la vie fantasmatique et imaginaire, qui se manifeste alors aux épreuves projectives.

Bertrand, 9 ans, consulte pour des troubles du comportement anciens. Très agité, il remue tout le temps à la maison et n'obéit pas. Ses résultats scolaires sont inégaux. En classe, il parvient à se contenir et à ne pas perturber le cours, mais il explose en sortant. Son père s'inquiète pour le collège car Bertrand est, dit-il, « le roi de la bêtise ».

Le contexte familial est difficile : la mère de Bertrand est en congé de longue maladie pour dépression depuis des années. Elle s'est toujours contentée de traitements médicamenteux et n'envisage pas pour elle-même un autre type d'approche, malgré les souhaits de son mari qui l'encourage à engager une psychothérapie. Elle situe le début de ses troubles à la naissance de ses deux enfants : aucun des deux n'a pu dormir la nuit pendant des années, et ce rythme de vie l'a épuisée. Elle dit aussi qu'elle ne supportait pas de se séparer de ses enfants quand elle les laissait à la crèche, et qu'il s'agirait là aussi d'une des causes de sa dépression.

Bertrand obtient les résultats suivants au WISC-III :

- Information : 10
- Similitudes : 15
- Arithmétique : 17
- Vocabulaire : 14
- Compréhension : 14
- Complètement d'images : 10
- Code : 8
- Arrangement d'images : 14
- Cubes : 10
- Assemblage d'objets : 10

QI verbal = 126 (118-130) ;
QI de performance = 102 (94-109) ;
QI total = 117 (111-122).

Indice de Compréhension verbale = 120 (113-125) ;
Indice d'Organisation perceptive = 106 (98-113).

QI verbal : niveau normal fort à très supérieur.

QI de performance : niveau moyen.

Différence QI verbal/QI de performance = 24 points.

Moyenne pour l'échelle verbale = 14.

Moyenne pour l'échelle de performance = 10,4.

Résultats déviant significativement de la moyenne verbale :
Information (– 4 points) et Arithmétique (+ 3 points).

Résultats déviant significativement de la moyenne de performance :
Arrangement d'images (+ 4 points).

Résultats déviant significativement par rapport à la moyenne de la population : Similitudes (+ 5 points), Arithmétique (+ 7 points), Vocabulaire (+ 4 points), Compréhension (+ 4 points) et Arrangement d'images (+ 4 points).

Bertrand a un contact très réservé et ses réponses sont laconiques. S'il se montre plus souriant au fil du temps, il reste toujours peu loquace. Bertrand semble toujours sur la défensive, comme si la relation était dangereuse.

Le bilan mettra en évidence une grande sensibilité aux thématiques de séparation et un important verrouillage de la vie fantasmatique utilisé sur un mode défensif. Le très bon résultat en Arithmétique s'inscrit dans un contexte de surinvestissement de la scolarité dans ses aspects les plus neutres et les moins impliquants, qui vient chez Bertrand prendre valeur défensive.

© Dunod – La photocopie non autorisée est un délit.

➤ Exemple d'échec

Il faut toujours référer les échecs électifs en Arithmétique à la scolarité, en les comparant aux résultats du Code, ainsi qu'à ceux de l'Information et du Vocabulaire. Mais il n'est pas rare que des difficultés scolaires se traduisent au WISC-III exclusivement à ce subtest, en particulier quand l'enfant a par ailleurs un bon niveau de langage.

> Florent, 9 ans, consulte pour des difficultés scolaires : il a beaucoup de mal à se concentrer et son orthographe est catastrophique. Très tendu, perfectionniste et ambitieux, Florent ne supporte pas de faire la moindre erreur. Cela alterne avec des périodes où Florent refuse tout travail, se braque, fait des crises de larmes. Par moments également, il développe des phobies : il a eu récemment une phobie des insectes dont il a beaucoup souffert, mais qui a maintenant disparu.
>
> Il obtient les résultats suivants :
>
> - Information : 11
> - Similitudes : 15
> - Arithmétique : 5
> - Vocabulaire : 10
> - Compréhension : 10
> - Complètement d'images : 12
> - Code : 9
> - Arrangement d'images : 11
> - Cubes : 12
> - Assemblage d'objets : 7
>
> QI verbal = 101 (95-107) ;
> QI de performance = 101 (94-108) ;
> QI total = 101 (95-106).
>
> Indice de Compréhension verbale = 109 (102-114) ;
> Indice d'Organisation perceptive = 103 (95-110).
>
> Différence QI verbal/QI de performance – 0.
>
> QI total : niveau moyen.
>
> Moyenne pour l'ensemble de l'échelle = 10,2.
>
> Résultats déviant significativement de cette moyenne : Similitudes (+ 4,8 points) et Arithmétique (– 5,2 points).
>
> Résultats déviant significativement par rapport à la moyenne de la population : Similitudes (+ 5 points) et Arithmétique (– 5 points).
>
> Florent obtient un excellent résultat en Similitudes, alors que les autres subtests verbaux se situent dans la moyenne : il a donc un bon niveau de langage et de raisonnement. Seule l'Arithmétique, où Florent connaît d'importantes difficultés pour fixer son attention et se concentrer, est chutée, reflétant les difficultés d'apprentissage qui sont les siennes.

Chez les enfants les plus jeunes, on rencontre parfois un échec complet en Arithmétique, dans un contexte où l'enfant consulte pour des difficultés d'apprentissage importantes. Ce sont des enfants qui ne présentent pas de déficience, mais qui n'accèdent pas aux premiers apprentissages, qu'il s'agisse de lecture, d'écriture ou de mathématiques. Pour eux, les lettres comme les chiffres restent chargés de signification, ils ne sont pas devenus de purs symboles. Or, pour associer lettres ou chiffres, il faut pouvoir « jouer » avec eux, avoir la liberté de les manipuler en tous sens[1].

7. Les Cubes

Il s'agit d'une série de modèles géométriques en deux dimensions, construits devant l'enfant ou imprimés, que celui-ci doit reproduire à l'aide de cubes bicolores en temps limité. La consigne consiste, après avoir présenté les cubes à l'enfant, à lui montrer qu'on peut les assembler pour reproduire un dessin (les items de démarrage sont différents pour les enfants de 6-7 ans, et pour ceux de 8 à 16 ans). Comme à l'Arrangement d'images, des points de bonification sont donnés pour la rapidité d'exécution.

Aptitudes évaluées

Ce test des cubes colorés a été initialement créé par Kohs en 1920, qui y voyait une mesure complète de l'intelligence non verbale. Si Wechsler n'a pas souhaité utiliser pour cela une épreuve unique, sa propre expérience le conduit toutefois à conclure qu'il s'agit du meilleur subtest de l'échelle de performance et qu'il constitue un excellent test d'intelligence générale. De plus, cette épreuve semble mesurer la même chose que les tests verbaux : Wechsler remarque que sa corrélation avec les subtests de Compréhension, d'Information et de Vocabulaire est meilleure que celle de certains tests verbaux eux-mêmes. Wechsler suppose que cette très bonne corrélation est due aux capacités d'analyse et de synthèse que les cubes mobilisent en même temps. En effet, les personnes qui réussissent le mieux sont celles qui analysent l'image, qui la divisent en sous-parties : ceux qui ont une approche globale réussissent beaucoup moins bien. La réussite dépend aux Cubes de l'aptitude à analyser un ensemble en ses différentes parties (1956, p. 113).

© Dunod – La photocopie non autorisée est un délit.

1. Il n'est pas rare que ces enfants « voient » des lettres ou des chiffres au Rorschach, montrant bien par là la charge fantasmatique et imaginaire qui reste attachée pour eux à ces signes.

Wechsler note que ce subtest se prête admirablement à l'analyse qualitative, à travers les différences d'attitude et de réaction émotionnelle de la part du sujet :

> « On peut souvent distinguer l'individu vif et impulsif, du type réfléchi et soigneux, le sujet qui abandonne facilement ou se dégoûte, de celui qui persévère, continuant à travailler même après le temps alloué, et ainsi de suite, toute une série d'autres traits de caractère qui se manifestent assez souvent au cours de l'examen du sujet. » (p. 114)

Wechsler met l'accent d'emblée sur les aspects qualitatifs, privilégiant ce que nous appelons aujourd'hui l'approche clinique. Vigilant aux réactions de la personne, à la façon dont elle aborde la tâche, à ses attitudes, à l'expression de ses émotions, il y trouve une richesse de renseignements que la médiation du test permet de mettre au jour.

Par ailleurs, Wechsler accorde à cette épreuve une valeur diagnostique particulière. Dans les cas de lésions organiques, neurologiques, les patients ne parviennent pas à réaliser l'exercice demandé. Cette épreuve est en effet sensible au vieillissement physiologique et aux altérations cérébrales. Il retrouve cette impossibilité chez la plupart des malades mentaux. Wechsler réfère ce phénomène à un défaut d'aptitude à la synthèse, ou bien à une difficulté en terme d'abstraction.

Grégoire confirme que les Cubes sont, avec l'épreuve de Code, le subtest le plus fiable de l'échelle de performance. Avec l'Assemblage d'objets, il s'agit également d'une des épreuves les plus saturées par le facteur « spatial-mécanique-pratique ». Mais Grégoire apporte des éléments contradictoires. En 1995, les résultats de ses recherches contredisent sur certains points les données de Wechsler : l'épreuve de Cubes n'est que modérément saturée par le facteur *g* d'intelligence générale et sa corrélation avec la note totale est moyenne, contrairement à ce qu'affirme Wechsler (p. 156). En 2000, Grégoire considère que la saturation de cette épreuve par le facteur *g* est « relativement élevée » (p. 196). Que faut-il en penser ? Peut-être tout simplement que la psychométrie n'est pas une science si exacte que cela...

Pour Kaufman, ce test évalue surtout l'organisation perceptive. Ce sont des problèmes de logique et de raisonnement appliqués aux relations spatiales : il faut analyser le modèle en ses composantes élémentaires, et, à partir de cette analyse, assembler les Cubes pour réaliser la même figure. Cela suppose donc aussi des capacités de coordination visuomotrice. Kaufman souligne également que la capacité à travailler sous la pression du temps joue un rôle dans les résultats obtenus (1979, cité par Grégoire, 1995, pp. 156-157).

Cette épreuve des Cubes a suscité de nombreux travaux en psychologie cognitive, et Grégoire en donne les résultats de façon détaillée (1995, pp. 157-158). Ces recherches consistent à différencier les enfants selon la stratégie utilisée : analytique ou globale. La démarche globale revient à une procédure par essais-erreurs : l'enfant manipule les cubes pour arriver à retrouver la forme globale. Les différents auteurs s'accordent à penser que la démarche analytique est plus efficace que la procédure globale, et ils ont cherché à mieux connaître les stratégies des enfants, selon leur degré de réussite. Rien de très probant ne semble issu de ces travaux. Il est cependant vraisemblable que le choix de la stratégie dépende plus de la figure à reproduire, c'est-à-dire du stimulus, que de l'attitude de l'enfant.

Toutefois, dans un article plus récent, Rozencwajg et Huteau (1996) montrent que trois types de stratégies peuvent être repérés, pour cette tâche qui consiste essentiellement en un aller-retour entre la perception de l'ensemble du modèle et l'analyse interne de la structure.

Ils décrivent la stratégie globale, par essais-erreurs, qui demande forcément beaucoup de temps. La stratégie analytique consiste à élaborer préalablement une représentation du modèle, qui est décomposé selon le nombre de cubes, chacun étant alors traité séparément. Enfin, la stratégie synthétique, qui est la plus efficiente, consiste à décomposer le modèle en motifs (carrés, losanges, triangles) constitués de regroupements de cubes sous forme de structures partielles. Cette dernière stratégie est la plus efficace, car elle diminue le nombre d'informations à prendre en compte en même temps, elle est donc celle qui permet la plus grande rapidité. Le choix des stratégies utilisées dépend aussi du degré de difficulté des items.

Les Cubes supposent des capacités d'analyse et de synthèse, mais ils font également appel aux possibilités de représentation mentale, dans un contexte d'abstraction. Les modèles à reproduire sont des figures géométriques, dépourvues de signification : l'enfant doit pouvoir se représenter un schéma abstrait, le diviser en sous-parties mentalement, pour le reconstituer dans sa globalité. De toute l'échelle, l'épreuve des Cubes est sans doute celle qui fait le plus appel au raisonnement et à la logique.

Comme pour les Similitudes, une réussite aux Cubes permet d'écarter l'hypothèse d'une déficience intellectuelle, quels que soient les autres résultats. Bien que les Cubes et les Similitudes appartiennent à des registres différents, les mécanismes de représentation mentale et d'abstraction qu'ils mettent en jeu sont très proches. Cela explique que, quand l'une de ces deux épreuves est réussie, *a fortiori* les deux, l'hypothèse d'une déficience

La photocopie non autorisée est un délit.

puisse être éliminée. Il est toujours intéressant dans un bilan d'apprécier conjointement les résultats obtenus à ces deux subtests.

Mais il est essentiel de rappeler que l'inverse n'est pas vrai, c'est-à-dire qu'un échec aux Cubes ne signifie pas forcément l'existence d'un déficit. On voit encore trop souvent des bilans psychologiques faits à la va-vite, bâclés, et un simple échec à un subtest entraînant une interprétation erronée, dont les conséquences peuvent être graves.

> Sur les conseils de l'enseignant de Léa, 10 ans, sa mère demande un bilan dans un grand hôpital parisien spécialisé pour les enfants. En effet, Léa a encore du mal à travailler de manière autonome, ce qui risque de rendre l'adaptation en classe de 6e difficile.
>
> La psychologue consultée fait passer uniquement un WISC-III à l'enfant. Au vu des résultats, elle conclut à une déficience intellectuelle et oriente l'enfant vers une institution pour enfants handicapés. Ce verdict déprime considérablement la mère comme la fille. Léa pleure tout le temps et refuse de travailler à l'école.
>
> La mère de Léa me contacte à ce moment-là, afin de prendre un autre avis. Or, la psychologue avait basé son diagnostic essentiellement sur le résultat obtenu aux Cubes. Léa n'a effectivement pu réaliser aucune figure, elle a obtenu la note la plus faible possible à ce subtest.
>
> Léa est une enfant née très prématurée, qui a gardé des séquelles de cette prématurité, en particulier sur le plan visuel. Elle présente de façon très caractéristique le « syndrome tardif du grand prématuré » décrit par Bergès. Elle souffre donc d'une dyspraxie importante, aggravée encore par son handicap visuel. Mais elle a par ailleurs des capacités tout à fait bonnes. Simplement, elle est encore très immature. Dernière de la fratrie, elle trouve certainement d'importants bénéfices secondaires à ce refus de grandir, car elle reste toujours dans une relation privilégiée avec sa mère qui la surprotège.
>
> Léa est orientée vers une classe à petit effectif. Elle suit depuis une scolarité tout à fait normale, mais adaptée à son rythme.

On ne peut qu'espérer que ce diagnostic trop rapide soit un cas isolé : malheureusement, j'ai rencontré d'autres erreurs similaires. À trop mettre l'accent sur la technique ou sur l'outil au détriment de la clinique, on court effectivement le risque de perdre de vue l'enfant comme sujet dans sa globalité.

Aux Cubes, l'organisation spatiale étant particulièrement sollicitée, toute difficulté dans ce domaine apparaît très vite à cette épreuve. En général, les enfants souffrant de troubles dyspraxiques ont beaucoup de mal à réaliser cette épreuve (pour la dyspraxie, voir le paragraphe Arrangement d'images).

Approche clinique

Wechsler insiste sur la richesse des éléments qualitatifs apportés par cette épreuve. La situation créée ici fonctionne comme un révélateur de la manière de procéder et d'être de l'enfant, parce qu'elle permet une certaine autonomie. En effet, une fois la consigne bien comprise, l'interaction avec le psychologue est beaucoup moins importante qu'à d'autres subtests. L'enfant doit réaliser la tâche seul, rapidement, sous le regard du clinicien : cette épreuve constitue alors un excellent terrain d'observation pour celui-ci. En revanche, la verbalisation à ce subtest est assez réduite pour la majorité des enfants.

Il est souvent dit que ce subtest est sensible à l'émotivité, à cause du chronométrage. Cela n'est pas si évident : dans la passation, les Cubes font suite à l'Arithmétique, à la connotation très scolaire. Pour les enfants qui connaissent des difficultés de structuration spatiale, la présentation de cette épreuve peut s'accompagner de réactions anxieuses, parfois importantes. Mais pour la majorité des enfants, qui se sentent à l'aise avec ce test, au moins pour les premiers items plutôt simples, les Cubes sont perçus comme un jeu, un exercice d'autant plus ludique qu'il intervient après les questions d'Arithmétique. Certains jeux du commerce sont d'ailleurs construits selon le même principe, visant à la reconstruction de figures géométriques : certains enfants les connaissent et les évoquent quand on leur présente l'épreuve. Il semble toutefois que l'expérience de jeux similaires n'améliore pas les performances à cette épreuve (Grégoire, 2000, p. 196).

Ainsi, malgré l'utilisation du chronomètre, les effets des réactions émotionnelles ne prennent pas ici une place de premier plan. Ils apparaissent moins nettement qu'à d'autres subtests. En revanche, quand l'émotivité, l'anxiété ou la tension sont manifestes aux Cubes, ils ont déjà été nettement mis en évidence à d'autres épreuves. L'apparition ici des troubles anxieux ou émotifs signe l'importance de leur rôle dans le fonctionnement psychique de l'enfant, et le risque qu'ils le handicapent de façon importante dans son activité de pensée.

Cette épreuve est particulièrement sensible aux problèmes d'organisation visuospatiale (puisqu'il s'agit d'organiser dans l'espace les différents éléments entre eux), et aux difficultés liées à la manipulation motrice du matériel. Une autre dimension se révèle ici essentielle : celle de pouvoir représenter et construire une figure entière dans l'espace. Or, un enfant ne peut construire une représentation dans l'espace qu'en fonction initialement de ses propres repères corporels. Cela suppose que l'intégration du schéma corporel

© Dunod – La photocopie non autorisée est un délit.

et de l'image du corps ait eu lieu. En d'autres termes, isoler et reproduire une figure dans l'espace nécessite d'avoir au préalable différencié sa propre image corporelle (voir *infra*, paragraphe 9 sur l'Assemblage d'objets).

Ceci explique que très fréquemment les enfants souffrant de troubles psychotiques ou prépsychotiques se trouvent très en difficulté à cette épreuve des Cubes. À l'inverse, les enfants autistes montreraient une aisance particulière pour cette épreuve (Grégoire, 2000, p. 199).

Si ce subtest nous apporte des renseignements précieux, ses résultats sont aussi particulièrement polysémiques : un échec aux Cubes peut être lié à des problèmes organiques et neurologiques, à des difficultés de structuration spatiale, à des dyspraxies, dont les causes peuvent être diverses. Il peut être dû aussi à des troubles profonds de la personnalité n'ayant pas permis la constitution d'un espace psychique différencié. L'interprétation des résultats à cette épreuve demande donc la plus grande prudence.

Le mode de réaction et le comportement de l'enfant

Wechsler notait déjà l'intérêt d'observer le comportement pendant la passation de l'épreuve des Cubes. En particulier avec les enfants, les styles d'approche se manifestent vite : certains procèdent par tâtonnements, essais-erreurs alors que d'autres prennent le temps préalable pour la réflexion. Certains enfants se montrent très sûrs d'eux, maîtrisant d'emblée les mécanismes d'analyse et de synthèse nécessaires. D'autres, tout en étant aussi performants, doutent, hésitent, ont du mal à prendre confiance en leurs capacités de jugement et d'autocritique.

Un des grands intérêts cliniques de cette épreuve est de mobiliser un véritable travail de réflexion et de raisonnement, avec une mise en jeu de l'esprit logique, mais qui n'évoque jamais la situation scolaire.

Une fois que l'enfant a compris la consigne, il lui apparaît la plupart du temps assez clairement qu'il s'agit d'une sorte de jeu qui fait appel à un mode de raisonnement particulier, du type visuospatial. La mise en œuvre de ce type de raisonnement est peu sollicitée à l'école : elle l'est de moins en moins à mesure que l'enfant grandit. Ainsi, la satisfaction éprouvée par l'enfant pendant la passation de cette épreuve, quand c'est le cas, témoigne bien du plaisir pris au fonctionnement intellectuel, hors de toute contrainte scolaire.

Le subtest des Cubes est sans doute celui qui renvoie le plus au fonctionnement de la pensée, mobilisant réflexion, raisonnement, capacité de jugement, de logique, aptitude à prendre la bonne décision au bon moment, tout en étant celle qui mobilise le moins les acquis culturels[1].

Le plaisir pris à cet exercice renvoie très directement à la satisfaction qui est éprouvée dans l'exercice de la pensée. Aux Cubes, l'attitude et le comportement des enfants témoignent souvent assez vite du plaisir ou du déplaisir qu'ils éprouvent à réaliser l'exercice demandé. Certains enfants se prennent très vite au jeu, s'amusent visiblement, essayant d'aller le plus vite possible dans une sorte de compétition avec eux-mêmes.

> Florent, 9 ans, consulte pour une problématique d'échec scolaire (voir *supra* – Arithmétique). Alors qu'il échoue de façon importante au subtest d'Arithmétique, il réussit très bien les Similitudes et les Cubes. Aux Cubes, il se sent visiblement à l'aise, et semble éprouver un véritable plaisir à chercher et trouver la solution.
>
> Florent a de très bonnes capacités de raisonnement et de réflexion, et surtout il ressent une véritable satisfaction à les mettre en œuvre. Mais la traduction sur le plan scolaire de ce goût pour le fonctionnement intellectuel ne se fait pas : dans ce domaine, Florent est tendu, mal à l'aise, il manque considérablement de confiance en lui et se décourage facilement.

Comme l'a souligné Wechsler, ce subtest met bien en évidence la manière d'être de l'enfant face à une tâche intellectuelle :

> Tony, 10 ans, consulte pour de graves troubles du comportement (voir *supra* – Similitudes). Alors que lui aussi échoue en Arithmétique, où il se précipite et ne réfléchit pas, il est également en échec à l'Arrangement d'images, ce qui renvoie sans doute à une difficulté pour s'inscrire dans la temporalité d'une histoire. Par ailleurs, Tony réussit bien le subtest de Compréhension, ce qui témoigne d'un bon repérage et d'une bonne compréhension des situations sociales et pratiques.
>
> Aux Cubes, Tony n'est pas d'emblée très à l'aise : il a du mal à s'orienter, et ne retrouve pas le cadre général quand on passe des figures à 4 cubes aux figures à 9 cubes. Mais il se montre pugnace et obstiné, résolu à aller jusqu'au bout de l'item 11, qu'il réussit en 4 minutes, au lieu des 2 minutes prévues. Tout à fait capable d'apprentissage, son obstination se révèle payante : il réussit très bien l'item 12, dans un temps assez bref.
>
> Tony compense des difficultés d'organisation perceptive, apparues déjà à l'Arrangement d'images, par une volonté farouche de terminer ce qu'il a engagé et de bonnes capacités d'apprentissage.

D'autres enfants ont une attitude plus neutre : ils ne rechignent pas, mais effectuent l'exercice sagement, docilement, sans en retirer d'autre satisfaction que celle de répondre correctement à la demande qui leur est faite.

1. Cela est moins vrai chez les adultes : Wechsler remarque que les artistes et les artisans sont favorisés par leur expérience professionnelle à cette épreuve. Mais il est rare que des enfants aient acquis une habitude importante de ce type d'exercice.

© Dunod – La photocopie non autorisée est un délit.

En revanche, certains enfants sont extrêmement tendus, comme si une terrible pression s'exerce sur eux dès qu'ils doivent mobiliser leur réflexion.

> Yanaël, 10 ans et demi, consulte pour d'importantes difficultés scolaires et des problèmes relationnels avec les autres enfants et les professeurs. Yanaël est extrêmement tendu et inquiet : à la fin du subtest d'Arithmétique, sa tension est telle qu'il se met à pleurer. Cette réaction pourrait faire écho à ce qui se passe pour lui sur le plan scolaire.
>
> Mais, à l'inverse de nombreux enfants qui se détendent au subtest des Cubes, qui a une connotation plus ludique, Yanaël est encore plus tendu qu'en Arithmétique. Bien qu'il obtienne un résultat proche de la moyenne, Yanaël se sent ici très en difficulté. Il ne retrouve pas le cadre général dans le passage des figures à 4 cubes aux figures à 9 cubes, et il ne parvient pas à mettre en œuvre une démarche d'autocritique. Il devient revendicateur : « Il manque un cube ! ». La tension est telle que, après avoir perdu beaucoup de temps, il se met à pleurer de nouveau.
>
> Chez Yanaël, qui présente des troubles phobo-obsessionnels importants, l'angoisse apparaît dès qu'il est en situation de réfléchir, elle envahit toutes les activités de pensée.

Chez les enfants qui ont développé des réactions phobiques en lien avec la scolarité, la comparaison entre les manifestations aux épreuves les plus scolaires (essentiellement en Arithmétique et au Code, mais aussi en Information) et les attitudes aux Cubes est très utile. Quand les symptômes phobiques se sont construits autour de la scolarité, l'enfant connaît des réactions d'angoisse aux subtests les plus scolaires, mais peut effectuer l'épreuve des Cubes tranquillement, sans aucune tension, parfois même tout à fait joyeusement, comme Florent.

En revanche, quand ces réactions phobiques envahissent l'ensemble de l'activité de pensée, débordant largement le seul contexte de la scolarité, l'angoisse se manifeste dès que l'enfant est sollicité pour réfléchir. Dans ce cas, les comportements de panique et d'affolement apparaissent à l'ensemble des subtests, et tout particulièrement aux Cubes, qui est une des épreuves qui fait le plus appel au raisonnement et à la logique.

Cependant, d'autres modes de réaction à ce subtest peuvent refléter d'autres problématiques, en lien avec l'angoisse de séparation et la dépendance.

Le subtest des Cubes est, de toute l'échelle, celui qui renvoie le plus au raisonnement, à l'analyse et à la synthèse : il suppose donc acquis les fondements nécessaires à l'existence d'une pensée autonome, c'est-à-dire que l'enfant puisse s'appuyer sur ses propres repères. De ce fait, les Cubes mettent particulièrement bien en lumière toutes les problématiques liées aux difficultés de différenciation/séparation.

La possibilité de distinguer ces figures dépourvues de signification dans l'espace ne peut advenir que si l'enfant a pu lui-même se différencier et constituer de lui-même une image autonome. Or, les problèmes de séparation peuvent se manifester ici par un phénomène de « *closing* », c'est-à-dire de collage de la figure sur le modèle.

Ce collage, cette impossibilité à prendre de la distance par rapport au modèle renvoie à une difficulté à constituer une représentation mentale de la figure à reproduire. L'enfant n'a comme solution, pour savoir si sa reproduction est exacte, que de venir « coller » la figure au modèle. On peut observer cette façon de faire chez certains enfants déficients mentaux. En règle générale, cette manière de procéder, par le collage, s'inscrit dans une difficulté plus large à se différencier.

Ce « *closing* » peut se rencontrer chez certains enfants qui ne présentent pas de troubles psychopathologiques particuliers, mais qui refusent de grandir, restent très immatures dans le but de garder une place privilégiée de jeune enfant auprès de leur mère. Très souvent, ce comportement s'accompagne d'une relation très dépendante à l'égard du psychologue : l'enfant pose des questions, cherche à être rassuré. Il s'agit parfois d'enfants qui continuent à considérer que la pensée et la réflexion sont chez l'autre : ils attendent alors, plus ou moins explicitement, que le psychologue pense pour eux et fasse les figures à leur place.

Mélina, 7 ans, consulte pour une situation d'échec scolaire, elle n'a pas envie d'apprendre à lire. Elle me dit d'elle-même qu'elle est bête, qu'elle est la dernière.

Mélina a été adoptée à l'âge de 18 mois en Hongrie. Restée avec sa mère jusqu'à l'âge de 6 semaines, Mélina est ensuite accueillie dans un orphelinat. Quand ses parents adoptifs vont la chercher, elle se balance tout le temps, touchant en permanence son nez et ses cheveux. Elle s'est ensuite très bien adaptée en France, ses parents me disent qu'elle fait le maximum pour leur plaire. Ils notent toutefois qu'elle continue toujours à se balancer : Mélina est, soit toujours en mouvement, soit elle se tient immobile sur la pointe des pieds, dans une attitude très particulière.

Au cours de la passation, alors qu'elle semble investir beaucoup la relation, elle se montre agitée et instable. Mélina ne reste jamais silencieuse : elle commente tout, parle, chantonne, ou fait des bruits de bouche qu'elle répète inlassablement.

Elle obtient les résultats suivants :

- Information : 13
- Similitudes : 18
- Arithmétique : 10
- Vocabulaire : 13
- Compréhension : 10
- Complètement d'images : 14

© Dunod – La photocopie non autorisée est un délit.

- Code : 9
- Arrangement d'images : 14
- Cubes : 7
- Assemblage d'objets : 11

QI verbal = 118 (111-123) ;
QI de performance = 107 (99-114) ;
QI total = 114 (108-119).

Indice de Compréhension verbale = 121 (113-126) ;
Indice d'Organisation perceptive = 109 (101-115).

Différence QI verbal/QI de performance = 11.

QI total : niveau moyen à normal fort.

Moyenne pour l'ensemble de l'échelle = 11,9.

Résultats déviant significativement de cette moyenne : Similitudes (+ 6,1 points) et Cubes (– 4,9 points).

Résultats déviant significativement par rapport à la moyenne de la population : Similitudes (+ 8 points), Complètement d'images (+ 4 points) et Arrangement d'images (+ 4 points).

Mélina a un bon niveau global. La différence entre les échelles verbale et de performance est tout près d'être significative. En effet, Mélina privilégie le langage à tous points de vue. Les Similitudes, où elle obtient un résultat excellent, témoignent de ses capacités de réflexion.

En performance, Mélina a besoin à tous les subtests de passer par le langage, à un point que j'ai rarement rencontré : elle commente tout, parle, chante, oralise en permanence. Le Complètement d'images est très bon, ce qui évoque un certain contrôle par le regard. Il en est de même pour l'Arrangement d'images, où Mélina peut prendre appui sur une histoire. L'Assemblage d'objets est moyen, car elle peut là aussi, bien que dans une moindre mesure, s'étayer sur une signification.

Le Code est également faible, évoquant le problème du passage à l'écrit. Mélina connaît aussi des difficultés de concentration importantes, toujours quand le langage n'étaye pas : comme si elle ne pouvait pas s'inscrire dans une démarche solitaire en présence de l'autre, ne supportant pas de ne pas être en permanence en relation.

Les Cubes sont très chutés. Mélina colle au modèle, perd très rapidement le cadre général. Elle ne cesse de me parler, comme pour maintenir la relation. Quand elle ne peut recourir au langage, sous quelque forme que ce soit, elle est manifestement renvoyée à des difficultés au niveau du repérage corporel. On peut sans doute faire le lien entre les repères corporels insuffisamment inscrits, et un maternage plus ou moins satisfaisant, pendant les premières années de sa vie passées en institution.

Ce comportement peut aussi se rencontrer chez des enfants souffrant de troubles psychotiques, en particulier sur un mode symbiotique. Les difficultés d'organisation spatiale sont alors plus importantes.

Mathieu, 7 ans et demi, m'est adressé par le pédopsychiatre qui le suit pour d'importantes difficultés scolaires (voir *supra* – Complètement d'images et Code).

Ses parents me parlent d'une histoire douloureuse. Leur fille aînée est arrivée après deux fausses couches à six mois de grossesse. Elle-même ne présente pas de trouble particulier. Quant à Mathieu, il a eu d'importantes crises convulsives entre 1 et 3 ans, qui ont été traitées avec du valium. La mère de Mathieu semble quant à elle lutter contre la dépression par une certaine rigidité.

Mathieu obtient les résultats suivants au WISC-III :

- Information : 8
- Similitudes : 9
- Arithmétique : 4
- Vocabulaire : 11
- Compréhension : 7
- Complètement d'images : 7
- Code : 4
- Arrangement d'images : 9
- Cubes : 2
- Assemblage d'objets : 7

QI verbal = 86 (81-93) ;
QI de performance = 73 (69-83) ;
QI total = 77 (73-84).

Indice de Compréhension verbale = 92 (87-99) ;
Indice d'Organisation perceptive = 77 (72-87).

QI verbal : niveau normal faible à moyen.

QI de performance : retard mental à normal faible.

Différence QI verbal/QI de performance = 13 points.

Moyenne pour l'échelle verbale = 7,8.

Moyenne pour l'échelle de performance = 5,8.

Résultats déviant significativement de la moyenne verbale :
Arithmétique (– 3,8 points) et Vocabulaire (+ 3,2 points).

Résultats déviant significativement de la moyenne de performance :
Arrangement d'images (+ 3,2 points) et Cubes (– 2,8 points).

Résultats déviant significativement par rapport à la moyenne de la population :
Arithmétique (– 6 points), Code (– 6 points) et Cubes (– 8 points).

Mathieu est en très grande difficulté aux Cubes : il fait du « *closing* », venant coller ses cubes sur le modèle pour tenter de comprendre ce qu'il doit faire. À plusieurs reprises, il réalise la figure à l'envers, mais ne peut pas critiquer ses erreurs, malgré mon aide. Très dépendant, il me sollicite pour que je réalise les figures à sa place.

En fait, Mathieu est complètement perdu à cette épreuve et il lui manque certainement les repères corporels nécessaires pour se représenter ces figures dans l'espace et les reproduire. Le bilan mettra en effet en évidence des troubles psychotiques chez cet enfant. En revanche, il est moins déstabilisé à l'Arrangement d'images et à l'Assemblage d'objets, où il peut prendre appui sur le langage.

© Dunod – La photocopie non autorisée est un délit.

Le mode de verbalisation et le discours de l'enfant

Comme pour la plupart des subtests de performance, les Cubes se prêtent relativement peu à l'expression verbale. La plupart des enfants restent relativement silencieux pendant la passation de cette épreuve : contrairement à l'Arrangement d'images où il est intéressant de faire raconter l'histoire à l'enfant, aucun commentaire n'est sollicité par le psychologue aux Cubes. Quand l'enfant parle pendant la passation de ce subtest, cela vient généralement renforcer ce qu'il exprime à travers ses réactions et son comportement. Pour certains enfants très angoissés, la tension est telle qu'ils sont obligés de l'extérioriser, comme s'il fallait absolument un exutoire par la parole pour libérer un peu de cette pression.

Parfois, l'enfant peut exprimer quelque chose de l'ordre du doute et du manque de confiance en lui-même : « C'est trop dur ! », « Je n'y arrive pas »...

Pour certains enfants, les commentaires et les questions constituent une demande d'encouragement. Ces enfants, peu sûrs d'eux, se découragent très vite, si le psychologue ne les soutient pas en les engageant à persévérer. Les questions notamment montrent un certain rapport de dépendance : l'enfant ne réussit que s'il se sent soutenu et accompagné par l'adulte.

Les erreurs spécifiques intra-subtest

En ce qui concerne les résultats intra-subtest, le matériel des Cubes étant extrêmement peu représentatif, les échecs électifs à tel ou tel item n'ont pas ici valeur projective. En revanche, un moment se révèle souvent être une étape délicate pendant la passation de cette épreuve : c'est le passage des figures à 4 cubes à celles à 9 cubes, avec l'item 10. Le psychologue ne propose pas de nouvel exemple, il donne simplement cinq autres cubes à l'enfant avec consigne de reproduire la figure.

L'enfant doit retrouver par lui-même une nouvelle figure, avec d'autres dimensions et un nouveau cadre général, différent de celui sur lequel il s'appuyait jusque-là. Toutes les difficultés d'orientation spatiale rendent ce passage, d'un type de modèle à un autre, très difficile. Mais d'un point de vue plus clinique, il est tout à fait intéressant de relever que les difficultés de séparation comme la dépendance vont considérablement gêner l'enfant au cours de cette étape.

Réussir cette épreuve des Cubes suppose d'avoir pu constituer une représentation de soi séparée et différenciée. Si des difficultés dans le registre de la différenciation/séparation existent chez l'enfant, elles peuvent se traduire dès les premiers items du subtest. Cependant, souvent elles ne se manifestent pas d'emblée, d'autant plus que les tout premiers items ont pratiquement valeur d'exemple, car le psychologue a construit les premières figures. Mais pour passer, sans exercice préalable, à la figure à neuf cubes, il faut pouvoir s'appuyer sur des représentations bien différenciées. Quand les processus de séparation et différenciation sont insuffisants, l'enfant a souvent beaucoup de mal à retrouver le cadre général.

Cet aspect doit bien évidemment être apprécié en fonction de l'âge de l'enfant : chez des enfants jeunes, le passage à la figure à 9 cubes est de fait difficile. Cette gêne pour retrouver le cadre général ne prend un sens plus clinique qu'à partir du moment où l'enfant peut être considéré comme apte à réussir ces items plus difficiles, à peu près à partir de 8 ans s'il a un niveau moyen.

Cet empêchement pour retrouver le cadre général se retrouve aussi chez des enfants restés dépendants, quel que soit leur âge. Cela va souvent de pair avec les difficultés de séparation. En effet, passer à la représentation à neuf cubes suppose de s'appuyer exclusivement sur ses propres repères, à la fois perceptifs et de raisonnement. Un enfant resté dépendant ne s'étaye pas sur ses propres repères, mais sur ceux de l'autre : la réflexion est chez l'autre. Donc, à ce moment précis où il ne peut compter que sur lui-même, l'enfant est très démuni, et échoue aux derniers items. Bien souvent, ces échecs électifs s'accompagnent de commentaires et surtout de questions, qui témoignent aussi du rapport de dépendance inscrit dans la relation.

Julien, presque 9 ans, consulte parce qu'il inquiète beaucoup les ensei-gnants : il ne communique pas, a des problèmes relationnels à l'école, il lui est arrivé d'avoir des crises d'angoisse et il connaît aussi des difficultés d'apprentissage.

Il est très malaisé de canaliser Julien pendant la passation du bilan. Son agitation et son instabilité sont constantes, et il ne supporte pas d'être séparé de ses parents. À plusieurs reprises, parce qu'il a entendu ses parents parler ou bouger dans la salle d'attente, il se précipite pour aller les retrouver, interrompant net nos activités.

Julien obtient les résultats suivants au WISC-III :

- Information : 9
- Similitudes : 7
- Arithmétique : 6
- Vocabulaire : 7
- Compréhension : 8
- Complètement d'images : 15
- Code : 1
- Arrangement d'images : 15
- Cubes : 9

© Dunod – La photocopie non autorisée est un délit.

– Assemblage d'objets : 11

QI verbal = 84 (79-91) ;
QI de performance = 101 (94-108) ;
QI total = 91 (86-97).

Indice de Compréhension verbale = 86 (81-93) ;
Indice d'Organisation perceptive = 116 (107-122).

QI verbal : niveau limite à moyen.

QI de performance : niveau moyen.

Différence QI verbal/QI de performance = 17 points.

Moyenne pour l'échelle verbale = 7,4.

Moyenne pour l'échelle de performance = 10,2.

Résultats déviant significativement de la moyenne verbale : aucun.

Résultats déviant significativement de la moyenne de performance : Complètement d'images (+ 4,8 points), Code (– 9,2 points) et Arrangement d'images (+ 4,8 points).

Résultats déviant significativement par rapport à la moyenne de la population : Arithmétique (– 4 points), Complètement d'images (+ 5 points), Code (– 9 points) et Arrangement d'images (+ 5 points).

Les troubles de l'attention pénalisent considérablement Julien au Code, où il obtient un très mauvais score. En revanche, le contrôle par le regard se manifeste aussi bien au Complètement d'images qu'à l'Arrangement d'images.

Les Cubes se situent dans la moyenne. En fait, l'intérêt de ce subtest apparaît plus dans la façon de procéder de Julien que dans ses résultats.

Aux items 8 et 9, il est très en difficulté : il procède par tâtonnements et essais-erreurs, il ne met pas en œuvre une démarche d'analyse.

À l'item 10, le passage à 9 cubes le déstabilise complètement. Il ne parvient pas à retrouver la forme générale, et ne peut pas critiquer ses erreurs.

Il se reproduit le même phénomène à l'item 11. Comme Julien ne supporte pas d'être mis en difficulté, il invente une figure, dont il me dit : « C'est ça ! » pour masquer son échec.

L'étude de la dispersion

➤ Exemples de réussite

Comme pour tous les subtests, une réussite aux Cubes n'a pas le même sens selon le contexte : succès isolé, ou bien inscrit dans une réussite globale de l'échelle de performance, ou bien réussite en lien avec d'autres subtests. Pour mémoire, une réussite à ce subtest fait éliminer l'hypothèse d'une déficience intellectuelle.

Les résultats des Cubes et des Similitudes doivent toujours être comparés : si l'enfant obtient à ces deux subtests des scores élevés, on peut penser que les capacités de raisonnement et la logique sont privilégiées.

Quand la réussite aux Cubes prend place dans une échelle de performance où l'enfant a obtenu de très bons scores, alors que les résultats à l'échelle verbale sont bien moins satisfaisants, cette grande aisance à l'échelle de performance renvoie à un mode d'approche plus pratique, technique, qui privilégie les objets concrets. Cela peut signifier également que les acquis culturels ne correspondent pas à ce qui est attendu en fonction de l'âge, alors que l'investissement de la pensée est bien présent.

Cette configuration se retrouve très souvent avec des enfants d'origine étrangère, quand leur maniement de la langue française ne leur permet pas de réussir l'échelle verbale. Dans ce cas, l'échelle de performance est sans doute ce qui reflète le plus justement leur véritable niveau.

Si les Cubes sont bien réussis, alors que les résultats aux subtests les plus scolaires, Arithmétique et Code, sont faibles, cela peut renvoyer à un véritable goût pour l'activité de penser, mais que l'enfant n'a jamais eu l'occasion d'associer à la scolarité. Cela apparaît parfois de façon très manifeste chez des enfants qui n'ont pas investi l'univers scolaire et qui éprouvent cependant de réelles satisfactions à réfléchir et développer un raisonnement. Ce sont souvent des enfants très curieux, très éveillés, mais qui n'ont jamais fait le lien entre leurs propres intérêts et ce qu'ils sont contraints de faire pour l'école.

Il peut parfois arriver que ce matériel neutre, impersonnel, soit particulièrement apprécié par un enfant qui investit le fonctionnement intellectuel sur un mode défensif. Dans ce cas, l'investissement par l'enfant de cette épreuve, que cela apparaisse à travers ses résultats, ses remarques ou sa manière d'être, ne peut pas constituer le seul élément permettant de conclure à cette valeur défensive. En effet, ce surinvestissement peut tout simplement être le fruit du plaisir de penser. Pour conclure à une modalité défensive, de l'ordre de l'intellectualisation, destinée à se protéger des émergences fantasmatiques, il faut comparer ce résultat avec d'autres éléments apportés par le bilan.

> Thierry, 7 ans, m'est adressé par la pédopsychiatre qui l'a rencontré quelquefois. Ses parents sont inquiets parce que Thierry leur paraît très dépressif et qu'il a des comportements autopunitifs. Il a tendance à retourner la violence contre lui-même, il refuse les cadeaux. À la fin du trimestre précédent, Thierry n'a pas ramené son bulletin à ses parents : le bulletin est excellent, Thierry est un enfant brillant à l'école. Son enseignante et la directrice de l'école ont entendu le signal d'alarme, et ont pensé à juste titre qu'il était déprimé. Elles ont conseillé aux parents de consulter une pédopsychiatre. Celle-ci demande ce bilan, car elle est déconcertée par le contrôle et la maîtrise de Thierry, qu'elle juge étonnants pour son âge.
>
> Thierry a été un grand prématuré, puisqu'il est né à 6 mois et demi de grossesse. Il est resté 15 jours en couveuse et un mois à l'hôpital. Il a présenté un retard psychomoteur au cours de la première année, qu'il a rattrapé ensuite rapidement.

La photocopie non autorisée est un délit.

Thierry a un contact extrêmement réservé. Non seulement il ne paraît pas investir la relation, mais il semble la craindre. Thierry est sur la défensive et ne veut rien reconnaître de ses difficultés. Par exemple, lors de notre première rencontre, quand je lui explique que le but du bilan est d'essayer de comprendre l'origine de ce qui le tracasse, il nie farouchement éprouver le moindre souci.

Mais Thierry manifeste une très grande détresse, se mettant à sangloter sans pouvoir s'arrêter, lorsqu'il s'aperçoit lors d'une pause que son père ne l'attend pas dans la salle d'attente. Son désespoir est alors impressionnant, et il semble que Thierry, bien qu'il ne veuille rien en dire, vive très mal la séparation. De même, il est très anxieux, son instabilité est importante, il s'agite beaucoup, manipulant de façon compulsive tout ce qui se trouve sur le bureau, dans une attitude qui évoque un besoin de réassurance.

Thierry vient toutefois beaucoup plus volontiers au second rendez-vous, et se montre alors ouvert et participant. La peur des situations nouvelles et inconnues est certainement très forte chez lui.

Il obtient les résultats suivants :

- Information : 15
- Similitudes : 12
- Arithmétique : 11
- Vocabulaire : 14
- Compréhension : 8
- Complètement d'images : 11
- Code : 7
- Arrangement d'images : 10
- Cubes : 14
- Assemblage d'objets : 9

QI verbal = 112 (105-117) ;
QI de performance = 101 (94-108) ;
QI total = 108 (102-113).

Indice de Compréhension verbale = 113 (106-118) ;
Indice d'Organisation perceptive = 106 (98-113).

Différence QI verbal/QI de performance = 11.

QI total : niveau moyen à normal fort.

Moyenne pour l'ensemble de l'échelle = 11,1.

Résultats déviant significativement de cette moyenne :
Information (+ 3,9 points), Compréhension (– 3,1 points) et Code (– 4,1 points).

Résultats déviant significativement par rapport à la moyenne de la population :
Information (+ 5 points), Vocabulaire (+ 4 points) et Cubes (+ 4 points).

Thierry obtient aux Cubes un résultat qui est à la limite d'être significatif par rapport à sa moyenne (+ 2,9 points) et qui est supérieur à la moyenne de la population. Mais surtout Thierry investit immédiatement cette épreuve. Alors qu'il est instable jusqu'ici et que j'ai le plus grand mal à essayer de maintenir son attention fixée sur ce que nous faisons, il se calme ici d'emblée. Thierry est très certainement rassuré par ce matériel sans significations, totalement neutre et ne l'impliquant en rien personnellement : il réalise cette épreuve avec grand plaisir, visiblement satisfait de pouvoir s'oublier dans cette activité de pure réflexion.

➤ Exemple d'échec

L'échec aux Cubes peut être la conséquence de difficultés diverses, de nature différente. Les Cubes sont toujours échoués par les enfants souffrant de déficience intellectuelle. Cette épreuve est également très sensible aux problèmes organiques et neurologiques.

Les scores aux Cubes sont faibles chez les enfants souffrant de dyspraxie. Ils le sont aussi la plupart du temps chez des enfants psychotiques ou prépsychotiques, mais de façon moins constante.

Enfin, nous avons vu que les difficultés de séparation, la dépendance et l'immaturité sont susceptibles d'entraîner un mauvais score à cette épreuve.

Parce qu'il implique le jugement et l'autocritique, mais aussi la prise de décision, ce subtest des Cubes met bien en évidence la part d'activité présente dans tout raisonnement. Or, toute position active suppose une mobilisation de l'agressivité. Pour penser, il faut que le mouvement agressif soit suffisamment libre pour venir nourrir le processus de réflexion. Certains échecs à cette épreuve peuvent être liés à l'inhibition : du fait d'une agressivité extrêmement refoulée, certains enfants ne peuvent mobiliser la charge agressive nécessaire pour réfléchir.

Émile a 9 ans. Ses parents consultent pour des problèmes scolaires qui durent depuis toujours, mais il n'y a aucun problème à la maison. Depuis la grande section de maternelle, il est suivi par une orthophoniste. Émile est très motivé par l'école et son travail, mais il a du mal à suivre. Dès le CP, on parle d'un manque de maturité.

Émile est un enfant adopté au Brésil à l'âge de 20 jours. Il était jusque-là gardé par une nourrice. Il était petit, malingre, et ses parents adoptifs ont pensé à un problème de malnutrition de sa mère. Ils ont rencontré celle-ci et l'ont sentie triste. Dès son arrivée en France, Émile, très faible, a été malade et a dû être hospitalisé, ses parents adoptifs ont eu très peur. Mais il s'est rétabli : les parents me disent qu'il est « tenace » pour tout.

Émile est d'abord sur la défensive, puis devient très souriant, comme s'il avait besoin d'être apprivoisé. Très gentil, Émile a un contact très agréable. Émile a beaucoup de tics, en particulier au niveau des yeux.

Il obtient les résultats suivants :

- Information : 7
- Similitudes : 6
- Arithmétique : 7
- Vocabulaire : 11
- Compréhension : 8
- Complètement d'images : 8
- Code : 6
- Arrangement d'images : 10
- Cubes : 2

© Dunod – La photocopie non autorisée est un délit.

– Assemblage d'objets : 7

QI verbal = 86 (81-93) ;
QI de performance = 77 (72-87) ;
QI total = 79 (75-86).

Indice de Compréhension verbale = 88 (83-95) ;
Indice d'Organisation perceptive = 80 (75-90).

Différence QI verbal/QI de performance = 9.

QI total : niveau limite à normal faible.

Moyenne pour l'ensemble de l'échelle = 7,2.

Résultats déviant significativement de cette moyenne :
Vocabulaire (+ 3,8 points) et Cubes (– 5,2 points).

Résultats déviant significativement par rapport à la moyenne de la population :
Similitudes (– 4 points), Code (– 4 points) et Cubes (– 8 points).

On peut remarquer le bon niveau en Vocabulaire d'Émile, sans doute lié au niveau socioculturel favorisé de sa famille adoptive. Quant aux Cubes, Émile cumule pour ce subtest les handicaps. On peut supposer qu'il connaît des difficultés dans l'organisation spatiale dont l'origine se situe dans les premiers temps difficiles de son existence. D'autre part, Émile a des tics importants au niveau des yeux, il ne regarde jamais en face, ce qui fait penser à une phobie du regard. Enfin, le bilan met en évidence un extrême refoulement de l'agressivité, avec une obsessionnalisation précoce. Ce qui correspond tout à fait au contact clinique : l'extrême gentillesse d'Émile fait penser à des traits obsessionnels. Donc il a du mal à mobiliser l'énergie nécessaire à la réflexion.

D'autre part, il n'est pas rare que certains tics, pendant la période de latence, aient une valeur de symptôme obsessionnel : quand c'est le cas, ces tics disparaissent souvent à la puberté, au moment où la symptomatologie obsessionnelle prend forme. Les tics d'Émile, dans ce contexte, évoquent tout à fait cela.

Ainsi, les résultats d'Émile sont parfaitement caractéristiques des résultats des enfants dyspraxiques : complètement perdu aux Cubes, il se récupère un peu à l'Assemblage d'objets où il peut s'appuyer sur une signification, et atteint même la moyenne à l'Arrangement d'images, où l'étayage sur le langage lui permet de compenser ses problèmes d'organisation spatiale.

Le seul moyen dont disposent les enfants dyspraxiques face à leurs difficultés d'organisation spatiale est de compenser par le biais du langage : le bon résultat à l'Arrangement d'images fait penser qu'Émile, en s'appuyant sans doute sur les apports langagiers de sa famille, a trouvé cette modalité de compensation.

8. Le Vocabulaire

Il s'agit d'une série de mots proposés verbalement, que l'enfant doit définir également de manière orale. Dans la consigne, le psychologue annonce à l'enfant qu'il va lui dire des mots, et lui demander ce que chaque terme signifie. Il y a 30 mots, rangés par difficulté croissante. L'épreuve n'est pas chronométrée. La note obtenue est de 0, 1 ou 2, selon la qualité de la réponse. Pour certaines réponses cotées 0 ou 1, il est prévu que le psychologue demande à l'enfant de préciser sa réponse, en vue de l'améliorer (voir *Manuel*).

Aptitudes évaluées

Wechsler note que, contrairement à ce que l'on croit la plupart du temps, l'étendue du vocabulaire d'une personne ne reflète pas seulement son niveau d'études, mais constitue aussi une excellente mesure de son intelligence générale. Cela peut paraître curieux : en fait, le Vocabulaire renvoie à la capacité d'apprentissage ainsi qu'à l'étendue des idées (1956, p. 122). Wechsler émet toutefois une réserve : le corpus de mots acquis par quelqu'un est très lié à sa culture. Il reconnaît donc que cette épreuve n'est pas adaptée pour les illettrés et pour ceux qui parlent une langue étrangère.

Wechsler insiste ici particulièrement, comme il l'a fait d'ailleurs pour les Cubes, sur la richesse des éléments qualitatifs apportés par le Vocabulaire. Par éléments qualitatifs, il entend les renseignements apportés par les réponses de la personne, et qui concernent la qualité et le caractère de son processus de pensée. En effet, comme aux Similitudes, les différents modes d'aptitude au raisonnement se traduisent dans des réponses elles-mêmes différentes. Wechsler donne l'exemple suivant : un « âne » peut être défini comme « un animal », ou bien par « il a quatre pattes », ou encore par « il a l'air d'un baudet », ce qui ne renvoie pas au même niveau de définition (p. 123).

De même, le type de définition donné par le sujet renseigne sur son niveau culturel. Surtout, les réponses au Vocabulaire renseignent sur le processus de pensée de la personne. Ainsi, Wechsler note que chez les adultes, ce subtest amène des types de réponses (nous dirions aujourd'hui une forme de verbalisation) tout à fait spécifiques chez les patients schizophrènes.

Grégoire confirme ici les résultats de Wechsler : le subtest de Vocabulaire est une des meilleures épreuves d'intelligence, et elle est très fortement saturée par le facteur *g* d'intelligence générale. Sa corrélation avec la note totale est relativement élevée. Grégoire compare le Vocabulaire avec l'Information : la connaissance, ici celle des mots, n'est pas le fruit d'un apprentissage passif, mais elle est le résultat de la mise en œuvre d'un processus intellectuel (1995, p. 149). En ce qui concerne le WISC-III, ce substest est le plus saturé par le facteur verbal, et de toute l'échelle, il est le plus saturé par le facteur *g* d'intelligence générale (2000, p. 183).

Pour Cattell, l'épreuve de Vocabulaire est le prototype du test d'intelligence cristallisée.

© Dunod – La photocopie non autorisée est un délit.

De plus, cette épreuve consiste à donner une définition orale des mots : les capacités demandées dépassent la simple connaissance de ces termes. L'enfant ne dispose pas de la définition : il doit la construire, ce qui lui demande de s'appuyer sur son expérience verbale, dans une démarche qui demande réflexion et abstraction. Ce qui correspond tout à fait à l'expérience clinique : certains enfants repèrent très bien le sens des mots proposés, mais ne parviennent pas à les définir, ce qui représente un tout autre processus que la simple reconnaissance.

Cet exercice de définition de mots rappelle certaines activités proposées dans le cadre scolaire : comme pour l'Information, le Vocabulaire a une connotation scolaire. Mais toujours comme pour l'Information, le Vocabulaire, c'est-à-dire la connaissance des mots, n'appartient pas uniquement au monde de l'école, et le rappel de la situation scolaire est aussi moins direct, moins brutal, qu'avec l'Arithmétique, par exemple.

Le Vocabulaire présente toutefois une caractéristique singulière par rapport au reste de l'échelle. Le nombre de mots connus ainsi que le type de terme utilisé sont très liés au niveau socioculturel de la famille. Il n'est pas rare que des enfants issus de familles cultivées, mais en difficulté par ailleurs, obtiennent un bon score à cette épreuve, lié aux acquis langagiers. Parfois, un bon niveau en Vocabulaire chez un enfant peut constituer une sorte de « vernis » culturel qui masque de réelles difficultés.

Approche clinique

Les réponses données au Vocabulaire fournissent de nombreux renseignements sur la façon d'être de l'enfant : certains enfants font preuve d'un excellent esprit de synthèse et vont droit à l'essentiel, proposant une définition nette, claire et précise. D'autres se noient dans des détails superflus, perdant de vue l'essentiel du propos. Certains donnent des définitions verbeuses, peu claires, masquant mal l'imprécision de la réponse. D'autres encore construisent des explications trop compliquées, sophistiquées, signe souvent d'une intellectualisation bien précoce. Certains ont un tel esprit de synthèse (ou cherchent à se débarrasser le plus possible de ce pensum...) que leur réponse tient en un mot, verbe ou substantif... D'où l'importance de noter les réponses de l'enfant avec le plus de précision possible, chaque enfant ayant ici un style bien particulier et singulier.

De plus, ce subtest est l'un des plus projectifs de toute l'échelle. Sur les trente mots de l'épreuve, certains sont relativement neutres, mais d'autres ont une indéniable valeur projective. Pour ne prendre qu'un seul exemple, le mot « bagarreur »[1] qui renvoie d'emblée à la colère et à l'agressivité, ne peut que susciter des réactions chez un enfant en difficulté dans ce domaine. L'enfant répond en fonction des significations contenues dans les mots présentés ou bien directement aux signifiants eux-mêmes.

Le mode de réaction et le comportement de l'enfant

Il y a de très importantes similarités entre les situations créées par le subtest d'Information et celui de Vocabulaire.

Selon son investissement du savoir, l'enfant se prend au jeu, a envie de trouver la bonne réponse. Le « petit chercheur », ici aussi, vit cet exercice comme un divertissement dans lequel il a envie de gagner. Plus que l'Information, le Vocabulaire révèle chez l'enfant le goût pour les mots et le plaisir de jouer avec ceux-ci, de les manipuler, de leur trouver des synonymes ou d'imaginer des métaphores qui en rendent compte. Au-delà des différences individuelles, il est clair que les habitudes culturelles de la famille jouent un rôle crucial pour favoriser ou non cet investissement du langage.

En revanche, certains enfants n'ont visiblement aucun plaisir à participer à cette épreuve. En effet, si le langage reste pour eux associé à des exercices scolaires sans intérêt, ils trouvent ce subtest tout à fait ennuyeux. D'autre part, le langage est ce qui vient mettre de la séparation entre la mère et son enfant. Des enfants qui refusent cette séparation, et donc de grandir, peuvent dédaigner cette épreuve, même s'ils ont par ailleurs un niveau de langage convenable.

> Lucie, 6 ans et demi, m'est adressée par la psychologue qui la suit au CMPP pour des troubles du comportement. Lucie est en conflit constant avec les enseignantes depuis la deuxième année de maternelle. En CP, elle s'ennuie et a beaucoup de mal à effectuer les premiers apprentissages. Elle provoque en permanence des affrontements à la maison, avec ses parents, son frère ou sa sœur.
>
> Lucie est l'aînée de trois enfants, aux naissances assez rapprochées. Ses parents me disent qu'elle réagit toujours comme si elle avait peur de se faire oublier. Sa mère pense que Lucie lui ressemble : fonceuse, susceptible, agressive, alors que sa sœur ressemble au père, plus conciliant. Celui-ci, artisan, est très peu présent à la maison, la mère ayant arrêté de travailler pour s'occuper de ses trois enfants. Très soucieuse des difficultés scolaires de Lucie, sa mère la fait travailler, ce qui ne fait qu'envenimer l'ambiance déjà détestable de leur relation.
>
> À travers le bilan, il apparaît que Lucie a développé d'importantes réactions phobiques, très liées à la dynamique familiale. Lucie tente de maintenir une relation non séparée avec sa mère, le père ayant de fait peu de place dans ce couple mère-fille.

1. Pour tout ce subtest de Vocabulaire, les mots sont systématiquement modifiés afin de ne pas dévoiler les items originaux.

© Dunod – La photocopie non autorisée est un délit.

Au Vocabulaire, Lucie baille, soupire, semble perdre tout intérêt à l'épreuve, qu'elle réussit pourtant assez bien. Mais ce rappel de la situation scolaire l'ennuie, et elle s'en plaint : « J'en ai marre ! », me dit-elle à plusieurs reprises. Elle me demande de passer à autre chose, en tentant une négociation. Lucie veut bien poursuivre la passation mais à condition de choisir elle-même ce que nous allons faire : « C'est comme l'école, où je ferais ce que je voudrais ! »

En même temps que cette opposition systématique à la demande de l'adulte, Lucie s'exprime comme un très jeune enfant, elle parle « bébé », tant dans le choix des mots que pour la construction des phrases. Les contenus de ses réponses sont très projectifs (voir *infra*).

Le mode de verbalisation et le discours de l'enfant

Par nature, le Vocabulaire se prête particulièrement bien au déploiement de l'expression orale, puisque l'enfant doit mobiliser son expérience verbale pour expliquer des mots. Nous retrouvons ici aisément diverses modalités de verbalisation, déjà mises en évidence en Information, qui reflètent la manière d'être de l'enfant dans la relation.

Soit il s'agit d'un mode de verbalisation constant chez l'enfant pendant l'épreuve : il concerne alors sa manière d'être en général, ou dans une situation qui peut rappeler la scolarité.

Stanislas, 8 ans, m'est adressé pour un bilan par sa psychothérapeute pour des problèmes d'apprentissage scolaire. Alors qu'il réussit très bien quand il travaille avec ses parents, il oublie tout dès qu'il a franchi le seuil de l'école. Il a aussi des problèmes relationnels : à l'école, il subit la violence des autres enfants, qui en ont fait leur souffre-douleur. Mais ces difficultés avec les autres enfants ont beaucoup régressé depuis le début de la psychothérapie.

Si Stanislas semble entrer dans la relation sur un mode adapté, on peut noter une très grande difficulté pour se concentrer. Il a beaucoup de mal à fixer son attention, il semble parasité en permanence par l'excitation. Son anxiété est très grande ainsi que sa peur d'échouer. Stanislas semble aux prises avec un grand manque de confiance en lui, et son discours est émaillé de : « Je ne sais pas », « Je n'ai pas appris », « J'ai pas mieux », etc.

Au Vocabulaire, à l'item 7, il répond : « Je sais pas trop quoi dire... (réponse correcte)... J'ai pas appris mieux ! »

Item 10 : « J'ai déjà entendu ce mot... C'est comme un tableau qu'on accroche sur le mur... »

Item 11 : Qu'est-ce qu'une plage ? « Je sais pas trop... C'est quelque chose avec dessus des arbres... J'ai pas mieux... »

Il y a chez Stanislas à la fois un manque de confiance en soi important et une grande dépendance. Pour lui, les connaissances appartiennent aux adultes, et il tente en permanence de s'excuser de ne pas les posséder. Ce mode de réaction n'apparaît pas à un item en particulier, mais il signe son rapport à la connaissance en général. Les épreuves verbales mettent bien en évidence cette problématique.

Par exemple, en Information, Stanislas réagit de façon semblable, s'excusant de ne pas savoir :

À l'item 10 : *Qui était La Fontaine ?* « Un inspecteur... Je regarde pas ce film, alors... »

Soit il s'agit d'un mode de verbalisation qui apparaît à un item en particulier. Dans ce cas, les propos de l'enfant sont à référer au mot à définir, car l'enfant a pu réagir à sa dimension projective.

La mère de Léon, 6 ans et demi, demande ce bilan pour des difficultés relationnelles avec son fils, qui s'oppose systématiquement à elle. Elle évoque surtout la séparation des parents qui s'est produite l'année précédente, et que Léon a très mal supportée. En même temps, Léon a tendance à attiser les conflits entre ses parents. Cependant, il est beaucoup plus calme avec son père.

La séparation a été demandée par la mère, qui me dit être devenue très violente verbalement ces deux dernières années avec son compagnon. Elle a eu alors le sentiment de reproduire le comportement de sa propre mère, qui méprisait les hommes. Elle me dit également que le mépris qu'elle éprouve pour le père de son fils est lié à leur situation financière : alors qu'elle est plutôt riche, son compagnon n'a jamais réussi à sortir d'une condition précaire, restant finalement toujours dépendant d'elle économiquement. Elle s'est lassée de ce mode de vie. Le père de Léon n'accepte pas cette séparation. Dans la réalité, les deux parents passent toujours beaucoup de temps ensemble.

Par ailleurs, Léon a d'importantes difficultés avec la nourriture depuis toujours. Il mange très peu, et traverse parfois des périodes de véritable anorexie. Il est extrêmement sélectif en ce qui concerne la nourriture, ce qui crée des contraintes importantes pour ses parents. Très sensible aux angoisses de séparation, Léon présente depuis toujours des difficultés d'endormissement.

Au Vocabulaire, alors qu'il répond très bien aux questions posées, il prend une attitude différente à l'item 13 : *Que veut dire « sombre » ?* « Ça, je sais pas, par contre... parce que ma mère me dit jamais ce que ça veut dire, et je ne lui ai jamais demandé... »

On peut supposer que cet item réactive une problématique particulière chez Léon. Le terme « sombre » peut évoquer la nuit, la tristesse, la séparation ou la perte. Ici, Léon vient exprimer une attitude de dépendance à l'égard de sa mère, ainsi qu'une revendication. Sans doute y a-t-il une importante charge fantasmatique autour de ces secrets que détient la mère et qu'elle ne veut pas lui faire partager, et qu'il tient absolument à connaître. En effet, le bilan met en évidence un important refus chez Léon de l'interdit du rapprochement œdipien avec la mère.

Certains mots du Vocabulaire sont plus susceptibles que d'autres de réactiver une charge fantasmatique particulière chez l'enfant. Parfois, cela peut entraîner une véritable déstabilisation, l'enfant devenant incapable de répondre à un item pourtant facile pour lui, ou donnant une réponse de moins bon niveau (voir les erreurs spécifiques intra-subtest). Mais très souvent l'enfant répond très correctement, en fonction du niveau attendu

© Dunod – La photocopie non autorisée est un délit.

pour son âge : les aspects plus projectifs et personnels se manifestent alors à travers la singularité de sa verbalisation.

Cette possibilité d'exprimer des préoccupations plus personnelles associées aux mots présentés est étroitement liée au contrôle exercé par l'enfant. Nous rencontrons les deux attitudes extrêmes. Certains enfants sont immédiatement envahis, et débordés, par la charge fantasmatique du mot :

> Lucie, 6 ans et demi (voir *supra*) répond à l'item 5 :
>
> *Qu'est-ce qu'une guêpe ?* « ça pique quand on les embête. (Est-ce que tu peux préciser un peu plus ?) ça a des rayures noires et jaunes, c'est petit, et gros, et dangereux... »
>
> Lucie, qui est aux prises avec une importante difficulté dans le maniement de l'agressivité, réagit immédiatement à la charge agressive associée à cet animal. Ma demande de précision lui permet d'avoir une approche plus distanciée, descriptive, mais elle est de nouveau reprise par le mouvement projectif. Avec une certaine désorganisation (petit associé à gros), la charge d'angoisse vient s'exprimer, associée à la dangerosité de l'animal, qui renvoie sans doute ici à la crainte de l'agressivité. Toutefois, s'il s'agit d'une réponse de niveau moyen, elle correspond tout à fait à ce qui est attendu pour son âge.

D'autres enfants ne s'autorisent aucune émergence fantasmatique, mettant en œuvre un très fort contrôle à visée défensive :

> William, 11 ans, m'est adressé par le pédopsychiatre qui le suit pour d'importants troubles du comportement. William ne rencontre pas de difficulté pour les apprentissages scolaires, mais il provoque par son comportement des exclusions de l'école, de la cantine, etc., de plus en plus fréquentes. Leader, il fréquente les garçons les plus durs et se montre provocateur.
>
> William est très jaloux d'Arthur, son jeune frère de 7 ans, qui vit un important échec scolaire, et monopolise de ce fait l'attention des parents.
>
> William garde un investissement a minima durant toute la passation, bien qu'il ait l'air content de ce qu'il réussit. Il se montre peu expansif et ne s'exprime pas spontanément. On peut remarquer quelques ruptures d'attention, mais qui restent minimes, et aucun problème de comportement en relation duelle.
>
> En revanche, pour le second rendez-vous, William se montre très fermé et supporte mal de revenir. Tout ce qui sollicite chez lui une expression lui est difficile. Toutefois, il suffit que je reconnaisse son agressivité pour qu'il se détende tout à fait. Au cours de l'entretien, William exprime un sentiment de rivalité envers son frère, mais cet aspect apparaîtra extrêmement peu à travers le bilan. L'ensemble du bilan est marqué par une forte inhibition, et un verrouillage massif de la vie fantasmatique, avec des modalités phobo-obsessionnelles très envahissantes, qui musellent toute possibilité d'expression.
>
> Au Vocabulaire, à l'item 5, *Qu'est-ce qu'une guêpe ?*, William répond : « Un insecte... Un insecte... »
>
> Si ce type de réponse, plus distanciée et intellectualisée, correspond bien au niveau attendu pour son âge, William bredouille, bafouille, hésite à cet item,

contrairement à son habitude. On peut faire l'hypothèse que la charge agressive associée à cet animal le déstabilise, mais sans qu'il ait la liberté fantasmatique de l'exprimer. En effet, l'agressivité apparaît, à travers les épreuves projectives notamment, extrêmement refoulée chez William. Son seul recours pour exprimer cette agressivité qui n'a pas droit de cité psychiquement est de la vivre dans le réel, à travers ses passages à l'acte (voir *infra* – L'étude de la dispersion, pour l'analyse détaillée du WISC-III).

La position intermédiaire, quand l'enfant n'est pas totalement submergé par les associations réactivées, mais quand il peut réagir aux thématiques des mots par des associations personnelles ou par une formulation singulière, est certainement la plus satisfaisante. Elle correspond à une vie psychique souple et ouverte, dans laquelle il y a place à la fois pour les émergences personnelles et un contrôle adéquat. Ainsi, sans aller jusqu'à une véritable désorganisation, la définition donnée peut être personnelle, chargée d'une dimension projective, inscrite dans un discours singulier.

Les problématiques réactivées par les différents items sont très variées. Elles sont bien sûr liées aux thématiques ou aux signifiants eux-mêmes, mais il est fréquent qu'un enfant exprime des préoccupations personnelles à un item qui semble assez neutre, et qui ne semble pas *a priori* susceptible de favoriser des mouvements projectifs. Le psychologue doit pouvoir écouter sans idée préconçue le discours de l'enfant, pour entendre, derrière la réponse au test, ce qui fait la singularité de son discours et de sa position.

Il n'est donc pas possible de présenter de façon exhaustive les différentes problématiques susceptibles de s'exprimer à ce subtest : à la limite, il faudrait répertorier toutes les préoccupations envisageables, ce qui n'est pas concevable. On peut cependant prendre quelques exemples de discours d'enfant, parmi les thématiques les plus fréquemment rencontrées.

Les préoccupations agressives peuvent infiltrer certaines réponses, soit en venant sur le devant de la scène, là où on ne les attendrait pas, soit à l'inverse en mobilisant un mouvement défensif particulièrement sévère (voir *supra*, Lucie et William).

Certaines réponses témoignent de l'immaturité chez l'enfant, par exemple en mettant l'accent sur les qualités sensorielles (cette dimension doit bien sûr toujours être appréciée en fonction de l'âge de l'enfant).

Maxime, qui a presque 7 ans, consulte pour des difficultés d'apprentissage scolaire, car un redoublement est envisagé par l'école. Il manque de confiance en lui et a tendance à se dévaloriser. Le bilan met en évidence une très importante immaturité chez ce garçon, qui refuse de grandir.

Item 4 : *Qu'est-ce qu'un réveil ?* « Je vais donner un exemple (etc. discours incompréhensible) À l'heure. (Peux-tu préciser ta réponse ?) Ça fait dring, dring. »

© Dunod – La photocopie non autorisée est un délit.

Item 5 : *Qu'est-ce qu'une guêpe ?* « C'est un insecte, si on l'embête, elle a un petit pic, elle nous pique, ça nous fait des boutons... etc. (discours confus). »

Toutes les réponses de Maxime reflètent la même immaturité : bien qu'il ait un niveau de langage correct, l'ensemble est marqué par des formulations très infantiles, un discours confus et impossible à canaliser comme chez un jeune enfant, des réponses par onomatopées ou sensorielles, faisant référence au corps propre.

L'immaturité peut s'exprimer de différentes manières : les formulations infantiles peuvent aller de pair avec l'insistance sur les thématiques de « gros » et « petit », qui est la marque de préoccupations phalliques, que l'on rencontre banalement chez les jeunes enfants :

Blaise, presque 7 ans :

- Item 9 : *Qu'est-ce qu'un ours ?* « Le plus gros mammifère du monde... »
- Item 12 : « Je sais plus, mais ma mère le sait... »
- Item 17 : *Qu'est-ce qu'un vagabond ?* « Je connais un Pokémon qui s'appelle vagabond... »

Bien sûr, le Vocabulaire favorise également, en fonction des items, l'expression de l'angoisse :

Mathieu, 7 ans et demi, présente des troubles dysharmoniques (voir *supra* – Cubes) :

- Item 9 : *Qu'est-ce qu'un ours ?* « C'est un gros animaux, qui mange les bêtes... (discours confus et incompréhensible). »

La représentation d'un animal puissant le renvoie à une angoisse de dévoration qui le déstabilise et amène un discours désorganisé.

Chez des enfants présentant des troubles de la personnalité, l'expression de l'angoisse peut être débordante. L'enfant est alors envahi par des représentations massives qui font effraction dans un discours qu'il tente de contrôler :

Cyril, 8 ans, consulte pour de graves troubles du comportement et une encoprésie persistante. Ses troubles sont si importants que ses parents ont été contraints de l'éloigner du domicile familial, car il met en danger ses jeunes frères. Cyril peut se montrer très violent envers sa mère, mais pas avec son père. Placé dans un foyer, puis dans une famille d'accueil, Cyril n'y est pas toléré. Depuis quelques mois dans un lieu de vie, une relation correcte commence à se mettre en place avec l'éducateur responsable du lieu. Mais Cyril continue à ne pas supporter qu'une femme s'occupe de lui.

Le bilan fait apparaître d'importants troubles, consécutifs à une psychose symbiotique chez cet enfant. Bien que ses difficultés aient été repérées dès l'âge de 3 ans, Cyril, dont les parents appartiennent à un milieu modeste, a été orienté vers une prise en charge sociale et éducative très tôt, sans que jamais rien ne soit proposé en termes de soins, à lui et à ses parents. En plus de ses angoisses massives, à l'origine de ses passages à l'acte violents, Cyril doit maintenant assumer l'identification au « mauvais enfant », c'est-à-dire à celui qui ne fait aucun effort pour s'améliorer.

- Item 5 : *Qu'est-ce qu'une guêpe ?* « Une insecte... qui boit du miel... je suis motivé ! Je suis le meilleur à l'école, le premier de la classe ! »
- Item 6 : *Qu'est-ce qu'une fourrure ?* « C'est des poils d'animal, quand un animal est mort, il perd sa fourrure... »
- Item 12 : *Que veut dire raisonnable ?* « C'est quand on est calme, qu'on dit pas de gros mots, qu'on dit pas fils de pute, c'est la même chose que poli... Est-ce que je me trompe ? »
- Item 20 : *Que veut dire devancer ?* « C'est quelqu'un qui est pressé, par exemple mon père est pressé d'aller voir les flics... (etc.). »

Pour Cyril, la connotation scolaire de ce subtest provoque une réaction de prestance : « Je suis le premier de la classe ! », qui reflète sans doute son désir de briller à mes yeux. En effet, nous avons déjà parlé ensemble de ses difficultés scolaires, car Cyril a beaucoup de mal à effectuer les apprentissages de base. Il en est très malheureux et blessé sur le plan narcissique.

Ensuite, les thèmes de mort alternent avec des expressions plus crues, portées en particulier par une charge agressive qui m'est adressée. L'évocation de son père et de la police, absolument sans lien apparent avec la question posée, semble évoquer une préoccupation surmoïque persécutrice.

Les problématiques de séparation peuvent aussi se traduire à travers les formulations :

Joseph, presque 10 ans, consulte pour une très importante phobie scolaire. Le bilan met en évidence une angoisse de séparation très envahissante (voir *supra* – Code).

Au Vocabulaire, à l'item 11 : *Qu'est-ce qu'un iceberg ?* « C'est un morceau de terre qui s'est détaché... à cause de la mer... (Peux-tu préciser ta réponse ?) C'est de la terre qui flotte... »

Joseph, aux prises avec une problématique majeure de séparation, revient en permanence à ses préoccupations : son discours se centre sur le détachement, qu'il associe au signifiant maternel. À la suite de ma question, il ne parvient pas vraiment à préciser sa réponse, mais exprime un sentiment d'insécurité lié à cette thématique de la rupture qu'il vient d'évoquer.

Parfois, les réponses prennent une tonalité clairement œdipienne :

William, 11 ans (voir *supra*) :

Item 20 : *Que veut dire devancer ?* « Quand quelqu'un meurt, par exemple quand le roi meurt, c'est son fils aîné qui prend la place du roi, ensuite... (Est-ce que tu peux m'expliquer un peu plus ce que veut dire devancer ?) Après, c'est ce qui se passe après... »

Cette réalisation du vœu œdipien se retrouve encore plus clairement chez Joseph (voir *supra*) :

Item 20 : *Que veut dire devancer ?* « Si mon père il est mort, moi je vais le devancer, je vais prendre sa place »

© Dunod – La photocopie non autorisée est un délit.

Remarquons que pour William comme pour Joseph, cet item est échoué. Mais il est ici difficile de savoir si l'impact fantasmatique lié à la question a joué un rôle dans cet échec, car pour l'un comme pour l'autre, cet item se situe dans la zone dans laquelle ils ne sont plus en mesure de répondre. C'est à travers leurs formulations que viennent s'exprimer leurs préoccupations liées à la rivalité œdipienne.

Les erreurs spécifiques intra-subtest

Comme aux Similitudes, le mode de notation des réponses au Vocabulaire opère une sorte de classement de celles-ci : il est donc important d'apprécier le niveau des réponses données par un enfant. On peut obtenir le même score avec des réponses notées 2 points et des échecs notés 0, ou alors avec des réponses notées exclusivement 1 point. Dans ce cas, le premier enfant a, malgré des lacunes, sans doute une plus grande maturité de pensée, avec une pensée moins concrète, que le deuxième enfant. L'immaturité de la pensée va bien souvent de pair avec une immaturité affective.

Quand la thématique abordée rencontre une problématique difficile pour l'enfant, cette évocation peut avoir des effets déstabilisants : oubli du sens du mot alors que celui-ci est connu, erreurs liées au mouvement projectif, réponse donnée d'un moins bon niveau que les autres, etc. Nous retrouvons l'expression des mouvements projectifs comme avec la verbalisation. Sauf qu'ici l'impact du mouvement projectif est tel qu'il provoque soit l'oubli du mot, soit l'impossibilité de le définir ou encore donne lieu à une définition inadéquate, au contenu plus ou moins projectif.

Il faut toujours faire la part du niveau de difficulté des items : s'il s'agit d'une question ardue pour l'enfant, le psychologue ne peut pas tirer de conclusion à partir de cet échec. En revanche, quand il s'agit d'une erreur élective, à un item d'un niveau facile pour l'enfant, on peut faire l'hypothèse d'une déstabilisation due au mouvement projectif.

Par exemple, l'item 8 « *que veut dire méchant ?* » réactive bien évidemment une problématique liée à l'agressivité, qui peut se révéler désorganisatrice pour certains enfants. Parfois, le mouvement de refoulement peut aller jusqu'à l'impossibilité de reconnaître le mot. L'enfant est incapable ici de répondre, alors qu'il réussit très bien toutes les questions suivantes.

> Stanislas, 8 ans (voir *supra*), échoue de façon élective à cet item, en faisant une confusion sur le mot même, et donc sur son sens. Ici, l'agressivité renvoie très directement à la curiosité interdite :
>
> « Ça veut dire que c'est quelqu'un qui fouille dans les affaires des autres, c'est un rôdeur... »

Sans que l'item soit échoué, il peut donner lieu à une réponse de moins bon niveau que ce qui est attendu, en fonction des autres réponses de l'enfant :

William, 11 ans, présente des troubles du comportement. Le bilan permet de faire le lien entre ces passages à l'acte et un très important refoulement de l'agressivité (voir *supra*).

Item 8 : *Que veut dire méchant ?* « C'est quand quelqu'un est énervé contre une autre personne... (Peux-tu préciser un peu plus ta réponse ?) Non. »

Alors qu'il obtient un score moyen en Vocabulaire, et donne ensuite plusieurs réponses de très bon niveau, William répond ici *a minima*. La pauvreté de sa formulation, qui contraste avec ses autres réponses, renvoie au refoulement de l'agressivité. C'est sans doute l'impact du mouvement projectif qui ne lui permet pas ici de donner une réponse plus précise, de meilleure facture.

De même, l'impact fantasmatique suscité par la réponse peut empêcher l'enfant de donner une meilleure réponse que celle donnée dans un premier temps.

Pour Benjamin, 8 ans et demi (voir *supra*), l'agressivité évoque immédiatement un thème de rivalité :

« Qu'il est fâché, pas content... (Est-ce que tu peux préciser un peu plus ta réponse ?) C'est quand quelqu'un a fait quelque chose et l'autre le bagarre parce qu'il avait envie de le faire (etc.). ».

Pour des enfants présentant des troubles de la personnalité, cet item peut provoquer des réponses paradoxales, aberrantes :

Olivier, 7 ans (voir *supra* – Code) : « Être heureux, être content... ».

L'étude de la dispersion

➢ Exemples de réussite

La réussite à ce subtest témoigne généralement d'un fort investissement du langage, ainsi que d'une bonne adaptation scolaire.

Mais quand le Vocabulaire est extrêmement bien réussi en comparaison des autres résultats, cela peut renvoyer à une sorte de « vernis » langagier, qui masque plus ou moins efficacement des difficultés sous-jacentes.

Benoît, 8 ans et demi, m'est adressé par la psychiatre consultée par sa mère. Benoît présente d'importants troubles du comportement, qui se manifestent autant en famille qu'à l'école. Benoît fait des sortes de crises de nerf, pendant lesquelles il hurle et s'agite. Il a tendance à manger beaucoup et salement. Il a été énurétique par périodes, jouait avec le feu. Depuis quelque temps, il est devenu encoprétique. À l'école, ses difficultés sont apparues dès la maternelle, mais elles ont pris une proportion inquiétante depuis un an. En plus de son instabilité, Benoît ne travaille pas.

© Dunod – La photocopie non autorisée est un délit.

Ses parents me disent qu'il « pourrit » la vie de la famille, qu'il ne supporte aucune limite. Il s'est créé une histoire de « malheureux » au sein de sa famille : troisième d'une fratrie de 5 enfants, aux naissances très rapprochées, Benoît arrive après deux frères brillants, que l'on remarque. Les parents de Benoît ont l'impression que celui-ci fait tout ce qu'il peut pour se faire remarquer à sa façon.

Benoît obtient les résultats suivants au WISC-III :

- Information : 11
- Similitudes : 11
- Arithmétique : 10
- Vocabulaire : 15
- Compréhension : 10
- Complètement d'images : 9
- Code : 8
- Arrangement d'images : 8
- Cubes : 9
- Assemblage d'objets : 8

QI verbal = 109 (103-114) ;
QI de performance = 88 (82-97) ;
QI total = 99 (94-105).

Indice de Compréhension verbale = 110 (103-115) ;
Indice d'Organisation perceptive = 90 (84-99).

QI verbal : niveau moyen à normal fort.

QI de performance : niveau normal faible à moyen.

Différence QI verbal/QI de performance = 21 points.

Moyenne pour l'échelle verbale = 11,4.

Moyenne pour l'échelle de performance = 8,4.

Résultats déviant significativement de la moyenne verbale :
Vocabulaire (+ 3,6 points).

Résultats déviant significativement de la moyenne de performance : aucun.

Résultats déviant significativement par rapport à la moyenne de la population :
Vocabulaire (+ 5 points).

Bien que se situant globalement dans la moyenne, Benoît est mal à l'aise à l'échelle de performance. Il est très desservi par sa difficulté pour se concentrer et fixer son attention. Benoît n'est pas à l'aise aussi bien en ce qui concerne l'organisation perceptive que le raisonnement, et il ne supporte pas l'échec : il se bloque dès qu'une épreuve lui paraît trop difficile, faisant tout alors pour masquer sa gêne. Il a recours notamment à une agitation sans limites, jouant avec le matériel, essayant d'attraper le chronomètre, réussissant plutôt bien à me déconcentrer et à attirer mon attention sur autre chose que notre activité présente.

Benoît réussit mieux sur le plan verbal, bien qu'il montre ici aussi une précipitation anxieuse qui l'amène à plusieurs reprises à répondre n'importe quoi.

Le bilan met en évidence une très forte dépression chez cet enfant qui est dans une quête éperdue de sa mère, qu'il est obligé de partager avec sa nombreuse fratrie. Il mobilise d'importantes défenses maniaques, qui se traduisent en particulier au niveau du comportement.

Là où ses deux frères aînés se font « remarquer » par leur intelligence et leur réussite scolaire, dans cette famille où tout ce qui est intellectuel est extrêmement valorisé, Benoît n'a pas cette ressource. Toutefois, il surinvestit le Vocabulaire, c'est-à-dire la connaissance des mots, ce qui est certainement facilité par le bon niveau socioculturel de la famille. Cet aspect, valorisé aussi familialement, vient constituer une sorte de « vernis », alors que Benoît rencontre de réelles difficultés. Celles-ci ne sont pas à strictement parler d'ordre intellectuel, si tant est que l'on puisse séparer cette dimension des autres aspects de la vie psychique : ce sont les défenses maniaques envahissantes qui l'empêchent de fixer son attention sur une tâche.

Cette réussite élective au Vocabulaire peut se retrouver chez un enfant présentant des difficultés moins importantes :

Amandine, presque 10 ans, m'est adressée par la psychologue qui la suit depuis peu de temps. Amandine est la plus jeune fille d'une fratrie de trois enfants. Amandine a révélé à sa sœur aînée, âgée de 21 ans, qu'elle a été victime d'abus sexuels répétés de la part d'un cousin adolescent alors qu'elle avait entre 7 et 9 ans. Ce cousin avait 14 ans au début des faits.

Pendant cette période, sont apparus brutalement chez Amandine une pudeur excessive, des cauchemars à répétition, une grande tristesse et une forte baisse des résultats scolaires. Ses résultats en mathématiques surtout sont très faibles, et conduisent son enseignante à envisager un redoublement.

Les abus sexuels se sont produits au cours de visites chez les grands-parents. Toute la famille est donc bouleversée depuis les révélations d'Amandine, ce qui la trouble beaucoup.

Amandine a été entendue par la gendarmerie la semaine précédente, et son cousin est allé spontanément reconnaître les faits. Un soutien psychologique est mis en place, très souhaité par Amandine et sa famille.

Amandine obtient les résultats suivants au WISC-III :

- Information : 9
- Similitudes : 6
- Arithmétique : 6
- Vocabulaire : 13
- Compréhension : 10
- Complètement d'images : 12
- Code : 13
- Arrangement d'images : 12
- Cubes : 12
- Assemblage d'objets : 11

QI verbal = 92 (87-98) ;
QI de performance = 114 (105-120) ;
QI total = 103 (97-108).

Indice de Compréhension verbale = 97 (91-103) ;

© Dunod – La photocopie non autorisée est un délit.

Indice d'Organisation perceptive = 111 (102-117).

QI verbal : niveau normal faible à moyen.

QI de performance : niveau moyen à supérieur.

Différence QI verbal/QI de performance = 22 points.

Moyenne pour l'échelle verbale = 8,8.

Moyenne pour l'échelle de performance = 12.

Résultats déviant significativement de la moyenne verbale :
Vocabulaire (+ 4,2 points) ; Similitudes et Arithmétique présentent une différence à la limite d'être significative (– 2,8 points).

Résultats déviant significativement de la moyenne de performance : aucun.

Résultats déviant significativement par rapport à la moyenne de la population : Similitudes (– 4 points) et Arithmétique (– 4 points).

Amandine ne présente pas, à travers ces résultats, de difficultés majeures, si ce n'est aux Similitudes et en Arithmétique. Or, Amandine reste très immature et très dépendante affectivement. Elle n'a pas constitué ses propres repères pour réfléchir, car elle s'appuie toujours sur l'autre. Elle n'a donc pas encore développé ses propres capacités de raisonnement, ce qui se traduit dans ses résultats catastrophiques en mathématiques. Quant aux conséquences des abus sexuels, il n'est pas possible de les apprécier ici directement. Il n'est pas exclu cependant que cette situation déstabilisante pour elle, qui a duré pendant deux ans, ait eu des effets perturbateurs pour ses apprentissages scolaires.

Sa bonne réussite au Vocabulaire, très proche de son niveau en performance, correspond sans doute à ses réelles possibilités.

Exemple d'échec

Quand le Vocabulaire est beaucoup moins bien réussi que l'ensemble de l'échelle, il faut d'abord envisager le rôle des acquis culturels et langagiers.

Toutefois, il est important de relever que l'expérience clinique correspond tout à fait aux conclusions de Wechsler sur l'excellente corrélation de cette épreuve avec la note globale et le reste de l'échelle. On rencontre assez rarement des échecs statistiquement significatifs à ce subtest. Ses résultats sont souvent très cohérents avec les scores à l'ensemble de l'échelle, et en particulier aux épreuves de performance (voir *supra*, Amandine). Ceci confirmerait donc l'idée que, malgré les apparences, ce subtest a moins à voir avec les aspects culturels qu'il n'y paraît. La dimension culturelle y est sans doute moins présente qu'au subtest d'Information.

Concrètement, cela signifie que si des réussites significatives au Vocabulaire se retrouvent assez facilement, qu'il s'agisse pour l'enfant d'un véritable goût pour le langage et ses jeux, ou bien d'un vernis culturel masquant des failles plus profondes, les échecs significatifs se rencontrent beaucoup moins.

Quand il existe, l'échec en Vocabulaire peut renvoyer à un désinvestissement et une pauvreté de l'expression verbale qui peuvent avoir une valeur défensive :

William, 11 ans, consulte pour des troubles du comportement (voir *supra*).

Il obtient les résultats suivants au WISC-III :

- Information : 13
- Similitudes : 14
- Arithmétique : 14
- Vocabulaire : 10
- Compréhension : 13
- Complètement d'images : 8
- Code : 9
- Arrangement d'images : 13
- Cubes : 11
- Assemblage d'objets : 14

QI verbal = 118 (111-123) ;
QI de performance = 107 (99-114) ;
QI total = 114 (108-119).

Indice de Compréhension verbale = 115 (108-120) ;
Indice d'Organisation perceptive = 109 (101-115).

QI verbal : niveau normal fort à supérieur.

QI de performance : niveau moyen à normal fort.

QI total : niveau moyen à normal fort.

Différence QI verbal/QI de performance = 11 points.

Moyenne pour l'échelle verbale = 12,8.

Moyenne pour l'échelle de performance = 11.

Résultats déviant significativement de la moyenne verbale :
Vocabulaire (– 2,8 points).

Résultats déviant significativement de la moyenne de performance : aucun.

Résultats déviant significativement par rapport à la moyenne de la population : Similitudes (+ 4 points), Arithmétique (+ 4 points) et Assemblage d'objets (+ 4 points).

Bien que les résultats aux échelles verbales et de performance soient encore homogènes chez William, il est intéressant ici de faire la moyenne pour chacune des échelles, ce qui permet de faire apparaître plus finement les différences significatives.

Alors que William est plutôt à l'aise à l'échelle verbale, il réussit beaucoup moins bien le Vocabulaire. Ses réponses à ce subtest sont pauvres, restrictives, données souvent avec un seul substantif.

Le bilan fait valoir chez ce garçon des modalités phobo-obsessionnelles lourdes, qui entravent considérablement les possibilités d'expression de sa vie fantasmatique. L'expression verbale en particulier est frappée d'une lourde inhibition. Dans ce contexte, l'échec relatif au Vocabulaire (car le résultat reste moyen),

© Dunod – La photocopie non autorisée est un délit.

renvoie à ce verrouillage de la parole, et non au niveau de langage qui apparaît tout à fait satisfaisant à travers les autres épreuves, et que confirment les bons résultats scolaires de William.

Les difficultés en Vocabulaire peuvent être plus massives, et renvoyer alors à une véritable impossibilité de prendre en compte le caractère équivoque du langage. En effet, définir un mot n'est possible que si ce signifiant peut renvoyer à plusieurs significations. Si l'enfant adhère sans distance à la signification du mot, l'exercice demandé par le Vocabulaire lui devient impossible :

Abel, 8 ans et demi, consulte pour des problèmes d'adaptation et d'apprentissage scolaires. Il m'est adressé par le psychologue qui le suit depuis quelques mois, qui évoque une importante immaturité. Ses parents me disent qu'Abel a toujours été en échec scolaire, qu'il a toujours besoin de se bagarrer.

Abel est un garçon extrêmement tendu, qui s'agite beaucoup et regarde tout ce qui se passe autour de lui avec beaucoup d'inquiétude. Malgré son agitation permanente, il coopère bien et investit beaucoup le bilan.

Abel obtient les résultats suivants au WISC-III :

- Information : 9
- Similitudes : 7
- Arithmétique : 5
- Vocabulaire : 1
- Compréhension : 6
- Complètement d'images : 3
- Code : 1
- Arrangement d'images : 5
- Cubes : 1
- Assemblage d'objets : 7

QI verbal = 73 (69-81) ;
QI de performance = 59 (56-71) ;
QI total = 62 (59-70).

Indice de Compréhension verbale = 76 (72-84) ;
Indice d'Organisation perceptive = 65 (62-76).

QI verbal : niveau retard mental à normal faible.

QI de performance : retard mental à niveau limite.

Différence QI verbal/QI de performance = 14 points.

Moyenne pour l'échelle verbale = 5,6.

Moyenne pour l'échelle de performance = 3,4.

Résultats déviant significativement de la moyenne verbale :
Information (+ 3,4 points) et Vocabulaire (– 4,6 points).

Résultats déviant significativement de la moyenne de performance :
Assemblage d'objets (+ 3,6 points).

Abel obtient des résultats faibles pour l'ensemble de l'échelle, et notamment en performance. Il a des difficultés majeures dans l'organisation perceptivo-spatiale.

Il obtient un score proche de la moyenne en Information, ce qui témoigne d'acquis culturels qui ne sont pas négligeables. De même, la Compréhension et les Similitudes montrent l'existence de repères de base par rapport à la vie quotidienne.

En revanche, au Vocabulaire, Abel ne parvient pas à prendre une distance suffisante avec les mots pour en donner une définition. Les rares réponses qu'il peut fournir consistent en une description très immédiate et très concrète :

Par exemple, à l'item 3 : *Qu'est-ce qu'une voiture ?* « C'est pour transporter des gens, de l'herbe, du saumon, du fromage et de la paille, des carottes et des biscuits. »

Cet enfant qui présente d'importants traits psychotiques n'a pas accès pour le moment à la possibilité de jouer avec le langage. Définir un mot suppose la prise en compte du caractère équivoque du langage. Alors que la majorité des enfants manipulent les mots, font des jeux de mots qui sont des jeux sur le signifiant, Abel « colle » à la signification suscitée par le mot.

9. L'Assemblage d'objets

Cette épreuve est constituée de puzzles qui représentent des objets courants. L'enfant doit reconstituer la figure initiale, sans modèle.

Après avoir montré à l'enfant un item d'exemple, le psychologue lui dit qu'il devra assembler les morceaux de plusieurs dessins. Il lui présente les pièces selon un agencement précis. Pour les deux premiers items sur les cinq que comprend l'épreuve, le psychologue nomme les objets à retrouver. Il s'agit d'une épreuve chronométrée et des points de bonification sont donnés pour la rapidité.

Aptitudes évaluées

Wechsler reconnaît avoir beaucoup hésité avant d'introduire ce test dans son échelle (1956, p. 119). En effet, cette épreuve a une faible corrélation avec les autres subtests et elle semble très sensible aux fluctuations de l'attention et à la motivation. Cependant, Wechsler accorde un grand intérêt aux données qualitatives apportées par ce test. Cette épreuve permet d'observer de façon privilégiée la manière dont la personne aborde la tâche, et Wechsler dégage trois grands types de réactions.

Dans le premier modèle, la personne réagit d'abord immédiatement à l'ensemble, puis tente de comprendre les rapports qui existent entre les

© Dunod – La photocopie non autorisée est un délit.

différentes parties. Le second modèle consiste aussi en une reconnaissance rapide de la globalité, mais sans saisir les rapports entre les parties. Dans le troisième modèle, il n'y a pas d'identification de l'ensemble, mais en procédant par essais-erreurs, la personne parvient en fin de compte à reconstituer la figure. Dans les deux premiers cas, il y a une anticipation qui permet de saisir l'ensemble de la figure, en s'appuyant sur des parties significatives. Dans le troisième cas, l'organisation visuelle est insuffisante : il faut alors résoudre le problème à partir de l'activité motrice, en procédant par essais-erreurs (pp. 120-121).

Wechsler accorde une valeur clinique particulière à ce subtest :

> «... Parce qu'il donne des indications quant au mode de perception de chacun, au degré dans lequel le sujet se repose sur la méthode des essais-erreurs, et à la manière dont il réagit aux fautes commises. » (p. 121)

Il note que cette épreuve met bien en évidence la persévérance, ou au contraire la tendance à se décourager : en effet, avant de comprendre ce que signifie une figure, il peut y avoir beaucoup de tâtonnements, de tentatives avortées, et il faut parfois reprendre à zéro les manipulations.

Au WISC-R, Grégoire constate que l'Assemblage d'objets est l'épreuve la plus saturée en facteur « spatial-mécanique-pratique ». Cette épreuve est très saturée par un facteur d'organisation spatiale (1995, p. 159). Car il s'agit d'analyser des stimuli visuels, de leur donner du sens et d'effectuer une synthèse. Grégoire confirme ces données au WISC-III : les analyses factorielles indiquent que l'Assemblage d'objets est, après les Cubes, l'épreuve la plus saturée par le facteur de performance (2000, p. 200).

Comme aux Cubes, la coordination visuomotrice et l'organisation spatiale sont ici sollicitées, mais avec une différence importante, car à l'Assemblage d'objets, contrairement aux Cubes, il s'agit d'un matériel figuratif.

La coordination visuomotrice est ce qui permet d'organiser un geste, un mouvement. Dans l'espace, nous mettons en œuvre en permanence des réorganisations visuelles, ce qui entraîne une adaptation de l'activité motrice. Ces phénomènes de régulation visuomotrice passent en général inaperçus, et nous n'en prenons conscience que lorsque cette coordination devient défaillante, c'est-à-dire quand nous rencontrons une difficulté, visuelle ou motrice.

À l'Assemblage d'objets, la flexibilité d'esprit est très importante, car l'enfant doit pouvoir réviser ses hypothèses quand il s'aperçoit qu'il se trompe. L'épreuve est chronométrée, ce qui suppose de pouvoir travailler avec la pression du temps.

Ici sont donc particulièrement mises en jeu la globalisation, l'anticipation par rapport à un matériel concret, la structuration spatiale ainsi que la latéralisation : la réussite à ce subtest est tributaire de la capacité à élaborer une représentation mentale de l'objet à reconstituer. Il s'agit d'une épreuve d'intégration perceptive.

Approche clinique

Comme le note justement Bourgès, l'Assemblage d'objets implique particulièrement le schéma corporel et l'image du corps (1981, pp. 100-101).

L'image du corps est bien autre chose que le schéma corporel : elle correspond à la représentation que se fait de son propre corps chaque être humain, représentation qui est le résultat des expériences pulsionnelles, affectives et relationnelles de chacun.

Le schéma corporel peut se définir comme la représentation du corps – en action ou immobile – de sa position dans l'espace ainsi que de la posture des différents segments corporels.

Quant à l'image du corps, c'est Françoise Dolto, à la suite de Paul Schilder, qui précise cette notion. Elle distingue le schéma corporel, qui est le même pour tous les êtres humains, de l'image du corps, qui est inconsciente :

> « L'image du corps est toujours inconsciente, constituée de l'articulation dynamique d'une image de base, d'une image fonctionnelle et d'une image des zones érogènes où s'exprime la tension des pulsions. » (1984, p. 24)

Elle en donne aussi d'autres définitions :

> « L'image du corps est ce dans quoi s'inscrivent les expériences relationnelles du besoin et du désir, valorisantes et/ou dévalorisantes, narcissisantes et/ou dénarcissisantes. » (p. 37)
>
> « Le corps matériel, lieu du sujet conscient, à tout instant le spatialise et le temporalise. L'image du corps, au contraire, est hors lieu et hors temps, pur imaginaire et expression des investissements de la libido. » (1981, p. 73)

L'image du corps dépasse le cadre du simple besoin corporel, elle est la marque du désir chez le sujet, c'est-à-dire que l'image du corps ne peut se constituer qu'au travers d'une relation de parole entre la mère et l'enfant. C'est par la parole que l'histoire du sujet s'inscrit, que ses expériences et ses souvenirs liés au schéma corporel et aux zones érogènes construisent cette représentation.

Dolto introduit la notion de castration symboligène : l'image du corps se constitue aussi à partir des différentes castrations que subit le sujet, c'est-à-dire des interdits qui vont venir frapper les désirs érotiques, alors qu'ils étaient jusque-là satisfaits, et qui vont à chaque fois marquer une progression. La première castration, première séparation de fait, est d'ordre ombilical :

© Dunod – La photocopie non autorisée est un délit.

c'est la naissance. Le sevrage, qui représente la castration orale, est ce qui crée l'espace possible pour l'accès de l'enfant au langage. La castration anale, avec l'apprentissage de la propreté, ouvre la possibilité d'une réelle prise d'autonomie d'avec la mère.

Le schéma corporel et l'image du corps sont plus sollicités à l'Assemblage d'objets qu'aux autres subtests de performance, puisque retrouver et reconstruire une figure à partir de morceaux implique de s'étayer sur une représentation unifiée de son propre corps.

Les enfants qui sont aux prises avec une angoisse de morcellement importante se trouvent très en difficulté à ce subtest, qui déclenche souvent chez eux de fortes réactions d'angoisse. Leurs résultats sont souvent très faibles (voir *infra*).

D'une certaine façon, l'Assemblage d'objets a un statut intermédiaire entre les subtests des Cubes et d'Arrangement d'images. Les représentations aux Cubes sont totalement dépourvues de signification, alors que l'Arrangement d'images implique le déploiement et la compréhension de véritables récits. Les items de l'Assemblage d'objets renvoient à des représentations précises, mais qu'un seul mot peut désigner.

D'ailleurs, le psychologue nomme l'objet à retrouver pour les deux premiers items. Contrairement aux Cubes, l'enfant peut ici s'appuyer sur une signification, donc sur du langage : plus qu'aux Cubes, mais beaucoup moins qu'à l'Arrangement d'images.

Comme pour toutes les épreuves chronométrées, tout ce qui ralentit l'enfant va avoir un impact sur le résultat : anxiété, dépression, contrôle obsessionnel, etc.

Le mode de réaction et le comportement de l'enfant

Wechsler a retenu cette épreuve essentiellement pour son intérêt qualitatif. La façon de procéder de l'enfant renseigne très directement sur son appréhension de cette tâche de coordination visuomotrice. La différence de comportement est nette entre un enfant qui anticipe la représentation à reproduire et celui qui est perdu, et procède par essais-erreurs.

Il est cependant extrêmement fréquent qu'un même enfant ait recours à différentes approches selon la difficulté de l'item. Il est aisé d'avoir une attitude anticipatrice pour les premiers items, plus faciles, d'autant que l'enfant connaît l'objet à retrouver, nommé par le psychologue. Les items étant classés par ordre de difficulté croissante, l'exercice devient de plus en plus malaisé, l'enfant devant « deviner » la figure qu'il est censé retrouver : il n'a pas alors d'autre choix que de procéder par essais-erreurs. On peut donc supposer que, comme certains travaux l'ont mis en évidence pour les Cubes, la stratégie mise en œuvre par l'enfant est largement tributaire de l'item lui-même, et de sa difficulté.

La richesse clinique de ce subtest ne provient pas uniquement de l'éclairage porté sur la façon de faire de l'enfant. Comme pour les autres subtests de l'échelle de performance, l'aspect ludique apparaît assez vite, car l'enfant associe aisément cet exercice avec les jeux de puzzles. Cette épreuve est aussi très éclairante sur sa motivation et son désir de s'inscrire dans une tâche de ce type, demandée par le psychologue. Elle nécessite de mettre en œuvre une attitude de recherche active : il faut manipuler, accepter de se tromper pour recommencer. Tout cela suppose une forme « d'humilité », c'est-à-dire reconnaître de ne pas savoir. *In fine*, cette épreuve ne peut être réussie que par les enfants qui admettent l'idée qu'ils ne savent pas tout d'avance. De toute l'échelle, l'Assemblage d'objets est sans doute l'épreuve la plus sensible aux difficultés d'autocritique : l'enfant doit s'engager dans une démarche de vérification et de correction constante, chaque nouvel assemblage pouvant l'amener à modifier ce qu'il a fait précédemment.

Les enfants qui ont du mal à s'autocritiquer ne peuvent pas remettre en cause les premiers assemblages qu'ils ont déjà réalisés. Ils se retrouvent alors dans une situation bloquée. Cette problématique peut se traduire de différentes façons et recouvrir des significations diverses.

Pour certains enfants, cela s'accompagne d'une expression agressive et d'une revendication à propos du matériel :

> Hugo, 7 ans, m'est adressé pour un bilan par la psychologue qui le connaît depuis longtemps. Vers 2 ans, Hugo a des troubles du sommeil et ne supporte pas d'être séparé de sa mère. La psychothérapie engagée apporte des améliorations, et peut être interrompue.
>
> À 4 ans, Hugo connaît des crises agressives très violentes qui conduisent ses parents à consulter de nouveau.
>
> Aujourd'hui, les parents de Hugo sont inquiets car il reste très « accroché » à sa mère, et il a beaucoup de mal à aller vers son père et vers les hommes en général. Il a du mal à s'adapter à une situation relationnelle, et à se concentrer à l'école. Ses parents me disent que depuis peu, il joue au « débile ».
>
> Ses parents s'alarment aussi à cause des goûts de Hugo : il voudrait être une fille, prend les vêtements de sa sœur pour s'habiller comme elle, toutes ses amies sont des filles.
>
> Ses parents rapportent un épisode très angoissant pour eux : au cours de la grossesse, une prise de sang a mis en évidence un risque de trisomie 21. Ils ont dû attendre un mois les résultats de l'amniocentèse pour être rassurés.

© Dunod – La photocopie non autorisée est un délit.

Hugo se situe dans la moyenne pour l'ensemble de l'échelle et ses résultats sont homogènes. L'Assemblage d'objets, bien que proche de la moyenne, est pour lui un peu plus difficile que les autres subtests.

Il aborde d'abord cette épreuve sur un mode très ludique.

Item 1 : Hugo intervertit des pièces entre elles. Bien qu'ainsi la représentation soit aberrante, il ne s'en rend pas compte. Je refais devant lui l'Assemblage correct, comme cela est prévu à cet item, mais Hugo ne semble pas se rendre compte de la différence de représentation.

Item 2 : « Elle est terminée... Comment ça se met ? » me dit Hugo, alors qu'il lui reste encore deux pièces dans les mains. Très dépendant, Hugo ne cesse de me demander ce qu'il doit faire, si son assemblage est bon, alors même que je lui dis qu'il doit le faire par lui-même. À un moment, il met une des pièces à l'envers et s'en rend compte : toutefois, il n'arrive pas à se corriger.

Item 3 : À partir de cet item, Hugo ne cherche plus à explorer les différentes possibilités, mais il me demande sans cesse ce qu'il doit faire. Comme je ne peux pas accéder à sa demande, il me dit à plusieurs reprises : « Ça me saoule ! » sur un ton exaspéré.

Item 5 : Avant d'avoir eu le temps d'observer les différentes pièces, Hugo se précipite : « C'est une femme !... Ah oui !... Non, c'est un homme ! », venant exprimer ici sans doute sa problématique identificatoire qui semble particulièrement aiguë.

Comme il est en difficulté pour terminer cet assemblage, il me demande : « Toi, t'arrives à le faire ? ». Comme je lui dis que le dernier exercice est dur à réaliser, pour adoucir un peu sa vexation d'être autant en difficulté, il me rabroue : « Pourquoi tu dis qu'il est dur ? ».

Alors que Hugo est très content d'aborder ce subtest, sans doute pour mettre en œuvre ses capacités d'analyse et de raisonnement, qui sont bonnes, il se découvre ici bien mal à l'aise. Il ne parvient pas à mettre en œuvre une démarche d'autocritique. En fait, très dépendant et ayant des difficultés de séparation, Hugo est gêné ici par l'organisation perceptivo-spatiale indispensable à mobiliser, mais qui nécessite une image différenciée du corps qui n'est sans doute pas encore tout à fait inscrite chez lui.

Pour certains enfants, cette difficulté d'autocritique s'accompagne de réactions de prestance :

Boris, presque 11 ans, consulte sur les conseils du directeur de son école pour des problèmes d'adaptation scolaire (voir *supra* – Arrangement d'images).

Boris est très en difficulté à l'Assemblage d'objets, où il obtient un score faible. Il ne supporte pas du tout cette mise en échec, alors qu'il montre des connaissances exceptionnelles pour tout ce qui est verbal.

Boris regarde systématiquement par-dessus le cache derrière lequel je dispose les pièces sur le bureau. En général, les enfants qui ont ce type de comportement s'inscrivent plutôt dans un plaisir de la transgression. Or, il me semble qu'avec Boris, il s'agit d'autre chose : il essaie d'obtenir des informations par avance, car il ne supporte pas d'échouer.

Toutefois, son comportement traduit bien également toute une problématique par rapport à la loi. Boris me demande en permanence pourquoi tel exercice doit se passer de telle façon, et non pas de telle autre... Ce sont de véritables ratiocinations qui reflètent sans doute une importante anxiété, mais aussi une tentative permanente de faire la loi.

Tout ceci s'exprime dans un contexte où le manque d'autocritique est flagrant :

Item 4 : « Je crois bien qu'il manque une pièce... » me dit Boris, manifestement en grande difficulté à cet item. Il insiste, malgré ma réponse, visiblement persuadé que je me trompe.

Pour cet enfant qui a passé les premières années de sa vie dans une institution, et qui souffre de séquelles d'une poliomyélite, on peut penser qu'il connaît des difficultés en termes d'image du corps, qui viennent se traduire à ce subtest.

Certains enfants expriment moins directement leurs difficultés mais se retrouvent très vite bloqués, ne progressant plus dans la reconstitution de la figure, car ils ne remettent pas en question leurs choix précédents.

Ces difficultés d'autocritique n'ont pas un sens univoque, mais se rencontrent chez des enfants présentant des problématiques diverses. Elles peuvent renvoyer aux troubles du schéma corporel ou de l'image du corps. Il peut s'agir de réactions de prestance chez des enfants qui ne supportent pas de ne pas savoir, dans un refus de la castration. Dans ce cas, on peut souvent faire le parallèle avec des remarques du type « Il ne manque rien ! » au Complètement d'images.

Elles apparaissent aussi chez des enfants présentant des troubles psychotiques ou des dysharmonies graves, qui ont souvent beaucoup de mal à cette épreuve qui s'étaye sur une image du corps différenciée.

L'impulsivité également peut avoir une influence sur la réalisation de cette épreuve pour certains enfants. Pour reconstituer les figures, l'enfant doit s'appuyer sur l'ensemble des éléments perceptifs dont il dispose, et notamment sur les détails, traits ou dessins, à l'intérieur de chaque morceau, qu'il doit faire coïncider entre eux également. Des enfants impulsifs peuvent assembler correctement certains morceaux, et se tromper pour d'autres, par précipitation et manque d'attention aux détails. L'impulsivité est ici source d'erreurs, et le résultat obtenu ne reflète pas véritablement les capacités d'organisation spatiale de l'enfant.

Il faut noter enfin un type de comportement particulier, qui ne peut apparaître qu'à cette épreuve. Le psychologue doit disposer les pièces de chaque item derrière un cache, pour que l'enfant ne les voie pas avant.

Certains enfants, malgré la consigne, s'arrangent pour regarder quand même, sur les côtés ou au-dessus du cache. On serait tenté de penser qu'il s'agit d'un comportement anodin et facétieux sans importance. Mais ce type

© Dunod – La photocopie non autorisée est un délit.

de réaction renvoie très souvent à une relation particulière à la loi et à la transgression. Quand il s'agit d'une simple plaisanterie, dont nous rions ensemble la première fois avec l'enfant, celui-ci n'insiste pas quand on lui dit que c'est interdit. En revanche, les enfants qui persistent ne supportent pas de devoir respecter une règle établie par les adultes :

> Augustin, presque 11 ans, tente de maintenir une position de toute-puissance à partir de laquelle il édicterait lui-même les règles (voir *supra* – Arrangement d'images et Arithmétique). Très souvent, Augustin confond les places des enfants et des adultes, me demandant si je sais faire les exercices que je lui propose.
>
> À l'Assemblage d'objets, Augustin passe son temps à regarder au-dessus du cache quand je l'utilise, dans une véritable jouissance d'avoir accès à ce qui devrait rester caché.
>
> Il est tout à fait intéressant de noter qu'aux épreuves projectives, Augustin donne des réponses très sexualisées, très crues, en référence directe à la sexualité adulte, comme s'il estimait qu'il y a déjà accès.

Des enfants expriment très directement leur agressivité en détruisant avec jubilation l'assemblage qu'ils ont effectué, parfois en commentant cette satisfaction (voir Blaise, *infra*). D'autres enfants, plus policés, ramassent soigneusement les morceaux pour aider le psychologue à les ranger : ce soin apporté au rangement n'est pas parfois sans évoquer une formation réactionnelle. Il s'agit toutefois d'une réaction très habituelle chez les enfants pendant la période de latence.

Le mode de verbalisation et le discours de l'enfant

Peu sollicitée à cette épreuve, la verbalisation accompagne généralement, et souligne, le mode de réaction et le comportement, comme nous l'avons vu pour les difficultés d'autocritique.

Il arrive que des enfants commentent ce qu'ils font ou bien se mettent à parler de la figure qui vient de prendre forme sous leurs yeux. Ces commentaires ou remarques ont très souvent une valeur projective : cela est surtout vrai pour les items qui évoquent des contenus humains.

> Blaise, presque 7 ans, souffre de troubles dysharmoniques (voir aussi Information et Code). Très angoissé et envahi par une logorrhée incessante, Blaise commente tous ses assemblages :
>
> Item 1 : « Fais gaffe de pas te casser ! Une chose amusante, je vais pas la détruire, sinon elle va mourir ! »
>
> Item 2 : « C'est James Bond, la super moto, tu vas la détruire après... elle va se casser en mille morceaux quand je vais la bagarrer... (il détruit l'assemblage qu'il vient de faire)... elle est détruite ! »

Les erreurs spécifiques intra-subtest

Les échecs électifs qui peuvent apparaître à cette épreuve et qui ne seraient pas exclusivement l'effet d'une difficulté d'organisation perceptivo-spatiale, mais qui peuvent avoir une valeur projective, concernent en général les items ayant un contenu humain.

Parmi les cinq items, on peut distinguer entre les figures qui renvoient à une représentation humaine, et celles qui évoquent une représentation d'un autre ordre. On va trouver des échecs électifs aux représentations humaines chez des enfants qui ont des difficultés particulières au niveau de l'image du corps ou des troubles de leur intégrité corporelle.

Les autres items correspondant à des contenus beaucoup plus neutres, les mouvements projectifs y sont en général peu présents.

L'étude de la dispersion

➤ Exemple de réussite

Réussir très bien à l'Assemblage d'objets suppose non seulement une bonne organisation spatiale et une coordination visuomotrice efficiente, mais aussi de la rapidité, de la vivacité et de la souplesse d'esprit. Ceci explique sans doute les commentaires de Wechsler, qui souligne qu'une très bonne réussite à cette épreuve reflète l'aptitude à la création, qu'on la rencontre surtout chez des personnes ayant des capacités artistiques et mécaniques, ainsi que chez ceux qui sont capables de travailler alors que le but de la tâche leur reste inconnu.

Il faut bien sûr comparer les résultats obtenus ici avec le score aux autres subtests de performance. Si les résultats à l'Assemblage d'objets sont cohérents avec ceux de l'ensemble de l'échelle de performance, cela renvoie à une bonne efficience globale dans ce domaine.

On rencontre aussi fréquemment une réussite relative à l'Assemblage d'objets qui va de pair avec un échec aux Cubes. Ce phénomène concerne tout particulièrement les enfants souffrant de dyspraxie, qui peuvent ici s'appuyer sur une signification qui leur sert de repère (pour la dyspraxie, voir le chapitre sur l'Arrangement d'images). Dans ce cas, généralement l'Arrangement d'images est encore mieux réussi.

En revanche, un résultat isolé peut avoir un tout autre sens :

> Océane, qui a presque 11 ans, m'est adressée par l'assistante sociale qui est sa référente à l'Aide sociale à l'enfance. La mère d'Océane a demandé l'année précédente un accueil provisoire pour ses deux enfants au service social, car elle était hospitalisée à ce moment-là pour une cure de désintoxication alcoolique.

© Dunod – La photocopie non autorisée est un délit.

L'accueil provisoire dure encore car ensuite la mère d'Océane a été admise en psychiatrie pour dépression, ce qui lui arrive à intervalles réguliers. Les enfants ont déjà été placés à plusieurs reprises pour des raisons similaires.

L'assistante sociale demande ce bilan, car Océane, qui a été hébergée avec son frère, plus jeune de deux ans, dans une famille d'accueil, a très vite fait preuve d'un comportement extrêmement difficile avec les adultes comme avec les autres enfants. Elle agresse violemment les enfants, perturbe leurs jeux, se montre violente, verbalement et physiquement. Elle a le même comportement à l'école, où elle se plaint beaucoup de sa famille d'accueil.

La mère d'Océane dit que sa fille a toujours eu des difficultés. Elle est née dans un contexte pénible, car sa mère, qui a elle-même connu plusieurs placements quand elle était enfant, l'a eu alors qu'elle était très jeune, elle n'avait pas 18 ans, et qu'elle était seule pour l'élever.

Océane est surtout très préoccupée par sa séparation d'avec sa mère et elle reste très « collée » à celle-ci. D'ailleurs, pendant l'entretien, Océane reste physiquement « collée » à sa mère, comme si elle ne supportait pas de perdre ce contact corporel.

Bien que réticente au départ pour effectuer le bilan, Océane investit finalement de façon extrêmement importante la relation. Sa grande quête affective apparaît très vite, accompagnée de beaucoup d'immaturité. Océane semble très dépendante de l'interlocuteur.

Elle obtient les résultats suivants :

- Information : 3
- Similitudes : 6
- Arithmétique : 5
- Vocabulaire : 3
- Compréhension : 6
- Complètement d'images : 5
- Code : 6
- Arrangement d'images : 4
- Cubes : 6
- Assemblage d'objets : 10

QI verbal = 67 (63-75) ;
QI de performance = 75 (70-85) ;
QI total = 68 (64-75).

Indice de Compréhension verbale = 69 (65-77) ;
Indice d'Organisation perceptive = 77 (72-87).

Différence QI verbal/QI de performance = 8.

QI total : retard mental à niveau limite.

Moyenne pour l'ensemble de l'échelle = 5,4.

Résultats déviant significativement de cette moyenne : Assemblage d'objets (+ 4,6 points).

Résultats déviant significativement par rapport à la moyenne de la population : à l'exception de l'Assemblage d'objets, les résultats de tous les subtests se situent significativement au-dessous de la moyenne de la population.

Pour l'échelle verbale, les subtests les plus difficiles pour Océane sont l'Information et le Vocabulaire, ce qui correspond aux acquis scolaires et socioculturels. Dans l'ensemble, Océane a tendance à se précipiter, elle se montre très dépendante, m'adresse de nombreuses questions. Elle manque considérablement de confiance en elle. Aux Similitudes et au Vocabulaire, ses réponses témoignent de préoccupations très infantiles. Les thèmes autour de la séparation, des liens, de l'accrochage, reviennent répétitivement, montrant bien les préoccupations de cette petite fille.

Pour l'échelle de performance, on peut remarquer au Code un tracé puéril et appliqué. Océane a besoin de soutien, et par exemple à l'Arrangement d'images, elle me regarde quasiment à chaque mouvement, comme si elle cherchait la réponse chez moi.

Le même phénomène se reproduit aux Cubes. Océane ne peut pas mettre en place une démarche d'autocritique. Elle se décourage aussi rapidement. Elle procède sans analyse ni méthode, c'est-à-dire qu'elle réalise la figure globalement en s'appuyant sur ses impressions. Océane ne retrouve pas le cadre général pour le passage aux figures à 9 cubes, ce qui renvoie bien à des difficultés de séparation et de différenciation. En fait, pour Océane la réflexion est chez l'autre. Extrêmement dépendante, elle n'a manifestement pas acquis l'autonomie psychique nécessaire pour pouvoir penser par elle-même. Seul l'Assemblage d'objets est bien réussi, ce qui renvoie sans doute à de bons repères pour ce qui concerne le schéma corporel et l'image du corps.

Pour le reste, Océane est envahie par des réactions dépressives liées aux ruptures multiples qu'elle a vécues et à un profond sentiment d'insécurité, qui manifestement ne lui ont pas donné la liberté nécessaire pour investir ses capacités intellectuelles.

➤ Exemple d'échec

Ici encore, l'échec à l'Assemblage d'objets doit être comparé aux autres résultats à l'échelle de performance. Si les résultats sont cohérents, une faiblesse dans ce domaine évoque des difficultés dans l'organisation perceptivo-spatiale.

En revanche, un échec isolé renvoie la plupart du temps à des problématiques mettant en jeu l'image du corps.

Marguerite a 9 ans quand elle vient pour un bilan, adressée par la psychologue que les parents viennent de consulter. Marguerite présente des troubles très anciens du comportement alimentaire. Elle se montre très sélective pour la nourriture depuis toujours et n'accepte que les aliments pour les tout-petits. D'autre part, Marguerite a de très mauvais rapports avec son entourage familial, avec lequel elle se montre tyran-nique. Dès qu'elle est contrariée, elle fait des crises de nerfs, hurle, jette tout ce qu'elle trouve à travers la pièce. Cela se produit au moins une ou deux fois par semaine, de façon tout à fait imprévisible. Inquiets de ces réactions, ses parents n'osent plus opposer aucune frustration à ses demandes. Marguerite a aussi des relations très conflictuelles avec ses deux frères.

© Dunod – La photocopie non autorisée est un délit.

Récemment, Marguerite a parlé de suicide. Elle a également des difficultés d'endormissement. Sur le plan scolaire, Marguerite obtient des résultats excellents et ne présente aucun trouble du comportement.

Plusieurs prises en charge ont déjà été tentées, qui n'ont rien modifié des symptômes de cette petite fille. Ses parents consultent la psychologue en dernier espoir. Marguerite s'exprime très peu, ne semble pas souhaiter faire évoluer la situation, contrairement à ses parents.

On peut noter d'importantes préoccupations liées à la nourriture dans cette famille : la mère a eu une anorexie assez grave au moment de l'adolescence. Elle évoque des relations très conflictuelles, bien que très proches, avec sa propre mère, qui tenait un restaurant. Elle-même exerce la profession de diététicienne. Quant au nom de famille, il s'agit du même signifiant qu'un fruit courant, orthographié exactement de la même façon.

Marguerite obtient les résultats suivants :

- Information : 14
- Similitudes : 16
- Arithmétique : 15
- Vocabulaire : 13
- Compréhension : 9
- Complètement d'images : 11
- Code : 13
- Arrangement d'images : 14
- Cubes : 12
- Assemblage d'objets : 8

QI verbal = 122 (115-126) ;
QI de performance = 111 (102-117) ;
QI total = 120 (113-124).

Indice de Compréhension verbale = 118 (111-123) ;
Indice d'Organisation perceptive = 108 (100-114).

Différence QI verbal/QI de performance = 11.

QI total : niveau normal fort à supérieur.

Moyenne pour l'ensemble de l'échelle = 12,5.

Résultats déviant significativement de cette moyenne :
Similitudes (+ 3,5 points), Compréhension (– 3,5 points) et Assemblage d'objets (– 4,5 points).

Résultats déviant significativement par rapport à la moyenne de la population : Information (+ 4 points), Similitudes (+ 6 points), Arithmétique (+ 5 points) et Arrangement d'images (+ 4 points).

Pendant la passation, Marguerite a des tics assez importants qui apparaissent régulièrement dans les moments de tension et qui se manifestent au niveau des mains et des doigts.

En ce qui concerne l'échelle verbale, le subtest le mieux réussi est le subtest de Similitudes, ce qui témoigne d'excellentes capacités de réflexion chez Marguerite. On peut toutefois remarquer à travers les formulations une fixation très importante à l'image maternelle. L'Arithmétique est également très bien réussie, ce qui paraît cohérent avec sa bonne réussite scolaire.

L'Information et le Vocabulaire montrent un bon niveau de culture générale. En Information, Marguerite ne peut pas répondre à une question concernant le système digestif, qui est pourtant tout à fait facile : il y a sans doute dans cet échec une dimension très projective, liée à ses difficultés alimentaires.

À l'échelle de performance, c'est l'Arrangement d'images qui est le mieux réussi, ce qui va sans doute de pair avec l'aisance de Marguerite pour le langage. Effectivement, l'Arrangement d'images fait beaucoup plus appel au langage que les autres épreuves de performance. On note à ce subtest des réponses extrêmement projectives. Marguerite ne voit pas les thèmes d'autorité maternelle, les conflits, ainsi que les représentations du couple parental, comme s'il y avait là quelque chose d'impossible à représenter.

Son score au Code est satisfaisant et témoigne de bonnes capacités d'attention et de concentration. De même le bon résultat aux Cubes est le signe d'un bon raisonnement. Mais c'est aux Cubes où, malgré l'aisance de Marguerite à ce subtest, la tension apparaît massivement et les tics au niveau des doigts deviennent très envahissants.

Ce même phénomène se reproduit à l'Assemblage d'objets, où Marguerite a tendance à se décourager. Toutefois, elle bénéficie de l'étayage relationnel, et s'obstine grâce aux encouragements que je lui prodigue. Mais ses difficultés à ce subtest sont très importantes : Marguerite doute beaucoup, elle manque de souplesse de pensée dans sa recherche de la solution et ne parvient pas à s'autocritiquer.

Marguerite échoue de façon significative à ce subtest, même si son score n'est pas très éloigné de la moyenne des enfants de son âge. On peut penser que cet échec relatif à ce subtest reflète une difficulté particulière au niveau de l'image du corps, chez cette petite fille qui s'est inscrite très tôt dans des difficultés alimentaires en écho manifestement aux préoccupations de sa mère.

Il faut noter également que cette épreuve présente souvent pour les enfants psychotiques des difficultés insurmontables, car elle est très sensible aux troubles particuliers de l'image du corps que connaissent ces enfants.

10. La Compréhension

Ce sont des questions posées oralement, qui concernent des problèmes de la vie de tous les jours ou de la vie sociale. Les items sont rangés par difficulté croissante. Les réponses sont notées 0, 1 ou 2 points en fonction de leur qualité. L'épreuve n'est pas chronométrée. Pour certaines réponses cotées 0 ou 1, il est prévu que le psychologue demande à l'enfant de préciser sa réponse, en vue de l'améliorer (voir *Manuel*). D'autre part, ce subtest comprend deux types de questions : des items où le sujet obtient 2 points si sa

© Dunod – La photocopie non autorisée est un délit.

réponse exprime une idée générale. Et des items pour lesquels il faut citer deux idées générales pour obtenir 2 points. Si l'enfant ne donne qu'une seule bonne réponse, le clinicien lui en demande une autre.

Aptitudes évaluées

Une épreuve de compréhension faisait partie de la première version du test de Binet. Depuis, elle a toujours été reprise dans les tests intellectuels. Wechsler souligne d'emblée sa valeur clinique : il cite son intérêt pour le diagnostic de psychopathie, ou la présence de réponses bizarres données par des patients schizophrènes. Ce test apporte toujours des renseignements concernant la vie sociale et culturelle de la personne. Il apparaît clairement ici que la façon dont la personne comprend les questions posées et les associations qu'elle est amenée à faire sont directement liées à sa personnalité (1956, p. 98).

Wechsler a du mal à préciser ce que cette épreuve évalue : il évoque le bon sens, les acquis dans le domaine des informations pratiques, et l'aptitude générale à intégrer l'expérience passée. Ce test ne comprenant pas de mot rare ou difficile, les personnes bilingues ou d'origine étrangère ne rencontrent pas ici une gêne particulière. Wechsler constate toutefois un lien entre le résultat en Compréhension, le niveau de vocabulaire et l'habitude de s'exprimer verbalement.

Grégoire considère que nous ne connaissons pas mieux que Wechsler les processus impliqués dans ce test de Compréhension, car celui-ci n'a pas fait l'objet de recherches récentes (2000, p. 186). Tous les auteurs s'accordent à reconnaître que cette épreuve évalue surtout les connaissances pratiques, la capacité à gérer des problèmes liés aux comportements sociaux, l'acquisition des conventions sociales et du sens moral. Cela suppose donc qu'il y ait eu une éducation préalable, scolaire et familiale, ce qui renvoie donc à l'intelligence cristallisée.

Toutefois, les études des corrélations et des résultats d'analyse factorielle montrent que la Compréhension constitue une assez bonne mesure de l'intelligence. Grégoire relève « l'hétérogénéité de la réalité mesurée » : en effet, les différentes questions relèvent de registres de connaissances très variés, et il est difficile d'imaginer que le résultat à cette épreuve renseigne sur une entité bien différenciée et homogène. Grégoire pense que des recherches précises sur la nature des processus en jeu seraient ici nécessaires (1995, p. 150).

Il faut être dans tous les cas très prudent et se garder de considérer *a priori* cette épreuve comme capable d'apprécier l'adaptation sociale. Il s'agit d'une erreur d'interprétation qui est souvent commise. L'Arrangement d'images comme la Compréhension font appel à des connaissances pratiques, à la capacité à comprendre des comportements sociaux, ainsi qu'à la connaissance des conventions sociales et du sens moral. Or, les comprendre ne signifie pas y adhérer : nombre d'enfants obtiennent de bons résultats à ces épreuves, alors même qu'ils rencontrent dans leur vie d'importantes difficultés d'intégration sociale. Pour le dire abruptement, les délinquants sont souvent ceux qui connaissent le mieux les lois : cela se voit très bien à ces épreuves avec certains adolescents… Ces données issues de la pratique clinique semblent actuellement en voie d'être confirmées par des recherches récentes (voir Grégoire, 2000, p. 186).

D'autre part, il ne faut pas oublier que par définition, puisqu'il s'agit d'explorer les connaissances des normes sociales, ce subtest de Compréhension est constitué de contenus extrêmement normatifs. Il s'agit de contenus très surmoïques, exprimant les exigences et les interdits parentaux et sociaux. À l'extrême, ils renvoient à de véritables formations réactionnelles, c'est-à-dire à des attitudes venant en réaction contre un désir refoulé. Par exemple, l'extrême politesse, l'obséquiosité peuvent constituer une formation réactionnelle contre le désir agressif refoulé.

En ce sens, l'adhésion sans distance à tous les contenus de ce subtest peut relever d'une soumission sans aucun espace de liberté à ces exigences, ce que l'on rencontre par exemple chez des enfants présentant des troubles obsessionnels précoces.

Cela confirme que pour la Compréhension, comprendre les questions et savoir bien y répondre n'équivalent pas à une adhésion inconditionnelle aux principes énoncés. Ainsi, il peut être de bon aloi qu'un enfant (et cela devient encore plus manifeste avec les adolescents) montre une bonne compréhension et en même temps soit capable d'établir une distance critique avec certains contenus.

Approche clinique

Cette épreuve traduit essentiellement la compréhension des enjeux sociaux, des normes et des valeurs parentales et sociales. Un certain nombre de questions concernent les règles qui régissent la vie en société et d'autres ont à voir avec la vie quotidienne, ce qui renvoie à la connaissance de la réalité pratique. S'il faut se garder de considérer que les résultats ici refléteraient l'adaptation sociale, en revanche cette épreuve renvoie très directement à l'intérêt pour le monde extérieur. Qu'il accepte de se soumettre à ces normes sociales ou pas, l'enfant qui les connaît témoigne d'un souci et d'une curiosité pour son environnement et la vie sociale dans laquelle il évolue.

© Dunod – La photocopie non autorisée est un délit.

Au-delà des acquis culturels, les résultats à cette épreuve représentent un bon indicateur de la curiosité et de l'ouverture d'esprit de l'enfant pour le monde qui l'entoure. À l'inverse, ils peuvent être la marque de sa difficulté à se décentrer de ses préoccupations pour se tourner vers l'extérieur.

Le mode de réaction et le comportement de l'enfant

Ce subtest est le dernier de l'échelle, et l'enfant a maintenant l'habitude du jeu de questions-réponses que représente la passation des épreuves verbales. Il est donc rare que des modes de réaction spécifiques se manifestent ici pour la première fois : en général, ils se sont déjà exprimés aux subtests précédents.

La spécificité relationnelle ici concerne surtout les items pour lesquels l'enfant ayant bien répondu une première fois, le clinicien le sollicite pour donner une autre réponse. Pour certains enfants, cette incitation facilite la démarche, et l'interaction leur permet de donner de meilleures réponses dans un second temps.

Pour d'autres, ce questionnement est vécu sur un mode un peu inquisiteur, comme s'ils avaient déjà suffisamment « donné » au psychologue en lui offrant une première réponse de bonne qualité.

Gatien, 8 ans, m'est adressé par la psychologue qui le suit pour un problème d'instabilité à l'école, mais aussi parce qu'elle se demande si cet enfant ne serait pas intellectuellement précoce. Le maître de Gatien dit qu'il travaille quand il veut : ses résultats sont inégaux, mais il est capable d'obtenir de très bonnes notes. Pour sa part, Gatien dit s'embêter à l'école. Il fait d'ailleurs tout pour intégrer la classe d'une tante paternelle qui enseigne dans le même établissement.

Gatien participe volontiers au bilan et pose de nombreuses questions sur ce que nous allons faire, témoignant d'une anxiété et d'un manque de confiance que l'on ne découvre que dans un second temps. De même, les effets de blocage sont massifs dès qu'il se sent en difficulté. Finalement, Gatien apparaît beaucoup moins à l'aise qu'il ne le montre d'emblée.

Gatien obtient les résultats suivants :

- Information : 18
- Similitudes : 19
- Arithmétique : 10
- Vocabulaire : 11
- Compréhension : 12
- Complètement d'images : 10
- Code : 2
- Arrangement d'images : 10
- Cubes : 9
- Assemblage d'objets : 4

QI verbal = 126 (118-130) ;
QI de performance = 79 (74-89).

Indice de Compréhension verbale = 131 (123-135) ;
Indice d'Organisation perceptive = 88 (82-97).

QI verbal : niveau normal fort à très supérieur.

QI de performance : niveau limite à normal faible.

Différence QI verbal/QI de performance = 47 points.

Moyenne pour l'échelle verbale = 14.

Moyenne pour l'échelle de performance = 7.

Résultats déviant significativement de la moyenne verbale :
Information (+ 4 points), Similitudes (+ 5 points), Arithmétique (– 4 points) et Vocabulaire (– 3 points).

Résultats déviant significativement de la moyenne de performance :
Code (– 5 points) et Arrangement d'images (+ 3 points).

Résultats déviant significativement par rapport à la moyenne de la population : Information (+ 8 points), Similitudes (+ 9 points), Code (– 8 points) et Assemblage d'objets (– 6 points).

Le décalage entre les deux échelles, au détriment de l'échelle de performance, est tout à fait considérable. Gatien est surtout très en difficulté pour le Code qui renvoie aux aspects graphomoteurs, ce qui évoque son refus lorsqu'il s'agit d'écrire. L'Assemblage d'objets est également très chuté, ce qui peut faire penser à une différenciation insuffisante.

De plus, et cela se retrouve à tous les subtests, particulièrement en performance, Gatien se bloque dès qu'il doit faire face à une difficulté. Il s'agite alors, posant de nombreuses questions, comme s'il essayait de retrouver la maîtrise de la situation. À l'Arrangement d'images comme à l'Assemblage d'objets, il se montre très lent et commente ses mouvements à voix haute, comme s'il avait toujours besoin de passer par le langage. Le soutien du récit à l'Arrangement d'images lui permet d'obtenir des résultats dans la moyenne. Le Complètement d'images et les Cubes sont moyens, ce qui montre sa capacité, malgré une absence d'autocritique, à s'appuyer sur les aspects visuels, qui viennent sans doute compenser un défaut de différenciation et d'organisation.

Gatien, dans une réaction de compensation, a manifestement surinvesti le langage. Il obtient la note maximale en Information et en Similitudes, ce qui témoigne d'une culture et d'une capacité de généralisation tout à fait exceptionnelles pour son âge. Les autres subtests sont plus proches de la moyenne, ce qui montre bien le déséquilibre du fonctionnement global. L'Arithmétique est le moins bien réussi, et on peut supposer que les difficultés de Gatien en performance font sentir leurs effets dans ce domaine.

Ainsi, ce qui passait pour de l'ennui et un refus de travailler chez un enfant possiblement surdoué, masque en fait une véritable difficulté à la fois sur le plan de l'organisation perceptivo-spatiale, et pour fixer son attention. Ces difficultés en performance semblent liées à un problème de séparation et de différenciation, et sont aggravées du fait de la tension et du manque de confiance en soi et en ses propres repères corporels.

© Dunod – La photocopie non autorisée est un délit.

> Se sentir en échec est très douloureux pour ce garçon ambitieux et avide de savoir par ailleurs (voir les résultats en Information et aux Similitudes). L'apparent refus de travailler est une réaction de prestance, une façon de tenter de masquer ses failles.
>
> Ces réactions se retrouvent en Compréhension, en particulier quand je lui pose une seconde question :
>
> – Item 1 : Après une première réponse assez vague, je l'interroge de nouveau pour lui faire préciser son propos (voir *Manuel*), *Explique-moi un peu plus ce que tu veux dire* : « L'attendre à la caisse... puis... je sais pas... j'arrive pas à deviner, moi ! »
> – Item 2 : Après une première bonne réponse, je lui demande s'il a une autre idée, *Dis-moi une autre chose à faire si tu vois quelqu'un glisser et faire une chute dans la rue* : « Non, j'arrive pas à deviner ! »
> – Item 8 : *Pourquoi explore-t-on les fonds sous-marins ?* « Je sais, mais je peux pas dire... »
>
> Quand il ne connaît pas la réponse, Gatien se sent en difficulté et réagit agressivement, il me répond alors sur un ton sans appel. Ces réactions de prestance viennent difficilement camoufler un grand manque de confiance en soi et une forte anxiété.

Les réactions de l'enfant peuvent avoir ici un caractère très projectif, c'est-à-dire venir en écho à une problématique réactivée par une question. Dans ces cas-là, à ce subtest, l'expression des préoccupations de l'enfant se fait à la fois à travers ses réactions, son comportement et sa verbalisation (voir *infra*).

Le mode de verbalisation et le discours de l'enfant

Comme pour les réactions et le comportement de l'enfant, sa manière de s'exprimer a déjà été mise en évidence par les premières épreuves verbales. Les aspects les plus spécifiques de ce subtest sont liés aux thèmes proposés : les règles et les relations sociales, la vie quotidienne et pratique. Il peut arriver que la richesse, le déploiement d'un discours, ou à l'inverse le laconisme, la pauvreté des réponses, soient plus liés à l'intérêt porté par l'enfant à ces domaines qu'à son style d'expression verbale en général.

Cette épreuve peut réactiver des problématiques liées au respect des règles sociales, par exemple à l'item 1 : *Que dois-tu faire si tu vois un enfant en train d'oublier un de ses jeux dans la cour de récréation ?*

> Antoine, presque 10 ans, consulte pour des difficultés de concentration à l'école : « Ben, je m'approche pour le lui redonner... (Dis-m'en un peu plus.) Ben, oui, je le garde ! » dit-il en se mettant à rire.

Antoine connaît parfaitement la réponse. Mais cette question, qui fait appel à la morale, suscite aussi le désir de la transgresser. Certains enfants ont déjà beaucoup d'humour, et un rapport très fin à ce type de problématique. Comme Antoine, il arrive qu'un enfant donne les deux réponses : la bonne réponse, dont il sait qu'elle est attendue par le psychologue, et l'autre, qui représente une véritable transgression de la situation de test, mais dont il devine aussi qu'elle peut amuser son interlocuteur… L'enfant fait preuve ici d'un véritable sens de l'humour : il connaît les règles, mais est capable d'avoir un regard critique et amusé sur celles-ci. Cela témoigne d'une capacité à prendre de la distance et à ne pas être dupe, notamment de la situation de test, qui signe à la fois de la finesse et une certaine maturité.

Le contenu de ce subtest étant très normatif, ce type de réaction ne représente pas forcément une attirance irrépressible pour la transgression, mais peut signifier une certaine liberté prise avec la situation de test et le psychologue, qui peut être de bon aloi.

En revanche, ce type de réponse n'a pas du tout le même sens chez un enfant pour qui ces repères sont faiblement inscrits :

> Florian, presque 11 ans, consulte pour troubles du comportement et d'importantes difficultés d'apprentissage scolaire. Florian est placé à l'Aide sociale à l'enfance depuis ses premiers mois, ainsi que son frère qui a deux ans de plus que lui. Florian pose de tels problèmes de comportement en collectivité qu'il a vécu de nombreuses ruptures dans ses placements successifs. Il est hébergé actuellement dans un lieu de vie à la campagne, mais il y est à peine toléré.
>
> Ses parents, très jeunes au moment de sa naissance, n'ont pas pu s'occuper de leurs enfants. Ils ont connu tous deux des problèmes de délinquance, sans doute liés à la toxicomanie. La mère de Florian a connu dans ce contexte des épisodes de prostitution. Le père de Florian vit avec une nouvelle amie, il a un autre enfant âgé de 4 ans et a retrouvé du travail : il semble être en train de sortir à la fois de la toxicomanie et du mode de vie précaire qui était le sien depuis des années. Quant à sa mère, elle semble beaucoup plus démunie : elle a fait des démarches pour obtenir un droit de visite pour rencontrer ses fils, puis n'a plus donné signe de vie. Au moment du bilan, je ne peux pas la rencontrer car elle est incarcérée pour vol.
>
> Florian investit la situation de bilan et la relation, mais il semble dans un état d'excitation permanente, incapable de fixer son attention. Le bilan mettra en évidence une importante dysharmonie chez ce garçon, avec des traits psychotiques.
>
> En Compréhension, à l'item 1 : *Que dois-tu faire si tu vois un enfant en train d'oublier un de ses jeux dans la cour de récréation ?* « Ben, je le prends… (Explique-moi un peu plus ce que tu veux dire.) Ben, je le prends… mais normalement il faut le rendre (à qui ?) à la personne à qui il est… ».
>
> Florian répond ici à contrecœur, bien qu'il connaisse parfaitement la réponse adéquate. Contrairement à Antoine, il ne fait preuve d'aucun humour. Il a intégré la règle sociale, mais elle lui reste extérieure : il est capable de l'exprimer, mais

© Dunod – La photocopie non autorisée est un délit.

> sans doute pour lui la conduite spontanée à tenir est plutôt de prendre et de garder pour lui ce portefeuille.

On voit bien ici que ce n'est pas la réussite ou l'échec à l'item qui renseignent sur l'intégration des lois sociales, mais plutôt les réactions et la verbalisation de l'enfant.

Certaines questions, qui évoquent des situations qui pourraient avoir des conséquences graves, éveillent chez certains enfants une profonde angoisse. Il n'est pas rare alors que cette expression d'angoisse se manifeste à d'autres réponses également.

> Blaise, presque 7 ans, consulte pour des difficultés d'apprentissage scolaire (voir *supra*, Assemblage d'objets). Très débordé à la fois par son agressivité et son angoisse, Blaise est très mal à l'aise à l'item 3, qui évoque sans la nommer la possibilité d'un accident. Blaise réagit vivement, donnant une réponse parfaitement adéquate, mais montrant bien à la fois la charge des angoisses de mort, et la dépendance à sa mère :
>
> Item 3 : *Pourquoi les voitures ne doivent-elles pas rouler trop vite ?* « Sinon, si elle freine, tu fonces la tête la première dans le pare-brise, t'es mort, maman me l'a dit... »

Les erreurs spécifiques intra-subtest

Comme à toutes les épreuves verbales, l'enfant peut se trouver déstabilisé par une évocation à un item, et à ce moment-là la charge projective l'empêche de donner la bonne réponse, ou bien il fournit une réponse d'un moins bon niveau que ce qu'il pourrait faire. Certains items sollicitent des thématiques particulières, alors que d'autres sont plus neutres (voir tableau ci-contre).

Ainsi, une problématique spécifique peut entraîner une réaction inattendue à un item, d'où l'importance d'être vigilant aux erreurs isolées. L'item 12 par exemple, qui évoque la parole donnée, peut être très déstabilisant pour des enfants qui se sont sentis trahis dans leurs attentes par rapport aux adultes :

> Tony, 10 ans, consulte pour des troubles de comportement qui se sont aggravés depuis l'accident de son père, qui est resté très handicapé. Tony, à travers l'ensemble du bilan, apparaît très dépressif.
>
> Tony réussit très bien à ce subtest de Compréhension : il y obtient son meilleur score de toute l'échelle, ce qui témoigne de sa bonne connaissance des règles sociales et de la vie pratique.
>
> À l'item 12, qui est encore facile pour lui, il devient incapable de donner la moindre réponse, contrairement aux items suivants : *Pourquoi dit-on que l'éducation est importante pour les enfants ?* « Je sais pas, on m'a jamais dit ça, alors... »
>
> Tony est ici dans l'impossibilité même de réfléchir à cette question, comme s'il y avait pour lui un effet de sidération. On peut penser que, pour cet enfant, qui souffrait manifestement d'un manque de parole paternelle avant l'accident de

Les thématiques des items de Compréhension

Item 1 : Respect de la loi morale, peut renvoyer à la peur de l'autorité.
Item 2 : Situation de risque, peut être angoissante.
Item 3 : Situation de risque, peut être angoissante.
Item 4 : Évocation de l'obscurité, provoque chez certains enfants des réactions d'angoisse (« On risque de mettre le feu. ») alors que la formulation de la question n'induit en rien une situation angoissante.
Item 5 : Évocation des lois sociales.
Item 6 : Relativement neutre ; peut renvoyer certains enfants au passé et à l'histoire.
Item 7 : Neutre, fait appel au bon sens. Renvoie à l'ordre symbolique.
Item 8 : Assez neutre, mais peut renvoyer à l'univers militaire et à l'espionnage : certains enfants, plutôt les garçons, expriment de l'agressivité et des angoisses d'intrusion liées à ces thématiques.
Item 9 : Intégration des lois sociales et de la morale.
Item 10 : Situation de risque, peut être angoissante.
Item 11 : Peut renvoyer à des situations de conflit, donc réactive des thématiques agressives.
Item 12 : Renvoie à la parole donnée.
Item 13 : Assez neutre, renvoie cependant à l'argent.
Item 14 : Situation de risque, peut être angoissante, mais aussi respect de la loi sociale, peut renvoyer à la peur de l'autorité.
Item 15 : Assez neutre, évoque cependant l'idée de liberté (mais il s'agit d'un item assez difficile, dont le niveau de réponse concerne plutôt les adolescents).
Item 16 : Assez neutre, peut toutefois renvoyer à la peur d'être dépossédé.
Item 17 : Assez neutre, mais peut évoquer la peur de l'autorité.
Item 18 : Neutre.

son père, la situation actuelle est dramatique. Ce père fort, valeureux, est devenu gravement handicapé : au-delà de la culpabilité qu'il éprouve, pour Tony la promesse œdipienne[1], qui soutient son identification à son père, pour pouvoir lui ressembler plus tard, est brisée. Pour lui, c'est l'engagement de son père à son égard qui n'a pas été tenu, le livrant à une dépression sans recours.

1. Pour de plus amples développements sur cette question, voir Arbisio Ch., *L'Enfant de la période de latence*, Paris, Dunod, 1997.

© Dunod – La photocopie non autorisée est un délit.

Il est assez remarquable de noter que, quel que soit leur niveau, nombre d'enfants pris en charge par l'Aide sociale à l'enfance, qui ont vécu de multiples ruptures et placements, échouent électivement à cet item. Comme si cette question autour de la parole donnée venait rappeler l'engagement qui n'a pas été tenu vis-à-vis d'eux. La difficulté ou l'impossibilité de leurs parents pour s'engager auprès d'eux en tant que père ou mère ayant souvent été redoublées par les séparations successives, comme autant de trahisons.

L'étude de la dispersion

➤ Exemple de réussite

La réussite à cette épreuve renvoie en général à un bon repérage des normes sociales et de la vie pratique. Il est toujours intéressant de comparer ce résultat avec celui obtenu à l'Arrangement d'images, qui fait appel au même type d'appréhension de l'environnement, mais qui appartient à l'échelle de performance.

Ce bon repérage des aspects sociaux rend surtout bien compte de l'ouverture de l'enfant sur son environnement et de sa curiosité d'esprit.

Léonard, 11 ans et demi, m'est adressé par le pédopsychiatre qui le suit pour des difficultés scolaires qui durent depuis toujours. Ces difficultés touchent de façon élective la lecture, et surtout l'écriture et l'orthographe. À l'inverse, les mathématiques ne posent aucun problème à ce garçon dont les parents sont tous les deux ingénieurs.

De multiples rééducations ont été mises en œuvre depuis le début de sa scolarité, et Léonard en a assez de toutes ces prises en charge, qui se poursuivent cependant.

Depuis deux ans, une prise en charge par un psychomotricien a amené une amélioration sur le plan du comportement : avant Léonard était très nerveux, faisait des crises de larmes, avait des idées dépressives. Tous ces symptômes ont aujourd'hui disparu.

Alors que nous évoquons leur propre histoire avec les parents de Léonard, son père me dit avoir rencontré exactement les mêmes difficultés dans son enfance.

Léonard obtient les résultats suivants :

- Information : 10
- Similitudes : 13
- Arithmétique : 12
- Vocabulaire : 10
- Compréhension : 15
- Complètement d'images : 14
- Code : 11
- Arrangement d'images : 14

– Cubes : 9
– Assemblage d'objets : 10

QI verbal = 112 (105-117) ;
QI de performance = 111 (102-117) ;
QI total = 113 (107-118).

Indice de Compréhension verbale = 112 (105-117) ;
Indice d'Organisation perceptive = 111 (102-117).

Différence QI verbal/QI de performance = 1.

QI total : niveau moyen à normal fort.

Moyenne pour l'ensemble de l'échelle = 11,8.

Résultats déviant significativement de cette moyenne :
Compréhension (+ 3,2 points).

Résultats déviant significativement par rapport à la moyenne de la population : Compréhension (+ 5 points), Complètement d'images (+ 4 points) et Arrangement d'images (+ 4 points).

Léonard est un garçon très sympathique et agréable, souriant, manifestement très sensible à la relation et à l'humour sans être particulièrement expansif.

Le bilan met en évidence une légère dyspraxie, sans doute liée à des difficultés de séparation anciennes, à l'origine des problèmes d'apprentissage. Au fil du temps, Léonard a constitué une image de lui peu valeureuse sur le plan scolaire, il manque considérablement de confiance en lui. On peut également se demander quelle est la part de bénéfices secondaires que tire Léonard, qui reste très dépendant de sa mère, de cette situation. En effet, sa mère continue à l'aider beaucoup dans son travail scolaire, ce qui donne à l'enfant un statut privilégié au sein de la famille.

Léonard est un garçon curieux, qui s'intéresse à beaucoup de domaines. Son ouverture d'esprit et son intérêt pour le monde qui l'entoure semblent compenser heureusement ses difficultés scolaires qui lui sont très pénibles. Cette curiosité se traduit par le très bon résultat en Compréhension.

➤ Exemples d'échec

L'échec en Compréhension peut être lié à un manque d'intérêt pour la vie sociale et pratique, qui peut parfois correspondre à un aménagement défensif. Il peut s'agir alors d'un enfant qui refuse de grandir, afin de maintenir intacte une relation privilégiée de jeune enfant avec sa mère :

Niels a 6 ans et demi, et fréquente le CP, où il s'ennuie. Au mois du juin, la question se pose de lui faire sauter une classe, afin qu'il entre directement en CE2 à la rentrée scolaire. Niels est très demandeur de ce qu'il considère visiblement comme une promotion méritée. Ses parents sont plus hésitants, et consultent une psychologue qui m'adresse Niels pour un bilan.

Niels a beaucoup investi l'école et les apprentissages. Il a une sœur plus jeune que lui de deux ans, vis-à-vis de laquelle il exprime beaucoup de rivalité. Il cherche visiblement à se démarquer d'elle, en particulier en sur-investissant la réussite

© Dunod – La photocopie non autorisée est un délit.

scolaire à laquelle elle n'a pas encore accès. Sur le plan relationnel, ses parents me le décrivent comme un enfant timide, réservé, qui ne se défend pas si on l'ennuie.

Niels se montre très agréable et gentil. Il me fait un véritable numéro de charme, car il a manifestement très envie de briller et de réussir.

Niels obtient les résultats suivants au WISC-III :

- Information : 11
- Similitudes : 8
- Arithmétique : 16
- Vocabulaire : 10
- Compréhension : 6
- Complètement d'images : 15
- Code : 14
- Arrangement d'images : 15
- Cubes : 16
- Assemblage d'objets : 12

QI verbal = 101 (95-107) ;
QI de performance = 132 (121-136).

Indice de Compréhension verbale = 92 (87-99) ;
Indice d'Organisation perceptive = 131 (120-135).

QI verbal : niveau moyen.

QI de performance : niveau supérieur à très supérieur.

Différence QI verbal/QI de performance = 31 points.

Moyenne pour l'échelle verbale = 10,2.

Moyenne pour l'échelle de performance = 14,4.

Résultats déviant significativement de la moyenne verbale :
Arithmétique (+ 5,8 points) et Compréhension (– 4,2 points).

Résultats déviant significativement de la moyenne de performance : aucun.

Résultats déviant significativement par rapport à la moyenne de la population : Arithmétique (+ 6 points), Compréhension (– 4 points), Complètement d'images (+ 5 points), Code (+ 4 points), Arrangement d'images (+ 5 points) et Cubes (+ 6 points).

L'ensemble du bilan met en évidence une très importante immaturité chez ce garçon, ainsi que des traits dépressifs. L'investissement scolaire et intellectuel très important (qui apparaît à travers l'Arithmétique par exemple) est destiné à satisfaire une demande attribuée à sa mère, mais surtout est utilisé sur un mode défensif et compensatoire. Cela s'accompagne d'une importante inhibition et d'une obsessionnalisation précoce.

L'immaturité, qui se dégage surtout à partir des épreuves projectives, apparaît ici à travers le faible résultat en Compréhension. Niels accorde beaucoup d'importance aux contenus scolaires, mais ne s'intéresse pas au monde qui l'entoure. Bien qu'il le comprenne, son environnement ne fait pas partie de ses préoccupations. La seule chose qui le mobilise est de rester dans un lien privilégié avec sa mère, en la séduisant par sa réussite.

Niels est en mesure de comprendre les enjeux sociaux et de la vie pratique : simplement, on voit bien que cela ne l'intéresse pas, et que les questions à propos de l'environnement l'indiffèrent.

Mais un échec en Compréhension peut signifier un réel défaut de repérage des règles et des lois de la vie sociale :

Laurent a 7 ans et m'est adressé par le dernier pédopsychiatre rencontré qui pense qu'il est surdoué. Laurent est violent à l'école avec les autres enfants, il est instable et ne respecte aucune limite. De nombreux psychologues et pédopsychiatres ont été consultés depuis des années, sans que la situation ne s'améliore vraiment.

Ses parents parlent de Laurent comme d'un enfant inespéré. Tous les deux ont été des célibataires endurcis et se sont mariés très tard. Laurent est arrivé alors que les médecins avaient dit à sa mère qu'elle ne pouvait plus avoir d'enfant. Gardé par sa mère jusqu'à l'âge de 2 ans, Laurent ne posait pas de problème particulier. Ses parents me disent que les difficultés sont apparues au moment où celle-ci a repris son travail : Laurent ne supportait pas son père, qui n'a aucune autorité sur lui.

Laurent s'impatiente très vite dans la salle d'attente la première fois que je reçois ses parents. Il agresse son père physiquement, en lui marchant sur le pied, quand ceux-ci sortent du bureau, se plaignant d'avoir dû attendre. Il est tout à fait frappant de remarquer que Laurent se montre beaucoup plus calme et agréable quand ses parents ne sont pas là. Il tente bien d'établir quelques rapports de force, mais il cesse assez facilement. Toutefois, il reprend son ton autoritaire et même péremptoire dès qu'il retrouve ses parents.

Laurent parle beaucoup, avec parfois une difficulté à abandonner l'histoire qu'il raconte : il y a sans doute derrière ce besoin de maîtrise une très grande angoisse. Parallèlement à ces récits-fleuves où il cherche à tout contrôler, Laurent s'investit beaucoup dans tout ce qui lui est proposé, il se montre très soucieux de bien faire et de réussir.

Il obtient les résultats suivants :

- Information : 10
- Similitudes : 13
- Arithmétique : 15
- Vocabulaire : 14
- Compréhension : 7
- Complètement d'images : 17
- Code : 9
- Arrangement d'images : 13
- Cubes : 14
- Assemblage d'objets : 12

QI verbal = 111 (104-116) ;
QI de performance = 122 (112-127) ;
QI total = 119 (113-123).

© Dunod – La photocopie non autorisée est un délit.

Indice de Compréhension verbale = 106 (100-112) ;
Indice d'Organisation perceptive = 127 (116-131).

Différence QI verbal/QI de performance = 11.

QI total : niveau normal fort à supérieur.

Moyenne pour l'ensemble de l'échelle = 12,4.

Résultats déviant significativement de cette moyenne :
Compréhension (– 5,4 points), Complètement d'images (+ 4,6 points) et Code (– 3,4 points).

Résultats déviant significativement par rapport à la moyenne de la population : Arithmétique (+ 5 points), Vocabulaire (+ 4 points), Complètement d'images (+ 7 points) et Cubes (+ 4 points).

Alors qu'il est en général très loquace, Laurent s'exprime très peu en Compréhension. Ce rappel des règles auxquelles il est assujetti ne lui plaît visiblement pas. Pour ce garçon qui refuse une autorité paternelle qui a le plus grand mal à s'affirmer, cette évocation des limites sociales est très désagréable.

Ses formulations sont d'ailleurs caractéristiques :

Item 1 : *Que dois-tu faire si tu vois quelqu'un marcher dans la rue, et que tu t'aperçois qu'il est en train de laisser tomber son portefeuille sur le trottoir ?* « Je le donne à une personne et je lui dis de le redonner à l'autre personne... »

Item 2 : *Que dois-tu faire si quelqu'un se blesse dans la rue devant toi ?* « J'appelle les secours » (Que peux-tu faire d'autre ?) « Je leur dis de secourir la personne. ».

Laurent est aussi autoritaire dans ses réponses qu'il l'est dans la vie, avec tout interlocuteur semble-t-il... Sa difficulté face à l'autorité des adultes et à l'apprentissage des limites se manifeste particulièrement à ce subtest.

Chapitre 5

Les méthodes projectives

Sommaire

En ce qui concerne les épreuves projectives, les principaux auteurs qui se réfèrent à une conception psychanalytique font preuve d'une grande prudence. Ils évitent tout diagnostic prématuré avec l'enfant, leur approche reste ouverte et souple, et n'induit pas de choix clinique et théorique *a priori*.

Une approche clinique de ces épreuves, quand elle permet de rendre compte des mouvements psychiques, des modalités défensives et des réactions d'angoisse, apporte réellement une aide au psychologue. Dans ce contexte, l'épreuve projective constitue une véritable médiation pour mettre à jour ces aspects.

Les méthodes projectives diffèrent des tests pour plusieurs raisons. D'une part, elles n'ont pas fait l'objet de la même élaboration statistique que les tests psychométriques, et ne bénéficient pas de la même rigueur dans leur construction. Comme l'écrivent Anzieu et Chabert :

> « Il est indéniable que ces épreuves ont en commun une méthode propre, différente de celle qui fonde les tests psychométriques, et apportant, dans la pratique effective de la connaissance d'autrui, une finesse clinique qui compense leur moindre rigueur statistique. » (1987, p. 14)

Les autres différences, relevées par ces auteurs également, résident dans l'ambiguïté du matériel, et la liberté qui est laissée au consultant de ses réponses.

L'approche psychanalytique, en référence aux travaux de Vica Shentoub pour le TAT, de Catherine Chabert pour le Rorschach, s'appuie sur l'existence d'un contenu manifeste et d'un contenu latent du matériel. Le consultant réagit au contenu latent de la planche en fonction de sa problématique affective et fantasmatique :

> « Les planches sont en fait susceptibles de solliciter des représentations et des affects mobilisés par leur contenu latent. » (Anzieu, Chabert, 1987, p. 23)

Les épreuves projectives ont également en commun de solliciter « l'imaginer à partir du voir », ce qui mobilise un double mouvement, perceptif et projectif. Brelet (1986) définit le mouvement projectif comme « organisation du choix perceptif en fonction du fantasmer sous-jacent, repérage dans les figures de l'autre de ses propres éprouvés » (p. 79).

© Dunod – La photocopie non autorisée est un délit.

La double dimension, perceptive et projective, permet de rendre compte du rapport du consultant au réel et au monde extérieur, et de la façon dont il gère son monde interne. L'aspect « vide », angoissant, du matériel projectif entraîne une régression chez les personnes des processus secondaires vers les processus primaires, provoquant une émergence de ces derniers.

Au-delà de ces similitudes, le Rorschach et les épreuves dites thématiques, TAT comme CAT, présentent d'importantes différences, ce qui justifie d'ailleurs leur utilisation conjointe pour un bilan psychologique, car ils apportent des éléments complémentaires. Le Rorschach est typique des tests structuraux, il offre une image représentative du système de la personnalité et des modes de relations entre les différentes instances psychiques. Le Rorschach, dans lequel l'image humaine n'est pas figurée, amène la personne à bâtir cette représentation corporelle à partir de données peu structurées. Cela renvoie à une image archaïque du corps, morcelée, pas encore constituée comme corps entier et séparé, donc au temps où le Moi n'était pas différencié. La régression au Rorschach « ramène le testé aux problèmes de la différenciation de l'intérieur et de l'extérieur, de la mère et de l'enfant, de l'objet et du sujet » (Anzieu, Chabert, p. 30).

D'où la particulière sensibilité du Rorschach pour rendre compte de l'image du corps, de la représentation de soi, mais également des notions de dedans et de dehors, essentielles dans la constitution de la psyché.

Quant au TAT, créé par Murray, il s'agit d'un test thématique, avec des images aux représentations nettement figurées. La personne négocie entre le contenu manifeste, perçu, et les sollicitations du contenu latent : des représentations, associées à des affects, vont naître, et le travail du préconscient sera de les symboliser à travers le langage verbal :

> « L'histoire racontée montre le compromis réalisé par le sujet pour satisfaire aux impératifs conscients et inconscients. » (Anzieu, Chabert, 1987, p. 29)

Ce qui va compter au TAT est la mise en relation des personnages et la conflictualité sous-jacente. La dramatisation est d'emblée présente, et l'image du corps n'est pas sollicitée comme au Rorschach, la régression demandée est moins profonde.

Le CAT, utilisé avec certains enfants, est construit sur le même principe, mais il représente des animaux à la place des humains, ce qui facilite la projection chez les plus jeunes. Dans l'ensemble, les contenus du CAT suscitent des mouvements plus régressifs.

Au-delà de ce cadre général, le bilan psychologique présente des spécificités selon l'âge des enfants. D'une part, cela concerne le choix des épreuves utilisées. D'autre part, des études, portant en particulier sur les méthodes projectives, ont mis en évidence certaines constantes en fonction des âges et des problématiques. J'insisterai plus particulièrement sur les spécificités de l'enfant pendant la période de latence, car la majorité des enfants rencontrés pour des bilans sont en âge scolaire, c'est-à-dire qu'ils s'inscrivent théoriquement dans cette période (qui s'étend à peu près de 5 ans et demi à 10 ans).

Les méthodes projectives représentent une médiation intéressante dans le bilan psychologique avec l'enfant, car elles constituent un support pour l'expression. En effet, l'entretien avec l'enfant nécessite souvent une médiation, la plus courante étant le dessin libre. Les épreuves projectives avec les enfants sont amenées à jouer ce rôle de médiation facilitant la communication, parce que l'enfant, dans les cas favorables, les aborde avec sa capacité à jouer. Comme le remarquent Anzieu et Chabert, il existe :

> « [Une] parenté entre le fonctionnement sollicité par les épreuves projectives et l'aptitude à jouer de l'enfant (au sens du *playing* selon Winnicott). » (p. 176)

Le double mouvement sollicité par toute épreuve projective, qui fait appel à la fois à la perception et à la projection, permet de rendre compte d'une part de l'adaptation de l'enfant à la réalité objective, de la socialisation de sa pensée, et par ailleurs d'éléments projectifs, plus personnels.

Comme le soulignent Anzieu et Chabert, l'approche des méthodes projectives avec l'enfant est plus complexe qu'avec les adultes. En effet, il serait inquiétant d'avoir des tableaux psychopathologiques rigides pour les enfants. Ce qui signifie que chaque enfant doit être envisagé dans sa particularité, en étant référé aux caractéristiques de son âge, sachant qu'il faut tenir compte du changement à l'œuvre dans tout développement.

Le Rorschach et une épreuve thématique sont toujours associés. Cela permet de croiser des points de vue, souvent complémentaires, mais qui peuvent aussi parfois apporter des informations assez différentes. Le Rorschach, plus déstabilisant, est proposé le premier. L'épreuve thématique, avec ses représentations plus familières, permet une certaine récupération.

© Dunod – La photocopie non autorisée est un délit.

1. Le Rorschach

On peut utiliser une consigne brève, inspirée de celle recommandée par C. Beizmann :

> « Je vais te montrer des images et tu me diras tout ce qu'on peut ou pourrait y voir. » (1982, p. 34)

En y ajoutant la contrainte du « tout dire », cela permet de créer une situation paradoxale entre cette exigence et la liberté de parole laissée au sujet (Anzieu, Chabert, p. 24 et suivantes). Il peut être intéressant de préciser qu'il n'y a pas de bonnes ou de mauvaises réponses, pour créer une différence nette avec les épreuves d'efficience. Enfin, la passation d'une épreuve projective avec les enfants suppose une certaine souplesse, car il faut pouvoir relancer ou questionner si besoin est.

En ce qui concerne l'épreuve de Rorschach avec les enfants, Rausch de Traubenberg et Boizou (1984) prennent appui sur le double mouvement, perceptif et projectif, sollicité par le matériel. L'enfant, confronté au Rorschach, est soumis à une double exigence : la nécessité de l'adaptation à la réalité objective, qui correspond à la prise en compte de la réalité perceptive, et son besoin d'expression affective et fantasmatique. L'activité perceptive est constamment orientée, enrichie ou dégradée, par la dimension fantasmatique réactivée par le matériel. Le conflit entre ces deux mouvements s'exprime différemment, en fonction de la problématique des planches et des modalités défensives que l'enfant peut mobiliser.

Le schéma interprétatif proposé prend en compte deux ensembles de données, et l'interaction entre eux. Le premier ensemble englobe les modes de maniement perceptif et perceptivo-cognitif, ainsi que les modes d'expression des affects. On peut utiliser, pour comparer les données obtenues aux normes en fonction de l'âge, le travail de référence de Beizmann (1982).

Le second ensemble est relatif à ce qui exprimé : vécu, affects, et tout ce que l'on peut regrouper sous le terme de problématique en général. En ce qui concerne la problématique, un des thèmes majeurs tourne autour de la question de l'identité envisagée ici en termes de différenciation. Les autres thèmes centraux renvoient à l'expression de l'oralité, de l'analité et des thèmes phalliques. La problématique exprimée est fonction des fantasmes sous-jacents, lesquels sont accompagnés ou non d'expression de l'angoisse. L'absence de manifestations d'angoisse ne signifie pas qu'il n'y ait pas de souffrance, mais peut avoir le sens d'une mobilisation des mécanismes défensifs. Donc, parallèlement aux éléments de la problématique, l'expression de l'angoisse et les mécanismes de défense peuvent être analysés.

Rausch et Boizou dégagent trois modalités défensives essentielles : le recours à la réalité renvoie à la capacité à se référer à la structure perceptive du stimulus. Le recours à l'affect évoque une souplesse proche de la labilité émotionnelle. L'utilisation de la fantaisie, si elle est exacerbée, peut négliger ou nier la réalité, et représenter une sorte de libération par rapport à la charge fantasmatique, comme cela peut se voir pour des personnalités prépsychotiques ou psychotiques. Mais le recours à l'imaginaire, tant qu'il ne déborde pas la réalité, peut être une façon de gérer le conflit psychique sous-jacent :

> « Toutefois n'envisager les thèmes que sous leur aspect projectif, c'est négliger l'importance de l'imaginaire chez tout individu et qui plus est chez l'enfant. À tous les âges la fantaisie a une fonction créatrice qui permet une certaine forme de réalisation de soi voire de sublimation. L'enfant, si proche de l'univers magique, si porté à s'y référer, trouve dans le Rorschach un matériel qui lui permet une activité créatrice ludique où l'imaginaire a une large part. » (1984, p. 97)

Rausch et Boizou notent que plus l'enfant est jeune, plus il utilise le recours à l'affect et à l'imaginaire, alors que chez l'enfant en période de latence, le recours à la réalité devient dominant.

Un autre aspect essentiel de la problématique a trait à la représentation de soi et aux images parentales. Le Rorschach teste la présence d'une image du corps intégrée, avec la capacité de différenciation intérieur-extérieur, qui rejoint la question de l'identité. La capacité à représenter des images parentales différenciées et sexuées progressera parallèlement à la capacité de représentation de soi comme différencié et sexué. Il y a donc une gradation entre la quête de l'identité et les identifications.

Rausch et Boizou relèvent que l'identification sexuée apparaît chez les enfants dits « normatifs » autour de 8 ans, ce qui correspond à la seconde partie de la période de latence. Elles remarquent aussi qu'il ne faut pas s'étonner de rencontrer, à cet âge-là, des protocoles neutres ou avec un surinvestissement du monde matériel aux dépens des représentations humaines, qui sont la marque de la répression et du refoulement, destinés à protéger le moi dans sa dynamique de socialisation.

Elles remarquent, chez les enfants dits normatifs entre 4 et 6 ans, des problématiques très liées aux images parentales et à la recherche d'une identification sexuée. Pour les garçons, dominent l'angoisse de castration, la rivalité face à une image paternelle plus ou moins puissante, et la revendication affective à l'égard de l'image maternelle. Pour les filles, l'ambivalence

© Dunod – La photocopie non autorisée est un délit.

face à l'image maternelle va de pair avec la représentation d'une image paternelle à la fois crainte et désirée. Le conflit œdipien est au premier plan, avec une identification sexuelle encore difficile à assumer. Dans l'ensemble, l'approche du Rorschach est plus personnelle que socialisée.

Entre 6 et 8 ans, la participation, encore enfantine et spontanée, commence à se teinter d'éléments plus descriptifs, plus scolaires. Le conformisme prend un peu le pas sur la créativité. La problématique se centre autour de la résolution du conflit œdipien, avec la recherche d'une identification sexuée. Chez les garçons, l'angoisse de castration reste prégnante, ainsi que la crainte de l'image virile chez les filles. Ce qui caractérise ce groupe d'enfants normatifs est la prévalence de l'image paternelle pour les deux sexes, avec une insistance sur le rapport puissance/impuissance. Quant aux enfants normatifs de 8 à 10 ans, les auteurs relèvent de nombreux facteurs de secondarisation, la problématique est présente, mais donnée a minima. Le jugement a considérablement gagné en rigueur par rapport au groupe précédent. Les thématiques sont liées au niveau phallique œdipien. Pour les garçons, il s'agit de maîtriser l'angoisse de castration, dans une confrontation à une image paternelle très valorisée. Pour les filles, il y a une recherche de valorisation narcissique, et l'image virile reste inquiétante. Pour les deux sexes, les images parentales sont nettement différenciées, et l'image paternelle est la plus explicite. L'évolution est très importante par rapport à l'âge précédent : la secondarisation et le conformisme social prennent le pas sur la vie fantasmatique. On peut remarquer qu'il se dégage une différence considérable entre la première partie de la période de latence, à peu près jusqu'à 8 ans, et la seconde partie, au-delà de 8 ans.

Enfin, sans présenter de façon exhaustive les caractéristiques, d'ailleurs peu homogènes, des protocoles d'enfants présentant des traits névrotiques, ainsi que d'enfants névrosés, il est possible de relever l'existence de conflits restés vifs, avec des modalités défensives plus ou moins étouffantes, des images parentales mal différenciées, surtout chez les plus jeunes, et une image paternelle moins marquée que chez les enfants dits normatifs.

L'ensemble de ces observations est d'un grand intérêt clinique : il est cependant nécessaire de garder présent à l'esprit la variété et la mouvance des modalités de la vie psychique chez l'enfant. Toute approche d'un protocole d'enfant ne peut se faire que d'une manière extrêmement nuancée, car le risque de figer une dynamique d'évolution et de changement n'est jamais absent.

2. Les méthodes thématiques : le CAT et le TAT

Pour les épreuves thématiques verbales, la consigne consiste à demander à l'enfant de raconter une histoire à partir de l'image. La majorité des enfants comprend bien cette formulation. Cependant, comme au Rorschach, les questions ou les demandes de précision, comme tout ce qui peut favoriser l'expression quand celle-ci est difficile, peuvent être nécessaires en cours de passation.

Toute situation projective, qui sollicite à la fois la vie imaginaire et le rapport à la réalité, rappelle les phénomènes transitionnels décrits par Winnicott (Anzieu, Chabert, 1987, p. 26). La consigne des épreuves projectives, qui appelle en même temps une réponse imaginaire mais aussi perceptive, contient en elle-même une dimension paradoxale. La possibilité de se situer dans cet espace intermédiaire entre la réalité et l'imaginaire, tout en étant capable de différencier ce qui relève du monde interne et du monde externe, évoque bien l'aire transitionnelle qui se situe entre les deux. Ce paradoxe est encore plus flagrant pour les épreuves thématiques, où il s'agit pour l'enfant de raconter une histoire à partir d'éléments réels donnés par le matériel. Contrairement au Rorschach, les épreuves thématiques s'appuient sur des éléments figuratifs pris dans des situations concrètes, à partir desquels il est demandé à l'enfant de construire un récit :

> « Raconter une histoire en jouant avec les personnages des tests thématiques, en élaborant des scénarios originaux mais en résonance avec le matériel proposé, en se servant du support symbolique du langage, constitue un indice précieux des potentialités créatrices d'un enfant et de l'existence en lui d'un espace psychique dans lequel s'origine les processus de mentalisation. » (Anzieu, Chabert, 1987, p. 180)

Comme au Rorschach, la prise en compte par l'enfant des données objectives du stimulus renseigne sur son insertion dans la réalité. L'approche psychanalytique, qui s'appuie sur la différenciation entre contenu manifeste et sollicitations latentes, permet d'apprécier cette inscription dans la réalité, ainsi que la façon dont l'enfant gère diverses situations conflictuelles.

Au cours d'un bilan psychologique, il faut choisir parmi les différentes épreuves thématiques existantes. Cependant, le TAT et le CAT pour les enfants plus jeunes sont parmi les épreuves les plus utilisées. La question reste posée du choix entre le TAT et le CAT. Classiquement, le CAT est prévu pour des enfants entre 3 et 8 ans, et il est assez habituel de proposer le TAT à partir de 8 ans. Mais il est intéressant d'utiliser le TAT dès l'âge de 6 ans,

© Dunod – La photocopie non autorisée est un délit.

car le CAT comporte des éléments trop régressifs dès cet âge (Debray, 1987, pp. 157-159). En effet, certains enfants de 6 ans se sentent beaucoup plus valorisés par le TAT, qui est un matériel d'adulte. D'autre part, en particulier autour de la septième année, certains enfants sont un peu vexés quand on leur présente le CAT, qui leur paraît fait pour des « petits ».

Ici encore, la souplesse est de mise : certains enfants plus grands, mais encore très immatures, ou très inquiets des représentations humaines du TAT, se sentent plus à l'aise avec le CAT. Il peut d'ailleurs arriver de changer d'épreuve en cours de passation, quand celle qui a été retenue ne convient pas.

Selon les principes de l'école française du TAT, formulés par Shentoub et Debray, les renseignements essentiels ne sont pas apportés par les contenus ou les thèmes, mais par la manière dont ils sont abordés, particulièrement à travers le langage. Ce sont les procédés formels qui traduisent au niveau manifeste les opérations défensives inconscientes.

Sur cette base, Boekholt (1993) construit un modèle de dépouillement et d'interprétation des épreuves thématiques spécifique pour l'enfant. Elle s'appuie sur l'approche psychanalytique, en distinguant très précisément le contenu manifeste du matériel et ses sollicitations latentes. Les procédés d'élaboration des récits qu'elle dégage chez les enfants dépendent forcément de l'âge de l'enfant, et de son évolution, tant sur le plan libidinal qu'instrumental. Donc, chaque item, selon le contexte, peut prendre une signification différente.

Boekholt n'a pas constitué une classification psychopathologique, afin d'éviter les tentations de diagnostics rapides et simplificateurs :

> « Les items, descriptifs, désignés par une simple abréviation pour commodité d'écriture, sont la plupart polysémiques suivant l'âge et les contextes. Leur contenu et leur chronologie s'échelonnent le long d'un axe de maturation allant du corps à la pensée, de la dépendance à l'autonomie, de la perception à la mentalisation, au fur et à mesure de l'élaboration de l'appareil psychique ; mais à la différence des grilles existantes, chaque rubrique peut illustrer ce qui se construit et aussi ce qui se désorganise. » (p. 6)

Il s'agit donc d'une approche dynamique, surtout attentive à la façon dont l'enfant gère les conflits réactivés par les planches, aux modalités défensives qu'il met en œuvre, et comment cela s'inscrit dans le cadre de la relation avec le clinicien.

La consigne des épreuves thématiques, qui consiste à demander à l'enfant de raconter une histoire à partir de l'image, suscite à la fois l'adaptation à la réalité et l'émergence fantasmatique. Si la période œdipienne est riche de productions fantasmatiques très signifiantes, la phase de latence amène généralement une régulation de ce flot fantasmatique. Boekholt insiste sur cette question, car l'enjeu est d'importance : un refoulement trop massif peut couper l'enfant très tôt des sources vives de son monde inconscient, ou à l'inverse son insuffisance peut créer la confusion, et des émergences inconscientes infiltrer les processus conscients. Il n'est pas toujours simple, en période de latence, de faire la part entre le refoulement nécessaire et une défense excessive.

De même, il n'est pas toujours évident de savoir jusqu'à quel moment une surcharge en processus primaires peut être considérée comme normale. Boekholt note que cela est banal jusqu'à 6-7 ans, et même jusqu'à 8 ans. Il ne faut pas oublier, en effet, que les épreuves thématiques confrontent l'enfant à des situations conflictuelles qui réactivent chez lui des mouvements pulsionnels, libidinaux et agressifs, alors que ses défenses sont encore immatures. À ce moment-là, l'affect, en tant qu'expression qualitative de la quantité d'énergie pulsionnelle, se manifeste, mais sans être lié à une représentation. Boekholt cite comme exemple la décharge motrice chez le jeune enfant.

L'objectif des épreuves thématiques est de mettre en évidence des modalités de fonctionnement psychique chez l'enfant, selon trois axes principaux.

Le premier concerne les processus de pensée, et il s'agit surtout d'apprécier la part respective des processus primaires et des processus secondaires.

Le second consiste en l'exploration des principaux conflits, qui apparaissent particulièrement à travers les réactions aux sollicitations latentes du matériel. Selon les épreuves, les différents pôles de conflictualité, oral, anal et phallique, et ensuite la problématique œdipienne, sont plus ou moins sollicités. Un autre aspect important consiste en l'élaboration de la position dépressive, concomitante du stade anal. L'issue du complexe d'Œdipe représente pour l'enfant une réactivation de la position dépressive, et met en jeu sa capacité à la ré-élaborer :

> « Renoncer à l'objet œdipien implique le risque dépressif de le perdre, tandis que le conserver peut être synonyme d'une exacerbation de la rivalité et des menaces de sanction. » (p. 27)

Le troisième axe d'interprétation concerne l'organisation défensive. Cette dimension se dégage de manière évidente aux épreuves thématiques, puisqu'elle se traduit par le biais des procédés formels. Les défenses dites primitives, comme le déni, le clivage, du moi ou de l'objet, et la projection dominent chez le jeune enfant. Puis se développent les modalités défensives plus élaborées, qui témoignent de l'intériorisation du conflit : le refoulement, l'isolation, la formation réactionnelle par exemple. Ces mécanismes évolués

© Dunod – La photocopie non autorisée est un délit.

se mettent en place pendant la période de latence, et à la fin de celle-ci, l'enfant dispose de l'ensemble des modalités défensives qui seront les siennes lorsqu'il sera adulte. Mais les mécanismes plus élaborés coexistent toujours avec les plus primitifs, et selon les différentes situations, les uns ou les autres sont plus ou moins sollicités. Boekholt remarque d'ailleurs que le rêve, comme la rêverie diurne ou la situation projective, font revivre des modalités défensives parmi les plus primitives. D'un point de vue clinique, c'est surtout la part prise par ces différents mécanismes, et leur évolution respective, qui est à prendre en considération pour chaque enfant.

En ce qui concerne le CAT (Children Apperception Test), il s'agit d'une épreuve constituée de dix images représentant des animaux. L'auteur principal est Bellak ; il met en scène des animaux, plutôt que des êtres humains comme au TAT, car les jeunes enfants se projettent très facilement sur des figurations animales.

Boekholt montre que raconter une histoire au CAT impose à l'enfant un double jeu de symbolisation. D'une part, cela suppose le maniement du langage, mais aussi de passer de la chose réelle à sa figuration, pour en faire un produit de l'activité psychique. D'autre part, l'enfant est en situation de jouer avec les personnages représentés, mais aussi dans la relation avec le clinicien. La capacité qu'a le jeune enfant de raconter une histoire au CAT apporte des éléments très importants sur ses capacités créatrices, relationnelles, et sur les investissements du langage en particulier.

Chez le jeune enfant, le CAT mobilise ses nouvelles potentialités, alors qu'il a un effet régressivant, qui n'est pas sans intérêt dans certains cas, avec les enfants en période de latence.

Pour l'interprétation du CAT, on peut s'appuyer sur le dégagement du contenu manifeste et du contenu latent réalisé par Chabert (1980), ainsi que sur les trois axes de problématiques que Boekholt dégage pour chaque planche : les fondements de l'identité, l'élaboration de la position dépressive, et la mise en place de l'axe œdipien.

La passation du CAT ne présente pas de particularité : comme pour toute épreuve projective, il faut présenter les planches dans l'ordre, afin de respecter la progression des différentes sollicitations latentes.

Comme nous l'avons vu, on peut la plupart du temps proposer le TAT (Thematic Apperception Test) dès l'âge de 6 ans. Toutes les planches retenues par Shentoub sont présentées, sauf la planche 13 MF, au caractère trop cru. Pour le contenu manifeste et les sollicitations latentes, on peut se reporter aux repères donnés par Shentoub *et al.*, mais avec les nuances apportées par Boekholt pour ce qui concerne les enfants (pp. 147-149). Notamment, la figuration d'adultes sur les planches renvoie les enfants plutôt aux imagos parentales, et au couple fantasmatique qu'elles forment.

La situation-TAT en période de latence est loin d'être anodine, comme le montre Boekholt. La latence correspond à la mise en sommeil de la sexualité et à la déconflictualisation des relations. Or, les sollicitations latentes du TAT attisent des problématiques normalement refoulées, ce qui entraîne des réponses par la déconflictualisation de la part de l'enfant, alors qu'on le confronte à des situations conflictuelles. La présentation du TAT a en soi quelque chose de transgressif, puisqu'on montre à l'enfant des scènes se passant entre adultes, ce qui ne peut que réveiller des fantasmes de scène primitive. Le TAT est donc source d'excitation pour l'enfant de la latence, et ce d'autant plus que l'enfant est jeune. L'effet de séduction relevé par F. Brelet se trouve décuplé au moment de la latence :

> « Mais, comme l'imago de la mère séductrice, le psychologue bouscule en présentant ces planches et en déclenchant une surcharge d'excitation pulsionnelle, le fragile équilibre économique de celui qu'il a appelé en face de lui. Et il lui laisse bien peu de moyens de maîtriser la relation. » (1986, p. 56)

Mais justement le TAT en période de latence permet d'évaluer les capacités de secondarisation, et d'éprouver les mécanismes de refoulement, en regard de leur capacité à permettre à l'enfant de négocier avec les mouvements pulsionnels, pour intégrer les situations conflictuelles dans un récit. Le TAT sollicite une narration construite sur le modèle de celle de l'adulte, ce qui suppose une certaine intériorisation des modèles parentaux appuyée sur les identifications. Ce double aspect du TAT en période de latence signifie que :

> «… le TAT fait appel aux modalités les plus évoluées du fonctionnement psychique dont il teste la vigueur ou l'insuffisance. » (Boekholt, p. 147)

L'association du Rorschach et d'une épreuve thématique sollicite donc différents registres de problématique, et la confrontation des deux épreuves est toujours cliniquement intéressante.

© Dunod – La photocopie non autorisée est un délit.

3. Les particularités pendant la période de latence

D'autres aspects spécifiques des mouvements psychiques[1] chez l'enfant pendant la période de latence peuvent être dégagés à partir des épreuves projectives.

Les fantaisies de la latence, c'est-à-dire les récits fantasmatiques que se racontent les enfants, et leur dimension ludique, sont structurellement très proches des épreuves projectives. Elles supposent l'existence d'un contenu latent et d'un contenu manifeste. C'est-à-dire que, au-delà du discours manifeste, il existe une résonance fantasmatique, et des conflits sous-jacents. Ces fantaisies, comme ce qui est sollicité par la présentation d'une épreuve projective, mettent particulièrement à l'épreuve le fonctionnement du préconscient. Dans les deux cas, il s'agit d'élaborer une figuration consciente, en la symbolisant à travers le langage, à partir de représentations inconscientes et fantasmatiques.

Les épreuves projectives, comme les récits qui constituent les romans d'aventure des enfants de la latence, nous renseignent sur les capacités du préconscient d'effectuer des liaisons, d'établir des figurations et des scénarios, en utilisant les ressources fantasmatiques. On retrouve donc ce passage du processus primaire au processus secondaire, l'élaboration de la réponse comme d'une histoire fantasmatique équivalant à lier entre elles des représentations à l'aide des mots, dans un essai de contrôle (plus ou moins souple) de l'énergie pulsionnelle. De même, fantaisies et méthodes projectives s'enracinent dans l'espace transitionnel, avec ce que celui-ci suppose de paradoxalité : réalité et univers fantasmatique se nouent, sans confusion entre eux, donnant des réponses ou des récits qui participent en même temps du monde interne et du monde externe. Dans l'un et l'autre cas, il s'agit de jouer.

Cette ressemblance est particulièrement importante entre les fantaisies et les épreuves thématiques, CAT et TAT. Dans les deux cas, il s'agit de « raconter une histoire ». La dramatisation est requise : dans le CAT ou le TAT, les situations sont campées, l'enfant doit mettre les personnages en relation entre eux, il doit conflictualiser leurs relations. Or, toute fantaisie contient, par définition, sa dramatisation et une conflictualité : certes, le héros finit toujours par gagner, mais cela ne présenterait aucun intérêt s'il

1. Pour de plus amples développements sur ces questions, voir Arbisio Ch., *L'Enfant de la période de latence*, Paris, Dunod, 1997.

ne devait pas franchir avant les nombreuses embûches qui prouvent bien qu'il est le meilleur...

Le jeu est au centre des épreuves thématiques qui, comme les fantaisies, suscitent de multiples identifications :

> « Le (les) héros du roman, le (les) héros de l'histoire-TAT sont l'expression d'autant d'identifications. » (Brelet, 1986, p. 80)

Cela est vrai également, pour les enfants les plus jeunes, avec les animaux représentés au CAT. L'enfant qui répond au CAT ou au TAT y trouvera une « prime de plaisir » qui ressemble fort à celle du jeu et des fantaisies :

> « Il s'y verra prendre plaisir aux scénarios fantasmatiques les plus divers qui s'évoquent en lui, grâce à la complicité et même la justification qu'offre à son Moi l'exigence de la consigne du test. »

Encore faut-il pour cela pouvoir accepter cette mise en scène, et « se situer comme spectateur, spectateur de son propre fantasme » (Brelet, p. 81).

Il existe donc une parenté structurale entre les fantaisies de la latence et leur expression dans les jeux, et les épreuves thématiques, que résume bien la formule de Brelet au sujet du TAT :

> « Plaisir à fantasmer, à mettre en scène, à créer un monde et à l'extérioriser, éventuellement à le faire partager, c'est là, à notre avis, la caractéristique essentielle de la situation-TAT. » (p. 81)

Le Rorschach a moins de points communs avec les fantaisies. Un aspect pourtant qui lui est spécifique est à retenir : comme le jeu de l'enfant de la latence, il accorde au corps une place centrale. La mobilisation corporelle telle qu'elle s'opère dans le jeu peut être rapprochée de la grande sensibilité du Rorschach à l'image du corps et à la représentation de soi, domaines sur lesquels il peut apporter des renseignements importants.

La place du moi et sa domination sur le psychisme enfantin au moment de la latence apparaissent également comme des caractéristiques essentielles de cette période. Là encore, les épreuves projectives, qui mettent particulièrement en évidence les enjeux identificatoires et la représentation de soi, peuvent en rendre compte.

Mais, au-delà de ces différents aspects, les méthodes projectives témoignent particulièrement bien de l'articulation entre le monde interne, et la soumission au processus secondaire qui caractérise la latence. Elles sollicitent une émergence fantasmatique, mais qui doit être contrôlée par le recours à la réalité. Au Rorschach, il s'agit de la réalité du percept. Dans les épreuves thématiques, à la réalité perceptive s'associe la nécessité de construire un

© Dunod – La photocopie non autorisée est un délit.

récit cohérent et élaboré, qui passe par les défilés du processus secondaire : ici encore, la ressemblance structurale avec les fantaisies de l'enfance est flagrante.

Cet imaginaire de la latence est un imaginaire tempéré, sous contrôle et les méthodes projectives, dont le principe de base est similaire, traduisent la possibilité ou non de cet équilibre. Quand les irruptions fantasmatiques sont violentes, incontrôlées, elles ne peuvent passer par le processus secondaire : elles le mettent en défaut, ou alors ne donnent à voir qu'un désert fantasmatique, parce que le monde interne semble trop dangereux pour parvenir à s'exprimer.

Mais les épreuves projectives rendent compte aussi des mécanismes de défense qui sont mobilisés pour répondre au conflit psychique. C'est en cela qu'elles renvoient à l'articulation entre le normal et le pathologique, voire permettent une formalisation de ce passage aux contours flous.

En tout cas, cette possibilité d'articuler le monde fantasmatique avec la réalité est d'autant plus ouverte que l'enfant va bien. La mobilisation de mécanismes de défense lourds va de pair avec la difficulté d'expression du monde fantasmatique.

Quant à l'articulation entre l'imaginaire et le symbolique telle qu'elle se manifeste à la latence, la méthodologie projective peut aussi en témoigner. Au Rorschach, la prégnance de l'ordre symbolique se traduit par la reconnaissance perceptive.

La fantasmatisation, l'image du corps, les identifications et représentation de soi appartiennent au registre imaginaire. Mais leur inscription dans l'ordre symbolique se fait à travers la nécessité de passer par le langage, et de s'élaborer à travers le discours. Cela est vrai surtout pour les épreuves thématiques :

> « Il est demandé au sujet de construire une histoire, c'est-à-dire de faire un récit, ponctuant ainsi la nécessité de prendre en compte la logique, le temps, l'ordre idéologique, d'établir des rapports et des différences dans le matériel présenté, d'en agencer les énoncés suivant un ordre symbolique. » (Gori, Poinso, 1970)

CHAPITRE 6

Illustrations cliniques

Sommaire

1. Kevin : l'enfant instable

Kevin a 6 ans et demi quand ses parents demandent un bilan, sur les conseils du directeur de l'école que fréquente leur fils.

Kevin, depuis la première année de maternelle, est un enfant agité, perturbateur et instable. Dès les premiers jours d'école maternelle, alors que Kevin a 3 ans et demi, ses parents sont convoqués par l'enseignante. Kevin est dissipé, inattentif, il est incapable de s'intégrer au groupe. Ses parents sont alors très étonnés, car rien ne les alertait à la maison. En deuxième année de maternelle, les exigences devenant plus importantes, la situation s'aggrave. Les problèmes d'insertion dans le groupe prennent de l'ampleur. Surtout, Kevin est devenu très difficile également à la maison : il fait de grosses colères, ne respecte aucune règle, est en rébellion constante et pour tout. En particulier, Kevin est très sale pour s'alimenter.

La troisième année de maternelle débute aussi mal. On parle à l'école d'un enfant possiblement « hyperactif », ce qui inquiète beaucoup ses parents qui le conduisent alors chez un psychanalyste. Celui-ci reçoit régulièrement Kevin, une fois par semaine pendant plusieurs mois, et l'amélioration est spectaculaire, tant à l'école qu'à la maison.

Je ne comprendrai pas bien les raisons de l'interruption des rencontres avec le psychanalyste, d'autant plus que celui-ci pense qu'il faudrait poursuivre ces séances, ce que les parents de Kevin me relatent. Toujours est-il que Kevin est cette année en CP, et que les problèmes sont devenus massifs : incapable de fixer son attention, bougeant en permanence, il est extrêmement perturbateur pour la classe. De plus, il semble avoir des difficultés dans l'apprentissage de la lecture, et il refuse d'écrire. L'enseignant réclame une prise en charge psychologique, et on reparle de troubles « hyperkinétiques ».

Les parents de Kevin sont jeunes et sympathiques, et tentent tant bien que mal de gérer une situation inédite pour eux, à laquelle rien ne les a préparés. Kevin est le second d'une fratrie de deux enfants. L'aînée, Camille, est une fille d'une dizaine d'années qui ne présente aucun problème particulier.

© Dunod – La photocopie non autorisée est un délit.

Ses parents décrivent Kevin comme un bébé d'emblée agité : d'ailleurs, même si sa mère parle d'une grossesse et d'un accouchement qui se sont bien passés, elle me dit que l'enfant était déjà nerveux dans son ventre. Dès la naissance, il se montre très remuant et pleure beaucoup.

En ce qui concerne l'alimentation, ses parents me disent que Kevin n'a jamais eu de problème dans ce domaine. Je suis cependant un peu étonnée par la véhémence avec laquelle sa mère m'affirme qu'elle n'a pas voulu l'allaiter. Mais très vite, c'est le père qui prend la parole sur cette question : en fait, c'est lui qui a refusé que sa femme allaite, car il voulait lui aussi pouvoir nourrir l'enfant la nuit.

Les parents sont commerçants tous les deux et ils travaillent ensemble. Pour tout, ils s'organisent ensemble, me disent-ils. Kevin a fréquenté une crèche dès l'âge de 4 mois. Il s'y est bien adapté, mais ses parents insistent sur le bon accrochage affectif qu'il a eu avec une puéricultrice : le lien affectif est effectivement primordial pour lui.

Les parents se plaignent d'un litige avec la crèche à propos de l'apprentissage de la propreté, et qui a duré très longtemps. Ils auraient souhaité que l'acquisition de la propreté se fasse le plus tôt possible, alors que la pratique à la crèche consiste à prendre plus de temps. Ils interprètent cette attitude comme du laxisme, du laisser-faire, et ce désaccord est à l'origine de nombreux conflits entre eux et le personnel de la crèche. Ainsi, ils déplorent que Kevin soit devenu propre très tard, seulement à la fin de la crèche.

Kevin acquiert le langage assez tardivement. Il ne commence à parler que vers 2 ans et demi, voire 3 ans, mais il a parlé très bien tout de suite, sans passer par des acquisitions progressives.

Les parents de Kevin se perçoivent eux-mêmes comme ayant des caractères très affirmés, autoritaires, pointilleux. Ils se montrent très exigeants avec leurs enfants. Ils évoquent l'existence de conflits, parfois, entre eux.

Comme je leur demande si eux-mêmes, ou quelqu'un de leur entourage proche, ont connu des difficultés semblables à celles de leur fils, la mère me répond qu'en ce qui la concerne, elle était juste un peu indisciplinée, mais que cela n'avait jamais pris les proportions des problèmes de Kevin.

En revanche, son père me dit qu'il a été lui-même un enfant difficile. Contrairement à Kevin, il était plutôt timide mais bien intégré dans les groupes. Cependant, il était très coléreux, et il me dit l'être toujours : il se fait « un théâtre pour des détails », ce dont il se sent ensuite honteux. Ces réactions échappent complètement à sa volonté.

Il évoque ensuite le décès de son père, qui a eu lieu plus de dix ans auparavant, mais sa façon d'en parler fait penser à un événement récent. Je m'y trompe d'ailleurs, car je crois pendant un moment que cette disparition vient de se produire, et il me faut quelque temps pour lever ce malentendu. Il reproche en particulier à sa mère d'avoir caché le cancer de son père, ce qui a empêché que des paroles authentiques puissent se dire. Il me reparle alors de son enfance, me disant que son père déléguait tout à sa mère. Il pense que son père était plus ouvert que sa mère, mais il n'a jamais osé l'aborder.

Kevin se présente comme un garçon extrêmement contrôlé. En arrivant, il plie soigneusement sa veste, range extrêmement bien les crayons après avoir dessiné, et a tendance à donner des réponses beaucoup trop compliquées pour son âge. Kevin s'investit beaucoup dans la relation et accepte la passation avec plaisir, mais il s'agite assez rapidement. Cet hypercontrôle est sans doute beaucoup trop important pour lui et il a du mal à contenir sa tension. Il y a chez lui une forme d'opposition larvée permanente. Du point de vue du langage, on peut remarquer que des problèmes de prononciation persistent.

L'efficience intellectuelle, évaluée à l'aide du WISC-III, lui donne un très bon niveau. Kevin obtient un QI verbal = 110, un QI performance = 125, et un QI global = 120. L'indice de compréhension verbale se situe à 116, et l'indice d'organisation perceptive à 125. Le niveau verbal se situe dans la zone normal-fort, alors que le niveau de performance et la note globale se situent dans la zone supérieure. On peut remarquer toutefois l'hétérogénéité des deux échelles au détriment de l'échelle verbale et une certaine dispersion des items à l'intérieur de chaque échelle.

En ce qui concerne l'échelle verbale, l'Information se situe à la moyenne. Les Similitudes, le Vocabulaire et la Compréhension sont très bien réussis, renvoyant au bon niveau de langage de Kevin. En revanche, l'Arithmétique est très chutée et se situe nettement en dessous de la moyenne, ce qui témoigne des difficultés d'apprentissage scolaire de cet enfant. En règle générale, on peut noter que les repères temporels ne sont pas encore parfaitement en place. Surtout, Kevin a tendance à donner des réponses trop compliquées : par exemple, en Similitudes, Kevin donne des réponses qui témoignent d'une abstraction inadéquate, comme si effectivement il répondait là à des exigences inadaptées.

Quant à l'Arithmétique, ce sont surtout ses problèmes d'attention qui le conduisent à l'échec : ses problèmes d'attention sont liés à un excès de tension, et celle-ci est tellement importante qu'il ne peut pas soutenir une concentration efficace trop longtemps. Ses réponses sont très projectives, et

© Dunod – La photocopie non autorisée est un délit.

cela apparaît beaucoup au Vocabulaire, avec des thèmes en particulier de rivalité et toute une thématique autour de détails phalliques. En règle générale, les mots, les lettres, les sons, sont encore pris dans un symbolisme qui évoque celui d'un enfant plus jeune, ce qui le prive de la liberté nécessaire pour les apprentissages. Au niveau de la Compréhension, qui est très bien réussie, Kevin exprime beaucoup d'agressivité et surtout une intégration d'interdits très lourde et extrêmement précoce.

L'échelle de performance est également très dispersée. On peut remarquer que le subtest le mieux réussi est celui de l'Arrangement d'images (qui fait écho à la Compréhension à l'échelle verbale), c'est-à-dire qu'effectivement Kevin a une très bonne compréhension des situations sociales, pratiques et relationnelles. Le reste est de bon niveau, à l'exception du Complètement d'images qui est en dessous de la moyenne (voir également le paragraphe Complètement d'images du chapitre 5).

Si Kevin ne se montre pas particulièrement observateur, on peut penser que cet échec est lié ici aussi aux problèmes d'attention et à une réaction d'évitement phobique du regard. Si l'Arrangement d'images est particulièrement bien réussi, on peut noter que dans les histoires qu'il raconte, Kevin évite toutes les situations de conflit : il met toutes les relations à distance, et en particulier les relations avec les images parentales. Aux Cubes, comme à l'Assemblage d'objets, alors qu'il se montre à l'aise, Kevin ne peut pas reconnaître ses difficultés aux items les plus difficiles, comme s'il s'appliquait à lui-même une extrême exigence.

Sur le plan instrumental, Kevin obtient un très bon niveau à l'épreuve de reproduction des structures rythmiques. Il se situe au quartile supérieur de 9 ans, ce qui est excellent, et témoigne d'un très bon contrôle. Cela montre que les problèmes d'attention qui sont patents au WISC-III ne sont pas structurels, mais sont secondaires aux exigences et à la tension excessives.

À l'épreuve graphomotrice du Bender, Kevin obtient un niveau moyen. Il se situe au médian de 6 ans et demi, ce qui correspond parfaitement à son âge. Toutefois on peut remarquer qu'il ne s'agit pas d'une moyenne simple : Kevin réussit bien certains dessins, et là il témoigne d'un hypercontrôle par rapport à son âge, et pour d'autres il y a un relâchement extrême. Ici encore on retrouve cette difficulté à maintenir son attention de façon constante.

Sur le plan scolaire, la lecture et l'écriture semblent encore pour lui difficiles d'accès. Comme cela était apparu au WISC-III, son mode de pensée encore très immature accorde un important symbolisme et une forte charge imaginaire aux lettres, et sans doute aux chiffres aussi, ce qui ne lui permet pas de réaliser les apprentissages.

Au plan de la personnalité, Kevin réalise un dessin libre de très belle facture qui témoigne d'une grande richesse imaginaire, laquelle se retrouve d'ailleurs dans l'ensemble des épreuves projectives. Toutes les thématiques s'articulent autour de problématiques de puissance et d'agressivité, qui, si elles paraissent très banales chez un garçon de son âge, le sont beaucoup moins dans la charge d'autopunition et de culpabilité qu'elle entraîne.

Au Rorschach, Kevin donne un protocole très riche, aussi bien sur le plan quantitatif que qualitatif, ce qui témoigne de son très fort investissement de la relation. Kevin a une grande conscience d'interpréter et fait montre d'une réelle finesse. On peut remarquer une intellectualisation extrêmement précoce, un problème massif de gestion de l'agressivité, et cette difficulté de gestion de l'agressivité, dans tous les registres, oral, anal, entraîne une très forte angoisse.

Toute une hésitation sur l'attribution de la puissance phallique, au père ou à la mère, aux hommes ou aux femmes, est très paralysante : Kevin reste pris dans un questionnement sur les identifications sexuelles, et semble être resté très arrêté sur ce mode d'interrogation. Les planches pastel sont pour lui difficiles, Kevin se trouve très déstabilisé par les affects et les émotions qu'il a du mal à intégrer. Toute thématique de séparation se révèle également difficile à affronter et entraîne des réponses fragmentaires chargées d'angoisse.

Au CAT, des éléments complémentaires se dégagent, en particulier une problématique de rivalité fraternelle, extrêmement importante, dont l'enjeu est la mère, mais cette rivalité fraternelle et l'agressivité qu'elle suppose sont vécues là encore sur un mode très culpabilisé. Toute agressivité et tout conflit sont effectivement très culpabilisés, entraînent des comportements d'autopunition. Parallèlement à cela, on constate une problématique œdipienne restée à vif et qui semble pour l'instant très difficile à négocier puisque tout conflit entraîne une angoisse terrible du fait de l'importance de la culpabilité. Ainsi on trouve beaucoup de désorganisation dès qu'il s'agit de récits qui évoquent une curiosité œdipienne, la rivalité et l'agressivité à l'égard du père, ce qui entraîne des rationalisations extrêmement précoces.

Conclusions

Kevin est un garçon très intelligent, qui a une grande richesse imaginative, mais chez qui une obsessionnalisation extrêmement précoce s'est mise en place, et le pénalise gravement sur le plan psychique. La psychanalyse engagée l'année dernière a déjà très certainement porté ses fruits, il faudrait pouvoir la poursuivre pour aider cet enfant à se dégager de ces tensions lourdes et massives qui l'empêchent de vivre normalement.

© Dunod – La photocopie non autorisée est un délit.

Par ailleurs, je conseille au père de Kevin d'aller rencontrer pour lui-même un psychanalyste. En effet, ce père se reconnaît tout à fait dans les problématiques de son fils. Il y a là certainement une constitution en miroir de problématiques obsessionnelles graves, et il serait primordial que le père de Kevin puisse engager lui-même une démarche par rapport à sa propre souffrance.

Quelque temps plus tard, je reçois une lettre de l'analyste qui a suivi Kevin l'année précédente. Suite au bilan, Kevin a repris ses séances. Mais surtout, le père de Kevin lui a dit que les résultats du bilan l'ont convaincu d'engager pour lui-même une psychanalyse, qu'il est en train de commencer. Ce praticien se déclare ravi, et étonné, des effets possibles du bilan. Lui-même pense depuis le début que le père de Kevin est dans une grande souffrance personnelle, et qu'il serait très important, pour lui comme pour son fils, qu'il puisse entreprendre une psychanalyse. Mais, en tant qu'analyste de Kevin, sa position est délicate, et il ne pouvait pas en parler librement avec son père, ne pouvant être, comme il me l'écrit très justement, « à la fois juge et partie ». Le détour par le bilan a permis au père de Kevin cette appropriation de sa propre question, portée jusqu'ici par les symptômes de son fils.

L'instabilité de Kevin, qui a pu être référée dans le cadre de l'école à des troubles dits « hyperactifs », apparaît bien à travers le bilan comme un symptôme névrotique, dans un contexte d'extrême tension liée à une obsessionnalisation précoce chez ce garçon.

Résultats au WISC-III

- Information : 10
- Similitudes : 14
- Arithmétique : 7
- Vocabulaire : 13
- Compréhension : 14
- Complètement d'images : 9
- Code : 12
- Arrangement d'images : 17
- Cubes : 15
- Assemblage d'objets : 14

QI verbal = 110 (104-115)
QI de performance = 125 (115-130)
QI total = 120 (113-124)

Indice de Compréhension verbale = 116 (109-121)
Indice d'Organisation Perceptive = 125 (115-130)

Différence QI verbal/QI de performance = 15 points

QI verbal : niveau moyen à normal fort

QI de performance : niveau normal fort à supérieur

Moyenne pour l'échelle verbale = 11,6

Moyenne pour l'échelle de performance = 13,4

Résultats déviant significativement de la moyenne verbale : Arithmétique (– 4,6 points)

Résultats déviant significativement de la moyenne de performance : Complètement d'images (– 4,4 points) et Arrangements d'images (+ 3,6 points).

Résultats déviant significativement par rapport à la moyenne de la population : Similitudes (+ 4 points), Compréhension (+ 4 points), Arrangement d'images (+ 7 points), Cubes (+ 5 points) et Assemblage d'objets (+ 4 points)

Protocole de Rorschach

Voir tableau pages 286-286.

Psychogramme :

R = 30	G = 12	G % = 47 %	F = 23	A = 16	F % = 77 %
→ Refus = 1	D/G = 1	D % = 50 %	F+ = 12	(A) = 1	F+ % = 59 %
Ban = 5	Gbl = 1	Dbl % = 3 %	F+/– = 3	Ad = 1	
	D = 15		K = 1	H = 2	A % = 60 %
	Dbl = 1		kan = 3	(H) = 1	H % = 10 %
			FC = 1	obj = 3	
			FC′ = 1	anat = 3	
			CF = 1	géo = 1	
				archi = 1	
				frag. = 1	

M. A. :	G D Dbl
TRI :	1K/2C
FC :	3 k / 0 E
RC % :	40 %

© Dunod – La photocopie non autorisée est un délit.

	I		
5"	(1) Ça peut représenter une chauve-souris.	G	G F+ A ban
	(2) ce que ça représente d'autre, c'est aussi un lémur dans les arbres.	G	G F+ A
	44"		
	II		
1"	(3) Ça, ça représente un… un robot.	D noir	D F+/– obj.
	(4) La tache rouge ici ça représente un os.	D rouge inf.	D F– anat.
	(5) Et les trucs rouges des canons accrochés derrière.	D rouge sup.	D F– obj.
	1' 2"		
	III		
4"	(6) Ça me fait penser… ça ressemble à deux dames.	D noir	G F+ H ban
	(7) Et ça représente aussi des babouins, mais des femelles.	D noir	G F+ A
	49"		
	IV		
V 15"	(8) Ça me fait penser à une chauve-souris… une chauve-souris-grotte, parce qu'il y en a dans les grottes, des chauves-souris.	G	G F+ A
	(9) Et à un dragon (problème de prononciation).	G	G F+ (A)
	1' 18"		
	V		
1"	(10) Ça me fait penser à un chat en train de se promener.	(D central) à cause des oreilles	G kan– A
	(11) À une chauve-souris.	G	G F+ A ban
	(12) Et aussi à une mémé qui se promène.	(D central) parce qu'ici on a l'impression qu'il y a des yeux, un nez et une bouche et ici c'est un peu blanc.	D K– H
	(13) Et à un lapin dans la forêt.	D central	D FC' A
	54"		
	VI		
4"	(14) Ça me fait penser à un lion.	G (?) à cause de la crinière	D/G F– A
	(15) Aussi un chien en train de se reposer.	G	G F+ A
	(16) Aussi un chien qui vient de mordre la culotte de quelqu'un.	G	G kan A
	50"		

VII 11" (17) Ça me fait penser à la sortie d'une grotte (répète plusieurs fois). (18) Et ce que tu vois un peu en blanc, ça me fait penser à un pont. 54"	G Il y a aussi des arbres ici. D blanc	Gbl F+ géo Dbl F– archi.
VIII V 10" (19) Ça me fait penser au cœur. (20) Ça me fait aussi penser à un fourmilier. (21) Et une hyène. (22) Ça me fait aussi penser à… à un tigre ! en train de traverser une marée. 1' 24"	G D latéral D latéral D latéral (?) de l'eau, tu vois au milieu.	G FC– anat. D F+ A ban D F+ A D kan A
IX 5" (23) Ça me fait penser à un visage de vache. (24) Et aussi à un squelette de vache. (25) Ça me fait aussi penser à un diable (bis). 54"	Dbl Dbl D rose+ Dbl Ça ressemble aussi un peu à un Minotaure, ce qui est blanc c'est la tête de bœuf et ce qui est rose c'est le corps.	D F+ Ad D F– anat. D F– (H)
X Im. Ça me fait penser à rien. (?) 10" (26) Ça me fait juste penser à des insectes. (27) À des microbes. (28) Et à un crabe. (29) Une chauve-souris. (30) Et une lumière de la voiture. 51"	 G G D latéral brun D inf. central D central jaune	→ refus G F+/– A G F+/–fragm. D F+ A ban D F– A D CF obj.

Choix + = V (?) Parce que c'est bien fait et I (?) parce que ça ressemble à une citrouille.

Choix – = X (?) Parce que c'est un peu en… grabouillage, c'est les deux microbes, tout le reste ça va et VIII (?) parce que ça, on a l'impression que c'est un zèbre déguisé en Chinois (D gris+ D bleu.) et ça ne peut pas exister un zèbre déguisé en Chinois.

Protocole de CAT

Planche 1	2" Ça me raconte une histoire d'une poule et des poussins qui sont jaloux que le plus grand a le plus de soupe qu'eux. Le grand c'est celui qui a pas de serviette. (fin ?) Ça se finit par la bagarre ! (gagne ?) C'est les plus jeunes. 1' 15"
Planche 2	Im. Ça raconte une histoire de Basques en train de faire du tir à la corde, et sans faire exprès, l'ours il fait… (bafouille) il recule, et les trois se sont cognés, et après ils ont fait la bagarre […] et après ils ont appelé la police et ils ont été à la prison. 1' 26"
Planche 3	3" C'est une histoire que je dois connaître… 18" C'est un roi, c'est Richard Cœur de Lion qui va demander à une souris de lui apporter plein de roses, avec des lions en paille. Et c'est tout… Après ils font un dîner ensemble, et après tout à la fin du dîner, il fait une blague. La souris dit : tu vas me manger, le lion dit non, il la prend dans sa main, il la met dans sa bouche, et il l'avale, en plus tout rond. 1' 44"
Planche 4	6" Ça raconte l'histoire d'un kangourou qui a un vélo (bis) et qui est jaloux que son petit frère soit dans la poche de sa mère. Et après il y a, dans leur maison, il y a des braconniers qui ont brûlé leur maison et qui ont capturé la maman, et après ça finit par la police kangourou qui arrête les humains, les braconniers humains. 1' 51"
Planche 5	2" Ça raconte l'histoire d'un petit ours… deux petits ours, un qui s'endort et l'autre qui s'endort jamais, qui garde toujours les yeux ouverts et qui lit tout le temps. Et après, il dit toujours qu'il est fatigué, et les parents lui disent qu'il faut dormir la nuit. Et après ça finit par le papa qui donne une grosse fessée au petit ours qui dort jamais, et après tellement qu'il était fort le coup de pied, qu'il est parti vers la forêt […] et après petit ours il faisait la fête avec ses amis dans la maison 2' 42"
Planche 6	3" Ça raconte l'histoire d'un grand ours qui est assis dans son fauteuil, il lit une histoire d'ours, et petit ours lui dit : j'ai peur du noir, et après grand ours pose son livre, il manquait plus que deux pages pour connaître l'histoire. Et petit… et grand ours lui dit : tu ne dors pas ? Petit ours dit : z'ai peur du noir ? Et grand ours dit : quel noir ? Petit ours : tout autour de nous. Et grand ours : je vais t'apporter une mini-lampe. Et il se remit dans son fauteuil d'ours et il lit le livre d'ours. […] (fin ?) (répète même histoire) et il prit la plus grosse des lanternes. 3' 52"
Planche 7	3" L'histoire ça s'appelle le château des singes. (Part dans un long développement.) Le chef du château des singes dit : en bas c'est dangereux, il ne faut pas aller en bas. Bartholomé Trognon va en bas, il est content parce qu'il est en bas, et qu'il n'y a pas de danger, et un tigre sort, et l'avala tout rond. Et Bartholomé Trognon trouve une arme, il fait plein de petits trous, tout partout et il sortit, et une armée de vautours allait dévorer le tigre. 2' 47"

Planche 8	4" C'est une histoire d'un petit singe qui devait aller chercher des bananes, et maman singe lui disait : va chercher des bananes, sinon t'auras pas de bonbon à la banane. Et il chercha partout, dans les bananiers, et il vit un passage secret dans un tronc d'arbre, il trouvait 10 000 bananes. Il emmène tous ses parents, qui disent : on n'a pas demandé 10 000 bananes. Le papa singe tombe sur une peau de banane dans l'escalier, il se casse la figure (discours confus)... (n'arrive pas à finir l'histoire). 3' 15"
Planche 9	2" Ça raconte l'histoire d'un lapin qui a perdu son nounours, il demande à papa ours de retrouver son nounours, il appelle les pompiers, les pompiers ne le trouvent pas, il appelle l'armée du président (répète plusieurs fois, discours confus). (fin ?) par la police, parce que c'est le président Lapin Trognon qui a volé le nounours, et c'est le président Lapin Trognon qui est en prison. 2' 4"
Planche 10	Im. Un chien qui est pressé d'aller aux toilettes, il est tellement pressé que sa maman dit : pourquoi oublies-tu le papier toilette ? Le chien répond : wouf ! wouf !, et ça veut dire en langage chien : on n'a pas besoin de papier toilette, les chiens des villes ils font caca et ils prennent pas de papier toilette, et nous, on fait pareil puisqu'on est des chiens. 1' 51"

2. Théo : un enfant « surdoué »

Les parents de Théo consultent car leur fils, âgé de 8 ans, fréquente une classe de CE2, dans laquelle il s'ennuie. Cette classe, dont le niveau est moyen, est trop facile pour lui. Étant donné l'excellent niveau de Théo, l'enseignante se pose la question de lui faire sauter une classe, mais ses parents ne sont pas très favorables à cette solution. Théo, en revanche, est très demandeur : ses parents pensent que sa demande est aussi liée à l'exemple de deux de ses copains qui ont sauté une classe, et Théo les envie.

Les parents de Théo évoquent toutefois dans un second temps une autre difficulté, qui les a conduits à consulter un psychologue l'année précédente. Ils avaient eu l'impression que Théo avait tendance à s'enfermer dans son monde, à se mettre en dehors de la réalité. Mais il s'agissait de difficultés transitoires, liées à des changements que Théo a mal supportés.

La famille a déménagé l'année dernière pour s'installer à Paris, quittant la région rurale où elle a toujours vécu. Théo a très mal supporté ce bouleversement, qui a représenté un véritable choc pour lui : il pleure beaucoup, a connu d'importantes difficultés d'endormissement.

Ce déménagement a été initié par la mère de Théo, pour des raisons professionnelles. Elle-même est enseignante à l'université, le père est médecin. Le père me dit appartenir à une famille où tout ce qui est intellectuel est valorisé.

Théo est le deuxième d'une fratrie de deux enfants : son frère, Hugo, qui a deux ans de plus, ne pose pas de problème particulier.

En ce qui concerne le premier développement, ses parents me disent qu'il n'y a rien eu de notable à relever. En revanche, sa mère se souvient bien de troubles du sommeil que Théo a eu pour la première fois vers deux ans. Elle les associe à un premier déménagement, et à une série de deuils survenus dans la famille proche. Immédiatement, elle fait le lien avec sa propre histoire au même âge : elle perd sa mère alors qu'elle a deux ans et demi. Son père restera seul pour élever ses six enfants, elle-même étant la dernière.

En ce qui concerne le développement psychomoteur, Théo n'est pas très rapide : il marche à 15 mois. Il se montre en revanche très précoce pour tout le reste : il parle très vite et très tôt, il maîtrise très rapidement la motricité fine, il fait aussi l'apprentissage de la propreté très précocement. Il fréquente une crèche parentale pendant deux ans, puis entre à l'école maternelle à 2 ans et demi avec grand plaisir. Ouvert, sociable, spontané, Théo est très apprécié par les autres enfants et par les adultes.

En CP, son enseignante, très à l'écoute, a vite remarqué que Théo termine son travail avant tous les autres : elle prend donc l'habitude de lui donner toujours un travail supplémentaire pour lui éviter de s'ennuyer.

Cette année, en CE2, Théo n'est pas très motivé par l'écriture. Mais il ne se plaint de rien : il banalise. Son père me dit alors que ce mode de réaction correspond à la tradition familiale du côté de sa propre famille, où la banalisation est la règle, il faut toujours faire comme si tout allait bien.

Les deux parents sont d'accord pour penser que Théo a une relation particulièrement privilégiée avec son père. La mère parle même d'un lien particulier, exclusif, entre le père et le fils, dont elle se sent exclue. Elle précise en même temps qu'elle est moins présente auprès de Théo, alors que son mari a plus de disponibilité. Elle trouve que Théo est un enfant curieux, qui pose beaucoup de questions sur tout. Il a parfois tendance à fabuler, mais cela se produit par périodes. Il a toujours peur de ne pas avoir le temps de faire tout ce qu'il voudrait. Elle me dit aussi qu'elle a parfois peur pour lui, et que pour un certain nombre de choses, elle a du mal à lui laisser de l'autonomie.

Quant à son père, il me dit se reconnaître beaucoup dans son fils : selon sa propre formule « tous deux suivent plus leur tête que leur ressenti ».

Théo est un enfant très ouvert. Il parle facilement et se montre agréable et sympathique. Il a même tendance à être très loquace et on peut d'ailleurs se demander si cette facilité à établir le contact ne cache pas une certaine anxiété. En effet, en même temps Théo paraît anxieux, son besoin de réussir est très grand, et la tension qu'il manifeste est tout à fait patente.

Il y a chez Théo une certaine lenteur, car justement il parle beaucoup, fait de nombreux commentaires, sans doute de tonalité très anxieuse, ce qui amènera à réorganiser le bilan sur trois rendez-vous.

L'efficience intellectuelle évaluée à l'aide du WISC-III lui donne un niveau très supérieur. Théo obtient un QI verbal = 143, un QI performance = 141, et un QI global = 149. L'indice de Compréhension verbale est égal à 142 et l'indice d'Organisation perceptive à 145. L'ensemble est excellent et tout à fait homogène. D'une manière générale, Théo se montre rapide dès qu'il se concentre, et il a même tendance alors à se précipiter un peu.

Ses réponses sont très précises et complètes. Toutefois, son inquiétude et son anxiété l'amènent à douter, et certaines réponses sont un peu trop compliquées, ce qui lui fait perdre parfois en efficacité. Une certaine expression d'angoisse apparaît également. Par ailleurs, pour tout ce qui fait appel à la logique et au raisonnement, Théo se montre très méthodique, rapide, avec

© Dunod – La photocopie non autorisée est un délit.

une capacité à mettre en place des stratégies qui est bien supérieure à ce qui est attendu pour son âge.

Sur le plan instrumental, Théo a également une avance considérable. À l'épreuve de Reproduction des structures rythmiques, il se situe au-dessus du quartile supérieur de 10 ans. De même à l'épreuve graphomotrice du Bender, ses résultats sont excellents et dépassent également le quartile supérieur de 10 ans.

Sur le plan scolaire, la lecture est excellente malgré une tendance, là aussi, à se précipiter, très liée à l'anxiété. On peut noter dans le récit que fait Théo du texte lu l'élimination de la thématique agressive. Son niveau en orthographe est exceptionnel, puisque Théo se situe au quartile supérieur de 11 ans. Il me dit d'ailleurs qu'il vient de gagner un concours d'orthographe. En même temps, il se plaint d'avoir mal à la main, parce, me dit-il, il écrit trop vite. Il est en réalité extrêmement tendu, comme si effectivement il voulait gagner un concours.

Quant à son dessin libre, il est vivant, animé, Théo met en scène des personnages en situation et en relation.

Au Rorschach, Théo donne un nombre de réponses important pour son âge, ce qui témoigne à la fois de son investissement relationnel et de son désir de montrer ses capacités. Théo oscille entre des réponses assez projectives et des réponses plus défensives. L'ancrage dans la réalité est très bon. On peut noter toutefois une difficulté à intégrer le mouvement pulsionnel, notamment en ce qui concerne l'agressivité. Cependant, il se récupère bien, faisant preuve d'un réel dynamisme.

Sur le plan narcissique, Théo oscille entre une position valorisée et une position un peu plus difficile à soutenir, sans doute liée à l'enjeu de la castration. L'agressivité est très présente, en particulier un mouvement sadique qui est très mal accepté, et, de fait, désorganisateur.

L'angoisse de séparation semble importante. Théo mobilise à la fois des défenses un peu maniaques, mais aussi toute une thématique autour du soutien et de l'accrochage qui revient de façon assez insistante.

Par ailleurs, on peut remarquer des mouvements contraphobiques et en particulier une valorisation importante d'une image paternelle vécue comme très puissante et dangereuse, qui vient certainement contrebalancer une angoisse de castration très grande.

Théo est un enfant très sensible, mais qui a beaucoup de mal à s'exprimer dans le registre affectif et émotionnel. Au TAT, on trouve la même problématique autour de la castration, avec un évitement de la triangulation et du conflit. La scolarité se révèle extrêmement investie, dans un mouvement de défense contre la castration. Le couple parental est souvent représenté dans une situation de conflit. Dans ces représentations de disputes, le père est systématiquement mis en échec, ce qui correspond sans doute à la réalisation d'un vœu fantasmatique pour Théo. L'image paternelle apparaît en même temps très conciliante, peu puissante, ce qui conduit sans doute Théo à projeter ses propres exigences surmoïques, beaucoup plus sévères et sadiques. En revanche, l'image maternelle est perçue comme puissante, et garde une dangerosité de mère phallique.

Théo présente un très important décalage actuellement, tant sur le plan intellectuel que du point de vue de la maturité, avec les enfants de sa classe qu'il semble tout à fait logique qu'il s'y ennuie. Ceci justifierait de répondre favorablement à son désir, en lui permettant de passer dans la classe supérieure.

Mais tout ceci paraît bien problématique : comme chez beaucoup d'enfants dits « surdoués » ou « intellectuellement précoces », cette précocité intellectuelle masque chez Théo des enjeux d'une tout autre nature. Théo surinvestit la réussite scolaire sur un mode anxieux, comme une modalité défensive contre l'angoisse de castration. Pour cet enfant qui vit dans un milieu familial dans lequel la valeur est avant tout d'ordre intellectuel, ce surinvestissement constitue un véritable symptôme névrotique.

L'anxiété et la tension, liées à une problématique de castration mal intégrée, sont massives, mais Théo n'en souffre pas. Il est pour l'instant protégé de cette souffrance par les bénéfices narcissiques liés à sa réussite intellectuelle, qui lui permet de satisfaire le désir de ses parents. Toute indication d'une psychothérapie d'orientation psychanalytique est dans ce contexte prématurée. Le risque du saut de classe est bien sûr d'installer encore plus, en soutenant cette prise dans le désir parental, la difficulté à reconnaître ses difficultés. Des défenses de type phobo-obsessionnel sont en train de se mettre en place, elles renvoient notamment à une difficulté de gestion de l'agressivité.

Pour l'instant, on peut conseiller une thérapie graphomotrice, qui peut l'aider pour ses difficultés d'écriture, et peut sans doute le conduire à aborder les problèmes liés à sa très grande anxiété.

Résultats au WISC-III

– Information : 19

– Similitudes : 15

– Arithmétique : 15

© Dunod – La photocopie non autorisée est un délit.

– Vocabulaire : 15
– Compréhension : 19
– Complètement d'images : 18
– Code : 14
– Arrangement d'images : 19
– Cubes : 15
– Assemblage d'objets : 13

QI verbal = 143 (134-146)
QI de performance = 141 (129-144)
QI total = 149 (141-152)
Indice de Compréhension verbale = 142 (133-145)
Indice d'Organisation perceptive = 145 (132-147)
QI total : niveau très supérieur
Différence QI verbal/QI de performance = 2 points
Moyenne pour l'ensemble de l'échelle = 16,2
Résultats déviant significativement de cette moyenne : aucun
Résultats déviant significativement par rapport à la moyenne de la population : Information (+ 9 points), Similitudes (+ 5), Arithmétique (+ 5), Vocabulaire (+ 5), Compréhension (+ 9), Complètement d'images (+ 8), Code (+ 4), Arrangement d'images (+ 9), Cubes (+ 5)

Protocole de Rorschach

Voir tableau pages 295-296.

Psychogramme :

R = 26	G = 15	G % = 69 %	F = 16	A = 9	F % = 62 %
	D/G = 3	D % = 31 %	F+ = 15	(A) = 3	F+ % = 97 %
Ban = 5			F+/– = 1	A/H = 1	
	D = 6		KC = 2	H = 5	A % = 50 %
	D/bl = 2		kan = 4	H/sang = 1	H % = 31 %
			FC = 1	obj = 3	
			FCclob = 1	anat = 2	
			CF = 1	H/feux = 1	
M. A. :	G D		FE = 1	frag./sable = 1	
TRI :	2K/2C		→ kan = 1		
FC :	4k/0,5E				
RC % :	27 %				

© Dunod – La photocopie non autorisée est un délit.

		I		
(rit) 28"		Je trouve plein de choses… 33"		
	(1)	Une grosse chauve-souris avec des mains au-dessus.	G	G F+ A ban
	(2)	Une personne qui meurt avec du sang autour.	G	G KC H/sang
	(3)	Un taureau devenant homme.	(D central) à cause des cornes	D/G F+ A/H
	(4)	Une clef très bizarre.	D inf.	D F+ obj.
	(5)	Un papillon.	G	G F+ A
	(6)	… Une sorcière. (sourit) 2' 6"	D central	D F+ H
		II		
Im.		Ouh là !		
9"	(7)	Un gros monstre avec des ailes.	(D noir + Dbl) sauf le rouge ses yeux et son nez =	D/bl Fclob (A)
	(8)	Une toile avec un gros trou dedans.	(D noir + Dbl)	D/bl F+/– obj.
	(9)	Deux bisons marchant, des bisons en train de marcher. 58"	D noir (ban)	D kan A ban
		III		
4"	(10)	Un scarabée saignant.	(G) grosse bouche + gros yeux D noir = scarabée D rouge = sang	G FC– A
	(11)	Deux personnes avec des pieds bizarres.	ban	G F+ H ban
	(12)	Des squelettes. 33"		G F+ anat
		IV		
2"	(13)	Ouh là ! ça, c'est vraiment un monstre avec des ailes et des gros pieds, en train d'attaquer un mouton. 43"	G Les gros bras, les énormes pieds	G kan (A)
		V		
5"	(14)	Un papillon rare.	G (? rare) Les petites pattes, elles sont bizarres	G F+ A ban
	(15)	Un oiseau rétréci. 34"	(G) et il est complètement géométrique, pareil. Les pattes elles sont rétrécies, normalement un oiseau c'est plus rare	G F+ A

VI 19" (16) Un ravin avec deux côtés de sable. (17) Un totem. 51"	Ravin = grande trace (D central et D inf.) (D central et D sup.)	D FE frag./sable G F+ obj.
VII 7" (18) Deux personnes avec des lèvres bizarres. (19) Deux Égyptiens. 34"	G (G) Parce que là c'était les mains qui faisaient comme ça et là c'est comme les chapeaux des pharaons	G F+ H G F+ H
VIII 3" (20) Deux scarabées montant à un arbre. (21) Ou des caméléons. (22) Deux loups poursuivant une chèvre. 46"	G ban ban + D vert	G kan– A G F+ A ban D kan– A
IX 1" (23) Un squelette de martien. (24) Des personnes en équilibre. 30"	G (G) Là il y a un gros bâton pour s'ils tombent	G F+ anat D/G F+ H
X 2" (25) Une farandole avec des feux d'artifice. (26) Un animal venant d'une autre planète. 1'26"	G (Farandole = D rose) (G) Et tout autour, pour soutenir, et c'est aussi pour avancer, pour se tenir (mime), s'accorcher par terre	D/G KC H/feux d'artifice G CF (A) → kan

Choix + = X (?) parce que je trouve que c'est joli, toutes les couleurs qu'ils ont mis et IV (?) parce qu'elle est toujours de la même couleur et surtout parce que les endroits sont bien faits, pour une tache d'encre.

Choix – = II (?) parce qu'il n'y a pas beaucoup de couleur. Il y a des trous et en plus ils mettent les couleurs dans les autres, j'aime pas trop (?) ils mélangent les couleurs et III (?) la même que l'autre puis c'est très écarté surtout les couleurs.

Protocole de TAT

Planche 1	3" C'est un petit garçon qui fait du violon. Il retrouve plus son archet, il a envie de laisser tomber. Il demande à son père s'il a retrouvé son archet, personne ne le trouve. Quand la mère revient, l'archet en fait était juste devant le violon. Voilà. 1' 31"
Planche 2	3" C'est une dame qui voyage dans un pays qu'elle ne connaît pas, elle découvre des paysans et demande si elle peut travailler avec eux. Les paysans veulent bien, elle a fait un beau voyage. 1' 25"
Planche 3	2" Ben, c'est un élève à l'école, il a pas réussi son travail, il fait tout tomber de sa table et il est en train de pleurer sur le banc (fin ?) comme ça. 53"
Planche 4	29" C'est deux personnes dessinées sur un tableau, qui veulent partir en voyage mais le père ne veut pas partir, la mère supplie (rit) mais le père ne veut pas. Les enfants veulent et le père dit : « Allez-y, moi je reste là » (fin ?) (bis). 1' 48"
Planche 5	3" C'est une mère qui a laissé ses enfants et son chien dans la maison. Elle est allée vingt minutes dehors... faire les courses et pendant ce temps, les enfants s'amusaient beaucoup avec le chien, mais catastrophe quand elle rentre, toute la maison a été dérangée ! Maman dit : « Vous allez tout ranger ! » 1' 36"
Planche 6 BM	Im. Y en a encore beaucoup ! 26" Un homme dit à ses enfants : « Nous allons partir à la piscine ». Sa mère dit : « Quoi ! tu n'aimes jamais aller à la piscine ! ». « C'est pour faire plaisir aux enfants », dit le père. « C'est à trente kilomètres ! » (sourit) « Tu ne peux pas y aller ! » (fin ?) Ben, le père va à la piscine et tombe en panne d'essence en revenant. 1' 47"
Planche 7 BM	1" Deux personnes sont en train de discuter de leur travail. Le patron dit : « Je t'offre trois semaines de congés payés ». Le Monsieur est étonné, « Pourquoi cela ? » « Tu as travaillé beaucoup cette semaine. » « Mais, patron, je n'ai presque rien fait ! » « Je te les offre quand même. » 1' 41"
Planche 8 BM	7" Un père est en train d'aller se coucher. Juste à ce moment-là, des gangsters arrivent et prennent leurs couteaux et tuent sa femme. Dès qu'il revient le lendemain, sa femme est tuée. Il appelle la police et on retrouve les gangsters (père ?) lui (personnage 1er plan). 1' 45"
Planche 10	Im. Oh, il y en a beaucoup ! 9" Une personne est en train de danser, il a très sommeil et a envie d'aller se coucher. La lune dit : « Dors ! ». Juste à ce moment-là, il se réveille, ce n'était qu'un rêve. 1' 16"

© Dunod – La photocopie non autorisée est un délit.

Planche 11	3" C'est un dragon qui va dévorer quelqu'un aux chutes du Niagara. Juste au moment où il va dévorer, les chutes l'emportent. La personne meurt quand même. Les policiers arrivent et tuent le dragon. 1' 10" Ouf, il n'y en a plus que deux !
Planche 13B	3" C'est un petit garçon à la campagne qui ne sait pas quoi faire. Il demande à jouer à son oncle qui ne peut pas jouer avec lui car il est occupé à sculpter un art qu'il doit amener le lendemain à un musée. Il demande à sa tante, qui ne peut pas jouer non plus et il s'ennuie, il regarde par la fenêtre. 2' 42" Ah, il y en a beaucoup !
Planche 19	2" Picasso a fait un nouvel art. C'est un sous-marin qui se ramène au bord de l'eau. Il avance et croise un autre bateau qui l'enflamme. Le sous-marin brûle et l'autre bateau prend le capitaine du bateau enflammé. 1' 20" Im. Oh, c'est dur !
Planche 16	58" Une fille était à la mer, il y a les raz de marée, tout le monde se fait éclabousser (rit). Certaines personnes se font emporter par la mer, mais d'autres se réfugient dans le pays. La petite fille appelle la police, il y a beaucoup des personnes mortes, mais il y en a des sauvées. 2' 33"

3. Marine : la petite fille qui pleure tout le temps[1]

Marine, qui a 7 ans et demi, m'est adressée par la psychologue que l'a reçue deux mois auparavant, à la demande de ses parents. Marine présente alors une hypersensibilité qui se traduit par de fréquentes crises de larmes, et parfois des réactions agressives qui se produisent surtout dans le cadre familial et ont lieu à la moindre contrariété. À la maison, Marine se replie sur elle-même, n'a pas envie de communiquer, elle est très agressive avec ses parents, surtout avec sa mère. En revanche, elle n'a aucun problème de comportement à l'extérieur. Marine est première de sa classe, elle est sociable, se montre souriante et agréable.

Marine montre de grandes facilités pour les apprentissages. Comme elle semble s'ennuyer en classe, où elle paraît peu épanouie, son enseignante comme ses parents se demandent si un saut de classe serait judicieux pour elle.

Marine est l'enfant aîné de la famille, et elle n'a jamais rencontré de difficultés jusqu'à présent. Elle est née à terme, la grossesse et l'accouchement se sont bien passés. Elle a été un bébé calme et souriant, ne posant de problèmes ni d'alimentation ni de sommeil.

Ses parents sont enseignants tous les deux, et Marine est gardée par une assistante maternelle, dans de bonnes conditions.

Elle marche et surtout parle tôt, maîtrisant très vite le langage. L'apprentissage de la propreté se fait sans difficulté, mais ses parents précisent que Marine voulait décider par elle-même. Ainsi, elle devient propre juste avant 2 ans, car elle avait envie d'aller à l'école.

Scolarisée à l'école maternelle à mi-temps, elle s'y adapte très bien. Sociable, elle s'y fait facilement des amies. Cependant, très sensible à la violence et aux éclats de voix, elle sera déstabilisée en moyenne section par la présence d'un enfant qui frappe les autres, ce qu'elle vit difficilement.

Quand Marine a 3 ans, une petite sœur naît dans des circonstances dramatiques. La grossesse s'est très bien passée lors des premiers mois, mais un décollement du placenta entraîne une naissance très prématurée. Le bébé reste longtemps en couveuse, et les parents me parlent de leur très grande angoisse à ce moment-là. Ils me disent d'ailleurs que Marinc a fait alors un très beau dessin pour le bébé, pour le mettre à l'hôpital. Elle n'exprime

1. Ce cas a fait l'objet d'une publication dans *Psychologie clinique et projective*, « Diagnostics et pronostics », vol. 9, 2003.

© Dunod – La photocopie non autorisée est un délit.

aucune rivalité à l'égard de sa petite sœur, et ses parents pensent que dans cette situation, elle ne s'est pas autorisée à faire état de sa jalousie.

Sa sœur n'a gardé aucune séquelle de cette grande prématurité. Contrairement à Marine, elle se montre très turbulente. Maintenant, Marine laisse libre cours à sa jalousie, et elle reproche à ses parents de ne pas l'aimer, de lui préférer sa sœur.

Il y a deux ans, la mère de Marine, très déprimée, a fait une tentative de suicide par médicaments, qui a été suivie d'une hospitalisation de quelques semaines et d'un arrêt de travail de plusieurs mois. Elle minimise son acte quand elle m'en parle, me disant « qu'elle voulait dormir ». En fait, elle évoque une dépression latente depuis la naissance de sa deuxième fille, car elle s'est sentie très culpabilisée par cette naissance prématurée. Quelques mois après cette naissance difficile, elle se sent épuisée, avec un sentiment de grande fatigue dont elle ne parvient pas à se débarrasser. Elle consulte alors un psychiatre qui lui prescrit un traitement. Quelques mois avant de consulter pour le bilan de Marine, sa mère a repris son travail, mais elle se plaint de manquer de confiance en elle. Elle a également arrêté les médicaments, qui lui paraissent de peu d'effet.

Elle-même se plaint de relations très conflictuelles avec sa propre mère, qu'elle décrit comme une femme très autoritaire. Elle regrette encore aujourd'hui que ses parents ne l'aient pas autorisée à faire les Beaux-Arts, et elle fait beaucoup d'activités avec Marine, en particulier des travaux manuels, domaine dans lequel Marine se montre particulièrement douée.

Quant au père, sa propre mère ainsi que son frère aîné sont très dépressifs, et il a reconnu aisément ces symptômes chez sa femme. Alors qu'il a dû prendre en charge l'ensemble de la vie familiale au moment de la dépression de son épouse, il reconnaît passer peu de temps avec Marine.

Marine est une petite fille charmeuse et souriante, extrêmement agréable dans la relation qu'elle investit manifestement beaucoup. Elle s'installe dans la situation sans trop d'anxiété. Elle a bien repéré les raisons de ce bilan, qu'elle souhaite effectuer parce que, me dit-elle : « Je pleure tout le temps. ».

L'efficience intellectuelle évaluée à l'aide du WISC-III lui donne un niveau tout à fait bon. Marine obtient un QI verbal = 125, un QI performance = 111 et un QI global = 121. L'indice de Compréhension verbale se situe à 130, et l'indice d'Organisation perceptive à 118. Si l'échelle verbale et le niveau global sont dans la zone supérieure, la performance se situe dans la zone normale-forte.

En ce qui concerne l'échelle verbale, on peut remarquer qu'à l'ensemble des subtests verbaux, Marine donne des réponses très claires et précises.

L'Information est particulièrement bien réussie, ce qui témoigne d'un excellent niveau de culture générale chez cette enfant, et sans doute d'un désir de briller par ses connaissances. De même les Similitudes sont très bien réussies, et cette aisance à établir des catégories langagières préfigurent de bonnes capacités de généralisation. Il en est de même pour le substest de Vocabulaire. À ce subtest apparaissent toute une problématique autour de l'agressivité ainsi qu'une insistance sur les détails phalliques. En Compréhension, les réponses de Marine montrent une grande importance accordée au fait de plaire et de faire plaisir. Par ailleurs, il est important de noter qu'en Arithmétique, c'est-à-dire à l'épreuve la plus corrélée avec la scolarité, Marine se situe juste à la moyenne de son âge.

L'échelle de performance est également bien réussie. Le Complètement d'images, qui renvoie aux capacités d'observations, se situe autour de la moyenne. En revanche, le Code est chuté, et le résultat est inférieur à la moyenne. Ici encore, pour cette épreuve qui renvoie beaucoup à la scolarité ainsi qu'à la capacité à fixer son attention, à la mémorisation et à l'apprentissage, Marine est relativement en difficulté. En revanche, aux Cubes, elle est très à l'aise, elle se montre méthodique et met bien en œuvre sa réflexion.

Ainsi, si l'ensemble est tout à fait satisfaisant, les résultats en Arithmétique et au Code révèlent de petites réactions d'angoisse face à la scolarité, qui la pénalisent et lui font perdre ses moyens, alors que ses capacités sont excellentes.

Sur le plan instrumental, Marine est très à l'aise. À l'épreuve graphomotrice du Bender, Marine se situe au médian de 10 ans. Elle réalise des dessins très appliqués, très soignés, et fait preuve d'une maîtrise graphique tout à fait exceptionnelle pour son âge. De même, à l'épreuve de Reproduction des structures rythmiques, Marine obtient un score excellent puisqu'elle se situe au-dessus du quartile supérieur de 9 ans.

On retrouve cette aisance aux épreuves scolaires. En lecture, Marine est très à l'aise et a un niveau CE2. De même, les récits qu'elle restitue des textes lus sont très satisfaisants et témoignent d'un bon esprit de synthèse. Il en est de même en orthographe : Marine se situe au-dessus du quartile supérieur de 8 ans et demi, mais reste toutefois en deçà du médian de 9 ans.

Au plan de la personnalité, Marine réalise des dessins très personnels, d'excellente facture, avec un graphisme très en avance par rapport à son âge. Le trait est peu appuyé et semble refléter un manque de confiance en soi important. Il est intéressant de noter les thématiques différentes entre ses deux dessins : le dessin libre renvoie à une énigme concernant le désir de la mère. Le dessin de la famille est beaucoup plus structuré et témoigne d'un

© Dunod – La photocopie non autorisée est un délit.

attachement au père de facture très œdipienne. Ces deux registres semblent coexister chez elle.

Au Rorschach, Marine donne un protocole plutôt riche et très projectif, dans lequel elle exprime bien sa problématique. Parallèlement à cela, ce protocole témoigne d'un contrôle important. Ainsi, l'agressivité n'est pas du tout assumée vis-à-vis de l'image maternelle, qui est perçue comme menaçante et dévorante. L'agressivité se révèle ici extrêmement projective et réactive des aspects dépressifs.

Ainsi, on trouve deux mouvements importants. Un mouvement d'inhibition très fort face à tous les aspects agressifs qui ne sont pas autorisés. Le refoulement est également patent et touche beaucoup plus le mouvement libidinal, qui a ainsi plus de liberté mais cela reste fragile. Derrière une bonne adaptation, il y a une certaine fragilité, et l'on peut noter une véritable hésitation chez cette enfant entre une image maternelle restée phallique et toute-puissante, et l'image paternelle. Face à toute cette problématique, un très fort contrôle s'est mis en place, qui amène un mouvement d'inhibition psychique dommageable.

Marine fait preuve d'une grande sensibilité mais a du mal à l'exprimer. Les seuls dérapages qui apparaissent sont aux deux dernières planches : on peut noter une défense par l'intellectualisation face à la réactivation des relations maternelles, et une grande difficulté à gérer la séparation qui se solde par une agressivité destructrice.

Il y a un verrouillage défensif important lié à une problématique œdipienne qui n'a pas pu se résoudre, car l'agressivité et la rivalité envers l'image maternelle ne sont pas possibles car beaucoup trop culpabilisées. Les réactions dépressives très présentes chez Marine semblent liées à la culpabilité à l'égard de cette image maternelle, dont elle reste d'ailleurs très dépendante.

Au CAT, les mêmes thématiques se retrouvent. Le protocole est très relationnel, mais aussi très marqué par l'inhibition et le refoulement. L'évocation de l'image maternelle entraîne soit un mouvement d'inhibition, soit une forte angoisse de perte et d'abandon qu'il faut absolument prévenir en se rapprochant d'elle. Ainsi, si la tentation est plutôt de chercher à faire alliance avec le père, c'est toujours cette image maternelle toute-puissante qui gagne. Ainsi, Marine est en permanence dans un évitement de la castration, non pas tant de la sienne que de celle de sa mère.

De même toutes les thématiques concernant le couple parental sont évitées et scotomisées. Marine déplace toute sa curiosité œdipienne vers l'extérieur, mais cela entraîne immédiatement une punition. L'agressivité est perçue comme destructrice, et il semblerait que Marine tente de maintenir une relation qui soit de même niveau, de type amical, plutôt qu'une relation fille/mère qui confronterait immanquablement à la rivalité. La problématique de la relation agressive avec une mère surmoïque est absolument impossible à aborder, elle n'arrive que secondairement parce qu'elle suscite une angoisse catastrophique d'abandon et de mort.

Marine semble avoir réagi à la dépression maternelle, ce qui ne lui a pas permis de s'affirmer dans la dynamique œdipienne, car sans doute sentait-elle sa mère trop fragile.

Ainsi, il me semble qu'il faudrait lui proposer plusieurs choses : d'une part, il vaudrait mieux maintenir Marine dans sa classe. Déjà l'angoisse s'est focalisée autour des activités scolaires, car il s'agit ici de faire plaisir à la mère : il y a là une pression névrotique qui pourrait à terme pénaliser Marine au niveau de ses résultats.

Une psychanalyse devrait pouvoir être proposée à cette enfant qui souffre de ses difficultés et demande de l'aide, afin de l'aider à négocier avec cette problématique œdipienne difficile qui est restée dans une impasse. Mais il me semble surtout qu'il serait important que ce soit la mère de Marine qui consulte un analyste pour elle-même.

En effet, cette mère parle fort bien de la dépression qu'elle rattache à la naissance prématurée de sa seconde fille. Elle-même semble n'avoir jamais pu aborder sa rivalité et son agressivité refoulées à l'égard de ses sœurs plus jeunes, et il semble bien que la sœur de Marine soit elle aussi porteuse d'un certain nombre de symptômes qui renvoient à la dépression maternelle.

C'est au moment de la restitution des résultats que la mère me parle de sa véritable motivation pour ce bilan : elle est consciente de répéter avec sa fille les mauvaises relations qu'elle a eues avec sa propre mère, et elle ne veut à aucun prix s'installer dans cette situation. Elle décide d'entamer une psychothérapie pour comprendre l'origine de sa dépression.

Résultats du WISC-III

- Information : 18
- Similitudes : 15
- Arithmétique : 10
- Vocabulaire : 14
- Compréhension : 12
- Complètement d'images : 11
- Code : 7
- Arrangement d'Images : 14

© Dunod – La photocopie non autorisée est un délit.

– Cubes : 14
– Assemblage d'objets : 12

QI verbal = 125 (118-129)

QI de performance = 111 (102-117)

QI total = 121 (114-125)

Indice de Compréhension verbale = 130 (122-134)

Indice d'Organisation perceptive = 118 (108-123)

Différence QI verbal/QI de performance = 14 points

Moyenne pour l'échelle verbale = 13,8

Moyenne pour l'échelle de performance = 11,6

Résultats déviant significativement de la moyenne verbale : Information (+ 4,2 points), Arithmétique (– 3,8)

Résultats déviant significativement de la moyenne de performance : Code (– 4,6 points)

Résultats déviant significativement par rapport à la moyenne de la population : Information (+ 8 points), Similitudes (+ 5), Vocabulaire (+ 4), Arrangement d'images (+ 4), Cubes (+ 4).

Protocole de Rorschach

Voir tableau pages 305-306.

Psychogramme :

R = 21	G = 6	G % = 29 %	F = 19	A = 8	F % = 90 %
		D % = 62 %	F+ = 16	Ad = 2	F+ % = 87 %
Ban = 4		Dd = 5 %	F+/– = 1		
	D = 13	Dbl = 5 %	K = 1	H = 2	A % = 48 %
	DM = 1		CF = 1	(H) = 1	H % = 19 %
	Dd = 1			obj = 4	
				anat = 1	
				bot = 2	

M. A. :	G D Dd Dbl
TRI :	1 K /1 C
FC :	0 k / 0 E
RC % :	33 %

© Dunod – La photocopie non autorisée est un délit.

I 5" (1) Un chat enragé. On peut prendre que des morceaux aussi ? (2) Un scarabée. (3) Un bec de canard. (veut prendre planche suivante) 48"	G (tête) Des dents de vampire (Ddl F – (HD)) D central Dd latéral	G F+ A D F+ A Dd F+ Ad
II 22" (4) Une fusée. (5) Des gens qui dansent. 46"	Dbl D noir	Dbl F+ obj. D K H
III 7" (6) Deux dames. (7) Un nœud papillon. (8) Et un bout de squelette. 38"	ban ban D central	G F+ H ban D F+ Obj. Ban D F+ anat
IV 5" (9) Un géant. (10) Un pétale de fleur, puis je vois rien d'autre. (veut prendre planche suivante) 34"	G D supérieur	G F+ (H) D F+ bot
V 5" (11) Une chauve-souris. (12) Un escargot, puis voilà. 24"	G Tête escargot (D supérieur)	G F+ A ban D F+ Ad
VI 20" (13) Un animal… 39"	(?) Un chat qui renifle… il a un gros nez, pour un chat D supérieur	G F+/– A
VII 8" (14) Deux sirènes. 23"	G (?) aussi elles ont souvent la queue de cheval en l'air	G F+ (H)

	VIII		
7"	(15) Un avion. (16) Deux animaux. (17) Et une fleur. 29"	D central Ban D rose – orangé (F ou C ?) F	D F+ Obj. D F+ A ban D CF pl.
	IX		
11"	(18) Deux hippocampes et… comment ça s'appelle ? (19) Deux phacochères (bis). 54"	D orange D vert	D F– A D F+ A
	X		
4"	(20) Une pince. (21) Deux petits rats. 34"	D inférieur vert D bleu (rit)	D F+ obj. D F– A

Choix + = VII (?) elle est marrante (?) elle est jolie et I (?) parce que c'est très, très marrant (rit) (?) parce que j'adore les chats et un chat enragé, c'est marrant.
Choix – = VIII (?) je sais pas et VI (?) parce qu'il y a pas beaucoup de choses à dire.

Protocole de CAT

Planche 1	3" C'est trois petits oiseaux, ils mangent… une soupe aux vers de terre, et derrière eux il y a une poule, ça c'est les poussins, eh ben et la poule c'est leur maman. Voilà (fin ?) ben… bien. 1'26"
Planche 2	5" C'est des ours, ben ils se battent pour avoir une corde, et le petit ourson avec son papa, et celui qui va gagner, à mon avis, c'est celui qui est tout seul. (?) Un ours (pourquoi il gagne ?) parce que je vois qu'il a plus de corde derrière lui. 1'34"
Planche 3	3" C'est un… roi-lion, qui s'ennuie… et il fume sa pipe. C'est tout. (se passerait autre chose ?) Je vois rien. 50"
Planche 4	3" Ben, c'est une famille kangourou, ils vont pique-niquer. La mère elle part en sautant, avec le bébé dans sa poche, et le grand frère en vélo. (se passerait ?) Ils se perdraient dans la forêt… (fin ?) par un gros câlin, ils se retrouveraient. (veut prendre la planche suivante) 2'
Planche 5	7" C'est deux petits ours, ils arrivent pas à dormir, donc il y en a un qui va dans le lit de l'autre, ils se racontent des choses et il y a un petit ours qui s'endort. Et l'autre il demande : est-ce que tu dors ? 1' 18"
Planche 6	6" C'est une famille ours, la nuit, ils dorment dans la grotte. La petite fille, qui est très maligne, essaye de s'en aller sans que les parents la voient. (fin ?) Ben, que le papa et la maman la fâchent. 1' 27"
Planche 7	4" Il y a un petit singe, il se promène dans la jungle, et il y a un tigre qui surgit. Donc, le petit singe court, court, et il arrive dans un cul-de-sac, et le tigre, ben, le mange. 1' 16"
Planche 8	4" C'est une famille singe, la maman singe elle raconte à sa copine si elle a un enfant qui va tous les jours chez le coiffeur, et le papa il dit : faudrait que tu ailles chez le coiffeur, à son petit garçon. 1' 11"
Planche 9	5" C'est un petit lapin, il est très fatigué mais il veut pas dormir parce qu'il y a beaucoup de vent et beaucoup d'orages… (pourquoi ?) parce qu'il a peur, parce qu'il a très peur. 1' 10"
Planche 10	8" Ben, c'est des petits chiens, ils s'amusent et ils vont jouer, ben, vers les WC. Il y a un petit chien qui dit : arrête, tu vas tomber ! Puis, le tout petit chien, il comprenait rien, il dit : non, non, je veux pas aller voir maman ! et puis il tombe… dans les WC. (fin ?) ben, mal (?) Ben, qu'on essaierait de le retirer. 2' 16"

© Dunod – La photocopie non autorisée est un délit.

4. Évrard : la séparation impossible

Évrard a 7 ans quand il m'est adressé pour un bilan par le psychologue que ses parents viennent de consulter, pour des problèmes scolaires et des troubles du comportement. Évrard est actuellement en classe de CP, mais n'a accès à aucun apprentissage. De plus, il est très agité, instable, il est impossible de le cadrer dans la classe.

Je me rends assez rapidement compte que si le père d'Évrard est très inquiet et semble commencer à prendre la mesure des difficultés de son fils, ce n'est pas le cas de sa mère, qui ne voit pas de réel problème. En fait, dès la dernière année de maternelle, Évrard a été orienté en classe d'adaptation. Mais face au refus des parents, les enseignants ont accepté le redoublement. Entré au CP au bénéfice de l'âge, la même question se pose cette année. Les parents refusant de nouveau la classe d'adaptation, les enseignants consentent encore au redoublement, mais à la condition qu'un suivi psychologique soit mis en place pour ce garçon. Les parents ont admis cette proposition et ont alors consulté le psychologue qui m'adresse Évrard. Tout ceci fait penser que les enseignants essaient de faire entendre l'existence des difficultés d'Évrard à ses parents, sans y être parvenus pour le moment.

Évrard est le fils aîné du couple. Il a une jeune sœur qui est également instable, agitée et touche-à-tout, ce dont je m'aperçois rapidement, car les parents viennent à tous les rendez-vous avec elle et elle a tendance à parasiter les entretiens. En même temps, du fait du comportement de leur fille, les parents pensent que leurs deux enfants sont simplement turbulents, et que cela est sans conséquences.

Le père a deux grands enfants d'un premier mariage : ceux-ci n'ayant jamais présenté de problème particulier, il se rend plus compte, par comparaison, des troubles des deux enfants plus jeunes.

La mère n'évoque pas de difficultés particulières dans la petite enfance d'Évrard. C'est *a minima* qu'elle fait état de son refus de l'enfant au moment de la naissance, et ensuite du rejet par celui-ci de l'allaitement. Elle décrit un bébé calme, éveillé et curieux. Le père, représentant de commerce, est très pris par son travail et peu présent auprès des enfants. La mère, qui était secrétaire, a arrêté de travailler pour s'occuper de son fils.

Le premier développement d'Évrard se déroule très normalement : il marche tôt, parle rapidement aussi, il acquiert la propreté avant d'entrer à l'école.

Il fréquente l'école maternelle sans difficultés pendant quelques mois. Sa mère relate un événement qu'elle considère comme traumatique pour

Évrard : une chute, qui a lieu à la maison et nécessite plusieurs points de suture, semble le déstabiliser. Ensuite, il refuse de retourner à l'école, il vomit, se rend malade. Gardé de nouveau à la maison par sa mère, tout rendre dans l'ordre.

C'est la rentrée suivante à l'école maternelle qui révélera les difficultés d'adaptation d'Évrard. Celui-ci est terrorisé, il reste dans son coin, ne parle pas avec les autres enfants. L'agitation devient envahissante.

Quand les parents évoquent leur propre histoire familiale, je suis frappée à la fois par la massivité des faits rapportés et par le poids des secrets.

Le père me dit être sans nouvelles de son propre père depuis l'âge de 18 ans, moment du divorce de ses parents après, me dit-il, que les enfants (lui-même et son jeune frère) aient mis leur père à la porte. Encore aujourd'hui, il ne veut pas revoir ce père, perçu comme n'apportant que des malheurs. Celui-ci a fait de la prison à plusieurs reprises, pour escroquerie, proxénétisme, vol et attaque à main armée.

Quant à la mère, elle commence par me dire qu'il n'y avait rien eu de spécial dans sa propre enfance. Son mari réagissant, elle raconte une histoire terrible. Elle a perdu sa mère à l'âge de 5 ans et suppose, dans un récit qu'elle livre avec de nombreux détails, mais dans lequel il est difficile de faire la part des aspects fantasmatiques, qu'elle a été assassinée par le père. Celui-ci place les trois enfants à la DASS, mais ils seront ensuite élevés par un oncle maternel. Elle ne reverra jamais son père, elle sait juste qu'il a refait sa vie et a eu d'autres enfants.

Le père a une sœur aînée qui ne sait ni lire ni écrire, et qui vit dans une institution spécialisée. Le père comme la mère me précisent bien qu'ils n'ont jamais parlé de leurs histoires à leurs enfants.

Évrard s'agite beaucoup dans la salle d'attente pendant que je reçois ses parents, il soliloque, Évrard a beaucoup de mal à rester seul. De même pendant la passation, il est difficile pour lui de rester stable, mais il parvient toutefois à se contrôler jusqu'au bout. Cet enfant manifestement investit la relation et a besoin d'exprimer ses angoisses. Évrard pense que son institutrice ne l'aime pas, et il souffre d'être traité d'idiot par les autres enfants.

L'efficience intellectuelle évaluée à l'aide du WISC-III lui donne un retard important. Évrard obtient un QI verbal = 56, un QI performance = 60 et un QI global = 54. L'indice de Compréhension verbale se situe à 62 et l'indice d'Organisation perceptive à 67. L'ensemble est homogène.

Sur le plan verbal, les subtests les moins bien réussis sont les Similitudes, car Évrard ne peut établir absolument aucun lien entre deux mots, et l'Arithmétique, où Évrard semble ne pas pouvoir abandonner ses propres

© Dunod – La photocopie non autorisée est un délit.

préoccupations. En réalité, il a beaucoup de mal à comprendre la consigne, et il ne saisit souvent pas les questions.

La Compréhension reste très faible. On peut remarquer en Information qu'Évrard est très perdu au niveau des repères, il y a un réel problème de l'organisation temporelle. Au Vocabulaire, sa pensée reste très concrète, ses réponses sont très projectives, et expriment des préoccupations autour du lien, de l'attachement liées à une forte agressivité et également à une très grande angoisse. En Compréhension, ses réponses trahissent également une angoisse extrêmement importante.

L'échelle de performance est plus dispersée. Ainsi, le Complètement d'images et l'Arrangement d'images, sans arriver à la moyenne, sont un peu mieux réussis. Au Complètement d'images toutefois des problèmes d'attention sont patents, ainsi qu'à l'Arrangement d'images, où Évrard ne se rend pas compte des histoires aberrantes. En revanche, le Code ainsi que les Cubes sont complètement chutés, et l'Assemblage d'objets n'est pas vraiment meilleur. On peut noter aux Cubes une extrême dépendance, Évrard ne peut pas prendre appui sur le modèle ni s'appuyer sur le cadre général, et au Code, il n'est pas capable de mobiliser l'attention nécessaire. À l'Assemblage d'objets, on retrouve le même phénomène qu'aux Cubes, la dépendance est extrême, c'est-à-dire que les repères sont toujours chez l'autre.

Ces résultats sont confirmés par les épreuves instrumentales. À l'épreuve graphomotrice du BB Bender, Évrard se situe entre le quartile inférieur et le médian de 5 ans. On peut remarquer que le losange n'est pas encore acquis. À l'épreuve de Reproduction des structures rythmiques, Évrard se situe au médian de 5 ans, ce qui témoigne bien de la difficulté structurelle à fixer son attention.

Sur le plan scolaire, Évrard, et cela est tout à fait cohérent avec les résultats que nous venons de voir, ne peut pas encore accéder aux premiers apprentissages. Au niveau de la lecture, il ne déchiffre pas. Il n'a de même acquis aucune base d'écriture, et malgré le très fort désir d'Évrard d'apprendre à lire et à écrire, il n'est pas en mesure pour le moment d'effectuer ces apprentissages.

Au plan de la personnalité, ses dessins sont très sommaires et très éclatés, venant exprimer une extrême angoisse et un très grand sentiment de fragilité. On peut remarquer au Rorschach une tentative de contrôle, mais qui malheureusement échoue très régulièrement. Les associations arbitraires reviennent à plusieurs reprises, les thèmes de destruction, de dévoration, se répètent aussi très régulièrement.

L'angoisse est très forte et les représentations de destruction sont patentes, accompagnant aussi bien les thèmes de sexualité que de séparation. Une grande agressivité est présente mais a du mal à trouver des représentations pour s'exprimer.

Au CAT de même, les récits sont très descriptifs et la triangulation n'est pas présente. En revanche, des thèmes de destruction apparaissent, très liés à la séparation. Les représentations de relations sont très peu mises en scène, en revanche, tout conflit avec l'image maternelle est difficile à représenter.

Évrard est un enfant qui souffre de troubles de la personnalité, qui évoquent des troubles symbiotiques. Cela se traduit actuellement sur un mode déficitaire, qui commence à se révéler très dommageable. Il y a une très grande souffrance chez cet enfant, pour qui toute problématique de séparation est inenvisageable.

Il me semble qu'il y a une véritable urgence à proposer une prise en charge thérapeutique à cet enfant. Toutefois, l'entretien préliminaire au bilan avec les parents a mis à jour des secrets extrêmement lourds pour chacun, pour le père comme pour la mère, secret touchant particulièrement leur propre père. Comme il semble qu'il n'y ait pas encore eu une démarche thérapeutique pour Évrard, en y associant ses parents, cela vaudrait la peine de la mettre en œuvre sans tarder, car cette problématique familiale pèse sans doute très lourdement sur cet enfant qui est le fils aîné du couple.

Cela étant, il me semble que le père d'Évrard a bien perçu la gravité de la situation et se montre prêt à y faire face. Quant à sa mère, je crois qu'elle ne mesure pas les difficultés de son fils, comme elle me semble être elle-même dans un déni de sa propre souffrance.

Ainsi, l'orientation scolaire me paraît être actuellement plus de l'ordre d'un pari : le maintien dans une classe normale est peut-être envisageable en faisant le pari d'un travail thérapeutique même en parallèle.

Résultats du WISC-III[1]

- Information : 3
- Similitudes : 1
- Arithmétique : 1
- Vocabulaire : 5
- Compréhension : 4
- Complètement d'images : 6

1. Voir aussi le paragraphe sur les Similitudes du chapitre 5.

© Dunod – La photocopie non autorisée est un délit.

– Code : 1
– Arrangement d'images : 7
– Cubes : 1
– Assemblage d'objets : 3

QI verbal = 56 (53-65)
QI de performance = 60 (57-72)
QI total = 54 (51-62)
Indice de Compréhension verbale = 62 (59-71)
Indice d'Organisation perceptive = 67 (63-78)
QI total : retard mental
Différence QI verbal/QI de performance = 4 points
QI total : retard mental
Moyenne pour l'ensemble de l'échelle = 3,2
Résultats déviant significativement de cette moyenne : Arrangement d'images (+ 3,8 points)
Résultats déviant significativement par rapport à la moyenne de la population : tous les subtests, à l'exception de l'Arrangement d'images qui se situe à la limite.

Protocole de Rorschach

Voir tableau pages 313-314.

Psychogramme :

R = 24	G = 10	G % = 42 %	F = 21	A = 13	F % = 88 %
Ban = 6	D = 14	D % = 58 %	F+ = 9	Ad = 1	F+ % = 43 %
			K = 1	H = 1	A % = 58 %
			Kan = 1	Hd = 4	H % = 21 %
			Fclob = 1	obj = 3	
			→ Kan = 1	anat = 1	
				monstre = 1	

M. A. :	G D
TRI :	1 K /0 C
FC :	1 k / 0 E
RC % :	42 %

© Dunod – La photocopie non autorisée est un délit.

I 4" (1) Une chauve-souris. (2) Ou un crabe. J'ai trouvé ça. 16"	G D central	G F+ A ban D F+ A
II Beurk ! 10" (3) Une limace. 20"	D noir	D F– A
III 8" (4) Ça, je vais vous dire que c'est un squelette, c'est un squelette. (5) Et le petit truc rouge, c'est son nœud papillon. (6) Et les trucs rouges on va dire que c'est ses pattes. 46"	Taches noires	D F+ anat D F+ Obj. Ban D F– Ad
IV 4" (7) Je vais dire que c'est un monstre, sauf que la tête elle est là et ses grosses pattes, et le reste c'est le monstre, c'est le monstre. Ses yeux et sa bouche qui se ferme quand il parle et là on va dire qu'il fait pipi. 50"		G Fclobmonstre
V 3" Ça, je vais dire que (8) C'est une mouche. (9) Ou un papillon. 39"	G G	G F– A G F+ A ban
VI Im Ça, je vais dire que (10) C'est un chat. (11) Je vais dire que c'est un rat. (12) Et je vais dire que c'est aussi une souris. C'est tout ce que je vais dire.	G G G Toute la tache noire	G F+ A G F– A G F– A

VII 2" (13) Je vais dire que c'est une pince. (14) Ou des jambes, des jambes. 21"	 G G	 G F– Obj. G F– H d
VIII 8" Ça, je vais dire que c'est (15) Une voiture… (16) Non, je vais pas dire ça… Je vais dire que c'est un tigre, c'est un tigre (bruitages) 46"	 J'ai pas dit une voiture ! (ban) on va dire qu'il mange là (centre)	 G F– Obj. D F+ A ban → kan
IX 10" (17) Je vais dire que c'est deux bébés qui sortent du ventre de sa maman, voilà ce que je vais dire. 44"	 D rose	 D K H
X 14" Là, je vais dire que c'est (18) Une araignée. (19) Des jambes. (20) Une araignée. (21) Un crabe. (22) Des mains. (23) Une bouche à paroles. (24) Ça, c'est des rats qui mangent, ça, les gros poings. 1' 26"	 D bleu lat. D rose D vert D brun D bleu central D jaune D gris	 D F+ A ban D F– H d D F– A D F+ A ban D F– H d D F– H d D Kan– A

Choix + = IV & V (?) parce que je les aime bien, ça c'est un monstre et ça c'est un papillon et puis... une mouche.
Choix – = 1 (?) parce que j'ai dit que c'était un crabe et puis je sais plus et VII (?) parce qu'il y a des doigts et ça.

Protocole de TAT

Planche 1	2" Il y a des oiseaux qui... qui mangent et puis ils sont chez eux, et puis ils sont sur une table, et puis ils sont sur des chaises. 27"
Planche 2	2" Il y a des ours, il y a des ours qui tirent sur une corde, et puis ils vont tellement tirer que la corde, elle va se casser. 26"
Planche 3	2" Là, c'est un lion qui fume sa pipe, et puis il est assis et puis il est chez lui. 22"
Planche 4	6" Le bébé kangourou il est sur un vélo et la maman, eh bien, elle saute... Ils vont chercher ses courses, ils vont faire les courses. 45"
Planche 5	4" Là, il y a un bébé... des bébés chats qui sont au lit et là il y a le papa et la maman qui dorment. 38"
Planche 6	2" Là, il y a... (relance). Il y a le bébé qui dort, non ! il y a le bébé qui a les yeux ouverts et le papa et la maman ils dorment. 36"
Planche 7	2" Il y a un tigre qui a vu un singe, et le tigre il veut manger le singe, et le singe il veut griffer le tigre (fin ?). Je sais pas. 42"
Planche 8	Im. Là il y a des familles singes qui sont assis, qui boit leur tasse de café, et là ils sont deux singes qui discutent. 38"
Planche 9	1" Là, il y a un lapin qui dort dans son lit et il croit qu'il y a une tornade qui vient... c'est ça (fin ?). Il n'en reste plus que une... (?). Je sais pas. 1' 5"
Planche 10	6" Il y a deux chiens. Il y a un chien et puis deux chiens qui est en train de... se faire des caresses. 36"

© Dunod – La photocopie non autorisée est un délit.

Bibliographie

AEPU, ANOP, SFP (1996), *Code de déontologie des psychologues*, 22 mars 1996.

ANZIEU D., CHABERT C. (1987), *Les Méthodes projectives*, Paris, PUF, 8e édition 1987.

ARAGON L. (1981), *Je n'ai jamais appris à écrire ou Les Incipits*, Paris, Flammarion.

ARBISIO Ch. (1997), *L'Enfant de la période de latence*, Paris, Dunod.

ARBISIO Ch. (dir.) (1999), « Le bilan psychologique : Quand ? Pourquoi ? Comment ? », *Journal des Psychologues*, avril 1999, n° 166.

ARBISIO Ch., MERCIER P., MINARY J.-P., BERTRAND M. (1999), « Le mal-être des soignants dans des situations de violence », *in* « Discours, organisation et souffrance au travail », *Transhumances II*, Presses universitaires de Namur, pp. 115-125.

ARBISIO Ch. (dir.) (2001), « Les tests : éthique, validité, avenir », *Journal des psychologues*, avril 2001, n° 186.

ASSOUN P.-L. (1997), « Le savoir de l'enfant », *La Lettre du GRAPE*, n° 27, mars 1997, Erès, pp. 15-34.

AUBRY J. (1983), *Enfance abandonnée*, Paris, Scarabée et co.

AVANZINI G. (1969), *Alfred Binet et la pédagogie scientifique*, Paris, Vrin.

AVANZINI G. (1999), *Alfred Binet*, Paris, PUF.

BEIZMANN C. (1982), *Le Rorschach de l'enfant à l'adulte (Étude génétique et clinique)*, Delachaux et Niestlé, 3e édition 1982.

BERGÈS J. (1985), « Du tonus et de la motricité dans l'examen de l'enfant », *in* LEBOVICI S., DIATKINE R. et SOULÉ M., *Traité de psychiatrie de l'enfant et de l'adolescent*, Paris, PUF, pp. 391-411.

BERGÈS J. (2001), « L'enfant agité », *in* « Un enfant est classé ! », *La Lettre du GRAPE*, n° 43, mars 2001, Erès, pp. 49-56.

BERTRAND M. (2002), « L'implication de l'observateur dans l'observation », *in* RIFFAULT J., RENÉVOT M.-C., DAVID M.-C. (dir.) (2002), *L'Observation – Quels enjeux pour le sujet ?*, Écrits de Buc, pp. 31-37.

BINET A. (1894), *Introduction à la psychologie expérimentale*, Paris, Alcan.

BINET A., HENRI V. (1896), « La psychologie individuelle », *L'Année psychologique*, tome II, pp. 411-465.

© Dunod – La photocopie non autorisée est un délit.

BINET A. (1898), « La mesure en psychologie individuelle », *Revue philosophique*, tome 46, pp. 113-123.

BINET A. (1903), *L'Étude expérimentale de l'intelligence*, *in Œuvres complètes*, tome XX, Saint-Pierre-du-Mont, Eurédit, 2001.

BINET A., Simon T., (1905a), « Méthodes nouvelles pour le diagnostic du niveau intellectuel des anormaux », *L'Année psychologique*, tome XI, pp. 191-244.

BINET A., SIMON T., (1905b), « Sur la nécessité d'établir un diagnostic scientifique des états inférieurs de l'intelligence », *L'Année psychologique*, tome XI, pp. 163-190.

BINET A., SIMON T., (1905c), « Application des méthodes nouvelles au diagnostic du niveau intellectuel chez des enfants normaux et anormaux d'hospice et d'école primaire », *L'Année psychologique*, tome XI, pp. 245-336.

BINET A., SIMON T., (1908), « Le développement de l'intelligence chez les enfants », *L'Année Psychologique*, tome XIV, pp. 1-94.

BINET A. (1909), *Les Idées modernes sur les enfants*, *in Œuvres complètes*, tome XXVI, Saint-Pierre-du-Mont, Eurédit, 2001.

BINET A., SIMON T., (1910), « L'hystérie », *L'Année psychologique*, tome XVI, pp. 67-122.

BINET A. (1911a), « Le bilan de la psychologie en 1910 », *L'Année psychologique*, tome XVII, pp. V-XI.

BINET A. (1911b), « Nouvelles recherches sur la mesure du niveau intellectuel chez les enfants d'école », *L'Année Psychologique*, tome XVII, pp. 145-201.

BINET A. (2001), *Alfred Binet (1857-1911), sa vie, son œuvre, Œuvres complètes*, tome I, vol.1, Saint-Pierre-du-Mont, Eurédit.

BOEKHOLT M. (1993), *Épreuves thématiques en clinique infantile – Approche psychanalytique*, Paris, Dunod.

BOUJON C. et QUAIREAU C. (1997), *Attention et réussite scolaire*, Paris, Dunod.

BOUKOBZA C. (1995), « L'enfant symptôme des parents », *Études freudiennes,* n° 36, pp. 61-78.

BOURGÈS S. (1981), *Approche génétique et psychanalytique de l'enfant*, Lausanne, Delachaux et Niestlé.

BOUYER S. et MIETKIEWICZ M.-C. (1998), *Introduction à la psychologie clinique – L'homme au singulier*, Paris, PUF.

BRELET F. (1986), *Le TAT – Fantasme et situation projective*, Paris, Dunod.

CANGUILHEM G. (1956), « Qu'est-ce que la psychologie ? », *Études d'histoire et de philosophie des sciences*, Paris, Vrin, 1968, pp. 365-381.

CANGUILHEM G. (1980), « Le cerveau et la pensée », *in Georges Canguilhem – Philosophe, historien des sciences*, Paris, Albin Michel, 1993.

CARROY J. (1993), *Les Personnalités doubles et multiples – Entre science et fiction*, Paris, PUF.

CASTRO D., MELJAC C. et JOUBERT B. (1996), « Pratiques et outils des psychologues cliniciens français –

Les enseignements d'une enquête », *Pratiques psychologiques « Les tests au XXIe siècle »*, n° 4, pp.73-80.

CASTRO D. (sous la dir. de) (2000), *Les Écrits en psychologie (rapports, expertises, bilans)*, Guides Psycho, L'Esprit du Temps.

CASTRO D. et SANTIAGO-DELEFOSSE M. (dir.) (2001), *Pratiques déontologiques en psychologie*, Revigny-sur Ornain, Hommes et Perspectives.

CATTELL J. McK. (1890), « Tests mentaux et mesures », *Psychologie et Histoire*, vol. 1, 2000, pp. 151-164.

CATTELL R.B. (1967), « La théorie de l'intelligence fluide et cristallisée, sa relation avec les tests « *culture fair* » et sa vérification chez les enfants de 9 à 12 ans. », *Revue de psychologie Appliquée*, vol. 17, n° 3, pp. 135-154.

CHABERT C. (1980), « Contenu manifeste et contenu latent au Children Apperception Test (CAT) », *Psychologie française*, pp. 115-124.

CHABERT C. (1998), *Psychanalyse et méthodes projectives*, Dunod, Paris.

CHABERT M.-A. (1997), « L'examen psychologique à l'adolescence », *Nervure*, tome X, n° 2, mars 1997, pp. 23-31.

CHABERT M.-A. (1999), « Les tests psychométriques revisités... », *in* « Le Bilan psychologique : Quand ? Pourquoi ? Comment ? », *Journal des psychologues*, avril 1999, n° 166, pp. 28-31.

CHAPUIS E. (1998), *Binet, la psychologie individuelle et l'enfant*, Thèse de doctorat, Paris 7.

CHILAND C. (1985), « L'examen psychologique », *in* S. LEBOVICI, R. DIATKINE, M. SOULÉ (dir.), *Traité de psychiatrie de l'enfant et de l'adolescent,* tome I, Paris, PUF.

COGNET G. (2001), « La pratique clinique des tests d'intelligence », *in* « Les tests : éthique, validité, avenir », *Journal des psychologues*, avril 2001, n° 186, pp. 30-33.

DAMIEN R. (dir.) (2001), *L'Expertise*, Besançon, Presses universitaires franc-comtoises.

DEBRAY R. (1987), « Qu'apporte le TAT à 6 ans ? », *Psychologie française*, pp. 157-159.

DELAY J., PERSE J. et PICHOT P. (1966), *Méthodes psychométriques en clinique – Tests mentaux et interprétation*, Paris, Masson.

DOLTO F. (1981), *Au jeu du désir (Essais cliniques)*, Paris, Le Seuil.

DOLTO F. (1984), « Questions à Françoise Dolto », *in* « Les psychologues entre la tentation analytique et la prise de pouvoir institutionnelle », *Cahiers de l'ANREP* 1/2, pp. 45-70.

DOLTO F. (1984), *L'Image inconsciente du corps*, Paris, Le Seuil.

DORON R., PAROT F. (1991), *Dictionnaire de psychologie*, Paris, PUF.

DRÉANO G. (2000), *Guide de l'éducation spécialisée*, Dunod, Paris.

DUYME M., ARBISIO Ch. et MARINOPOULOS S. (2000), « Adoption, QI, milieu social : questions autour d'une recherche », *Journal des psychologues*, juillet-août 2000, n° 179.

© Dunod – La photocopie non autorisée est un délit.

EMMANUELLI M. (1997), « Le psychologue clinicien et l'examen psychologique », *in* D. FUA (dir.), *Le Métier de psychologue clinicien*, Paris, Nathan, pp. 41-60.

FREUD S., (1887-1902), *La Naissance de la psychanalyse*, Paris, PUF, 5e éd., 1986.

FREUD S., BREUER J. (1893-1895), *Études sur l'hystérie*, Paris, PUF, 6e éd., 1978.

FREUD/JUNG (1975), *Correspondance*, tome 1, Paris, Gallimard.

FREUD S. (1905), *Trois essais sur la théorie sexuelle*, Paris, Gallimard, 1987.

FREUD S. (1909), « Analyse d'une phobie chez un petit garçon de cinq ans (le petit Hans) », *Cinq Psychanalyses*, 13e éd. 1985, Paris, PUF, pp. 93-198.

FREUD S. (1925), *Sigmund Freud présenté par lui-même*, Gallimard, 1984.

FREUD A. (1951), *Le Traitement psychanalytique des enfants*, Paris, PUF.

GORI R., POINSO Y. (1970), « Projet d'une approche psycho-linguistique du TAT », *Bulletin de psychologie*, p. 713.

GORI R. (1985), « La formation du psychologue clinicien en question », *Bulletin de psychologie*, tome XXXVIII, n° 370, pp. 403-407.

GOULD S.-J. (1996), *La Mal-mesure de l'homme*, Paris, Éditions Odile Jacob, 1997.

GRÉGOIRE J. (1995), *Évaluer l'intelligence de l'enfant*, Liège, Mardaga.

GRÉGOIRE J. (1996), *Grille d'aide à l'interprétation des scores aux différents subtests du WISC-III*, Paris, Éditions du Centre de Psychologie Appliquée.

GRÉGOIRE J. (2000), *L'Évaluation clinique de l'intelligence de l'enfant*, Liège, Mardaga.

GUILLAUMIN J. (1977), *La Dynamique de l'examen psychologique*, Paris, Dunod.

HUGUET M. (1995), « La méthode clinique », *in* LAMBOTTE M.-C. (dir.), *La Psychologie et ses méthodes*, Paris, Éditions de Fallois.

HUTEAU M. et LAUTREY J. (1997), *Les Tests d'intelligence*, Paris, La Découverte.

HUTEAU M. et LAUTREY J. (1999), *Évaluer l'intelligence – Psychométrie cognitive*, Paris, PUF.

JACOBI B. (1995), *Cent mots pour l'entretien clinique*, Ramonville Saint-Agne, Erès, 2e éd. 2002.

KIM-CHI-N'GUYEN (1998), « Le bilan psychologique : une situation, un contenu, une lecture », *in* SAMACHER R. (dir.) *Psychologie clinique et psychopathologie*, Paris, Bréal.

KLEIN M. (1959) « La technique de l'analyse des enfants au cours de la période de latence », *La Psychanalyse des enfants,* Paris, PUF, 2e éd. 1969.

KUHN (1972), *La Structure des révolutions scientifiques*, Paris, Flammarion.

LACAN J. (1959-1960), *L'Éthique de la psychanalyse, Le Séminaire livre VII,* Paris, Seuil, 1986.

LACAN J. (1969-1970), *L'Envers de la psychanalyse, Le Séminaire livre XVII,* Paris, Seuil, 1991.

LACÔTE C. (1998), *L'Inconscient,* Paris, Flammarion.

LAGACHE D. (1949 a), *L'Unité de la psychologie,* Paris, PUF, 2e éd. 1969.

LAGACHE D. (1949 b) « Psychologie clinique et méthode clinique », *in Œuvres,* tome II, 1947-1951, Paris, PUF, 1979, pp. 159-177.

LAMBOTTE M.-C. (dir.) (1995), *La Psychologie et ses méthodes,* Paris, Éditions de Fallois.

LAMBOTTE M.C. (dir.) (1995), *La Psychologie et ses applications pratiques,* Paris, Éditions de Fallois.

LAMOURIÈRE J., *La Mesure de l'intelligence,* polycopié Université René Descartes-Paris V.

LAUTREY J. (1998), « Les théories et les méthodes d'évaluation de l'intelligence : des relations paradoxales », *in* DEBRAY R. (dir.), *L'Intelligence d'un enfant,* Paris, Dunod, pp. 79-90.

LEBOVICI S., DIATKINE R., SOULÉ M. (1985), *Traité de psychiatrie de l'enfant et de l'adolescent,* 3 vol., Paris, PUF.

LÉCUYER R. (1989), *L'Intelligence de la première année,* Liège, Mardaga.

LIPSITZ J.-D., DWORKIN R.H., ERLENMEYER-KIMLING L. (1993), « Wechsler Comprehension and Picture Arrangement subtest and social ajustment », *Psychological Assessment,* n° 5, pp. 430-437.

LOMBARD T.J., RIEDEL R.G. (1978), « An analysis of the factor structure of the WISC-R and the effect of color on the coding subtest », *Psychology in the Schools,* n° 15, pp. 176-179.

MANNONI M. (1964), *L'Enfant arriéré et sa mère,* Paris, Le Seuil.

MANNONI M. (1967), *L'Enfant sa « maladie » et les autres,* Paris, Le Seuil.

MARTIN O. (1997), *La Mesure de l'esprit – Origines et développements de la psychométrie, 1900-1950,* Paris, L'Harmattan.

MELMAN Ch. (1999), « La parole et l'écrit », *in* « La parole et l'écrit tels que la psychanalyse les révèle », *Cahiers de l'Association freudienne internationale.*

NETCHINE S. (dir.) (2001), *Psychologie clinique – Individu, sujet et société (Théories, pratiques et méthodes),* tome I, Paris, Bréal.

NETCHINE S. (dir.) (2002), *Psychologie clinique – La Psychologie clinique en dialogue (Débats et enjeux),* tome II, Paris, Bréal.

NICOLAS S. (2001), *Histoire de la psychologie,* Paris, Dunod.

NICOLAS S. (2002), *Histoire de la psychologie française – Naissance d'une nouvelle science,* Paris, In Press.

OAKLAND T. et HU S. (1992), « The top 10 tests used with children and youth worldwide », *Bulletin of the*

© Dunod – La photocopie non autorisée est un délit.

International Test Commission, n° 19, 1, pp. 99-120.

OHAYON A. (1999), *L'Impossible rencontre, Psychologie et psychanalyse en France 1919-1969*, Paris, La Découverte.

OHAYON A. (2001), « Fondements et usages des tests : une histoire critique », *in* ARBISIO Ch. (dir.), « Les tests : éthique, validité, avenir », *Journal des psychologues*, n° 186, avril 2001.

PAICHELER G. (1992), *L'Invention de la psychologie moderne*, Paris, L'Harmattan.

PERRON-BORELLI M., PERRON R. (1970), *L'Examen psychologique de l'enfant*, Paris, PUF, 7e éd. 1994.

PINELL P., ZAFIROPOULOS M. (1983), *Un siècle d'échecs scolaires*, Paris, Éditions ouvrières.

PLAS R. (1994), « La psychologie pathologique d'Alfred Binet », *in* FRAISSE P. et SEGUI J., *Les Origines de la psychologie scientifique : centième anniversaire de l'Année psychologique*, Paris, PUF, pp. 229-245.

RAUSCH DE TRAUBENBERG N., BOIZOU M.-F. (1984), *Le Rorschach en clinique infantile (L'imaginaire et le réel chez l'enfant)*, Paris, Dunod.

RAYMOND S. (1999), *Malade ou criminel : l'expertise psychologique à visage humain*, Paris, Aubier.

RESWEBER J.-P. (1996), *Le Transfert – Enjeux cliniques, pédagogiques et culturels*, Paris, L'Harmattan.

REUCHLIN M. (1957), *Histoire de la psychologie*, Que sais-je ?, Paris, PUF, 15e éd. 1991.

REUCHLIN M. (1958), « La mesure de l'intelligence, œuvre paradoxale d'Alfred Binet », *Bulletin de psychologie*, vol. XI, n° 6, pp. 306-320.

REUCHLIN M. (1971), « Naissance de la psychologie appliquée », *in Traité de psychologie appliquée*, tome 1, Paris, PUF.

REY A. (1958), *L'Examen clinique en psychologie*, Paris, PUF.

RIFFAULT J. (2000), *Penser l'écrit professionnel en travail social*, Paris, Dunod.

RIFFAULT J., RENÉVOT M.-C., DAVID M.-C. (dir.) (2002), *L'Observation – Quels enjeux pour le sujet ?*, Écrits de Buc.

ROUDINESCO E. (1986), *Histoire de la psychanalyse en France – 1885-1939*, tome I, Paris, Seuil.

ROZENCWAJG P., HUTEAU M. (1996), « Les stratégies globale, analytique et synthétique dans les cubes de Kohs », *Psychologie française*, n° 41, pp. 57-64.

SAMACHER R. (1992), « Un bilan psychologique Pour quoi faire ? », *Bulletin de psychologie*, Tome XLV, n° 406, pp. 366-372.

SAMACHER R. (dir.), (1998), *Psychologie clinique et psychopathologie*, Rosny, Bréal.

SAMACHER R. (2001), « Statut et exercice professionnel du psychologue au regard de la déontologie », *in* CASTRO D. et SANTIAGO-

DELEFOSSE M. (dir.), *Pratiques déontologiques en psychologie*, Revigny-sur Ornain, Hommes et Perspectives.

SAURET M.-J. (1993), *La Psychologie clinique (Histoire et discours de l'intérêt de la psychanalyse)*, Toulouse, Presses universitaires du Mirail.

SCHILDER P. (1935), *L'Image du corps. Études des forces constructives de la psyché*, Paris, Gallimard, 1968.

SEGAL H.G., WESTEN D., LOHR N.E. et SILK K.R. (1993), « Clinical assessment of object relations and social cognition using stories told to Picture Arrangement subtest of the WAIS-R », *Journal of Personality Assessment*, n° 61, pp. 58-80.

SHENTOUB V. *et al.* (1990), *Manuel d'utilisation du TAT (Approche psychanalytique)*, Paris, Dunod.

TORT M. (1974), *Le QI*, Paris, François Maspero, coll. « Cahiers libres ».

VERNANT J.-P. (2002), *L'Univers des dieux, les hommes : récits grecs des origines*, Paris, Seuil.

VERNON P.-E. (1952), *La Structure des aptitudes humaines*, Paris, PUF.

VIAL M. (1990), *Les Enfants anormaux à l'école – Aux origines de l'éducation spécialisée 1882-1909*, Paris, Armand Colin.

WECHSLER D. (1940), « Non-intellective factors in general intelligence », *Psychological Bulletin*, n° 37, pp. 444-445.

WECHSLER D. (1943), « Non-intellective factors in general intelligence », *Journal of Abnormal Psychology*, n° 38, pp. 101-103.

WECHSLER D. (1950), « Cognitive, conative and non-intellective intelligence », *American Psychologist*, n° 5, pp. 78-83.

WECHSLER D. (1956), *La Mesure de l'intelligence de l'adulte*, Paris, PUF.

WECHSLER D. (1996), *Manuel de l'échelle d'intelligence de Wechsler pour enfants*, 3e éd., Paris, Éditions du Centre de Psychologie Appliquée.

ZAZZO R., GILLY M. et VERBA-RAD M. (1966), *La Nouvelle Échelle métrique de l'intelligence*, Issy-Les-Moulineaux, Éditions EAP, 1985.

ZAZZO (1996), *Manuel pour l'examen psychologique de l'enfant*, Paris, Delachaux et Niestlé, 1998 (deux volumes).

ZURFLUH J., (1976), *Les Tests mentaux, expérience, critiques*, Paris, Éditions universitaires.

© Dunod – La photocopie non autorisée est un délit.

Le test WISC-III, Échelle d'intelligence de Wechsler pour enfants,
est édité par :

Éditions du centre de psychologie appliquée
ECPA
25, rue de la Plaine
75980 Paris Cedex 20

Index

A

C

D

E

F

G

© Dunod – La photocopie non autorisée est un délit.

H

I

M

N

O

P

S

T

V

W

043818 - (II) - (1) - OSB80° - ALL-ABS
Dépôt légal de la 1re édition Septembre 2003 - Dépôt légal Mars 2004
Imprimerie CHIRAT - 42540 Saint-Just-la-Pendue
N° 1562

Imprimé en France